本书为"海峡两岸文化发展协同创新中心"成果

闽台客家社会与文化

■ 谢重光/著

人民出版社

前　言

　　我们把这套书,献给关心两岸文化发展的朋友们。

　　两岸和平发展,是萦系海内外中华民族子孙心上的一个最牵动民族感情的大事。中国几千年历史上,曾经出现过多次分裂,或南北对峙,或东西抗衡,但历史最终都走向民族和国家的重新统一。其重要的原因之一,是中华文化巨大的民族凝聚力。同样,在近一百多年来,台湾与祖国大陆也处于被割据和相对峙的疏隔状态。但无论是日本帝国主义的殖民统治,还是延续国内战争造成的两岸政治对峙,纵使有某些别怀居心的异国势力介入和岛内分离分子的鼓噪,台湾始终是祖国不可分割的一部分,没有、也不可能从祖国分离出去。其重要的原因之一仍是,台湾同胞和祖国大陆同胞一样,都是中华民族的伟大子民;台湾社会和祖国大陆社会一样,都是奠立在中华文化基础之上建构和发展的。共同的文化,是一股潜在的、巨大的力量,无论过去、现在,还是将来,都是维系台湾与祖国大陆不可分割的深厚文化基因。正如江泽民在《为促进祖国统一大业的完成而继续奋斗》的讲话中所指出的:"中华各族儿女共同创造的五千年灿烂文化,始终是维系全体中国人的精神纽带,也是实现和平统一的一个重要基础。"

　　台湾与祖国大陆的文化亲缘,最先、也最直接地就体现为台湾与福建的文化亲缘关系。这是因为,福建与台湾同处于台湾海峡的两岸;福建社会与台湾社会都是以中原南徙的移民为主体先后建立起来的社会,稍有不同的是:中原移民南徙福建,大约到宋代已基本完成;而在台湾,则是由定居福建之后的中原移民后裔,自明末至清中叶,才再度大规模迁徙入台。随同移民的携带,中原文化经历在福建的本土化发展之后,也以闽(主要是闽南)文化的地域形态,再度传入台湾,成为台湾社会建构的文化基础,并与福建社会一样,经历了一个共同的内地化、文治化,也即中原化的过程。因此,闽台(亦即台湾海峡两岸)被视为一个共同文化区,皆因其文化有着历史形成过程中先后承递的文化亲缘关系。追寻台湾文化的来路,便不能不追根到闽(闽南)文化二度传递的汉民族文化的源头。作为闽籍文化学者,我们无论是在进行福建文化研究,还是在探询台湾文化的存在和发展,都会触及闽台文化关系这个寓意深远的敏感神经,也会为闽台(两岸)文化这种共同源于中原汉民族文化而又呈现出多样形态的魅力所感动,也深感有责任揭示闽台(两岸)文化这种同根共源的密切亲缘关系,以更有利于促进两岸和平发展,推动民族和国家的最终统一。

为此,我们组织撰写了"海峡两岸文化发展丛书·闽台文化关系篇"。顾名思义,是以"文化"为讨论对象,以"关系"为切入点,在闽台背后,涵盖的其实是两岸,所涉及的问题也不仅止于文化。它是以闽台为中心,以文化为重点,来论析两岸关系的一套系列研究论著。

文化是一个庞大、复杂而丰富的现象。就文化的形态而言,有所谓"俗民文化"(或称俗文化、常俗文化等)和"精英文化"(或称雅文化、士人文化等);就文化的过程看,有文化的历史形成,也有文化的现代发展,等等。"闽台文化关系篇"侧重的是文化形成过程中的历史关系,对于文化的现代发展与当下的存在状态,相对着墨较少。而在文化形成的历史关系讨论中,主要以俗民文化为对象,包括方言、民俗、民间信仰、民间戏曲、民间音乐、民居建筑等,也略为涉及诸如教育与文学等一般划属精英文化范畴的论题。这是因为俗民文化是随同移民与"身"俱来的底层的基本生存经验,是最早、也最大量地存在于闽台民间之中的一种基础性文化。显然,由于诸多原因,列入"闽台文化关系篇"的这些专题,无论是俗民文化层面还是精英文化层面,都只是很少的一部分,远非全面,还有很多专题,有待我们今后以及更多的同行继续努力。

两岸文化问题是当今社会不断有人提出并给予关注的问题,但却少见有专门性的研究论著行世。我们这套丛书仅是个初步的尝试,肤浅、不足和失误之处,当所难免。我们诚恳地期待关心两岸文化发展的学界先进和读者朋友们给予批评。

感谢福建师范大学海峡两岸文化发展协同创新中心对丛书的出版给予的支持。

刘登翰　林国平

二〇一三年七月

目　录

绪　论

一、民族·种族·民系

本书研究的对象——闽台客家,是客家民系的一个重要组成部分。提到客家民系,由于近二十年来客家研究的蓬勃开展,几乎成了人人耳熟能详的名词,若再特地拿出来解释,似乎成了多余的话,很多人会认为多此一举。但其实关于民系的本质,民系与民族、种族的关系,不少人的认识还是模糊的,开篇之前,仍有必要就某些似是而非的认识加以辨析和厘清。

有的人把民系和种族混同起来,单纯从血统上来看待民系。他们非常欣赏和坚持大约一个世纪前某些外国传教士和学者的看法,认为所谓客家民系就是古代中原的一群高门华胄,因了战乱和灾荒的逼迫,长途迁徙到赣闽粤结合部的大山区来,与外界隔绝,自生自长,因而比较完整地保存了古代中原的文化,同时保持了群体血统的高贵和纯洁。他们说,客家人是血统纯而又纯的中原汉族的后裔,是"中华民族里的精华"[①]。在他们看来,客家人似乎古已有之,只是古代客家人居于中原,后来整个儿位移到南方的山区中。不管时世如何变化,这群人都不受影响,既不与周围的人群——特别是古时的蛮獠、后来的畲族——通婚,也很少与周围的人群发生文化上的交流。所以他们论及客家文化,只一味从古代中原文化探索其渊源,而无视客家文化与其他族群文化的相互采借、相互影响。

也有一些人把民系等同于民族。近百年前,一些外国传教士和学者把客

---

① 　此语原出美国耶鲁大学教授韩廷敦氏(Ellsworth Hungtington),见其 1924 年所著《种族的品性》(The Haracter of Races)一书。

家称为民族,当时国内一些别有用心的人也侮称客家不是汉族,是南方的野蛮民族;直到现在,台湾还有一些学者称客家为"客家民族"。可见,要研究闽台客家,还非得先把"民族"、"种族"、"民系"这几个概念说清楚不可。

"种族"一词,起源于上古的"种"和"族"。关于"种",《尚书·盘庚》有云:"乃有不吉不迪,颠越不恭,暂遇奸宄,我乃劓殄灭之,无遗育,无俾易种于兹新邑。"《史记·陈涉世家》曰:"王侯将相宁有种乎!"这里的"种"都是指特殊的人种,或有特殊血统的人群。关于"族",《左传》"成四年"所称"非我族类,其心必异";"定公四年"所载武王克商后分鲁公以"殷民六族",分康叔以"殷民七族",这里的"族"都是指家族、部落,也是就血统而言。

相比起来,"种"的范围大一些,"种"是若干血缘相同的家族、部族的集合体。后来古代文献上频繁出现的"种人"、"种落"、"种姓",指的都是某一相同血统的人群,意义略等于后出的"种族"。近代有了科学的知识和分学科的研究以后,"种族"(race)属于生物学、体质人类学上的术语,并且首先是生物学概念。[①] 它主要考虑生物学因素而不考虑文化因素,对此,现代中外民族学家的认识是相同的。如中国民族学家指出:"种族所设计的是人类种群(human population)对于自然生态环境的适应关系,它主要是自然科学,特别是生物科学研究的对象。"[②] 前苏联的民族学家认为,"种族"指的是"基于共同血缘的人们的地域群体,这种血缘关系表现在身体外表上有着许多类似的特征"[③];美国学者则表述为:"一群在他人看来具有共同的生理特征并在遗传上截然不同他人的人。"[④] 总之,"种族"是指在体质形态上具有某些共同遗传特征的人群。

而"民族"是社会科学和行为科学研究的对象。它"所涉及的则是人类的社会文化群体(ethnic group)与生态环境(包括自然生态和文化生态环境)之间的互动关系"[⑤]。斯大林曾给民族下过一个定义:"民族是人们在历史上形成的一个有共同语言、共同地域、共同经济生活以及表现在共同文化上的共

① [美]H.J.德伯里:《人文地理》,王民等译,北京师范大学出版社1988年版,第115页。
② 林耀华主编:《民族学通论》,中央民族出版社1990年版,第56页。
③ [苏]尼·切博克萨罗夫、伊·切博克萨罗娃:《民族·种族·文化》,赵俊智、金天明译,东方出版社1989年版,第110页。
④ [美]戴维·波普诺:《社会学》,刘云德、王戈译,辽宁人民出版社1987年版,第125页。
⑤ 林耀华主编:《民族学通论》,中央民族出版社1990年版,第56页。

同心理素质的稳定的共同体。"① 不管人们对斯大林的评价有多大的分歧,我们应该承认这段表述基本揭示了"民族"的本质特征。当代人类学家和民族学家比较强调民族共同体内部人们的自我认同意识,他们把"民族"的定义修正为:"凡是居住在一定的地域内,相互有切实的经济联系,操同一种彼此能理解的语言,通常在其整个历史进程中保留着一定的文化特点,意识到自己属于一个独立社会群体的人们所组成的共同体,就叫作民族共同体。"② 表述的语言虽然不同,其实只是在斯大林旧定义的基础上加进共同体内部的自我认同意识而已。总之,"种族"与"民族",一个揭示群体共同的血缘或生理特征,一个揭示群体共同的经济、文化特征,泾渭分明,不容混同。

"民族"揭示群体的经济、文化特征,从广义上讲,经济也是文化,所以,"民族"本质上是一个文化的概念。对此,史学大师陈寅恪先生早有清楚的认识。在《隋唐制度渊源略论稿》中,他说:"全部北朝史中凡关于胡汉之问题,实一胡化汉化之问题,而非胡种汉种之问题。当时之所谓胡人汉人,大抵以胡化汉化而不以胡种汉种为分别,即文化之关系较重,种族之关系较轻,所谓有教无类者也。"③ 后来,在《唐代政治史述论稿》中,他又说:"汉人与胡人之分别,在北朝时代文化较血统尤为重要。凡汉化之人即目为汉人,凡胡化之人即目为胡人,其血统如何,在所不论","此为北朝汉人胡人之别,不论其血统,只视其所受教化为汉抑为胡而定之确证,诚可谓'有教无类'矣"④。同年,在考证《魏书》中的江东民族问题时,他再一次申论:"寅恪尝于拙著《隋唐制度渊源略论稿》及《唐代政治史述论稿》中,详论北朝汉人与胡人之分别在文化,而不在种族。兹论南朝民族问题,犹斯旨也。"⑤ 虽然,陈寅恪当年在具体的用词上,还不能像今日人类学家和民族学家那样严格、准确,但他学贯中西,具有超凡的远见卓识和深邃的历史洞察力,在此基础上提出以文化来区分和判别民族,深契当代人类学和民族学的原理,对我们研究历史和民

---

①　《斯大林选集》上卷,人民出版社 1979 年版,第 64 页。

②　[苏]尼·切博克萨罗夫、伊·切博克萨罗娃:《民族·种族·文化》,第 31 页。

③　陈寅恪:《隋唐制度渊源略论稿》,上海古籍出版社 1980 年版,第 50 页。按:据蒋天枢《陈寅恪先生编年事辑》(增订本,上海古籍出版社 1997 年版),此书作于 1939 年冬至 1940 年。

④　陈寅恪:《唐代政治史述论稿》,上海古籍出版社 1997 年版,第 16、17 页。

⑤　陈寅恪:《魏书司马睿传江东民族条释证及推论》,《金明馆丛稿初编》,上海古籍出版社 1980 年版,第 106 页。

族问题,极富启发和指导意义。

"民系"是"民族"的分支,它与"民族"一样,也是一个文化的概念,是社会科学和行为科学研究的对象。足以让我们区分和判别民系——即识别其属于此一民系而非彼一民系的,也只能是文化而已。

费孝通提出了"中华民族是多元一体格局"[1]的著名论断,这个论断对于汉民族也是适用的。中华民族是一个大格局,在这个格局中,中华民族是一体,56个民族是多元,汉族是多元中的一元;汉民族是一个相对较小然而还是相当大的格局,在这个格局中,汉族是一体,吴越系、湘赣系、广府系、福佬系、客家系等民系是多元,客家民系是多元中的一元。民系与民族的关系,是多元与一体的关系,也就是在一个大的共同文化背景下,又有若干鲜明的文化特色的问题。

明乎此,我们在研究客家民系的时候,就应该紧紧抓住文化不放,围绕着客家文化的形成、传播、发展,客家文化与中华民族文化及汉族文化的共性和个性,客家文化与相邻的族群如畲族、汉族福佬系、汉族广府系的联系与区别,彼此间的斗争与融合等问题展开探索,而不应该纠缠于血统等无关本质的问题,更不应为了固守"客家人是血统纯而又纯的中原汉族的后裔"之类虚构的观点,对客家人与畲族通婚等客观存在的族群间文化互动关系视而不见,甚至无端地加以否定。

二、3世纪起汉族南进与汉族南方民系的形成

明确了种族、民族、民系各概念的含义及其相互关系,进而应该对汉族南方各民系的形成背景有一个大致的了解。

汉族南方各民系都是汉族向南推进的产物。公元3世纪起,由于受到北方匈奴、鲜卑、氐、羌、羯等少数民族南侵的压力,本以黄河流域为中心的汉族开始了持续千余年的南进过程,渐次推进到淮河、长江、湘江、赣江、珠江、闽江、晋江、九龙江、汀江、韩江等江河流域,开发了这些流域,汉民族本身也在

---

[1]　费孝通:《中华民族的多元一体格局》,《北京大学学报》1989年第4期。

这个过程中不断发展壮大。

语言学家认为汉语有八大方言,即吴语、湘语、粤语、闽语、赣语、客家语、江淮官话、西南官话。其中江淮官话和西南官话比较晚起,形成原因特殊,其他几种方言都是北方移民迁入吴、湘、粤、闽、赣和客家住区后,以北方移民的汉语为主导,与当地土著语言相糅合而形成的汉语的分支或变种。伴随着移民与土著在语言上相互融合的过程,移民与土著在其他文化层面上包括血统上也进行了广泛的融合,所以在一种新的方言形成的同时,一种新的民系也形成了。因此可以说,汉族南方诸民系与汉语的吴、湘、粤、闽、赣和客家诸方言存在着对应关系。但在习惯上,人们把讲吴方言的民系称为"吴越系";讲湘方言的民系称为"荆楚系";讲粤方言的民系称为"广府系";讲闽方言的民系比较复杂,可再细分为福州人、闽北人、福佬人(含闽南人和潮汕人)等系统;讲客家方言的称为"客家系";由于赣方言分别与湘方言和客家方言接近,所以有人将讲赣方言的族群与湘方言族群归并,称为"湘赣系",也有人将赣方言与客家方言归并,称为"客赣系"。

在上述诸民系中,客家民系是最迟形成的一个,也是唯一不以地域命名的一个。原因是当客家先民大批地成规模地南迁时,吴、湘、粤、闽、赣诸民系以及它们各据一方的格局已经形成,客家先民无力打破已经形成的民系分布格局,只能插居于现有民系分布格局的夹缝中,具体地说是栖身于赣闽粤边区的大山长谷中,艰难地求生存求发展。当他们在赣闽粤边区与土著交流融合形成为一个新民系后不久,时世的变迁又逼迫他们再次大规模地外迁,或向西南,或向东南、向海外发展。所以他们几乎一直处在漫无止境的迁徙中,一直被视为作客他乡的族群。在辗转客居的过程中,土著居民用"客"、"客人"、"客仔"来称呼这个外来的族群,久而久之,他们也习惯和接受了"客"的名称,自称为"客人"、"客家"。①

---

①　刘丽川认为,"客家"称谓最先出现在广州府、肇庆府、惠州府的沿海地区,是当地操粤语的居民对来自赣、闽、潮、惠、嘉等地客属移民的总体称呼,时间上限当在清初颁布"复界令"的康熙二十三年之后。见刘著《深圳客家研究》第一章第二节,南方出版社2002年版,第15～16页。刘镇发认为"客家"称谓始于明末清初,也是因客家人与广府人冲突而起。见其《客家:从他称到自称》,载黄玉钊主编《客从何来来》,广东经济出版社1998年版,第77～79页。曾祥委认为"客家"的称谓起于明中叶,见其论文《试论"客家"》,载黄玉钊主编《客从何来来》,第7页。笔者对客家民系得名的由来别有见解,见拙著《客家福佬源流与族群关系研究》第五章,人民出版社2013年版,第184～189页。

　　由于客家民系形成过程和分布格局的特殊性,也由于客家民系形成后受到的歧视和误解特别大,在这样的背景下兴起的客家源流研究不能不带有特别激愤的感情色彩,因而矫枉过正,产生了客家人的血统纯而又纯,从未与百越诸种族以及畲族通婚之类偏激的说法。这样的说法,不符合民族、民系形成的一般规律,且已为近年来各种学科的研究成果证明是错误的。这里,仅以体质人类学和文化人类学的研究为例,略加讨论。

　　体质人类学方面,遗传学家们调查了包括客家和畲族在内的中国 24 个民族、74 个群体的免疫球蛋白同种异型 Gm、Km 分布,测定了 9560 例个体的 Gm(1,2,3,5,21)因子和 9611 例个体的 Km(1)因子,根据 Gm 单体型频率计算了遗传距离并绘制了系统树,得出了这样的结论:汉族不是一个同源的群体。居住在北方的少数民族和北方汉族在同一个集群;居住在南方的少数民族和南方汉族在同一个集群,这说明从种族关系上看,南方和北方汉族之间的差异,远远大于汉族和当地少数民族之间的差异。同时,还说明同一个民族,可以来源于不同的种族;反过来,不同的民族可以属于同一个种族。[①]

　　学者们还对客家人的红细胞血型分布作了研究,用 8 个红细胞血型坐位点上的 23 个基因(单倍型)频率分析了广东梅县客家人与其他 8 个汉族群体及 11 个少数民族群体之间的遗传距离,结果表明:第一,与梅县客家人遗传距离最近的是福建汉族、贵州汉族、湖南苗族和广西侗族。他们之间的遗传距离都小于 0.01。第二,与梅县客家人的遗传距离较近的群体是河南汉族、黑龙江汉族、陕西汉族、福建畲族和上海汉族。他们与梅县客家人的遗传距离都小于 0.13……[②]结合学者们以不同方法从不同角度对中国多个民族和人群间遗传距离的研究[③],基本上可以支持这样的观点:少数的中原汉人带着当时较发达的中原文化融化于南方较多数的古百越族中,形成以中原文化为主体的"客家共同体"。[④]所谓中原汉人融化于古百越族中,换句话说,那就是

---

　　① 赵桐茂、张工梁、朱永明、郑素琴、顾文娟、陈琦、章霞、刘鼎元:《中国人免疫球蛋白同种异型的研究:中华民族起源的一个假说》,《遗传学报》第 18 卷第 2 期。

　　② 叶智彰:《试从自然科学角度探讨客家源流》,《客家研究辑刊》2001 年第 1 期。

　　③ 杜若甫等:《用 38 个基因座的基因频率计算中国人群间遗传距离》,《中国科学》(C 辑)1998 年第 28 期;袁义达、杜若甫:《中国十七个民族间的遗传距离的初步研究》,《遗传学报》1983 年第 10 期。

　　④ 郝露萍、杜若甫:《客家人的红细胞血型分布》,《人类学学报》1993 年第 12 期。

南迁的汉人与包括畲族先民在内的古百越族人进行了长期的大量的通婚,由此而形成的客家人在血缘上非但不是"纯而又纯",相反的,它完全是汉、畲及百越其他诸种族充分混血的产物。

文化人类学方面,学者们也取得了大量的研究成果,证明客家与其它族群通婚和文化交流的事实。这里仅举福建上杭县官庄乡蓝姓宗族这么一个典型的实例,略作分析。

上杭县一向被认为是闽粤赣客家基本住地中一个纯客家县。其官庄乡蓝姓宗族多年来也一直以客家的面貌出现,文化风俗与客家几乎看不出有什么不同,只是到了1987年,在政府落实民族政策的背景下,经村民的申请和福建省民族事务委员会的批准,才恢复畲族的身份。

根据官庄蓝姓族谱的记载,其祖上宋末元初自长汀县水口迁居武平大禾,然后再迁上杭县官庄乡和卢丰乡等处。官庄和卢丰蓝姓的祖坟有的在长汀水口,有的在武平大禾,故长汀、武平、上杭三县的蓝姓属同一宗族的不同分支,而现在长汀、武平的蓝姓居民的身份仍是客家,上杭的蓝姓却已成为畲族。显然,这三县客家与畲族的关系是相当密切的,像蓝姓这样,有的属客家,有的属畲族,并不是血统和文化上有什么根本的差别,主要是政治权力硬性加以区分的结果。从官庄蓝姓历代族人的通婚情况来看,根据《蓝氏族谱》的记载,蓝姓自1世祖至10世祖,共娶入114个女性配偶,分属董、林、徐、钟、陈、俞、曹、赖、杜、廖、巫、卓、刘、胡、杨、黄、王、张、石、彭、李、吴、尧、高、丘、邝、雷、吕、温、程、罗、丁、周、许等姓氏,其中除3世祖所娶1名钟姓、8世祖所娶1名钟姓和10世祖所娶两名雷姓女子属畲族外,其余都应是汉人。可见官庄蓝姓几乎每代人都与汉人通婚,与畲族钟、雷诸姓通婚的反而很少。[①]卢丰蓝姓与汉人通婚的情况也很频繁,他们这样做的目的是有意想摆脱畲族的身份,卢丰《蓝氏家谱》记载说,其族自从念七郎迁往开基地后,至4世祖百十郎还是"世居畲里,被呼畲民",这使百十郎"深觉非汉化必无生存之余地,然而要摆脱畲族身份又非远徙他方不可",于是在5世祖长大成人后便"偕同诸弟俱各携眷迁徙他方",并掩盖氏族源流真相,逐渐融入当地汉人社会中。[②]

---

① 　参见杨彦杰:《闽西客家地区的畲族——以上杭官庄蓝姓为例》,收入《闽西客家宗族社会研究》,国际客家学会、法国远东学院等,1996年8月。

② 　见《卢丰蓝氏家谱·蓝氏宗谱后志》。

以上例证，从畲族的角度观察，是畲族广泛而频繁地与周围汉人通婚，如果从蓝姓畲族住区周围汉人的角度观察，便是众多汉人频繁地与畲族通婚。实际上，历史上常见的畲族姓氏，除了蓝、雷、盘、钟之外，尚有陈、刘、邓、张、丘、李、谢、方、黄、何、赖、吴、杨、罗、晏、余、许、袁、聂等，共二十多姓。[①] 现在除蓝、雷、盘、钟之外，基本上都融入客家中去了，这个事实本身就是客家与畲族通婚融合、关系密切的明证。

客家的情况如此，汉族南方其他诸民系的情况概莫能外，总之，这些民系都是在各民族互相融合中形成的。

三、研究闽台客家的特殊意义

本书以闽台客家社会与文化作为研究对象，是着眼于闽台区域和闽台客家社会与文化的特殊密切关系。

从全国的经济文化区域划分来看，台湾与福建隔海相望，两地有着相同的地理和地质条件，史前时期多次连为一体，远古人类通过横亘台湾海峡中南部的"东山陆桥"频繁往来。[②] 古人类学和考古学的发现证明，早在数万年前，闽台两地就有着旧石器和古人类，台湾的古人类是从福建经长途跋涉，迁移到台湾的。[③] 在有文字记载的历史上，自三国以降，闽台两地的人员往来和文化交流也一直很密切，而台湾曾长期隶属于福建省，直到清光绪十一年（1885）才从福建分出，单独设立台湾省。台湾的汉族移民主要来自福建，特别是福建漳、泉、汀三府的闽南人和客家人，移民在迁移中把原乡的经济、文化带到了新居地，所以台湾与福建在经济、文化上有很大的同质性、关联性，学术界一致把福建与台湾划为同一个经济文化区域，称为"闽台文化区"，而

---

① 参见傅衣凌：《福建畲姓考》，《傅衣凌论史五十年文编》，厦门大学出版社 1989 年版；郭志超、董建辉：《畲姓变化考析》，《民族研究》1998 年第 2 期。

② 经考古学家考证，从福建南部的东山岛附近向东，经台湾海峡的中南部和澎湖列岛至台湾的台南，存在着一条横亘海峡的浅滩，被称为"东山陆桥"。这条"陆桥"现在水深不及 40 米，有的地方仅有 10 米，浅滩的形成是更新世时期的陆相堆积物，现在属海水淹没的阶地。见尤玉柱主编：《漳州史前文化》，福建人民出版社 1991 年版，第 158 页。

③ 陈国强、叶文程、吴绵吉主编：《闽台考古·前言》，厦门大学出版社 1993 年版。

与中原文化、齐鲁文化、三晋文化、荆楚文化、巴蜀文化、岭南文化等经济文化区域并列。研究闽台客家社会与文化，正可把它作为闽台经济文化关系的一个个案，加深对这一区域内文化同质性和某些特殊性的认识。

从闽台客家在整个客家民系中的地位来看，闽台客家是客家民系的一个特殊部分，它由福建客家和台湾客家两个联系密切而又各具特点的单元组成。福建客家主要分布在闽西，这是客家基本住地（或称"客家大本营"）的重要组成部分。台湾客家是明清时期由大陆迁至台湾的，有直接从闽西南迁去的部分，更多的是由粤东潮、惠二府特别是嘉应州迁去的，但粤东的客家人多数也是早先由福建迁去的，所以台湾客家的根，在福建和广东，而归根到底是在福建。

由于这层特殊的关系，研究闽台客家社会与文化，首先是要研究汉人南迁到闽粤赣边区，与当地土著（包括早先迁移至此的武陵蛮）接触和融合，形成客家民系的过程，由此可以观察到在这个过程中闽西社会与文化的巨大变迁，以及闽西客家在客家大本营中所处的核心地位；其次是要研究客家民系形成之后，在人口、环境、战乱等各种社会因素的作用下，向台湾迁移的情形，由此可以观察到客家民系不断播迁和扩张的原动力，以及在这个过程中客家人文性格的发展和演变；再其次要研究客家移民在台湾定居、生根的过程和规律，由此可以观察到台湾客家人由移民社会向定居社会转化时的社会与文化变迁。

在上述三个研究重点中，第三点尤其具有重要的借鉴意义，有必要特别再加申述。

我们知道，宋元时期来自中原和江淮的汉人辗转迁移到闽粤赣边区来，最初也属于移民社会，经过与土著居民长期的接触和融合，才实现"日久他乡是故乡"的转化，即由移民社会向定居社会的转化。但是由于这种转化的完成距今已有数百年之久，文献记载缺略，个中详情已难确知。

而闽粤客家向台湾迁移，也有一个从移民社会向定居社会转化的过程（台湾学者习惯把这个转化称为"土著化"或"在地化"），这个过程的完成距今只有百来年的历史，文献丰赡，口碑俱在，遗迹和遗物犹存，通过文献钩稽和文化人类学田野调查研究，基本上可以明了转化过程的详情。

由于前面论及的闽台文化的同质性以及闽台客家的源流关系，我们认为，台湾客家由移民社会向定居社会转化的过程、途径和规律,应可作为昔日闽粤赣客家特别是福建客家由移民社会向定居社会转化的一面镜子,从中观察到许多我们想要知道的东西。职是之故,我们特别致力于不同来源的台湾客家移民之间,以及台湾客家人与福佬人、平埔族之间互动关系的探讨,观察这些互动关系对台湾客家社会与文化变迁的作用,希望以他山之石,攻治闽粤赣客家研究之玉。

在研究方法方面,对于闽台客家社会与文化这样一个庞大而复杂的课题,用任何单一学科的方法来研究,都是难竟其功的。所以,我们尝试调动历史学、社会学、民族学、人类学、文化学、民俗学、语言学、人口学等多种学科的手段,并且充分吸收这些学科在闽台客家研究方面业已取得的成果,多管齐下,综合运用,力求取得比较完满的研究结果。不过,主观愿望如此,客观的效果如何,却很难说。一来是限于学力,有些学科我们还难以熟练地驾御,对于各学科的相关成果我们也掌握得不够;更主要的是,限于海峡两岸目前的状况,我们对于掌握台湾方面的资料还有很大困难,更难于亲赴台湾进行社会学和人类学方面的实际调查,只能就自己的见闻所及,有限地利用台湾学者的已有成果而已。因此,尽管我们为自己的研究设下了美好的目标,但要真正达到这个目标谈何容易!对此,我们只有寄希望于未来,希望未来两岸的文化交流更加通畅无碍,同时有更多学养更深厚的学者投入本课题的研究,因而可以奉献给读者更有分量的研究成果。

第一章 客家民系的酝酿

第一节 赣闽粤结合部的特殊环境

赣闽粤结合部的广袤山区,是历史上客家民系酝酿形成的温床,也是当今客家人的基本住地,人称"客家大本营"。要弄清客家人的由来及福建客家在客家民系中的特殊地位,首先必须对古代这一地区的环境做一概要的了解。

赣闽粤三省结合部可分为赣南、闽西、粤东粤北三个地区。这三个地区壤土相连,又同属于典型的丘陵山地,境内崇山复岭,连绵不断;山谷间河流交错,大小盆地星罗棋布;气候温暖,雨量丰沛。故而在古代未开发时及开发之初,林菁深阻,瘴疠横行,三个地区的自然环境有不少相似之处。

但是,三个地区之间横贯着高山大岭,使得彼此隔绝,成为三个互不统属的自然区域。三地内部的水系、山脉、盆地情况也有所不同,故三个区域的自然环境又各有特色。

赣南指今日赣州市辖境,在北宋大致相当于虔州和南安军的地盘。它南限五岭,东限武夷,西倚罗霄,这三条高耸入云的大山脉分别成为赣南与广东、福建、湖南的天然屏障。唯有北部较为平坦,从而使赣南的地势呈南高北低走势。赣南境内的主要河流章水和贡水在赣县城东汇合后北流,经江西中部、北部注入鄱阳湖(古称"彭蠡湖")后汇于长江东流入海。这样的地形,使赣南成为"江右遐陬",具有"南抚百越、北望中州"之势,起着"江湖枢键"、"岭峤咽喉"的作用,古代各王朝都把它看做中原外伸的边缘。

赣南地区的内部自然条件,以"七山一水一分田,还有一分是道亭"为基本特征,丘陵山地多在海拔 200 至 800 米之间,面积占到全地区总面积的七成至八成,这是所谓"七山"。境内河流纵横交错,除了东南一隅(今为寻乌、定南县境）的少数河流属珠江水系外，其他各地河流俱属赣江水系，水上航运可辗转与长江相通，这是所谓的"一水"。河谷之间分布着众多红壤盆地，面积一般都达百平方公里以上，土壤肥沃深厚，这是所谓的"一分田"。

"还有一分是道亭"，指的是赣南为中原通往岭表的必经之地，交通线上密布着望望相连的驿站、茶亭。但这是唐中叶以后的情况。唐中叶以前，中原与岭南相联系的交通线主要有三条：一是桂州路，包括湘漓线和潇封线两道。此一路线越洞庭湖，溯湘江至今长沙，然后湘漓线由西南折湘江正源，经越城岭通过灵渠至漓江，下桂江，通西江；潇封线则从长沙折潇江，由陆路越萌渚岭下临贺水（古作"封水"），在今广东省封开县江口镇汇西江。二是郴州路，包括武水和连水两线。此路自湘江折耒水至郴州后，陆路自摺岭隘越骑田岭，然后一路自临武下武溪水经乐昌至韶关合浈江，另一路自连县下连江合北江。三是大庾岭路，又作"梅关古道"。此路自南昌逆赣江至章水到大庾岭脚起岸，然后自大庾岭梅关隘陆行至南雄，再下浈水直放广州。

唐中叶以前，岭南的政治、经济重心偏在西部，桂州路、郴州路先后为中原通往岭南的主要交通线路，大庾岭路的地位比较不重要，但随着广州成为岭南的政治、经济中心，江淮与广州经济联系加强，遂有唐开元年间名相张九龄开凿大庾岭新路之举。自此，大庾岭路成为中原通岭南的最佳路线[1]，赣南的交通条件和地位也因此得到极大的改善和提高，"还有一分是道亭"的局面因之而奠定。

交通状况的好坏对于赣南地区自然条件的优劣具有重要意义。唐中叶以前赣南的交通地位尚低，此地地处僻远，人烟稀少，密林丛莽之中，猛兽横行，瘴疠肆虐，因而成为江南开发得最迟、经济文化最落后的一个州郡。直至北宋，王安石还说"虔州江南地最旷，大山长谷，荒翳险阻"[2]，那么其在唐中叶前的荒凉状况，就不难想象了。

闽西，这里主要指古汀州府所辖八县，即长汀、宁化、武平、上杭、永定、连城、清流、明溪，相当于今日龙岩地区的大部分和三明市的西南部。古汀州府

---

① 以上关于中原通岭南交通线路的论述，采用了蔡良军的研究成果，见其所撰《唐宋岭南联系内地交通线路的变迁与该地区经济重心的转移》，《中国社会经济史研究》1992年第3期。

② （宋）王安石：《虔州学记》，引自《古今图书集成·方舆汇编·方典》卷九二三《赣州府部艺文一》。

的东邻是漳州府。漳州府西部地处博平岭、松毛岭山麓的丘陵和谷地，即今龙岩、漳平、南靖、平和、云霄、诏安诸县西部的乡镇，也是客家人的住区。广义的闽西，应把这些地区包括在内。

汀州"环境皆山也"①，地处"闽粤西南徼，崇岗复岭，深溪窈谷。山联脉于章贡，水趋赴于潮阳。千山腾陵余五百里，然后融结为卧龙山；四水渊汇几数百折，然后环绕而流丁"②，故有"一川远汇三溪水，千嶂深围四面城"③之称。众山之中，最重要的有横亘于西北边缘的武夷山，是闽西与赣南之间的天然屏障，还有东北—西南走向的玳瑁山、彩眉山脉和博平岭山脉以及近于南北走向的松毛岭山脉，近于东西走向的南岭诸支脉。④其地势大致成东北高、西南低，山间河谷盆地一般较赣南为小，位置则更偏僻闭塞，民谚"八山一水一分田"形象地概括出其地理特点。

古代闽西的交通条件比赣南相差甚远。由于地处闽粤西南徼，即今福建省的西南一隅，所以唐中叶以前福建与中原、江淮联系的几条重要交通路线，它都不沾边。有人做过研究，隋唐以前北方汉人入闽主要有如下四条路线：一是由江西鄱阳、铅山经分水关入闽，最先进入的是闽北的崇安（今武夷山市）、建阳一带；二是由江西临川、黎川越东兴岭经杉关入闽，最先进入的是闽西北的光泽、邵武、泰宁等地；三是由闽浙边界山口入闽，最先进入的是闽东的福鼎、寿宁和闽北的政和、浦城等地；四是由海路入闽，先到达的自然是福建东部的沿海地区。⑤闽西距上述这些地区尚远，且有崇山峻岭阻隔，其闭塞荒僻之状亦不难想见。

粤东、粤北之客家住地，大致相当于今梅州市全部，外加河源市的大部分、韶关市的一部分及揭阳市的揭西等县。在宋代，它大致相当于梅州、循州全部，韶州一部分及潮州北部、惠州东北一部分。其地与闽西、赣南壤地相接，山川相连，地势大体北高南低，内部的地形也与闽西、赣南有很多相似之处，同样以山地丘陵为主，河谷盆地星星点点般散布在各大山岭之间。

---

① （宋）胡太初修、赵与沐纂：《临汀志·桥梁》，福建人民出版社1990年版，第16页。

② 《临汀志·山川》，第37页。文中"闽粤"疑应为"闽越"。

③ 同上书。

④ 参见李蓬蕊：《三江文化的时空差异》，《客家纵横》1992年第1期。

⑤ 参见胡沧泽：《魏晋南朝时期北方汉人入闽及其对福建经济发展的影响》，《中国社会经济史研究》1992年第2期。

在交通方面,粤东、粤北客家住地既不处在中原通岭南的交通孔道上,又不靠海,享受不到从海路与外界联系之便利,加之距岭南政治、经济中心的广州最为遥远,实属"岭表之末",比闽西显得更边远荒僻。

第二节　唐以前赣闽粤边区的原住民及其文化

那么,在汉族移民到来之前,居住在赣闽粤交界区域的是什么样的人呢?

根据历史记载,赣南、闽西、粤东古代都属于"百越"的范围,其中闽西、粤东又是"百越"族中"七闽"部落的领域。

"七闽"一词最早见于《周礼》。《周礼·夏官·职方氏》记载道:"辨其邦国、都、鄙、四夷、八蛮、七闽、九貉、五戎、六狄之人民。"贾公彦疏云:"叔熊居濮如蛮,后子从分为七种,故谓之七闽。"可见"闽"是南方少数族"蛮"的一支,"七闽"则是指古闽族的七个部落,后来转义为七闽部落的分布地。其范围除今浙江南部和福建全部之外,还包括广东东部。宋人欧阳忞的《舆地广记》卷三五"广南东路"条记载道:"潮州,春秋为七闽地,战国为越人所居。""梅州,春秋为七闽所居,战国时属越。"这是粤东古属七闽地的明证。至于今福建省古属七闽,更是人所共知的事实,欧阳忞的《舆地广记》也有明确记载,这里就不详细举证了。

赣南不属于七闽的领域,它"春秋为吴越地。战国越灭,为楚地"[①],但"为楚地"只是政治上属楚国统治,主要居民仍是越人。《史记》卷八七《李斯列传》有"北逐胡貉,南定百越"一语。"百越"又作"百粤",有东越、闽越、瓯越、于越、西越、骆越、南越之分,大致今浙江南部,福建、广东、广西全部,安徽、江西、湖南、贵州的部分地区,以及越南的大部分。所以,直到秦代,赣南、闽西、粤东居住的都是统称为"百越"的南方少数族人民。

这种情况延续到汉初基本不变。汉高祖封无诸为闽越王,统治闽中,定都东冶,其领地包括今福建省大部分地区;又封赵佗为南越王,统治岭南,北与长沙接境,东北与闽越接境,赣南包括在其境内,今漳州漳浦县盘陀岭以南

---

① 《古今图书集成·方舆汇编·职方典》卷九一九《赣州府建置沿革考》。同书卷九二五《南安府建置沿革考》所载略同。

也属于南越。① 至于闽西是属闽越还是属于南越，史文未有明载。有人认为闽西的武平县为汉高祖所封南海国的封地 ②，也有人认为南海国大约建立在汀、潮、赣之间 ③，总之是在汉封几位越王的领域之内。换句话说，西汉初期赣南、闽西、粤东的居民仍是百越民族。

汉武帝时，闽粤国和南海国被灭，其人民被强迫迁徙到江淮，一部分不愿迁徙的人民逃匿于深山密林之中。此后直至唐代中叶，闽粤赣交界区域的情况在史书上很少记载，从我们所见到的几则材料来看，这一时期这一地区还有不少汉族政权未能直接统治之地，散布其地的少数土著族居民还过着相当原始的生活。例如赣南"有神名山都，形如人，长二尺余，黑色、赤目、黄发，于深山树中作窠"，"此神能隐身，罕睹其状"。传说晋宋时期赣县有百姓至县西北十五里处的山上伐树，在一株大梓树上就取出了山都营造之窠。④ 其实这种"山都"就是一种身材矮小尚未开化的少数族民，他们还过着有如汉族传说中"有巢氏"的巢居生活。

闽西也有类似情况，不过比赣南更原始落后。赣南尚有部分地区在晋代已建立了县级汉族政权，闽西则迟至唐中叶才建立郡县。"当造治之初，凡斫大树千余，树皆山都所居，天远地荒，又多妖怪，臻狉如是，几疑非人所居。"⑤ 这里所谓"山都"，所谓"妖怪"，都是指尚处于原始状态的少数土著族居民。

其实有唐一代，不仅闽西仍是土著民族占据了多数，整个福建都是土著种族比汉族为多。试看如下记载：

唐后期张登出任漳州刺史，顾况为之送行，作《酬漳州张九使君》诗云："猿吟郡斋中，龙静檀栾流。薙（一作"薛"）鹿莫徭洞，网鱼卢亭洲（一作"舟"）。……"⑥

唐昭宗景福元年（892），王潮派兵攻福州，"平湖洞（在莆田县界处）

① 见（宋）吴舆：《漳州图经序》。
② 民国《长汀县志》卷一《地理志》。
③ 饶宗颐：《潮州志》及《从浮滨遗物论其周遭史地与南海国的问题》，见黄挺编：《饶宗颐潮汕地方史论集》，汕头大学出版社1996年版，第76~83页。笔者同意南海国在汀潮赣之间的说法，但认为南海国灭亡后其地成为闽越国和南越国互相拉锯之地。（见拙作《南越国的东北边疆所届及其历史影响》，载论文集《陀城开基客安家》，中国华侨出版社1997年版，第39~47页。）
④ 见《古今图书集成》卷九二四《赣州府部外编》。
⑤ （清）杨澜：《临汀汇考》。
⑥ 《全唐诗》卷二六四，上海古籍出版社1992年版，第658页。

及海滨蛮夷皆以兵船助之"①。

唐昭宗乾宁元年（894），"黄连洞（在宁化县南潭瓦砾）蛮二万围汀州"②。

宋初乐史谈到福建各地的居民和风俗状况，略曰：建宁县"本将乐县地，晋绥城县，莫徭之民居焉。唐武德中并入邵武，垂拱中割入将乐"③。

沙县："自乾符（874~879）后土寇乱离，汉路阻隔。"④

泉州："泉郎，即此州之夷户，亦曰游艇子。"⑤

福州和建州："闽州，越地，即古东瓯，今建州亦其地。本夷种，有五姓，谓林、黄是其裔。《十道志》云：嗜欲、衣服别是一方。"⑥

"长汀为光龙洞，宁化为黄连峒，峒者苗人散处之乡，大历后始郡县其巢窟，招集流亡，辟土植谷，而纳贡赋。"⑦

"天宝之乱，列郡望风而靡，汀，七闽穷处也，蕞尔一城，孑然于蛮风蜑雨中。"⑧

"唐时初置汀州，徙内地民居之，而本土之苗仍杂处其间，今汀人呼曰畲客。"⑨

"临汀虽闽支郡，而接徭蜑。"⑩

唐代福建仅有福（曾称闽州）、建、泉、漳、汀五州，而这五州都充满着莫徭、卢亭、蛮、蜑、夷等土著种族，可知汉族移民虽然不少，但比起土著来绝对不占优势。

再来看粤东的情况。这一时期汉族政权虽已进入粤东客家住地，先后设置了兴宁县、义招县、程乡县，但义招县只是为安置流民而设，兴宁、程乡也只

---

① 《资治通鉴》卷二五九。
② 《资治通鉴》卷二五九。
③ 《太平寰宇记》卷一〇一"建宁县"条。
④ 《太平寰宇记》卷一〇〇"沙县"条。
⑤ 《太平寰宇记》卷一〇二"泉州风俗"。按："泉郎"应是"白水郎"之误，盖古代书写习惯直排，"白"与"水"直排而字挤，被误为"泉"字。
⑥ 《太平寰宇记》卷一〇〇"福州风俗"引《开元录》。
⑦ （清）杨澜：《临汀汇考》卷一。
⑧ （清）杨澜：《临汀汇考》卷一。
⑨ （清）杨澜：《临汀汇考》卷三。
⑩ （宋）刘克庄：《后村先生大全集》卷一三三《回刘汀州书》。

是在人口较集中、交通较便利之处设置一个统治点,用于羁縻土著而已。程乡未设县之前,其地住着一位名叫程旼的汉族移民,是位道德高尚的读书人,土著民很敬慕他,居民间发生利害冲突和是非争端时,都自动来找程旼评理决断。程旼"谕以曲直,辨明是非",使得偶有过错的人,只要望见程旼的草庐,便会觉得惭愧,扪心自责而退。① 这则"程旼行谊化一乡"的故事,古今论者多从赞颂程旼德行过人的角度立言,其实透过这则故事,我们分明看到当时粤东山区的土著民族还处在原始民主制的社会发展阶段,还没有阶级的对立,没有官衙一类阶级压迫的工具,氏族或部落成员遇事便找一位有威望能服众的头人评说解决,而程旼不过以其文化教养,恰好充当了这一角色罢了。

隋朝末年,天下纷崩,群雄并起,俚酋杨世略割据循、潮二州。后来杨世略投降唐将李孝恭,唐朝就命杨世略为循州总管。② 这一事实,说明隋唐之际粤东基本上是俚獠的势力范围。谭其骧说:"汉人之移殖粤东,唐宋以来始盛。自唐以前,俚为粤东之主人。……盖自梁至唐,岭南名为中朝领土,实际在俚帅统治之下者,垂百余年云。"③ 这一见解是很精辟的。及至宋代,一方面已有大量汉人进入粤东,另一方面又有一种称为"峒獠"、"山斜"的少数民族入居其地,所谓"距州(潮州)六七十里曰山斜,峒獠所聚,丐耕土田不输赋"④。此时粤东的蛮汉势力对比,仍难于断言汉族已占优势。

总的说来,唐朝是汉族向赣闽粤边区扩张的关键时期,自此以降汉族对于这一区域的控制和经营逐渐加强,因而不断激起土著势力的不满和反抗,于是爆发了一系列冲突和争战。这样的矛盾和冲突自唐至宋,绵历数百年之久。下面摘录部分有关记载,以资分析:

(唐高宗)永隆二年(681),有盗攻南海,广州边鄙被其灾。皇帝哀洛越之人罹其凶害,以公(循州司马高琔)名家之子,才足理戎,乃命专征,且令招慰。公奉天子威令以喻越人,越人来苏,日有千计。⑤

(唐玄宗)天宝元年(742)置……岭南五府经略,绥靖夷、獠,统经

---

① (明)郭子章:《潮中杂纪》卷一"郡县释名",见饶宗颐主编《潮州善本选集》第一种,香港潮州商会第三十八届会董会1993年印行。

② 见《新唐书》卷一《高祖纪》及卷八七《林士弘传》。

③ 谭其骧:《粤东初民考》,《长水集》上,人民出版社1987年版。

④ 《宋史》卷四一九《许应龙传》。

⑤ (唐)陈子昂:《陈伯玉文集》卷六《唐故循州司马申国公高君墓志并序》。

略、清海二军……①

（唐僖宗中和年间）王仙芝寇掠江西，高安人钟传聚蛮獠，依山为堡。②

〔嘉定二年（1209）十一月〕郴州黑风峒寇李元砺作乱，众数万，连破吉、郴诸县……（三年）夏四月癸亥，李元砺犯南雄州，官军大败……（十一月）李元砺迫赣州、南安军……③

〔绍定三年（1230）二月〕戊戌，诏：汀、赣、吉、建昌蛮僚窃发，经扰郡县，复赋税一年。④

德祐初，江山报急，诏天下勤王。天祥捧诏涕泣，使陈继周发郡中豪杰，并结溪峒蛮……⑤

潮与漳、汀接壤，盐寇、峯民，群聚剽劫，累政以州兵单弱、山径多蹊，不能讨。⑥

这些材料显示了唐宋时期赣闽粤交界区域及其周边的郴州、吉州、漳州、泉州、广州等地土著种族势力的强大，其中唐中叶以前汀、潮、循三州可以说基本上是土著种族的天下，汉人势力基本上尚未进入这一区域。至于这些地区土著种族的名称，有"俚"、"洛越"、"越人"、"夷獠"、"蛮獠"、"蛮夷"、"洞蛮"、"蛮疍"、"峒寇"、"峒獠"、"山越"、"畲"、"峯"、"傜"、"疍"等多种叫法。⑦名称上的纷繁多歧，有的确是因种类不同，例如疍人是水居种族，自然不能够与山越、山夷这类山居种族相同；但也有的是异名同义，因为古人并没有科学的民族学知识，对土著少数族的称呼带有较大的主观随意性。根据今人研究，上述这些不同称呼的土著民大抵都是古代越族特别是闽越族的后裔，又是当今畲族的先民。

那么，唐宋时期赣闽粤交界区域土著民的经济、文化状况如何呢？这个问

---

① 《资治通鉴》卷二一五。

② 《资治通鉴》卷二五五。

③ 《宋史》卷三九《宁宗纪三》。

④ 《宋史》卷四一《理宗纪一》。

⑤ 《宋史》卷四一八《文天祥传》。

⑥ （宋）文天祥：《文山先生全集》卷一一《知潮州寺丞东岩先生洪公行状》。

⑦ 杨澜又称汀州光龙洞和黄连峒土著为"苗人"。对福建土著的这种称呼不见于唐宋文献，杨澜乃清朝人，大概随意写来，不足为据，今不取。

题关系到其时蛮汉交流谁占主导,我们也应就此先作一番探讨。

《隋书·南蛮传》记载:"南蛮杂类,与华人错居,曰蜒、曰獽、曰俚、曰僚、曰㺌,俱无君长,随山洞而居,古先所谓百越是也。"这里举出的百越种族在社会组织上是"俱无君长",实即处在原始民主制阶段;经济生活的显著特点是"随山洞而居",还不懂得建造房屋。文献中常称他们为"峒獠"、"峒蛮"、"峒寇",原因在此。

以上是隋以前的情况。到唐宋时期,上述情况变化不大。唐代诗人刘禹锡说:"闽有负海之饶,其民悍而俗鬼,居峒砦、家桴筏者,与华语不通。"[①]这里讲到了两种人,其中居洞砦一种,唐时仍保持随山洞而居的习俗。刘克庄《漳州谕畲》一文中描述漳州的西畲和南畲"皆刀耕火耘,崖栖谷汲",所谓"崖栖谷汲",也仍然是"随山洞而居",不会打井饮井水的意思。可见晚至南宋,这部分蛮夷住山洞的习惯仍不变。

刘禹锡的诗歌还描述了武陵蛮和莫徭的情况。这部分人也是畲族的先民,他们的生活特点是"衣斑斓布","市易杂鲛人,婚姻通木客""名字无符籍";生产上则"熏狸掘沙鼠","钻龟得雨卦,上山烧卧木","下种暖灰中,乘阳拆牙孽","巴人拱手吟,耕耨不关心","星居占泉眼,火种开山脊"[②],概括起来就是"刀耕火耘,崖栖谷汲",过着极原始的粗犷游耕生活。

北宋《太平寰宇记》记述循州风俗曰:"织竹为布,人多獠蛮,妇市,男子坐家。"[③]唐代张鷟的《朝野佥载》则曰:"岭南獠民好为蜜唧,即鼠胎未瞬,通身赤蠕者,饲之以蜜,钉之筵上,啜啜而行,以箸夹取啖之,唧唧作声,故曰蜜唧。"[④]把两者综合起来,并结合前述盘瓠蛮"熏狸掘沙鼠"的习俗来看,畲族先民喜生食小动物,妇女在经济生活中比男子作用大,不懂得养蚕种棉,过着穿竹布衣的原始简陋生活,似乎还保留着某些母系氏族社会茹毛饮血时代的遗风。

以上是赣闽粤边蛮獠社会经济的基本面貌。在文化上,比较突出的是他

---

① (唐)刘禹锡:《刘宾客文集》卷三《唐故福建等州都团练观察处置使福州刺史兼御史中丞赠左散骑常侍薛公神道碑》。

② (唐)刘禹锡:《蛮子歌》、《畲田行》、《莫徭歌》等诗篇,见《全唐诗》卷三五四。

③ (宋)乐史:《太平寰宇记》卷一五九《岭南道三·循州·风俗》,见《文渊阁四库全书》史部地理类总志之属。

④ (唐)张鷟:《朝野佥载》卷二,见《文渊阁四库全书》子部小说家类杂事之属。

们"言语侏离"或"蛮语钩辀音","与华语不通",就是说他们有自己特殊的语言,但并无独立的文字。另外,在图腾崇拜方面则"时节祠盘瓠"[①],即有崇拜狗的习俗。

根据这些材料,可知唐宋时赣闽粤交界区域的主体居民——闽越土著与南迁武陵蛮尚处在比较原始的社会发展阶段,他们的经济文化相当落后,与同一时期北方和江淮的汉族人民相比,存在很大的差距。

这种状况,也反映于赣闽粤边区的地旷人稀。据统计,唐代开元年间赣南(时为虔州)户口密度在江西居倒数第二,仅高于饶州,至元和时虔州户口密度降至江西倒数第一,反映出唐代虔州是全江西开发程度最低、经济文化发展水平最落后的一个州。而在福建,开元年间各州统计户口时汀州尚未设立,元和时汀州户口密度在福建居倒数第一位,说明唐代汀州是全福建最迟被开发、经济最落后的一个州。若以整个江南东道来比,江州户口密度比全道平均户口密度低得多,由此更可看出汀州的荒凉落后,实为江南东道之最。在岭南,无论是开元时期,还是元和时期,人口密度最低的是循州,其次是潮州。而循州的大部分和潮州的北部,正是后来客家的主要聚居地之一,它们在唐代是岭南东部开发最迟、经济最落后的地区。[②]

第三节　中原与江淮汉人的南迁

关于中原与江淮汉人的南迁,首先需要说明两个问题:第一,许多论者把晋代因永嘉之乱造成的汉人往长江流域诸州的迁徙也算作客家先民南迁,甚至把秦汉时期少数中原人民的南迁也牵连进来。但分析各种史料,笔者认为,与客家民系形成直接相关的汉人南迁只能追溯到唐中叶,所以这里讨论的中原与江淮汉人的南迁从唐中叶算起。第二,以往说到客家先民南迁,主要是通过分析族谱资料作出结论。而谱牒存在着严重的伪托假造现象,其所载本族郡望和远祖迁徙情形往往不可信,仅靠谱牒得出的结论有很大的片面性,故本书运用史志中的有关户口资料,与族谱资料及其他文献记载结合起

① （唐）刘禹锡:《蛮子歌》、《畲田行》、《莫猺歌》等诗篇,见《全唐诗》卷三五四。
② 参见谢重光:《客家源流新探》,福建教育出版社1995年版,第35~41页。

来,互相对照参证,作综合的分析。

一、史志有关汉人南迁的户口资料

根据有关的正史地理志和方志的记载,赣南、闽西南、粤东北各地区的户口,均以宋代为最高,唐以前(不含唐代)仅赣南有少量编户,闽西南、粤东尚属阙如;自唐至宋户口增长幅度很大,宋以后自元至清初基本上呈下降趋势,故欲观察以上各地接受移民的高潮,取唐宋元时期有关各地的户口变化状况加以比较分析即可了然。

笔者曾采唐宋元各代正史《地理志》、《元和郡县志》、《元丰九域志》、《太平寰宇记》、《临汀志》、嘉靖《赣州府志》、光绪《嘉应州志》诸书的有关户口资料,制成"唐宋元三代赣南、闽西、粤东户口变迁表"、"唐宪宗元和时与宋太宗太平兴国五年至端拱二年南方若干州军户口变迁比较表"、"北宋神宗朝元丰初年至徽宗朝崇宁初年赣南地区与全国及若干有代表性的路府州军户口变迁比较表"三种统计表格①,结合安史之乱以后中原和江淮遭到惨重破坏,人民纷纷向东南、西南迁徙的背景,综合分析以上三表,可以得出如下认识:

第一,自唐末至宋初,江南东道和剑南道人口增长最快,江南西道次之,而江淮、荆襄地区则因战祸最烈,人口大量死亡流离,历五代至宋初尚不能恢复过来。从江淮、荆襄地区与江南、剑南的人口此消彼长的态势来看,江南和剑南的人口增长,应包含着接受了江淮、荆襄流民的因素。②在江南西道中,赣南的自然条件较差,人口增幅却明显高于全道平均水平,究其原因,应得益于赣南的地理条件:赣南作为江南的西南隅,有水路与江淮相通之便,却又与中原和江淮距离较远,相对比较安全,因此,它在唐末能够吸引大量中原和江淮移

---

① 参见谢重光:《客家源流新探》,福建教育出版社1995年版,第45~53页。

② 唐懿宗咸通十四年(873)发布过一道《安抚天下德音》,略曰:"自累年以来,四方多故……况海隅封略,犹集戎兵……而又徐泗战争之地,疮痍仅平,江淮灾疹之乡,流亡未占……"(《唐大诏令集》卷一一七)又淮南道南边靠近长江九江段的靳州,乾符三年(876)十二月被王仙芝的军队大掳掠一场,"城中之人,半驱半杀,焚其庐舍"(《资治通鉴》卷二五二《僖宗纪》)。于此均可见江淮户口在唐末损失严重的情况。又江南西道长江北岸紧邻洞庭湖的荆州,乾符五年(878)正月也遭到王仙芝军队的洗劫,"焚掠江陵而去,江陵城下旧三十万户,至是死者十三四"(《资治通鉴》卷二五三《僖宗纪》)。荆州人民因此而大批逃亡。据《太平寰宇记》所载,北宋太宗时荆州才有63447户,只及王仙芝屠城前30万户的五分之一强。若据"死者十三四"而言,当时还应有将近20万户,而至宋初只剩下6万多户,亦可见唐宋之际荆州户口逃失的严重程度。

民入居就是很自然的了。

北宋中后期,国家承平日久,社会相对安定,经济比较繁荣。全国各地一般呈现稳步发展的形势,户口的增长也一般表现为平衡缓慢增长的正常情态,而此时赣南的户口的增长速度大大高于全国平均水平,这种现象,决非本地区户口的自然增殖所能致,此一时期赣南接受了大量外来移民殆无疑义。此后,赣南地区的户口不再有飞速增长的现象,在元、明两朝甚至长期呈下降趋势,直到清中叶才重新回升。于此可见,北宋中后期是赣南地区接受外来移民的高峰期,同时也是赣南历史上唯一可以确切断定外来移民数超过了本地原有居民的时期。联系到同一时期与江南西路相邻的江南东路、淮南西路和荆湖北路人口下降的现象,笔者认为,此时进入赣南的移民主要应来自上述三路。

第二,闽西南的汀、漳二州,从唐后期到南宋约五百年间有三次明显的户口增长高潮。第一次经历了唐末、五代和宋初全国范围的社会动乱。中原和江淮的动乱与闽西南地区的相对安定,适足以驱使大批中原和江淮人民转徙而来,所以此次汀、漳二州户口猛增,且增幅之大空前绝后,与外来移民的纷纷迁入紧密相关。第二次增长处在承平时期,一百年间汀州户口增长两倍多,基本上属于人口正常的自然增长,此时虽然也有一部分移民迁入,但数额不可能太大;同期漳州户口增长三倍多,可能与接受了较多移民有关,但其时移民不一定都是汉人,详见下文。第三次增长处在两宋之交的社会大动荡时期,中原和江淮汉人的大量迁入是其主要因素,但一部分原居住在赣中、赣南的人民,因当地人口压力加大,人口与土地的矛盾加剧而迁徙至闽西开基,还有部分是来自荆湘地区的武陵蛮、莫徭等畲族先民经由粤东迁到了闽西南。

第三,粤东的北半部开发较赣南、闽西为迟,尤其是属于宋、元梅州的境域,在唐代尚未设立州一级建制,只是潮州属下的程乡县,但自唐末至北宋元丰年间,循、梅二州的户口也以惊人的速度增长,当然也决非原先数量不多的人口自然增长的结果。合理的解释,只能是此时循、梅二州也已成为北来移民开基垦殖的对象之一。大量移民的到来,促成了粤东北部人口的猛增,也成就了循、梅二州早期开发史的第一个高潮。

总的说来,唐宋时期赣南、闽西南、粤东北三个地区都有过人口猛增的现象,标志着上述三地区在唐宋这一历史阶段都出现过外来移民迁入的高潮。

但三个地区原来开发程度不同,人口多寡很悬殊,所以人口猛增的时间,亦即开发高潮到来的时间有迟有早。赣南人口大量增加的现象集中在唐末至宋初,及宋中后期(太平兴国至崇宁)两个时段。如果把唐天宝至元和年间这一阶段可能接受了不少中原和江淮移民的情况也算在内,则有三次移民大量迁入的时期。闽西人口大量增加的现象集中在唐末至宋初、北宋后期及两宋之际,尤以唐末至宋初、两宋之际最为突出,明显是外来移民大量迁入的时期。粤东北部的开发相对最迟,宋初至北宋中期才出现户口猛增的第一个高潮。①

二、唐人诗文的有关记载

以上是分析历史文献中户口资料得出的认识,对于这一认识,我们还要用族谱资料和其他文献记载加以检验。先看唐人诗文的有关记载:

关于安史之乱以后直至唐末人民罹乱逃亡的情形,时人的诗文多有反映,略引几则以见其概。

杜甫诗曰:"寂寞天宝后,园庐但蒿藜。我里百余家,世乱各东西。"② "故国莽丘墟,邻里各分散。归路从此迷,涕尽湘江岸。"③

李白诗曰:"三川北虏乱如麻,四海南奔似永嘉。"④

崔峒诗曰:"闻君作尉向江潭,吴越风烟到自谙。……缘溪花木偏宜远,避地衣冠尽向南。"⑤

韦庄《秦妇吟》更以极动情的笔触,表达了当时广大人民对于江南的向往:"适闻有客金陵至,见说江南风景异。自从大寇犯中原,戎马不曾生四鄙。""奈何四海尽滔滔,湛然一镜平如砥。避难徒为阙下人,怀安却羡江南鬼。"⑥

这些诗篇反映了当时北方人民逃迁江南的大势,比较具体的情况则见于当时

---

① 参见谢重光:《客家源流新探》,福建教育出版社1995年版,第54~56页。
② (唐)杜甫:《无家别》,《全唐诗》卷二一八,第517页。
③ (唐)杜甫:《逃难》,《全唐诗》卷二三四,第583页。
④ (唐)李白:《永王东巡歌十一首》之二,载《全唐诗》卷一六七,第393页。
⑤ (唐)崔峒:《送王侍御佐婺州》,《全唐诗》卷二九四,第741页。
⑥ (唐)韦庄:《秦妇吟》。转引自陈寅恪:《韦庄秦妇吟校笺》,《寒柳堂集》,上海古籍出版社1980年版。

一些士大夫的议论。如于邵说："洎天宝末幽寇叛乱,今三十七年,顷属中原失守,族类逃难,不南驰吴越,则北走沙朔,或转死沟壑。"① 顾况说："天宝末,安禄山反,天子去蜀,多士奔吴为人海。"②《旧唐书》卷一四八《全德舆传》载："两京蹂于胡骑,士君子多以家渡江东。"这些议论勾勒出了朝野汹汹逃奔江南的画图。资料显示,此次北方人民的南迁,较远的已经迁到江西了,如博陵崔氏崔众甫、崔祐甫与兄、姐等"举家南迁,内外相从,百有余口",分别居于江西丰城、吉州等地。③

以上主要是北方黄河流域一带人民的南迁情况。江淮人民渡长江南逃的也很多,《旧唐书·地理志》就记载了"襄、邓百姓"离家"尽投江、湘"的情况。茶圣陆羽也于至德初(756)随着移民潮从家乡竟陵(今湖北天门附近,在汉水之北)渡江定居于湖州(今浙江吴兴一带)。④ 诗人戴叔伦也因淮汴一带的战乱而亲族相率南迁至鄱阳湖畔,"淹留三十年,分种越人田"⑤。随着战火的蔓延,甚至也有原居江西的人继续南迁福建的情况,如有一位上饶人杨宣,就因避乱而随同族人迁到了福建浦城县。⑥

三、族谱资料提供的信息

如前所述,我们不尽相信民间谱牒自标的郡望,尤其不把各谱自称的郡望或远祖居地作为这些族姓向赣闽粤交界区域移民时的实际迁出地。我们的做法是,从各谱自叙的迁徙开基史中剔除其与迁入赣闽粤交界区域无关的部分,专就与赣闽粤交界区域有关的迁徙过程中析出"姓氏"、"谱牒自称之郡望或远祖居地"、"迁移年代"、"起程地"、"途经地"、"栖止地"六个事项,借以观察这些族姓向赣闽粤交界区域移殖的时间、起讫地等情况。笔者曾用这种

---

① (唐)于邵:《河南于氏家谱后序》,《全唐文》卷四二八,上海古籍出版社 1990 年缩印本,第 1933 页。

② (唐)顾况:《送宣歙李衙推八郎使东都序》,《全唐文》卷五二九,上海古籍出版社 1990 年缩印本,第 2378 页。

③ (唐)崔祐甫:《上宰相笺》,《全唐文》卷四〇九,上海古籍出版社 1990 年缩印本,第 1855 页。

④ (唐)陆羽:《陆文学自传》曰:"洎至德初,秦人过江,子亦过江,与吴兴释皎然为忘年交。"见《全唐文》卷四三三,上海古籍出版社 1990 年缩印本,第 1957 页。

⑤ (唐)戴叔伦:《抚州对事后送外甥宋垓归饶州觐侍呈上姐夫》,《全唐诗》卷二七四,第 694 页。

⑥ (宋)苏颂:《杨公神道碑铭》,《苏魏公集》卷五一,《文渊阁四库全书》本。

办法,从罗香林所编《客家史料汇篇》、宁化客家研究会所编《宁化客家姓氏的由来及历史渊源》及其他可以见到的民间谱牒中,筛选出客家人78姓族谱、家谱提供的家族迁徙史,整理出总计156次迁徙情况。其中迁移年代一项,如果把它大别为唐末以前、唐末五代宋初、宋代(含北宋和南宋)、两宋之际(含北宋末、南宋初)、宋末或宋元之际五类,则唐末以前的迁徙为9次,占统计总数的5.8%;唐末五代宋初为49次,占31.4%;宋代为38次,占24.4%;两宋之际为20次,占12.8%;宋末(或宋元之际)为38次,占24.4%;另有不明时代者2次,占1.3%。考虑到"宋代"一段时间跨度太大,实际上其中有不少属于两宋之际或宋末,所以"两宋之际"与"宋末"两类的实际比例应有所提高。那么,上述五个阶段迁徙族次在统计总迁徙族次中的比例顺序应为:唐末五代宋初、宋元之际、两宋之际、北宋及南宋承平时期、唐末以前。①

如果把"迁移年代"、"途经地"、"栖止地"三项综合起来观察,则可大致看出赣南、闽西、粤东三个片区在唐宋时期接受移民的具体情况。统计表明,在唐宋时期,赣南接受移民的高潮依次为唐末五代宋初、两宋之际、唐末以前(主要是安史之乱以后);闽西接受移民的高潮依次为唐末五代宋初、宋代(主要指北宋中叶前后与南宋中叶前后)、宋元之际;粤东接受移民最多的是宋元之际,唐末至宋初及承平时次之。这样的统计结果,与前述文献记载和据户口资料得出的结果大致是相符的。下面我们再从赣闽粤交界区域内唐宋时期州县建置增加的角度,进一步验证上面得出的结论。

赣南地区在北宋以前只有1个州级政区虔州,县级政区唐代只有7个,在五代至宋初新建瑞金、石城、上犹、龙南、兴国、会昌6个县,共计13个县。②闽西的汀州在唐代或领2个县,或领3个县,南唐灭亡后归入宋的版图时,领长汀、宁化2个县。但至淳化五年(994),原在长汀县境内的上杭、武平2个场同时升为县。北宋元符间和南宋初,汀州又分别增置清流县和莲城县。③在粤东,五代南汉时从潮州划出程乡县设立敬州,宋代改为梅州;原来的循州也在

---

① 参见谢重光:《客家源流新探》"唐宋时期客家先民向赣闽粤交界区域迁移表"及相关分析,第57～72页。按:有的姓氏的不同族别迁徙情况不同,有的同一宗族或家族在不同时期有过多次迁徙,包括进入赣闽粤三角区之后的内部迁徙,例如从赣南迁闽西,从闽西迁粤东北,从此县迁彼县等,故78姓总计156次迁徙。

② 分见《太平寰宇记》卷一〇八、《元丰九域志》卷六。

③ 见《临汀志·建置沿革》,第3页。

南汉时一分为二,北部的兴宁、龙川 2 个县单独为州,仍称循州,南部的归善、河源、博罗、海丰 4 个县又为 1 个州,原称祯州、宋仁宗时改为惠州。①

我们知道,封建时代州县的主要职能是治安和征收赋役,建立州县的前提是某一地区户口增加到一定的数量,经济有了相当的发展,有了加强治安、巩固统治的需要,同时也有了征收赋税徭役扩大剥削面的可能。因此,五代至宋初赣南增设 6 个县并增置 1 个军(即南安军,相当于州级),闽西由 2 个县扩大至 4 个县,粤东新划出 2 个州,正是其时这三个地区人口激增、经济发展、开发程度提高的有力证明。不过,这里说的"其时"应从唐末算起,因为户口增加、经济发展到人殷物阜可以建县设州的程度,必然要有一个逐步积累的过程。五代宋初的州县增加,应是唐末开始耕耘的结果。也就是说,五代宋初赣闽粤交界区域州县建置的大幅度增加,是唐至宋初这一区域接受了大量移民的结果。

同样的,北宋时汀州增设清流县,循州增设长乐县 ②,应是闽西、粤东在北宋中后期大量接受移民的结果;南宋时汀州增设连城县,则是闽西在两宋之际又大量接受移民的结果。

四、几点认识

我们透过历史文献的直接记载和有关文献的户口资料、客属谱牒资料、州县增置资料,对客家先民在唐宋时期向赣闽粤交界区域移民的情况进行了多角度的分析,得出了大体一致的结果,那就是:自唐中叶至宋末,在赣闽粤交界的广袤山区,有过五次大量接受外来移民的阶段,按时间顺序分别是唐中后期(主要在安史之乱后)、唐末五代宋初、两宋承平时期、两宋之际、宋元之际。其中唐中后期主要是移民至赣南,宋元之际主要是移民至粤东,三个片区共同的移民高潮应是唐末五代宋初、两宋之际、北宋及南宋的承平时期,在这共同的移民高潮时段接受移民最多的应是闽西。

至于这些移民的主要迁出地,据前述对 78 个客属家族 156 次迁徙所作的统计,大致情况如下:

---

① 综见《太平寰宇记》和《元丰九域志》。
② 见(宋)欧阳忞:《舆地广记》卷三五。

第一，唐末以前（主要是安史之乱后）迁来者，有金陵、鄱阳、饶州、抚州等地。金陵属于江淮地区①，而鄱阳等赣北、赣中地区，应是客家先民自江淮南迁途中的短期栖止地。

第二，唐末五代宋初迁来者，主要有属江淮地区的庐江、徐州、盱眙、金陵、固始（在淮河以南，唐属淮南道，今属河南省），其次有赣北赣中的瑞州（今高安）、新吴、南丰、抚州等地，再次有闽北之延平（今南平）、建宁、邵武、武夷山下等地，还有江苏姑苏、浙江钱塘等地，湖北房州（今房县）、湖南醴陵等地。迁自河阳、汝阳、上蔡的仅有一例；迁自山西解梁的也有一例，但此例疑不实，因为此族为官氏，出自东阳郡（今浙江金华），迁向宁化，却自称本姓关，迁自解梁，大概官氏附会为关羽后裔，所以编造出迁自关羽故乡解梁的故事。总之，此一时段迁入赣闽粤交界区域的移民主要来自江淮，其次来自吴越、荆湖、湘赣和福建北部，来自中原和北方的是极少数。

第三，北宋中后期迁来者，有金陵，杭州，江州德安，建昌，抚州崇仁、广昌、南丰，湘皖江浙等族次，还有陕西一族次，曹州（属今山东）一族次，福建闽侯、莆田、龙岩各一族次。此一时段迁入者主要来自江淮湘赣，其次是福建汀州以外地区，来自关中的是极少数。

第四，两宋之际迁来者，江苏无锡、楚州（今淮安）、饶州乐平、邵武、建宁、惠安、河南商丘、浙江杭州各一族次。此一时段也是江淮居多，赣中北和福建北部、南部其次，来自中原和浙江的是少数。

第五，南宋中后期迁来者，阜阳（今属安徽）、南丰、庐陵、南昌、吴（江苏）、建宁、将乐、岳州（今属湖南）各一族次，建阳两族次。这些地方基本上是江淮和江淮南迁途中的短期栖止地。

第六，宋元之际迁来者，有江淮地区的金陵、固始；有赣中北的永丰、南丰、吉水、豫章、抚州、泰和、饶州、乐平等地，闽北、闽南的邵武、泰宁、建宁、光泽、同安、漳州等地，都是自江淮南迁的途经地；还有浙江长城一族次，占最少数。

根据上述统计结果，可以得到这样的认识：在唐宋时期，客家先民主要来

① 按：江淮有广狭二义，狭义指桐柏山区以东之淮河、长江之间地域，相当于唐代淮南道的范围；广义应把今安徽、江苏二省的淮北部分和长江南岸的部分地区包括在内。本书取广义概念。

自江淮地区（这一特点在唐中期至宋初时段最为突出），也有少数来自中原、关中和荆楚、吴越等地。由赣北、赣中和福建北部（及少数东部、南部）进入闽西的移民，其先大概也是江淮移民，这些地区只是他们迁入闽西途中的短期栖止地。因此，如果从大处着眼来概括客家先民的南迁汉人部分，或许用如下的表述较为妥当：客家民系的主体是南迁的汉族移民。他们的远源可追溯到古代广义的中原地区，近源却主要是唐宋时的江淮地区。

　　我们的这一结论得到了语言和民俗学研究成果的有力支持。据语言学者研究，在南方几大方言系统中，客家话与江淮官话的关系最近。汉语方言分化的层次关系略如下面树形图所示 ①：

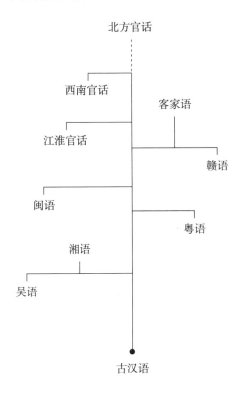

　　在风俗方面，清代客家名士徐旭曾曾以其亲身感受论述了客家风俗与江淮风俗的亲近关系。他在《丰湖杂记》中说："余昔在户部供职，奉派视察河

　　① 　见周振鹤、游汝杰：《方言与中国文化》第二章 "方言与移民的关系"，上海人民出版 1986年版。

工,稽查漕运艖务,屡至汴、济、淮、徐各地,见其乡村市集间,冠婚丧祭,年节往来之俗,常有与客人相同者。"相反,客家人的风俗语言,却"与土人(按:指客家住区之土著居民)之风俗语言,至今犹未能强而同之"①,可见客家与江淮,确实存在着源与流的关系。

既然历史文献的记载和风俗、语言的比较,都证实了族谱资料所显示的客家直接来源于江淮的结论,那么,江淮地区作为客家民系的直接源头,应是毋庸置疑的了。

第四节　盘瓠蛮的南迁

上一节我们说到唐宋时期赣闽粤边区户口的迅猛增长,除了汉人南迁的因素外,还有其他的因素,这个因素就是一种被称为"盘瓠蛮"的南方少数民族的迁入。

关于盘瓠蛮的活动史迹,必须追溯到古代文献记载的盘瓠传说。早在东汉,应劭的《风俗通义》就有关于盘瓠传说的最初记载,但今本应劭《风俗通义》不见盘瓠之文,其文仅见于宋人罗泌《路史》的引述。应劭之后,东晋人郭璞在所著《玄中记》、《〈山海经海内北经〉注》,同时人干宝在《晋纪》和《搜神记》中,都繁简不一地记载了盘瓠的故事。及至南朝宋人范晔的《后汉书》,则集前此记述的大全,并将它载入所著正史《后汉书》中而对后世发生巨大而深远的影响。兹将该书卷八六《南蛮传》的有关记载节录于下:

> 昔高辛氏有犬戎之寇,帝患其侵暴,而征伐不克。乃访募天下,有能得犬戎之将吴将军头者,购黄金千镒,邑万家,又妻以少女。时帝有畜狗,其毛五彩,名曰槃瓠。下令之后,槃瓠遂衔人头造阙下,君臣怪而诊之,乃吴将军首也。……乃以女配槃瓠。槃瓠得女,负而走入南山,止石室中。所处险绝,人迹不至。……经三年,生子一十二人,六男六女。槃瓠死后,因自相夫妻。织绩木皮,染以草实,好五色衣服,制裁皆有尾形。……衣裳斑斓,语言侏离,好入山壑,不乐平旷。……号曰蛮夷。……以先父有功,母

---

① 徐旭曾:《丰湖杂记》,转引自罗香林:《客家史料汇篇》,香港中国学社 1965 年版。

帝之女,田作贾贩,无关梁符传,租税之赋。……今长沙、武陵蛮是也。
此节李贤注引鱼豢《魏略》曰:

> 高辛氏有老妇,居〔正〕〔王〕室,得耳疾,挑之,乃得物大如茧。妇
> 人盛瓠中,覆之以槃,俄顷化为犬,其文五色,因名槃瓠。

这些传说可看做是盘瓠蛮种族的创始神话,其核心内容是以一只神犬为始
祖,住居深山,种族内部互通婚姻,穿木皮衣,处在相当原始的社会发展阶段。
这一种族的分布地,随着时序推移而不断扩展。据《后汉书》所载,汉代以
前,武陵蛮主要分布在秦黔中郡、汉武陵郡一带,其范围大致相当于沅水流
域。但至晋代,据《搜神记》所载,盘瓠子孙已遍布"梁、汉、巴、蜀、武陵、卢
江"①诸郡了。按:梁、汉约当今陕南、川北一带,其巴郡属梁州,在今重庆市合
川、梁平、巴县、铜梓等地;蜀郡属益州,在今成都市周围;武陵郡属荆州,约当
今湖南省湘西土家族苗族自治州、怀化地区和贵州省黔东南苗族侗族自治州
辖境;卢江郡属扬州,约当今安徽省六安地区、安庆市辖境。巴、蜀、武陵、卢
江四郡的境域并不相连,有的还相距较远。可见《搜神记》所载,只是大致情
形,小说家言,固不可太过认真看待。南朝刘宋时期,据《宋书·地理志》所
载,武陵蛮的分布已扩展到荆、雍二州。南朝之雍州大致相当于今湖北省的
襄樊市、十堰市和河南省的南阳市辖境;荆州大致相当于今湖北省的宜昌市、
荆沙市、鄂西土家族苗族自治州以及湖南省的大庸市和重庆的万县市辖境。
但文中提到的五溪,则属郢州西部,大致相当于今湖南省的湘西土家族苗族
自治州和怀化市、贵州省的铜仁市以及黔东南苗族侗族自治州、广西桂林市
的部分辖境。这个范围,比秦代的黔中郡、汉代的武陵郡往北往南往西都扩
展了一些,但大致仍不出洞庭湖以西江水、沅水流域的范围。

及至隋代,据《隋书·地理志》所载,武陵蛮已经遍布江汉沅湘诸水域,
最南的熙平郡(约当今广东清远市的连县、连南、阳山、乳源诸县地)且已南
逾五岭,伸展到珠江水系北江的涟水流域了。与往代相比,洞庭湖以东偏北
的汉水流域、洞庭湖南面的湘水流域,都是武陵蛮新的重要分布区域。而珠
江水系北江的涟水流域成为武陵蛮的新居地,在武陵蛮民族迁徙的历史上更
是具有划时代的意义,它是武陵蛮南进的先声,预示着武陵蛮向两粤和其他

---

① (晋)干宝:《搜神记》,汪绍楹校注本,中华书局 1979 年版。

地区大规模迁徙行动的开始。①

　　先要说明一下,关于武陵蛮即畲族先民的迁徙,畲族口传历史中也有丰富的史料,但经过今人整理成为文字后已掺进许多伪托成分,不完全可信,但可能含有若干武陵蛮南迁的史料。如浙江省丽水市民族科《畲族史源》研写委员会编纂出版的《畲族史源》小册子,第四章专述畲族迁徙,把畲族的迁徙历史上溯到公元前 22 世纪,初迁从河南郾师迁到河南南阳附近,是完全不可信的。二迁始于商朝末年,先从南阳附近的平月出发,其中一支"翻越过桐柏山,渡过汉水,渡过长江,直奔洞庭湖南岸",而集结于古罗城(今湖南望城一带)。然后分两路南迁,一路"巡沅江而上,到湖南桃源地方",居留一段时间后由南转向西行,到四川今酉阳地方,又居留一段时间后"经过今吉首、凤凰、怀化等县市,才走出武陵地区,绕道广西桂林一带,从而入迁广东境内潮州才找到适宜部族生存的好地方,然后在此定居下来";二路从罗城出发,绕道汨罗市,入迁江西,经过江西宜春、吉安等地方,到达信州龙虎山,居留较长时间后继续南移到赣闽粤三省交界处,在梅州市定居下来。② 这段迁徙史的具体情节不可信,但却无意中透露了畲族先民原来聚居于武陵山区和五溪流域,然后分两条路线南迁,一条溯沅水逾越城岭进入岭南,折而向东,辗转抵达粤东潮州,另一条经江西溯赣水从赣南折而向东,最后抵达梅州等地的史实。本书暂时撇开畲族口传史料,从历史文献角度探讨武陵蛮迁徙之史迹,以与畲族口传史的某些真实内容相印证。

　　让我们先来看看唐代的情况。

　　梅县《松口钟氏谱钞》称其祖籍颍川,"唐高祖时,寇如蜂发,公(钟氏某

---

　　① 　有的学者认为:"'徭人'的一支,约在唐初进入今粤、赣、闽三省交界地区。"(徐规:《畲族的名称、来源和迁徙》,《杭州大学学报》1962 年第 1 期。)有的学者则认为,隋唐以前,闽粤赣三省交界地区就一直是畲族先民"蛮獠"的始居地。(蒋炳钊:《畲族史稿》第四章第一节,厦门大学出版社 1988 年版。)这两种观点,看似针锋相对,其实立论的根据却是相同的,用的都是晚近谱志有关唐将陈元光在闽粤赣交界区域平"蛮獠"的资料,其中有许多伪造不实之词,完全不足据信。据笔者研究,唐初发生在闽南、粤东的民族啸乱,起事的民族仍属于百越系统(见谢重光:《陈元光与漳州早期开发史研究》,台湾文史哲出版社 1994 年版)。用晚近谱志伪造的材料证明其时"蛮獠"是闽越土著固然没有说服力,用以证明徭人东迁也是经不住推敲的。我们说武陵蛮南迁然后东迁,另有确凿的史料为依据。

　　② 　见《畲族史源》,第 63~69 页。按:此处所述经江西一路既已到达宜春、吉安后,理应继续溯赣江前往赣南,东进汀州、梅州等地,然而《畲族史源》却在此中插述向西北到信州龙虎山一个情节,于事理殊不可通。这一不合理情节的安排,可能与畲族崇信道教,视龙虎山为圣地有关。

一代祖宗钟宝）收拾金铜宝图,避兵江南"①。这是一则经过汉族门第观念包装改造过的史料,其称祖籍颖川,就是按照汉人好称郡望的习惯编造出来的。稍加分析,不难看出其作伪的痕迹。其一,以唐高祖时寇如蜂发作为其祖避兵江南的理由就不能成立,因为唐高祖之时的"寇",不少就在江南,如李子通、林士弘、沈法兴、萧铣、杜伏威、辅公祐等,所以钟宝以避兵而迁居江南之说不能成立,该族之迁徙必定另有原因。其二,所谓"金铜宝图",最是耐人寻味。按:"钟"为畲族主要姓氏之一,钟宝避乱时把收拾金铜宝图作为压倒一切的大事,那么,这宝图应该就是畲族视为传家宝的祖图,金铜则可能是顶端镶着铜质狗头像或龙麒像的祖杖之类。观此,可知此族钟氏应是畲族无疑,该族唐初从颖川迁江南的说法,我们固然不能全信,但也不能完全忽视,因为其中透露出畲族先民唐初曾从祖居地（应即五溪一带）往江南迁徙的信息。②

不过,类似钟宝一族经过山东折而往江南的迁徙,毕竟是武陵蛮民族迁徙大潮中比较次要的一支;唐代武陵蛮迁徙的主流,仍是往南进而分东、西二路蔓延。南岳玄泰禅师居衡山时,尝以衡山多被山民斩伐烧畲,为害滋甚,乃作《畲山谣》曰:

> 畲山儿,畲山儿,无所知。年年斫断青山嵋。就中最好衡山色,杉松利斧摧贞枝。灵禽野鹤无因依,白云回避青烟飞。猿猱路绝岩崖出,芝术失根茆草肥。年年斫罢仍再锄,千秋终是难复初。又道今年种不多,来年更斫向阳坡。国家寿岳尚如此,不知此理如之何。③

这是一则极为珍贵的史料,记录了唐代一支以斫山烧畲为生的山民活跃于衡山一带山区,被称为"畲山儿"的史实。按:前引《梁书》《隋书》都提到莫徭在衡州分布的情形,但尚未具体记述其"畲山"的活动。此处描述"畲山儿"在衡山靠斫山为生,今年所斫"种不多,来年更斫向阳坡",这与后世畲族去瘠就腴、随山种插、迁徙无定的生产、生活特征完全符合,因而为我们提供了把武陵蛮、莫徭、畲族有机联系起来的重要环节。

---

① 转引自罗香林:《客家史料汇篇》第一册"二十三,钟氏"。
② 《畲族史源》第69~70页所述畲族第二次大迁徙还有一条路线是途经山东、安徽,最后到达江苏江宁、句容一带。此说有些内容离奇荒诞,但也透露了畲族先民曾往江南迁徙的信息。
③ 《五灯会元》卷六《南岳玄泰禅师》。

　　另外,唐代著名诗人刘禹锡在连州刺史任上,有《连州腊日观莫徭猎西山》诗作,此前在赴任途中,又作有《赴连州途经洛阳诸公置酒相送张员外贾以诗见赠率尔酬之》诗。《连州腊日观莫徭猎西山》写道:

　　　　海天杀气薄,蛮军步(一作"部")伍嚣。林红叶尽变,原黑草初烧。
　　围合繁钲息,禽兴大旆摇。张罗依道口,嗾犬上山腰。猜鹰虑奋迅,惊鹿
　　(一作"麟")时踘跳。瘴云四面起,腊雪半空消。箭头余鹄血,鞍旁见雉
　　翘。日暮还城邑,金笳发丽谯。①

这首诗描写莫徭狩猎的壮观场面,在诗中莫徭又被称做"蛮军",作者另有一首描述蛮的《蛮子歌》:

　　　　蛮语钩辀音(一作"钩辀语音蛮",一作"蛮语音钩辀"),蛮(一作
　　"身")衣斑斓布。熏狸(一作"狐")掘沙鼠,时节祠盘瓠。忽逢乘马客,
　　恍若惊麟(一作"麕")顾。腰斧上高山,意行无旧路。②

以上两首诗联系起来看,可知莫徭就是语言钩辀难懂,喜穿斑斓衣,喜食狸、鼠等小动物,有祠祀盘瓠习俗的武陵蛮无疑。

《赴连州途经洛阳诸公置酒相送张员外贾以诗见赠率尔酬之》诗写道:

　　　　谪在三湘最远州,边鸿不到水南流。如今暂寄樽前笑,明日辞君步
　　步愁。③

连州大致相当于隋代的熙平郡,在唐代它是三湘南面最偏远的一州,政区上属荆湘系统,但其水南流,水系却属珠江流域,通过水路与岭南有着密切的联系。这就进一步证实了我们关于武陵蛮进至熙平郡是其大规模南进之先声的推断。

　　武陵蛮由连州往西迁徙分布于粤西和桂、黔等地,形成瑶族,这方面的资料很多,在瑶族史的研究中已给予充分的阐发,兹不赘述,但必须特别致力的是武陵蛮到达"三湘最远州"之后折而往东的情况。持畲族族源土著说的学者反对畲徭同源说的主要论据是:"除了盘瓠传说外,史书中找不到畲族是武陵的一支或从湖南迁来的其他线索。"④ "福建少数民族历史上也没有出现

---

① 　见《全唐诗》卷三五四,第880页。
② 　《全唐诗》卷三五四,第887页。
③ 　《全唐诗》卷三六五,第914页。
④ 　《畲族简史》编写组:《畲族简史》,福建人民出版社1980年版。

过‘莫徭’的名称。"① 对此,饶宗颐的《畬徭关系新证——暹罗〈徭人文书〉的〈游梅山书〉与宋代之开梅山》② 已给予部分的回答。他利用泰国《徭人文书》保存的五溪蛮徭迁徙到广东潮州或韶州的资料,结合粤东惠东县陈湖村《黎氏族谱》关于其先祖宋代自湖南潭州迁至博罗、归善（今海丰）的记载,提供了武陵蛮从湖南迁至粤东的重要线索。

而关于福建畬族是否属武陵蛮的一支或从湖南迁来的问题,从目前所见论著来看,人们似乎还没有找到确切的史料给予肯定的回答。实际上,唐代福建就已有莫徭活动的踪迹可寻,对此我们至少可以举出两条确证。其一是中唐诗人顾况的《酬漳州张九使君》诗,略曰:

> 故人穷越徼,狂生起悲愁。……南方荣桂枝,凌冬舍温裘。猿吟郡斋中,龙静檀栾流。薛（一作"薛"）鹿莫徭洞,网鱼卢亭洲（一作"舟"）。心安处处安,处处思退陬。③

按:"网鱼卢亭洲"描写的是一种沿海居住舟中的水上居民,即所谓"卢亭",又称"游艇子"、"白水郎",漳州、泉州、广州所在多有 ④,都是自唐以前就居住在闽、粤的夷蜑。

前引《隋书·地理志》谈到"长沙郡又杂有夷蜑,名曰莫徭",这是把夷蜑与莫徭等同起来的看法。而顾况的诗,却把夷蜑与莫徭看成两种不同的种族,一是善于渔业的水上种族夷蜑,一是擅长耕猎的山居种族莫徭。他认为唐代漳州的居民就分属这两种蛮夷种族。其实这种情况不独漳州为然,整个闽、粤范围大体如此。刘禹锡说:"闽有负海之饶,其民悍而俗鬼,居峒砦,家浮筏者与华言不通。"⑤ 而韩愈则把岭外十三州之民称为"林蛮峒蜑"⑥。把顾、刘、韩诸人的诗文相对照,正可互为补充,互相印证,说明当时闽、粤两地的居

---

① 蒋炳钊:《关于畬族来源问题》,《中央民族学院学报》1984 年第 3 期。

② 载施联朱主编:《畬族研究论文集》,民族出版社 1987 年版,第 25 页。

③ 《全唐诗》卷二六四,第 658 页。

④ 《太平寰宇记》卷一〇二"泉州风俗":"泉郎（笔者按:"泉郎"应为"白水郎","白""水"二字竖排,误为"泉"字。至今闽南犹称生老病死都在船上的水居人家为"白水郎"）即州之夷户,亦曰游艇子。"刘恂《岭表录异》卷中则载:"卢亭者,卢循昔据广州,既败,余党奔如海岛,野居,唯食蠔蛎,叠壳为墙壁。"

⑤ （唐）刘禹锡:《唐故福建等州都团练观察处置使福州刺史兼御史中丞赠左散骑常侍薛公神道碑》,《全唐文》卷六〇九。

⑥ （唐）韩愈:《清河郡公房公墓碣铭》,《全唐文》卷五六三。

民基本上就是居峒砦的蛮和家浮筏的蜑两种,其中的林蛮包括莫徭在内。

其二是《太平寰宇记》卷一〇一"建宁县"条所载:"本将乐县地,晋绥城县,莫徭之民居焉。唐武德中并入邵武,垂拱中割入将乐。"按:《太平寰宇记》虽然成书于宋初,但观此条记载的文意,说的应是晋代以降的事。《太平寰宇记》卷一〇〇"沙县"条又有如下记载:"自乾符(874~879)后土寇乱离,汉路阻隔。""土寇"与"汉路"对举,则"土寇"显然是蛮夷,不是汉族。可知直到唐末,闽北、闽中一带还是蛮夷充斥,那么晋至唐中叶的建宁地方分布着莫徭就毫不足怪了。

南朝和隋代,莫徭的足迹主要见于五溪和湘水流域,最远到达珠江水系北缘的浈水流域;及至唐宋,莫徭广泛分布于衡州、连州、韶州、潮州、建宁、漳州等地。从中不难看出武陵蛮向南又折而向东迁徙的态势。其迁徙的路线可能不止一条,根据前述史迹推寻,有一条路线大概由五溪入洞庭湖,溯湘江而南,先后进至衡州、连州等地,再沿湟水、武溪等河流南下粤中,经由粤东而进至闽南、闽西北。另有一条路线,则可能由湘入赣,再由赣入闽。这一路线的产生,可能与唐中叶的安史之乱及唐末的江淮军民移民入闽相关。

这一时期从中原和江淮向江南迁徙的人民主要是汉人,但武陵蛮受此人口迁移大潮的挤压而向东南迁移也是情理中事。迁徙的路线,唐末江淮军民曾自光州、寿州经蕲州渡江"略浔阳、赣水,取汀州",再东进漳州,北取泉州、福州[1],也就是自蕲州渡江入鄱阳湖,溯赣江至赣南,由赣南东向入闽。武陵蛮由湘入赣,再由赣入闽的路线,是否大致与此相同?由于文献荡佚,要找到确凿的史料清晰说明这支武陵蛮入闽的轨迹是有困难的,但仍有若干踪迹可供推寻。

首先,鄱阳湖西南侧赣水流域的洪州(今南昌、修水、高安、万载、武宁、永修、丰城等地),唐末有大量夷獠聚居。史称:"钟传,洪州高安人。以负贩为业,或劝其为盗必大显。时王仙芝猖獗,江南大乱,众推传为长,乃鸠夷獠,依山为壁,至万人,自称高安镇抚使。"[2] 钟传所鸠集的"夷獠",又称为"蛮獠"。[3] 另据《新唐书》卷六八《方镇表》五载,乾元元年(758),"置洪、吉都

---

① 《新唐书》卷一九〇《王潮传》。

② 《新唐书》卷一九〇《钟传传》。

③ 《资治通鉴》卷二五五系此事于中和二年(882),称"王仙芝寇掠江西,高安人钟传聚蛮獠,依山为堡"。

防御团练观察使,兼莫徭军使,领洪、吉、虔、抚、袁五州,治洪州"。这说明唐代遍布江西的夷獠或蛮獠主要是莫徭,也就是盘瓠蛮,是畲族先民。钟传以钟为姓,作盘瓠蛮的领袖,他自己应该就是盘瓠蛮的一员。

约略与钟传同时而稍后,有汀州刺史钟全慕。当王潮占有福州自称留后时,"钟全慕举籍听命,岭海间群盗二十余辈皆降溃,潮乃尽有五州之地"①。王审知为闽王时,"喜全慕骁勇有谋略,分汀使世守之"。后来钟全慕之孙"钟翱继全慕为汀州都统使、刺史",钟氏一度果然成为"世守是邦"的一方豪霸。②按:唐末天下分崩,国家完全失去对边远地方政权的控制,像汀州这样的荒陬远郡,刺史之位在战乱中全凭力取,非由朝命。钟全慕乘乱自称刺史,当更有势力的王潮到来时他就"举籍听命",由此巩固了权位,取得了"世守是邦"的特权;而且因为他归附了王潮,"岭海间群盗二十余辈皆降溃",则他本人是群盗领袖的身份就显而易见了。看来钟全慕、钟翱应与钟传一样,也是乘时而起、割据地方的蛮獠首领。由其姓氏推断,他们及其纠集的蛮獠也应是具有盘瓠信仰的南迁武陵蛮。

从当今的状况来看,汀州钟氏在闽西分布很广,大抵皆奉钟翱为祖,其中有不少已恢复了畲族成分。钟翱墓现在长汀县西南的濯田乡,紧邻武平县北部的湘店、大禾、桃溪等乡。这一带历来是畲族世居之地,大禾蓝氏是闽西蓝姓畲族的共祖。另外,这一带还有许多带"湘"字的地名,如湘店乡、湘湖村、湘洋村、湘村村、湘坑村、湘里村、湘坑坝、湘全坑等。从地名学的角度,我们认为这些带"湘"字地名得名的缘由,都可能与其地原来有来自荆湘的移民有关。像钟全慕、钟翱一系,源于信仰盘瓠的武陵蛮的可能性是很大的。

如果以上的推论不谬,那么,把洪州钟传及汀州钟全慕、钟翱和漳州、建宁的莫徭联系起来,不就依稀看出武陵蛮由湘入赣、由赣入闽的路线了吗?

以上是唐至宋前期武陵蛮南迁与东迁的史迹。此一时期武陵蛮迁徙的特点是比较零散,规模不是很大,其史迹也只是依稀可考而已。但到北宋中叶,朝廷加强了对五溪蛮徭地区的经略,宋神宗时发生了著名的"开梅山"事件,武陵蛮就开始大规模的向南、向西、向东各处迁徙了。关于"开梅山",《宋史》

_____

① 《十国春秋》卷九〇《闽一·司空世家》"景福二年(893)"条。
② (宋)胡太初修、赵与沐纂:《临汀志·郡县官题名》,福建人民出版社1990年版,第116页。

记载甚详,卷一五《神宗纪》云:

> （熙宁）五年（1072）……十一月癸丑……章惇开梅山,置安化县。

卷四九四《蛮夷二·梅山峒》云:

> 梅山峒蛮,旧不与中国通,其地东接潭,南接邵,其西则辰,其北则鼎、澧,而梅山居其中。……
>
> 嘉祐末,知益阳县张颉收捕其桀黠符三等,遂经营开拓。……熙宁五年（1072）,乃诏知潭州潘夙、湖南转运副使蔡烨、判官乔执中同经制章惇招纳之。……于是遂檄谕开梅山,蛮徭争辟道路……籍其民,得主、客万四千八百九户,万九千八十九丁。田二十六万四百三十六亩,均定其税,使岁一输……诏以山地置新化县……

卷四七一《章惇传》云:

> 熙宁初……时经制南、北江群蛮,命为湖南、北察访使。提点刑狱赵鼎言,峡州群蛮苦其酋剥刻,谋内附,辰州布衣张翘亦言南、北江群蛮归化朝廷,遂以事属惇。惇募流人李资、张竑等往招之,资、竑淫于夷妇,为酋所杀,遂致攻讨,由是两江扇动。……惇竟以三路兵平懿、洽、鼎州。[①] 以蛮方据潭之梅山,遂乘势而南。

据此,梅山在宋代已成为五溪蛮徭的主要根据地。由于宋代国家权力加强了对五溪蛮徭的经营开拓,激起南北江群蛮的反抗,朝廷遂决定用兵梅山,以进一步征服和控制五溪蛮徭,这就是所谓"开梅山"。"开梅山"的主事者是章惇,其进兵自北而南,先解决懿、洽、鼎州,然后攻占梅山。"开梅山"的结果,一是迫使部分蛮徭的归顺、向化,其民内附成为国家编户,纳税完粮,其酋长有的成为朝廷命官,官府则在蛮徭地区设立学校加强对蛮徭的教化[②];二是迫使大量的蛮徭迁离五溪一带他们的世居之地,流离转徙于湘南和两广、赣、闽

[①]　懿、洽二州五代时置,宋并二州为沅州,治今湖南芷江;鼎州约当今常德市及所辖桃源、汉寿等县地。

[②]　日本白鸟芳郎在泰国清迈发现的汉文《徭人文书》之《游梅山书》是一份追忆宋代"开梅山"事件的重要民间文书,其《盘古歌》云:"立有梅山学堂院。"宋人蔡绦《铁围山丛谈》卷二有"大观、政和之间……广州、泉南请建番学"的记载。大观中,赵企所作词有"徭人北面朝天子"之句。综观这些资料,可推知"开梅山"后朝廷很可能在五溪蛮徭区域设立学校（见饶宗颐《畲徭关系新证——暹罗〈徭人文书〉的〈游梅山书〉与宋代之开梅山》）。及至南宋,史书已正式记载朝廷在郴州的宜章、桂阳军的临武设学教化峒蛮子弟,详见后文。

各地。

由"开梅山"引起的武陵蛮的播迁是一个漫长的过程,从两宋至元明,其迁徙之迹,虽因日久年埋,不甚彰明,但据传世文献与民间谱牒综合推考,尚能得其大略。前引粤东的民间谱牒和泰国的《徭人文书》中,就有"开梅山"之后武陵蛮南迁的踪迹可寻,饶宗颐已详加论证。简言之,其始迁的年代有宋淳熙二年(1175)、嘉熙元年(1237)、景定元年(1260)三例,迁出地可考者为湖南潭州永康县鹅塘都,迁徙路线经过连州、韶州、高要、罗浮等地,以后到博罗、归善(今海丰)定居,最远的到达潮州。①

此外,《元史》对武陵蛮的南迁亦有所反映,卷一八四《王都中传》曰:

> 郴居楚上流,溪洞徭獠往来民间,惮其强猾,莫敢与相贸易。都中煦之以恩,慑之以威,乃皆悦服。郴民染于蛮俗,喜斗争。

郴州即隋代的桂阳郡,当时其地已有武陵蛮的分布。《元史》这条资料,一则可能反映自宋"开梅山"之后有新一波的武陵蛮迁居其地,二则从"郴民染于蛮俗"的情况来看,"溪洞徭獠"在该地区长期与汉民杂处,互相融合、互相同化,以致使当地的风俗发生变化。

顾炎武《天下郡国利病书》对于蛮徭的迁徙亦多有论述。书中专立一条论广东"徭獞",略曰:

> 按水经:浪水出武陵潭城县。北界沅水谷。南至郁林潭中县与邻水合又东至苍梧,为郁溪;又东至高要县,为大水。蛮越之众,自此逾岭而居溪峒,分猺、獞二种,猺乃蛮荆,獞则旧越人也。②

这里把"猺"与"獞"区分得很清楚,"猺乃蛮荆",他们是从五溪一带迁来的;"獞则旧越人也",他们才是百越民族的后裔。但蛮、越之众都有原居五岭之北的,后来都有逾越五岭而散居两广溪峒中的情况。关于"蛮荆"逾五岭后在粤、闽的分布情况,该书在"博罗县志"条中说:

> 徭本盘瓠种,地界湖蜀溪峒间,即长沙黔中五溪蛮后。滋蔓绵亘数千

---

① 见饶宗颐《畲徭关系新证——暹罗〈徭人文书〉的〈游梅山书〉与宋代之开梅山》。按:饶文所引《盘古歌》叙述蛮徭流离播迁,最后"流落广东朝州府,乐昌安扎直田塘"。其"朝州"之"朝"是一个错别字。"朝"、"潮"同音,其正字可能是潮州,但乐昌正韶州,因而正字也可能是韶州。如果考虑到民间文献中对于记忆模糊的古事往往时间和空间颠倒错乱的情况,不排除其迁徙路线先经韶州,最后到达潮州的可能性。

② 《天下郡国利病书》原第28册《广东中》。

里,南粤在在有之。至宋始称蛮徭。其在邑者,俱来自别境。椎结跣足,随山散处,刀耕火种,采实猎毛,食尽一山,则他徙。粤人以山林中结竹木障覆居息为峯,故称徭所止曰峯。自信为狗王后,家有画像,犬首人服,岁时祝祭。其姓为盘、蓝、雷、钟、苟,自相婚姻,土人与邻者亦不与通婚。徭有长有丁。国初设抚徭土官领之,俾略输山赋。赋论刀为准,羁縻而已。今徭官多纳授,从他邑来兼摄,亦不常置。

在"潮州府·畲猺"条中说:

民有山峯,曰猺獞,其种有二:曰平鬃,曰崎鬃。其姓有三:曰盘、曰蓝、曰雷。依山而居,采猎而食,不冠不履,三姓自为婚,有病没,则并焚其室庐而徙居焉。俗有类于夷狄,籍隶县治,岁纳皮张。旧志无所考。我朝设土官以治之,衔曰峯官,所领又有峯,峯当作畲,实录谓之畲蛮。[1]

又在"猺人"一条中说:

猺人楚粤为盛,而闽中山溪高深之处,间有之。漳猺人与虔、汀、潮、循接壤错处,亦以盘、雷、蓝为姓。[2]

顾炎武的观点很清楚,即粤、闽两省的蛮徭都是盘瓠后裔,从长沙黔中五溪地区迁来的,"峯"、"畲"都是后起的称呼,是粤、闽两地根据蛮徭的生活或生产特点给予的新名称。这一观点,与我们关于武陵蛮南迁折而东进到赣闽粤交界区域的观点正相吻合。

第五节　移民与土著的斗争和融合

从中原和江淮向赣闽粤南迁的汉人,与从五溪地区南迁的武陵蛮,出发点和初始的迁移路线并不相同。但当他们越过洞庭湖之后,南迁汉人与武陵蛮东进一支的迁移方向和路线大致相同,自然而然发生了接触;这两支移民进入赣闽粤交界区域之后,跟世居当地的闽越土著也要发生接触。有接触就有斗争和交流,相互的融合也就在斗争和交流过程中潜移默化地进行着。当然,这种斗争和融合在不同阶段有不同的特点,下面分别论述之。

① 《天下郡国利病书》原第19册《广东下》。
② 《天下郡国利病书》第26册《福建·防闽山寇议》。

一、唐末至宋初移民与土著之间的冲突和融合

这一阶段移民与土著之间比较重大的冲突,事迹彰明至今仍可考见者,当数唐末中原和江淮移民入闽而引起的湘赣闽粤蛮僚动乱。这些动乱可以看作是黄巢之乱在各地引起的回响。

黄巢之乱对于客家先民迁移的影响,从客家祖地之一宁化石壁人民世代相传的一则故事可以得到启示:

> 据传说,唐末有一石碧(即石壁)妇女带着两个小孩逃难,在路上遇到黄巢。黄巢看见她把年纪较大的小孩背在背上,年纪较小的反而走路,感到很奇怪,问她是什么原因。这妇女不知问话的就是黄巢,便回答说:"听说黄巢老爷造反,到处杀人,百姓惊慌奔走。这年纪大的是我的侄儿,因为他已经没有父母,恐怕被黄巢杀了,断了香火,所以背。这个年纪较小的是我自己的儿子,所以牵着走路。"黄巢听后很感动,便安慰她:"不要怕!你赶快回去,把黄葛藤挂在门口,便不会遇难。"黄巢随即向军中下令,凡遇见门口挂黄葛藤的,不准杀戮。这位妇女随后知道向她问话的就是黄巢,便急忙赶回家,动员村里人民割葛藤,挂在村庄的路口上,于是保护了整个村庄的安全。村民为庆幸此举,把村名叫葛藤坑。①

这则故事在不同记载中有些不同的细节,而且实际上黄巢的部队并没有到过宁化石壁。从考据学的角度,或可怀疑其真实性;但从民俗学的角度,这却是一则十分有价值的口碑资料。如果我们不拘泥于故事中具体的人名、地名,就不可否认,它生动地反映了客家先民因黄巢之乱而避难逃亡的史影,比任何史家所载都要更真实地留下了已经逝去的历史一幕。

由黄巢之乱和各地风起云涌的农民武装斗争引起的江淮汉人的南迁,为南迁汉人与先期或同时南迁的武陵蛮之接触、斗争、交流、融合创造了更多的机会,试看如下记载:

马殷割据湖南时,道州有峒獠酋长蔡结称雄②,并与黄巢的部属互相支持和配合。《新唐书》卷一八六《邓处讷传》载:"宿人鲁景仁从黄巢为盗,至

---

① 绿之旅:《客家的第二故乡——宁化石壁》,《石壁之光》,厦门大学出版社1993年版。
② 《资治通鉴》卷二六一。

广州,病不能去,以千骑留连州。众饥,从蔡结求粮,乃相倚仗。"按:道州、连
州都是盘瓠蛮的主要聚居地,蔡结所聚群蛮应属盘瓠蛮,鲁景仁所部必有客
家先民,所以蔡结与鲁景仁的联合和互相倚仗,是南迁汉人与盘瓠蛮共同斗
争的一段佳话。

王仙芝所部入赣时,赣中有钟传与之相呼应。《新唐书》卷一九〇《钟传
传》载:

> 钟传,洪州高安人。以负贩为业,或劝其为盗必大显。时王仙芝猖
> 獗,江南大乱,众推传为长,乃鸠夷獠,依山为壁,至万人,自称高安镇抚使。

《资治通鉴》卷二五五唐僖宗中和二年(882)"五月"条又载:

> 先是,王仙芝寇掠江西,高安人钟传聚蛮獠,依山为堡,众至万人。仙
> 芝陷抚州而不能守,传入据之,诏即以为刺史。至是,又逐江西观察使高
> 茂卿,据洪州。

可知钟传的队伍与王仙芝军队在江西的活动有密切的关系,其势力范围主要
在鄱阳湖以南,一度控制了赣北和赣中,在整个江西都有很大影响。

钟传的族属,据上文的考证,应属于盘瓠蛮,他所领导的队伍应是以盘瓠
蛮为主体的少数民族武装。而王仙芝领导的农民武装则以南迁汉人为主。
那么,这次少数民族武装起义,既有配合王仙芝领导的农民武装共同反抗官
府的性质,两支队伍之间又有互相争夺的一面,反映了南迁汉人与盘瓠蛮交
往的复杂关系。

此类复杂关系,本质上就是畲族先民与客家先民之间的合作与冲突。这
在唐末自江淮经江西至福建这一移民南迁主要途径的区域有所表现。史籍
记载了其中几次较大的事件。

一是与钟传同时而稍后的汀州刺史钟全慕与王闽政权的合作,也是这个
时期蛮汉合作的重要事件。如上所考,钟全慕是闽西盘瓠蛮的豪酋。当王潮
占有福州自称留后时,钟全慕举籍听命,"岭海间群盗二十余辈皆降溃,潮乃
尽有五州之地"[①]。后来王审知为闽王时,钟全慕及其孙子钟翱继续得到王审
知的信用,任王闽政权的世袭汀州刺史,为王闽政权立下了汗马功劳。不难
想见,以钟氏为代表的少数民族武装所以能一度与王闽政权密切合作,是受

---

① 《十国春秋》卷九〇《闽一·司空世家》"景福二年(893)"条,第1298~1300页。

反抗腐朽封建统治的共同利益驱动所致,他们与王闽政权合作的形式蕴涵着南迁汉人与盘瓠蛮互相支持、互相配合的本质。

二是唐昭宗景福元年（892）,王潮所部从泉州攻福州时,"平湖洞及滨海蛮夷皆以兵船助之"的事件。据胡三省的考证,平湖洞在当时泉州莆田县界外。平湖洞及滨海蛮夷应属于文献所称之"夷蜑",换句话说,其成分主要是闽越土著。这次平湖洞及滨海蛮夷用兵船送王潮军队进攻福州的事件,自是南迁汉人与闽越土著密切合作的典型事例。

三是唐昭宗乾宁元年（894）黄连峒蛮二万围汀州,被王潮部将李承勋击破①;其后,后唐天成元年（926）又有汀州民陈本聚众三万围汀州,被当时的闽王王延翰遣右军都监柳邕讨破,陈本被斩。②据《通鉴》胡三省注,黄连峒在汀州宁化县南,后来称为"潭飞磜",这是一个著名的蛮僚窟穴。陈本的族属不详,可能也是黄连峒蛮。这两次围汀州事件应属同一性质。

黄连峒蛮对于王闽政权的态度,不但与平湖洞及滨海蛮夷不同,也与钟氏家族为代表的盘瓠蛮迥异。其原因应从王闽政权性质的变化方面去索解。王氏集团初入闽时,是贫苦农民反抗封建暴政的代表,采取了"招怀离散、均赋缮兵"等正确措施,因而"吏民悦之"③,受到包括少数民族在内的广大人民的欢迎和拥护。但是王氏既得政权之后,转化为封建统治者,对人民加强控制、增加赋敛之类政策随之出台,特别是王延翰继位之后,统治集团日益腐朽,对人民的剥削压迫日益加重,少数民族尤其受到歧视。此外,自唐末以来一波又一波的南迁汉人涌入闽西,其数量已成为当地蛮僚生存竞争的强大对手,在居住空间、土地垦辟、山林和水源等生产资源的利用方面,彼此都容易产生利害冲突。而在汉人与蛮僚发生大规模冲突之时,汉族政权往往是袒护汉人,打击土著。黄连峒蛮2万和陈本聚众3万先后围汀州,就是在这样的背景下出现的。所以这两次事件,反映了蛮僚对王闽政权态度的转变,同时也反映了蛮僚与南迁汉人之间的矛盾和斗争。

---

① 《资治通鉴》卷二五九,第8459页。
② 《十国春秋》卷九一《闽二·嗣王世家》。
③ 《十国春秋》卷九〇《闽一·司空世家》。

五代至宋,客家先民仍源源不断地迁入赣闽粤交界区域。[①]但因闽国时期峒蛮斗争被镇压,闽西畲族先民的力量严重受挫,短期间难以再积聚力量掀起大规模反抗斗争,所以见诸史籍的只是小规模零星的蛮獠"寇乱",如北宋天禧中(1017~1021)武平县"峒獠久为民害"就是一例。[②]"久为民害"之"民"应以汉人为主,所以此例反映的是宋初蛮獠与南迁汉人的矛盾斗争。

二、两宋之际汉人与蛮獠关系的新格局

赣闽粤边汉人与蛮獠的关系,在两宋之际,特别是南宋之后出现了新的格局。时人刘克庄的《漳州谕畲》透露了此中消息,其文略曰:

> 自国家定鼎吴会,而闽号近里,漳尤闽之近里,民淳而事简,乐土也。然炎绍以来,常驻军于是,岂非以其壤接溪峒,苗苇极目,林菁深阻,省民、山越,往往错居,先朝思患预防之意远矣。凡溪峒种类不一:曰蛮、曰猺、曰黎、曰蜑,在漳者曰畲。西畲隶龙溪,犹是龙溪人也。南畲隶漳浦,其地西通潮、梅,北通汀、赣,奸人亡命之所窟穴。畲长技止于机毒矣,汀、赣贼入畲者,教以短兵接战[③],故南畲之祸尤烈。二畲皆刀耕火耘,崖栖谷汲,如猱升鼠伏,有国者以不治治之。畲民不悦(役),畲田不税,其来久矣。厥后贵家辟产,稍侵其疆;豪干诛货,稍笼其利;官吏又征求土物——蜜蜡、虎革、猿皮之类。畲人不堪,愬于郡,弗省,遂怙众据险,剽略省地。壬戌〔即理宗景定三年(1262)〕腊也,前牧恩泽侯有以激其始,无以淑其后;明年秋解去,二倅迭摄郡,寇益深,距城仅二十里,郡岌岌甚矣。帅调诸寨卒及左翼军统领陈鉴、泉州左翼军正将谢和,各以所部兵会合剿捕,仅得二捷。寇暂退,然出没自若,至数百里无行人。事闻朝家,调守,而著作郎兼左曹郎官卓侯首膺妙选。诏下,或曰:侯擢科甲有雅望,宰岩邑有

---

① 　这段迁徙史在不少客家族谱中有所反映,如兴宁《吴氏源流考略》所载吴文祖的祖父五代时自蜀移居赣中的情形曰:"吾祖夫妇……于后晋天福元年丙申(936),时吾年四岁,吾祖年六十有三,偕祖母与父纮公、叔经公及绍公,合家渡江,徙今江西抚州府临川县之石井,留二叔经公居此,又与父纮公,三叔绍公,易居江西建昌府南丰县嘉禾驿梓口李家庄,后又徙居祝家山金斗寨,将军出洞形居焉。"(见罗香林《客家史料汇篇》)

② 　康熙《武平县志》卷七《官师表·陈阐》。

③ 　此句有不同释读法,或读"汀、赣贼人,畲者教以短兵接战",意指"汀、赣贼人"是被教者,"畲者"是施教者。笔者以为,当时汀、赣农民武装(即所谓"汀、赣贼")在军事上比畲民先进,应以"汀、赣贼"教"畲者"为合理。

去思,责之排难解纷,可乎? 侯慨然曰:君命,焉所避之! 至则枵然一城,红巾满野。久成不解,智勇俱困。侯榜山前曰:畲民亦吾民也。前事勿问,许其自新。其中有知书及土人陷畲者,如能挺身来归,当为区处,俾安土著;或畲长能帅众归顺,亦补常资。如或不悛,当调大军,尽钼巢穴乃止。命陈鉴入畲招谕。令下五日,畲长李德纳款。德最反复杰桀者。于是西九畲酋长相继受招。西定,乃并力于南,命统制官彭之才剿捕,龙岩主簿龚镗说谕,且捕且招。彭三捷,龚挺身深入。又选进士张杰、卓度、张椿叟、刘□等与俱。南畲三十余所,酋长各籍户口三十余家,愿为版籍民。二畲既定,漳民始知有土之乐。余读诸畲款状,有自称盘护孙者。彼曷尝读范史,知其鼻祖之为盘护者? 殆受教于华人耳。此亦溪峒禁防懈而然欤。……夫致盗必有由。余前所谓贵豪辟产诛货、官吏征求土物是也。侯语余曰:每祸事必有所激,非其本心。呜呼! 反本之论,固余之所服欤!①

从这则记载中,我们最少可以获得如下信息:

其一,这时赣闽粤边的土著和先期迁入的武陵蛮已有了较多的融合,汉人统名之曰"溪峒种类",但由于各自渊源不同,所以彼此还有较大区别,因而又有"蛮"、"猺"、"黎"、"蜑"、"畲"等具体名称。

其二,这时出现了被侮称为"汀、赣贼"的特殊群体。"汀、赣贼"与畲民关系密切,把"短兵接战"的特殊军事技术教给畲民,说明这两个族群在反抗封建政权压迫的斗争中互相呼应、互相配合。从这些特征来看,"汀、赣贼"已是客家人的先驱,只不过这时"客家人"的名称大概还没有出现,或还没有被普遍采用罢了。

其三,一个以盘瓠信仰或盘瓠图腾崇拜为最根本文化特征的族群亦早已形成,且已名之为"畲"。但诸畲中只有一部分人"自称盘护孙者",表明另有一部分畲民不是盘护子孙,也就是说,畲族包含了并非来自盘瓠蛮的闽越土著成分。

其四,畲民与客家人联合进行对抗封建政权的斗争,一方面是两个族群有了此前长期接触和交流的基础,一方面也是由于南宋时期新的形势所促成

---

① (宋)刘克庄:《后村先生大全集》卷九三,《四部备要》本。

的。按刘克庄的话说,就是南宋政权以临安(今杭州)为首都,赣闽粤边由偏远之地一跃而为接近政权核心的"近里",受到的控制大大加强了,而南宋封建政权更加腐败,更加漫无限制地向畲民搜刮兵丁财赋,汉族的权贵之家又百般向畲民侵夺,因而激起了畲民的变乱。

宋廷的腐败,表现在政治、经济、军事各个方面。就军事上来说,史载:"咸平以后,承平既久,武备渐宽。仁宗之世,西兵招刺太多,将骄士惰,徒耗国用,忧世之士屡以为言,竟莫之改。"[①] 于是正兵败坏不堪用,遇事多依赖乡兵和临时的招募。在江西、福建、广东,则有所谓"枪手"、"枪杖手"和"峒丁",大多是从赣闽粤边强制征发或招募来的。

乡丁、枪杖手的主要任务是对付贩私盐的武装团伙,如《宋史·兵志》所言:"熙宁七年(1074),诏籍虔汀漳三州乡丁、枪手等,以制置盗贼司言三州壤界岭外,民喜贩盐且为盗,非土人不能制故也。"[②] 而百姓贩卖私盐起因于苛虐百姓的榷盐制,即强迫某一区域的百姓一定要按官价购买某地出产的食盐。如闽西与潮州有汀江和韩江相连,通过水道运潮州出产的"潮盐"近便而价廉,官府却规定闽西百姓非要食用"福盐"或"漳盐"不可,运"福盐"或"漳盐"主要靠陆路搬运,路远费力,质劣价昂,官府从中渔利,老百姓却增加了很大的负担。

官府不知改革榷盐弊政,却坚持强召枪杖手和峒丁进行镇压,结果反多一弊政,重重残民苛政理所当然地激起蛮汉人民的反抗浪潮。南宋之后"溪峒种类"和"汀赣贼人"如火如荼、此起彼伏的造反事件,就是在这样的背景下发生的。兹以高宗一朝为时间断限,赣、闽、粤、湘四省交界区域为空间范围,仅就《宋史·高宗本纪》所载,大略了解一下当时蛮汉人民反抗斗争的概貌:

〔绍兴元年(1131)二月〕宜章县民李冬至二作乱,犯英、连、韶、郴诸州。

〔绍兴元年(1131)六月〕南安贼吴忠、宋破坛、刘洞天作乱。庚寅,江西提刑司遣官讨之,破坛、洞天皆伏诛,忠遁去。……二年(1132)八月,江西统制傅枢讨平南雄贼吴忠、邓庆、刘军一等。

---

① 《宋史》卷一八七《兵志一》。
② 《宋史》卷一九一《兵志五》。

〔绍兴元年（1131）秋七月〕壬寅，虔州贼陈颙作乱，命趣捕之……二年（1132）夏四月甲子，陈颙围循州，焚龙川县，命江西安抚司遣将捕之。……十一月辛酉，陈颙陷汀州武平县，犯梅、循二州。……三年（1133）春正月癸亥，陈颙围潮州不下，引兵趣江西。

〔绍兴二年（1132）十二月〕虔贼谢达犯惠州。

〔绍兴三年（1133）二月戊申〕虔贼周十隆犯循、梅、汀州，诏统制赵祥等合兵捕之。……三月乙未，诏岳飞捕虔贼。……四年（1134）八月己亥，周十隆出降，为官军所掠，复遁去，犯汀、循州。……五年（1135）正月，庚午，命王进合江西、广东诸将兵讨周十隆。

〔绍兴十年（1140）十一月〕宜章峒民骆科叛，犯桂阳、郴、道、连、贺诸州，命发大兵讨之。……十一年（1141）四月丙申，以广西经略使胡舜陟节制广东、湖南兵，趣讨骆科。……十二年（1142）二月辛卯，"蠲广南东、西路骆科残扰州县今年租"[1]。

对于以上所录资料，首先要明确有关的地理概念。这时的郴州和桂阳军，大致相当于隋代的桂阳郡、唐代的郴州，与道州、连州都是武陵蛮、长沙蛮等溪峒蛮夷的主要聚居区，但道、连二州是武陵蛮南迁逾岭至广东、广西的必经之地，而郴州和桂阳军则是武陵蛮南迁折而东向至江西、福建的必经之地。资料中涉及赣闽粤的部分有江西的虔州、南安军，福建的汀州，广东的梅、循、潮、惠、韶、南雄、连、贺、英等州。这一地域，拿今天的地理概念来说，包括了赣南、闽西、粤东和粤北，就是人们说的"客家大本营"。弄清了这样的背景，我们对上述资料就会产生如下深刻的印象：一是此时蛮汉人民造反活动如此频繁，固然与此时的阶级矛盾尖锐有关，可能也与这一时期这一地区的民族和族群关系复杂有关；二是这些造反事件反复发生在畲族先民和客家先民的主要活动区域，对于日后畲族和客家的形成一定有深远的影响。有的史志直称其中的一些事件为"汀、虔、潮、惠山寇为乱"[2]，"山寇"一词既适用于畲族先民，也适用于客家先民，正是对我们这一推断的印证。

宋高宗之后赣闽粤边的蛮汉人民反抗斗争，仍然保持着不断高涨的态势，

---

① 以上引文均见《宋史·高宗本纪》。
② 民国《长汀县志》卷一五《武备志》。

波澜壮阔地进行着。下面我们择其比较重大而典型的事件略作分析。

1. 郴州"峒寇"的作乱

郴州的地理形势是南临五岭,东倚罗霄山脉。南逾五岭是两广的连、韶、英、贺、南雄诸州,东越罗霄山脉是赣南的南安军和赣州。南宋以来郴州"峒蛮"接连作乱,如绍兴元年(1131)二月,"宜章县民李冬至二作乱,犯英、连、韶、郴诸州";绍兴十年(1140)十一月,"宜章峒民骆科叛,犯桂阳、郴、道、连、贺诸州";淳熙六年(1179)三月己巳,"郴州贼陈峒等破连、道州、桂阳军诸县"。①

以上诸次乱事矛头所指都是逾岭南向,但最大规模的造反活动则是宁宗时"黑风峒寇"李元砺的作乱,其矛头是东向赣中、赣南地区,兵锋远及于闽西汀州。史载:

〔嘉定二年(1209)十一月〕郴州黑风峒寇李元砺作乱,众数万,连破吉、郴诸县,诏遣荆、鄂、江、池四州军讨之。……是岁,诸路旱蝗,扬、楚、衡、郴、吉五州、南安军盗起。……〔三年(1210)二月〕壬午,以工部侍郎王居安知隆兴府,督捕峒寇。……(三月)己亥,以湖南转运判官曹彦约知潭州,督捕峒寇。……夏四月癸亥,李元砺犯南雄州,官军大败。……丙寅,诏监司、守臣安集泰、吉二州民经贼蹂践者。……(六月)池州副都统许俊、江州副都统刘元鼎与李元砺战于江西,皆不利。知潭州曹彦约又与贼战,亦为所败,贼势愈炽。……(十一月)李元砺迫赣州、南安军,诏以重赏募人讨之。……(十二月)丙寅,湖南贼罗世传缚李元砺以降,峒寇悉平。……〔四年(1211)正月〕丙午,诏:湖南、江西诸州经贼蹂践者,监司、守臣考县令安集之实,第其能否以闻。二月乙卯,李元砺伏诛。壬戌,罗世传补官,寻复叛。……(四月)丙午,赐黑风峒名曰效忠。……(九月)乙亥,罗世传为其党所杀。②

这次斗争,历时两年,转战三省数州之地,迫使朝廷调集大军前来镇压,动用了围剿、安抚和分化利诱等多种策略,才勉强把乱事平定下去。其中最值得注意的是:

---

① 以上引文均见《宋史·高宗本纪》。
② 《宋史》卷三九《宁宗三》。

第一,这次"峒寇"主要转战在江西的吉州、赣州和南安军以及汀州。所以有的文献径称这次寇乱为"江闽寇"①或"江西峒寇"②。联系到武陵蛮南迁至五岭北麓后,分南进、东进两路继续迁移,我们认为,这次郴州"峒寇"进攻赣南、闽西,应带有峒蛮向赣南、闽西移民的性质,至少,乱事被镇压后留在赣、闽的"峒寇"余部,就成了入居其地的移民。

第二,对于"经贼蹂践"的诸州县,朝廷花了很大力气做安集工作。之所以需要如此大费周章的安集,是因为这些州县有不少百姓参加或支持了造反活动,这些百姓未必都是"峒蛮",其中有不少是汉人。对此,我们有充分的史料可以证明其说。例如,淳熙四年(1177)二月戊子,"立边人逃入溪峒及告捕法"③说,明确有许多边远汉人逃入溪峒,与峒民同生活、共命运,并一起参加反抗封建政府的斗争。再如,史载起初有不少义丁参加围剿黑风峒寇的战斗,后因官军采用招抚策略,由是"贼阴治械,外送款,身受官峒中,不至公府。义丁皆惎曰:'作贼者得官,我辈捐躯坏产业,何所得!'于是五合六聚,各以峒名其乡,李元砺、陈廷佐之徒,并起为贼矣。放兵四劫,掀永新,撤龙泉,江西列城皆震"。又载后来主持剿寇的统帅王居安以书晓都统制许俊曰:"贼胜则民皆为贼,官军胜则贼皆为民,势之翕张,决于此举。将军素以勇名,挫于山贼可乎?"④说明所谓"溪峒",不一定都是峒蛮的窟穴,也有汉人聚落借用溪峒名称的情况;所谓"峒寇",也有许多是一般的边区百姓,他们在峒蛮造反胜利的形势下汇入了造反的洪流,而被官府一概诬称为"峒寇"或"山贼",甚至"峒寇"领袖如李元砺、陈廷佐之徒,也未必就出身于蛮族,只是汉人借用了峒蛮的旗号而已。因此,这次著名的郴州黑风峒蛮作乱,应是一次蛮汉合作(实际上就是畲族先民与客家先民合作)的人民反抗斗争。

第三,在这次乱事的前后,大量边人逃入溪峒,必将促成汉人的蛮化,而朝廷采取的一系列安抚和教化峒民的措施,如特别设立教养峒民子弟学校等⑤,则有利于峒蛮的汉化。两者相辅相成,相互为用,共同推动了畲族先民与客

① 《宋史》卷四四九《忠义·胡斌传》。
② 《临汀志·营寨》曰:"自嘉定间江西峒寇李元砺窃发……"
③ 《宋史》卷三四《孝宗二》。
④ 《宋史》卷四〇五《王居安传》。
⑤ 《宋史》卷三五《孝宗三》载:"〔淳熙八年(1181)四月癸酉〕立郴州宜章、桂阳军临武县学,以教养峒民子弟。"

家先民的进一步融合和同化。因此,郴州"峒蛮"特别是李元砺领导的"黑风峒蛮"反抗封建政权的长期斗争,对于客家民系的催化作用是不容忽视的。

2. 晏头陀领导的盐寇起事

这次造反事件起于理宗绍定二年(1229)冬,根据地在福建宁化的潭瓦磜(一说"潭飞磜"或"潭飞寨"),领袖是晏彪,人称晏头陀。激起这次造反的根源是官府的榷盐抑配弊政,所以造反行动深得群众欢迎和拥护,规模迅速扩展,由数百上千发展到万余人,纵横汀、剑、邵武、赣、吉、建昌等州军。经过两年的苦战,于绍定四年(1231)二月被镇压下去。①

关于这次乱事,《宋史·理宗本纪》称为"汀、赣、吉、建昌蛮獠窃发",似乎是纯粹的"蛮獠"反抗斗争。但最初受命平乱的官兵统帅王居安则称为"盐寇"、"汀寇",他在一封信中说:"(汀州)土瘠民贫,业于盐,可尽禁之耶?"② 可见他对于造反的原因有一定程度的认识。其实,说这次乱事是"蛮獠窃发"与"盐寇"、"汀寇"各有道理。说它是"蛮獠窃发",因为造反者有不少"蛮獠",宁化自古就是"蛮獠"聚居的所在,唐末黄连峒蛮两万围汀州的事件大家一定记忆犹新,而造反领袖晏头陀本身就是"蛮獠"。所谓"头陀",是把头发剪得短短的披在肩上,短发往往伴随着文身③,这是闽越族的典型体貌特征。所以,这里的"蛮獠"主要是指闽越族的土著,与主要是指武陵蛮、莫徭的郴州"峒寇"有区别。

说这次乱事为"盐寇"、"汀寇",那是因为参加造反者不仅有蛮獠,还有大量的汀州百姓,他们往往武装组织起来,冲破官府的禁令,前往潮州贩运质优价廉的潮盐,故而这种武装的贩盐队伍被官府诬为"盐寇",又因为他们都是汀州百姓,所以又被诬为"汀寇"。南宋时期,汀、漳"盐寇"经常与"蛮獠"合作对抗官府,所谓"潮与漳、汀接壤,盐寇、峯民群聚剽劫,州兵单弱,山径多蹊,不能讨"④,成为汀、漳、潮等州官吏很头疼的问题。绍定中由晏头陀领

① 《宋史》卷四一九《陈铧传》、卷四〇五《王居安传》。

② 《宋史》卷四〇五《王居安传》。

③ 宋末在建宁起兵抗元的黄华畲军剪发文身,号头陀军。头陀与剪发文身的对应关系,于此可证。

④ 这是洪天骥于理宗宝祐间任职潮州时碰到的问题。见《文山先生全集》卷一一《知潮州寺丞东岩先生洪公行状》;郭子章《潮中杂纪》卷九《郡邑志补》所载略同,见饶宗颐主编《潮州善本选集》第一种,香港潮州商会第三十八届会董会1993年印行。

导的这次"盐寇"起义,就是以汀州的百姓和"蛮獠"为基本成员,旨在抗拒官府榷盐抑配弊政的畲汉人民大起义。这次事件平息之后,有关官府疏浚了自汀江通韩江的运盐航道,朝廷也核准汀州百姓食用潮盐①,从而促进了闽西经济、社会的发展。这既为晏头陀领导的"蛮獠窃发"实质是"盐寇"冲决旧盐法的起义提供了一条佐证,也说明这次起义起到了推动社会发展的作用。

从族群关系的角度,这次"盐寇"造反事件还有一点很值得注意。那就是土民、漳泉人和淮西兵共同参加了围剿起义的战斗。据载,平定"寇乱"的统帅陈铧"籍土民丁壮为一军,号忠勇军"②,忠勇军在平乱初期起了较大作用,曾破敌于高桥。后来起义军继续发展,声势浩大,陈铧便提出"求淮西兵五千人可图万全",朝廷批准了陈铧的要求。当起义军急攻汀州时,"淮西帅曾式中调精兵三千五百人由泉、漳间道入汀,击贼于顺昌,胜之"③。据载,曾式中率部由泉、漳间道入汀时,会合了漳、泉地方军队,所以称为"合漳泉人又击破之"④。漳泉人与闽西北土人方言、习俗不同,是两个不同的族群;淮西兵由淮西子弟组成,他们又是另一个族群。漳泉人来围剿汀州的"盐寇",只会增加两个族群间的隔阂和嫌隙,为日后客家人与福佬人之间的矛盾张本;但淮西兵后来长期在闽西一带驻防和作战,不少人解甲归田后落籍闽西,与南迁汉人、闽西土著融为一体,对于客家民系的形成起了很大作用。这一点后面还要论述,此不赘述。

3. 陈三枪领导的"赣寇"之乱

晏头陀之乱刚刚被扑灭,赣南陈三枪又领导蛮汉人民燃起了反抗封建苛政的燎原烈火。《宋史·陈铧传》记述其事颇祥,节录如下:

〔绍定六年(1233),陈铧〕知隆兴府。赣寇陈三枪据松梓山砦,出没江西、广东,所至屠残。铧遣官吏谕降,贼辄杀之。乃谓盗贼起于贪吏,劾其尤者二人。又谓:"寇盗稽诛,以臣下欺诞,事权涣散所致,若决计荡除,数月可毕。"十一月,诏节制江西、广东、福建三路捕寇军马。铧奏遣将刘师

---

① 事在绍定五年(1232),见《临汀志·税赋·盐课》,福建人民出版社1990年版,第28页。
② 康熙《宁化县志》卷七《坛壝庙宇志》"招捕祠"。
③ 《宋史》卷四一九《陈铧传》。
④ 康熙《宁化县志》卷七《坛壝庙宇志》"招捕祠"。

直扼梅州、齐敏扼循州,自提淮西兵及亲兵捣贼巢穴。十二月,兼知赣州。

端平元年（1234）正月,进华文阁待制、江西安抚使。二月至赣,斩将士张皇贼势及掠子女货财者。齐敏、李大声所至克捷。三月,分兵守大石堡,截贼粮道,遂破松梓山。三枪与余党缒崖而遁。铧亲督诸将,乘春瘴未生,薄松梓山,贼悉精锐下山迎敌,旗帜服色甚盛。铧军步骑夹击,又纵火焚之,士皆攀崖上,贼巢荡为烟埃,贼首张魔王自焚。斩千五百级,禽贼将十二,得所掠妇女、牛马及僭伪服物各数百计。三枪中箭,与敏军遇,击败之,贼遁。翌日,追及下黄,又败之。余众尚千余,薙狝略尽。三枪仅以数十人遁至兴宁就擒,槛车载三枪等六人,斩隆兴市。

初,贼跨三路数州六十砦,至是悉平。

《许应龙传》对此事也有记载,可补《陈铧传》的不足,略曰:

许应龙……嘉定元年（1208）举进士。调汀州教授……

理宗即位……知潮州。盗陈三枪起赣州,出没江、闽、广间,势炽甚。而盗钟全相挺为乱,枢密陈铧帅江西任招捕,三路调军,分道追剿。……既而横冈、桂屿相继以捷闻。

招捕司遣统领官齐敏率师由漳趋潮,截赣寇余党。应龙谕敏曰:"兵法攻瑕,今钟寇将穷,陈寇猖獗,若先破钟,则陈不战禽矣。"敏惟命,于是诸寇皆平。[①]

综合起来看,这次起义的规模很大,转战福建、江西、广东三路数州,连营六十砦,其活动的地域包括赣州、汀州、梅州、循州、潮州,刚好是日后"客家大本营"的核心区域。激起这次民变的主要原因是官吏贪赃枉法,即陈铧所谓"盗贼起于贪吏"。起义军表现得很英勇,给官军很大的打击,而且拒绝招降,起义领袖牺牲得都很壮烈,反映了一种特殊的民气和族群精神。起义队伍的成员也包括了畲、汉两个民族,陈三枪是汉族,与他相呼应起事的钟全则应是畲民,所以这也是一次壮烈的畲汉人民大起义。

总的说来,南宋以来,畲族先民与客家先民在共同的反封建剥削压迫的斗争中,加强了合作,加深了交流,加速了融合。这两部分人群之间的矛盾依然存在,如闽西北土民丁壮组成"忠勇军",参加镇压造反"蛮獠",虽然出自陈

---

① 《宋史》卷四一九《许应龙传》。

輋的组织,但多少也反映出土民与"蛮獠"利益上的矛盾和立场上的差异。不过,在这一时期,两个族群的矛盾斗争已经退到次要地位,彼此间的合作、交流与融合成为相互关系的主流。边人逃入溪峒^①,畲民受教于华人,汉人聚落以溪峒为名,以及"义丁"打起峒蛮的旗帜转而与官军作战,诸如此类的现象皆为前此所罕见。而"蛮獠"如钟全之辈主动配合汉人造反队伍作战,以及像"汀、赣贼入畲者,教以短兵接战"这样的密切合作,也开启了蛮汉关系的新篇章。所有这些情况,都为蛮汉之间的双向交流和相互同化提供了极好的契机和条件,这时的湘赣闽粤边区,犹如一只巨大的摇篮,呵护着刚刚形成的一个新的民族——畲族的健康成长,又像一座大温床,积极孕育着汉族的一个新的民系——客家民系的诞生。

纵观李元砺、晏头陀、陈三枪领导的这几次蛮汉人民武装反抗斗争,很明显具有规模越来越大、斗争越来越英勇壮烈、领导人的素质越来越成熟的趋势。这样的斗争好比一个大熔炉,对于锻炼畲族和未来的客家民系的族群性格具有巨大的作用。畲族与客家人的习气劲毅、质直果敢、团结奋励、英勇善战、不屈不挠等族群性格,已初见端倪。

---

① 《漳州谕畲》中提到的"知书及土人陷畲者",也是边人逃入溪峒的另一种说法。可见当时边人入溪峒的情况是普遍的。

第二章 闽西在客家民系形成过程中的作用和地位

第一节 宋代汀州经济社会的发展

如上章所论,南宋时"汀、赣贼"这一特殊族群的出现,是客家民系正在形成的重要标志。"汀、赣贼"活动的中心舞台在汀州、赣州,因而客家民系形成的中心舞台也在汀州、赣州,其中汀州的作用和地位尤为突出,这与汀州独特的自然地理条件和宋代汀州经济社会的巨大发展是分不开的。

我们知道,赣南和闽西虽然同是闭塞的山区,但巍峨耸拔的武夷山脉纵贯福建省西部,好似一条莽莽巨龙自北往南骏奔,又似一座硕大无比的天然屏障,把大山西侧的江西省与大山东侧的福建省截然分开。山脉中南部,是赣南与闽西的天然分界。武夷山这道屏障既是有形的,又是无形的。无形的屏障竖在每位逃难者的心中,当他们还在赣南时,会感到生命仍在自中原、江淮一路过来的兵燹的威胁中,惶惶不可终日,但一越过武夷山进入闽西,就会有一种终于脱离危险从此可以安居乐业的安全感,高度紧张的神经一下子松弛下来了。

赣南像是个口子朝北开的覆釜,与长江流域的联系是比较密切的。中原与江淮动乱,赣南常被波及,其地受中原王朝政治、文化影响大,不易割据自立,故历代吸纳和中转移民虽多,族群互动也很频繁,但要形成一种新的民族或民系文化却比较困难。闽西则对外交通艰阻,自我封闭程度更高,受中原王朝政治、文化影响小,搞封建割据的条件较好,有着形成独立王国的适宜土壤,一旦吸纳了足够数量的移民,就易于在族群互动基础上形成新的民族或民系文化。

最能说明问题的实例莫过于王绪率领的江淮农民武装长驱入闽一事。关于这支队伍南下入闽的情况,传世文献留下了比较多的记载。《旧五代史》卷一三四《僭伪列传·王审知传》曰:

> 唐广明中,黄巢犯阙,江、淮盗贼蜂起……蔡贼秦宗权以绪为光州刺史,寻遣兵攻之,绪率众渡江,所在剽掠,自南康转至闽中,入临汀,自称刺史。

《十国春秋》卷九〇《闽一·司空世家》的记载更详细一些,略曰:

> 绪率众南奔,略寻阳、赣水,取汀州,陷漳浦,皆不能有也。初以粮少,故兼道而驰,约军中曰:"以老孺从者斩!" 潮与二弟时奉母行……潮乃引兵围泉州……景福二年（893）五月……潮入福州。

综合起来看,这是一次携家带口的武装移民,时间始于唐末广明中,历时十余年,他们从江淮的光州、蔡州南下,渡过长江,攻取浔阳进入鄱阳湖一带,溯赣水挺进赣南,向东进军汀州、漳州,再北上泉州、福州。文献资料和民间谱牒显示,这支武装移民的队伍,在江西境内只是一掠而过,到了福建境内才有扎根经营的打算,攻下汀、漳、泉、福、建各州都留下兵将镇守,最后终于据有整个福建,创建了五代十国中的闽国政权。王氏子弟兵后来散居福建各地,不少人解甲归田后就地安家,融入当地社会,对于日后福佬民系和客家民系的形成起了关键的作用。

王氏闽国在福建经营六十余年,使福建经济社会有了长足的进步,更为其日后的发展打下了良好的基础,闽西的情况也不例外。大家知道,汀州始建于唐开元年间,当初只有宁化、长汀二县,建立州县的基础是从宁化黄连峒和长汀光龙峒检括到的隐逃户口。开辟之初,要找一块适宜人生活的居民点都是困难的,大山长谷,丛莽绵延,野兽出没,瘴疠弥漫,林木间还活跃着一种个子矮小、皮肤黝黑、结巢而居的被称为"山都"的原住民。千百年后人们回顾州县设立之初的荒凉状况,还十分惊讶地说:"獉狉如是,几疑非人所居!"[①] 但经过五代两宋的开发,汀州已成为赣闽粤之交的雄藩大镇,即以户口一端而言,唐开元天宝全盛时期汀州仅有 4680 户,到五代结束后的北宋太

---

① （清）杨澜《临汀汇考》中语。

平兴国年间,汀州已有主客户 24007 户[①],再到南宋开庆年间,汀州户数更达到 223433 户的高峰[②]。500 年间户口猛增四十多倍,是反映汀州经济社会发展的最形象、最直观而且富有说服力的指标。

汀州州治长汀的建设成就也令人刮目相看。长汀城的最大优势是雄踞汀江上游。汀江是福建境内的第四大河,也是闽西客家的母亲河,发源于宁化、长汀境内的武夷山麓,干流全长 285 公里,自北朝南纵贯长汀、上杭、永定三县,流至广东大埔县三河坝,与梅江汇合为韩江,继续奔流注入南海。汀江的得名就因其全程自北南流。在八卦的图示中,南方属丁,故汀江古称丁水,后来人们把"丁"与"水"合为"汀"字,从此有了汀江之名。

古时汀江滩多水急,航道艰险,四季水位高低悬殊,旱涝无常,犹如一条桀骜不驯的蛟龙,给沿岸人民带来无穷祸害。宋代客家先民大量来到汀州之后,对汀江做了艰苦卓绝的改造,让它发挥灌溉农田、航行运输之利,从此汀江就像慈爱的母亲,以甘甜的乳汁哺育着客家人民,使汀州变成了客家人安居乐业的幸福家园。

汀江的改造工程有两个关键。其一是建陂蓄水,发挥灌溉之利。这项工作北宋就开始了,长汀十里铺的定光陂是其中著名的一例。定光陂陂堰像和尚袈裟的领口那样,从斜刺里横披过去,江水无论怎样汹涌澎湃,到了古陂面前,都老老实实地顺流而去,从此十里铺一带,天旱有水溉田,洪涝有陂蓄水,旱涝保收,成了一个稻麦苗壮、瓜果飘香的大村庄。传说此陂是定光佛用法术造成,其实是客家人聪明才智和勤劳苦干的结晶,当然也是汀江对客家人的厚赐。

其二是汀江航道的疏浚,完成于南宋时期。汀江全程自北往南流,沿江两岸山高谷深,滩多流急,有著名的大姑滩、折滩、棉花滩,到处礁石密布,航道极为险恶。但在古代陆路交通十分艰难的情况下,汀州人民的对外经济交往主要还是要依赖汀江。南宋以前,汀江的航运作用没有得到开发利用,汀州人食用漳州出产的"漳盐"或福州出产的"福盐",主要靠陆路运输,长途肩挑跋涉,劳民伤财,百姓不胜其弊。绍定五年（1232）,汀州知州李华、长汀县

---

① 据《太平寰宇记》卷一〇二《江南东道·汀州》,《文渊阁四库全书》本。
② 据《临汀志·户口》,第 22 页。

令宋慈请求运销潮州出产的"潮盐",获得朝廷核准。于是在宋慈的主持下,对汀江水道进行了大规模的疏浚整治,自此由长汀至潮州的航线比以前大为通畅,航运日趋繁荣,"潮盐"和其他广货溯汀江源源而来,由汀州城内济川桥畔的汀江码头上岸,一部分销往汀州各县,一部分转运赣南;而汀州的土产如木材、毛竹、纸张、陶瓷和雕刻印书等,也顺汀江源源运销广东和其他各地。于是汀州城一跃成为闽粤赣三省边区的商贸重镇。汀江码头帆樯云集,商人和水手们兴建的天后宫香火旺盛,码头旁的水东市熙熙攘攘,热闹非凡,号称"阛阓繁阜,不减江、浙、中州"①,于是汀州城出现了"十万人家溪两岸,绿杨烟锁济川桥"②的繁荣兴旺景象。

与之相适应的是汀州文化的发展和军事地位的加强。文化上,汀州自北宋真宗咸平二年(999)就创建了孔庙——时称至圣文宣王庙,仁宗天圣年间(1023~1031)又兴建了郡学。此后历任郡守都以崇文重学为己任:崇宁三年(1104),郡守陈粹奉诏推行三舍法,以旧学规模太小,在城外另择地点新建郡学。绍兴三年(1133),郡守郑强把郡学迁回城内,修建了规模恢弘的大成殿,在学校中按程度和修习重点的不同分设六斋,还在殿后建了讲礼的"明伦堂",藏书的"稽古阁",又在后山上建了方便郡县官员和学校师生登临休憩的"龙骧阁"。其后由于历任官员前赴后继的努力,朱文公、杨考功二先生祠,射圃、文会堂、御书阁、芳桂堂以及学官的斋舍次第建成,一应祭器、礼器也都置办齐全。至南宋末年,汀州郡学已变得美轮美奂,名儒刘克庄亲自为它写了一篇记,更使郡学增辉生色。

此外,长汀县、宁化县、清流县、连城县、上杭县、武平县的县学也先后建成,都有一定的规模和制度。如长汀县学,除大成殿外,建有讲堂一座、学斋三座,学门、两庑、献官斋厅等一应具备,还建置了元公、二程、二张、朱子祠,以乡贤郑立中、杨方配祀③,这样的设备和规制在宋代县学中是很突出的,反映出汀州对文教的重视。

宋代汀州文教进步的另一表现是刻书业的兴起。由于汀州盛产竹木,造纸业发达,加之读书人多,对书籍有旺盛的需求,所以雕版印刷书籍在宋代应

---

① 《临汀志·坊里墟市》,第13页。
② 宋元丰间郡守陈轩诗,见《临汀志·桥梁》,第16页。
③ 《临汀志·学校》,第103页。

时而兴。其时汀州雕版刻书大多出自县学、郡斋、州军,字体瘦长,风格秀丽。可考者如医书《方氏编类家藏集要方》2 卷,宋代方夷吾编,宋陈日华庆元三年(1197)刻于临汀,不久就流传到九江等地。又如绍兴十二年(1142)宁化县学刊刻的《群经音辨》,据绍兴九年(1139)临安府学刻本复刻,刻印俱佳,近代《四部丛刊续编》第一次印本所收的《群经音辨》,即据此汀州刻本影印。汀州宋刻精品还有一部《古算经》,乃嘉定六年(1213)知汀州军鲍澣之刻于军衙,刻工精美,为世所重。据考证,此书刻工中有曾在临安府和明州(今宁波)参加雕版的蔡政,所以专家怀疑此刻可能受到两浙雕印的影响。汀州郡庠所刻文学名家晁说之的诗文集《嵩山集》20 卷,由知州晁子健刻于乾道三年(1167)。汀州郡斋的宋刻本知名于世的则有《古灵先生文集》25 卷、《神宗皇帝即位使辽语录》1 卷等。[①] 总之,宋代汀州雕版刻书有官刻有私刻,都达到了较高的水平,是宋代汀州文化发达的重要标志。当然,宋代汀州文化发达还表现在创办书院、科举兴盛、理学流行等方面,因后文还要细述,此从略。

军事上,汀州古城的不断翻建加固,集中体现了汀州军事地位的重要。汀州旧城建在万山之中,建城的历史可以上溯到唐代大历四年(769)。时任汀州刺史的陈剑,由于原州治东坊口疾疫为患,根据吏民的请求,将州治迁到卧龙山之阳的白石村,并动员民众兴筑土城。城墙沿汀江从东到西筑成弧形,又从东西端沿卧龙山两边的山脊一直筑到山顶,把半个卧龙山圈进城内。卧龙山一峰突起,不与群山相连,成为全城的北部屏障。蜿蜒曲折的汀江穿城而过,给州城增添了无限的灵气。老百姓热爱自己的城池,用许多生动形象的比喻来形容它。有人说,"州城半壁高挂山巅";更有人认为,城墙犹如挂在观音大士脖子上的一串佛珠,亲切地称它为"佛挂珠"。

到了宋代,由于私盐武装和来自邻境的"赣寇"、"广寇"时作,出于御敌捍患的需要,郡城一再增修:北宋治平三年(1066),把城墙扩大到周长 5 里 254 步,墙基宽 3 丈,高 1 丈 8 尺;疏浚了 3 条壕沟,深 1 丈 5 尺,引南拔溪水东流,与 3 条壕沟一起构成环绕城墙的护城河系统。此后又陆续兴修和加固了 6 道城门,并建敌楼 515 间。子城也得到不断增修,绍兴年间(1131~1162)甚至

---

① 参见谢水顺、李挺:《福建古代刻书》,福建人民出版社 1997 年版,第 131~134 页。

用砖石把整个子城包砌起来,大大加强了它的防御功能。①

高大巍峨的郡城,加上在郡城以西紧挨桃源崇的山脚东侧筑了扼守闽赣要冲的古城和罗坑隘②,以及禁军、厢军、屯驻军的配置,一系列州县营寨和屯田的设立,使汀州成了赣闽粤边固若金汤的军事重镇。北宋元丰年间任汀州太守的陈轩,写下许多诗篇咏赞汀州城的壮丽,有一首写道:

一川远汇三溪水,千障深围四面城。

花继腊梅长不歇,鸟啼春谷半无名。③

通判郭正祥和诗则曰:

城池影浸水边水,鼓角声闻山外山。④

诗人笔下千山相应的咚咚鼓角声,并非夸张,而是写实。它真实地反映了宋代汀州寇乱频仍的时代特点,以及汀州城形势险要、易守难攻的军事重镇地位。

综上所述,宋代汀州社会有了长足的进步,经济、文化发展达到了较高的水平,作为赣闽粤边军事重镇的地位也得到确立。这一切,说明汉族移民在汀州已经居于主导地位,因为上述经济、文化和军事上的成就都是在汉人主导下取得的,都是广义的汉文化的组成部分;同时也说明,汀州这个具有相当汉文化基础的独特区域,具备了融合土著文化形成新的族群或民系文化的必要条件。

第二节　定光佛信仰的形成与传播

闽西经济社会的发展,虽然以汉文化为主导,但不可避免地要受到闽西土著民和早先迁居此地的蛮僚文化的影响,要吸收土著和其他蛮僚文化的养分。换句话说,闽西经济社会的发展也就是汉蛮文化交融形成一种新文化的过程。新的文化打上了土著和其他蛮僚的烙印,它体现在经济文化的方方面面,而在宗教信仰的领域表现得最为明显。下面以定光佛信仰的形成和传播

---

① 《临汀志·城池》,第11页。
② 《临汀志·古迹》,第13页。
③ 《临汀志·山川》,第37页。
④ 《临汀志·山川》,第37页。

为例,说明新文化形成过程中蛮汉交融——实即土客交融的情形。

定光佛信仰是闽西客家最主要的民间信仰之一,起源于北宋初的武平县和汀州州城,大体上与闽西大量接受外来移民的时间相一致,它是客家民系酝酿形成时期选择的主要意识形态。

说到闽西定光佛信仰的形成,先要了解定光佛活动的时代和地域。这里说的定光佛,历史上实有其人。其身世和生卒年月在《临汀志》和《舆地纪胜》中都有记载,情节基本相同,时代又去定光佛活动的年代较近,大体可信。兹略引《临汀志·仙佛》的有关记载于下:

> 敕赐定光圆应普慈通圣大师　郑姓,法名自严,泉州同安县人。……师生而异禀,幼负奇识。年十一,恳求出家,依本郡建兴寺契缘法师席下。年十七,得业游豫章,过庐陵,契悟于西峰圆净大师。由此凤慧顿发,遂证神足。盘旋五载,渡太和县怀仁江……又经梅州黄杨峡……乾德二年(964)届丁(笔者按:"届丁"疑是"甲子"之误)之武平……淳化间,去岩十里立草庵牧牛……祥符……四年(1011),郡守赵公遂良闻师名,延入郡斋,结庵州后,以便往来话次。……八年(1015)正月六日申时,俄集众云:"吾此日生,今日正是时,汝等当知妙性廓然,本无生灭,示有去来,更言何事?"言讫,右胁卧逝,春秋八十有二,僧腊六十有五。

据此,定光佛俗姓郑,法名自严,泉州同安县人,生于五代闽国龙启二年(934),卒于大中祥符八年(1015)。① 自17岁起,先后在豫章、庐陵、太和、梅州、武平、汀州、南康一带修学和行道。时间上恰值五代中叶至北宋前期,是赣闽粤边大量接受南迁移民酝酿形成客家民系的关键时期;而主要活动地域中,庐陵(即吉州)、太和是客家先民南迁入赣闽粤边的中途站、暂栖地,汀州和南康(即虔州)是客家先民南迁的第一次高潮时期接受移民最多的地域,梅州是当时客家先民所到达的最远聚居地之一。

把定光大师的主要活动地域和活动时间综合起来考察,不难看出他的活动与客家民系形成的密切关系:从他17岁得业游豫章开始,他的活动路线与客家先民的南迁路线完全相同,他的所作所为与客家先民的艰苦创业息息相

---

① 关于定光佛生卒年,研究者有种种误解或不够准确的说法,笔者考定如此。参见拙作《论定光佛信仰的形成和传播》,《宗教:世纪之交的多视觉思维——福建省宗教研究会论文集》(三),厦门大学出版社2000年版。

关,可以说他本身就是客家先民的一员,参与了客家先民来到赣闽粤边新居地后的全部创业和族群整合活动。

如前所述,五代两宋时赣闽粤边区社会还相当落后,在思想文化领域的表现是迷信盛行,风俗以信巫、尚鬼、重祀著称。以闽西为例,唐书说"临汀多山鬼淫祠"①,《临汀志》仍说汀州"俗尚鬼信巫"。具体来说,长汀县南驻扎寨有助威盘瑞二王庙,一号"石固",所祀是一位不知名姓的古代死节将军;一号"石猛",所祀只是一块洪水漂来的神像。上杭钟寮场故治南石硖间有黄先师庙,所祀是觋者黄七翁父子。② 在宁化,有"富民与祝史之奸者,托五显神为奸利,诬民惑众,侈立庙宇,至有妇人以裙襦畚土者。""民有疾,率舍医而委命于巫,多致夭折。"汀州属下其他各县,"尚鬼信巫"的恶俗雷同,所在多有此类巫觋色彩极浓的庙宇。为此南宋庆元间任汀州郡守的陈晔,采取断然行动,"窜祝史,仗首事者,毁其祠宇",又"大索境内妖怪左道之术,收其像符祝火之,痛加惩禁"。与之相配合,郡人吴雄特地撰《正俗论》二千余言,作破除迷信的宣传。此举据说曾使"流俗丕变"③。但是,此后闽西民众信巫尚鬼之俗依然相当盛行,可见行政手段和一般性的儒家"正俗"说教并不是移风易俗的最有效途径。改变落后风俗信仰的有效途径是用一种比较先进又易为民众接受的新信仰取而代之。闽西定光佛信仰就是在这种背景下形成和传播开来的。

定光大师童年在泉州归依佛门,青少年时期在本郡学习佛法,17 岁游学豫章、庐陵,盘旋五年。按:五代十国是禅宗南宗的极盛时期,而泉州号称"佛国",在禅宗发展史上占有重要地位,雪峰义存、曹山本寂等禅宗史上的巨子都是泉州人,云门宗、法眼宗的创始人则是雪峰的弟子或再传弟子;而江西则是禅宗两大系之一青原行思系的重镇,行思本人就是庐陵人。定光大师既在这两处禅宗重镇出家、受业、游学、得道,应该在禅法上获得甚深造诣。据前引《临汀志》所记,定光大师临死时,招集徒众说:"汝等当知妙性廓然,本无生灭示有去来,更言何事?"谈论的是生灭、有无之类的佛家妙理。"言讫,右胁卧逝",也是正统僧徒的标准死法。从这些方面来看,定光大师骨子里是

---

① 《新唐书》卷二〇〇《林蕴传附父披传》。
② 《临汀志·祠庙》,第 64 页。
③ 《临汀志·名宦·陈晔》,第 143 页。

一名禅僧无疑。

但是传世文献留下的定光大师一生传道布法的记录,却基本上是施展法术,为民兴利除害一类活动。例如,传说他在太和渡怀仁江时,适逢江水暴涨,江有鼍为民害。"师乃写偈投潭中,水退沙壅。"在梅州黄杨峡,又"以杖遥指溪源",使溪水"徙流于数里外"。他到武平南岩后,发大誓愿,显大神通,"摄衣趺坐,数夕后,大蟒前蟠,猛虎旁睨,良久,皆俯伏而去"。于是老百姓把他视为神人,争着为他"畚土夷堑,刊木结庵"。他就这样靠着法术高明的威力,在南岩扎下根来,并在群众中树立了崇高的威信。

此后,定光大师一直活动于闽西和赣南,一方面宣传佛教的轮回报应学说,使百姓"畏业报而息冤怨"[1];另一方面,倾注更大的精力,为民兴利除害。据文献所载,结合民间传说,定光在这方面的主要活动有伏虎、除蛟、开井、治水、祈雨、筑陂等等。诸如此类的活动,用以达到目的的手段不外是写偈、投偈和运用神奇莫测的法术,如鞭石、以杖遥指、以杖三敲、卓锡而出等等,具有浓厚的道教色彩,还包含有巫教或原始巫术的成分。[2]

何以定光大师的宗教行为与其禅僧的身份如此不符? 笔者认为,这样的矛盾现象,反映了佛教在传播过程中必须充分适应新传入地区的社会状况这一普遍规律。两汉之际,佛教从西域传入中国之初,许多高僧就是靠方技、医术赢得信徒并打开局面的。定光大师进入赣闽粤边的时候,也遇到了同样的问题,他也不得不采取灵活的手法争取信众,打开局面。

既然五代宋初赣闽粤边广大山区的开发程度很低,大山长谷间到处林菁深阻,瘴疬横行,自然条件极为艰险恶劣,既然这里的土著居民多属于古百越族的后裔,其俗信巫、尚鬼、重祀,巫术和巫教盛行,与巫术和巫教有很深渊源关系的道教也早已传入,并有很大影响,在这样的社会背景下,土著居民和多数逃难而来的移民都不可能理解"坚坐究性命"的深奥禅学,定光大师就不得不仿照当地盛行的巫教和道教的某些做法,甚至放弃佛教的服饰,"白衣衲帽,儒履擎拳",为自己的传教布道打开方便之门。

当然,定光与土著民的原始宗教及道教,有互相吸收、互相合流的一面,也

---

① 以上引文均据《临汀志·仙佛·敕赐定光圆应普慈通圣大师》,第164~166页。
② 参见拙作《论定光佛信仰的形成和传播》,《宗教:世纪之交的多视觉思维——福建省宗教研究会论文集》(三),厦门大学出版社2000年版。

有相互斗争的一面。流传在闽西的一些民间故事,颇能反映定光佛为了传教而与巫、道既斗争又合作的情形:

一是与何仙姑斗法。据传武平南岩狮子口本是道教八仙之一何仙姑家族的地盘。乾德二年(964)定光抵岩募化,曰此宜建禅堂。"仙姑时年二十有八。曰:'我生于斯,长于斯,静修于斯,我岂舍岩而他往耶?'一日,仙姑出观洪水,佛辄入岩中趺坐,大蟒猛虎皆盘伏。仙姑语(其父亲)何大郎……大郎钦其神异,遂施岩为佛殿,地为均庆寺,宅宇为僧房,所有田、塘永充供养。"① 解读这则故事的历史意蕴,我们认为,其中包含着道教在先,佛教后到,佛道争地斗法,佛教得胜,道教服输的隐秘含意。也就是说,定光佛是经过与道教的艰苦斗争后才在闽西站稳脚跟,受到敬信的。

二是佛道合流。另有一则故事则反映了定光佛与道教的合流,故事说:定光大师与长汀县鄞河坊人邓正己厚善,邓呼师为郑道。"一日,正己凌晨出,遇狂魂数百遮道丐方便,正己曰:'当请郑道为汝等诵经拔度。'遂筑室为道场。后遇众鬼曰:'即托生矣。'师又亲书迎春祈福道场为牌,至春祈必招揭之,以寒雨为响应。"② 这位邓正己,能够看见鬼魂,与之对话,可能本身就是一位道士。他为什么不称定光为和尚,而呼为郑道呢? 盖因定光平时所为如迎春祈福之类与道士差不多,加上定光不穿袈裟,只穿白衣,跟一般和尚确有较大差别,故有此称。所以这则故事很能说明定光的佛道不分的宗教面貌。

三是化及异类。关于定光与土著民原始宗教的关系,直接的材料不多,但仍有踪迹可寻。苏东坡曾作定光大师赞词,有云:"异类中住,无天中尊。""异类"是封建士大夫对于少数民族的蔑称,这里指闽西土著和其他"蛮獠"族类。"无天"是指这些土著民生活在蛮荒化外,无法无天。整句话的意思是说定光佛处在蛮荒化外的异类中,却能充分融合这些异类的思想和信仰,因而受到异类的崇拜、敬奉,奠定了在异类中至高至尊的地位。定光佛五个分身的故事可以作为这一观点的证据。

在武平的民间传说中,定光佛有五个化身,称为五古佛。这五古佛的形象是五只状似猫头鹰的怪鸟,笔者前些年到武平县考察,在一些偏僻乡村的

---

① 王增能:《谈定光古佛——兼谈何仙姑》,《武平文史资料》总第八辑,第53页。
② 《临汀志·古迹》,第113~114页。

寺庙中还看到过这种怪鸟造型的五古佛塑像。关于定光佛五个化身的由来，据村中父老们传说，旧时五个村子同时到梁野山白云寺迎接定光古佛下山打醮，互相争夺乃至大打出手，定光古佛为了满足五个村子的需求，忽生妙计，随手摘下五个檀香苞子，口吹一气变成五个化身，分别称作"大古佛"、"二古佛"、"三古佛"、"四古佛"、"五古佛"，分派到五个村庄去分享人间香火，平息了乡民们的争佛纠纷。从此，武平凡建造定光古佛寺庙，除了塑定光古佛本像外，还常常选择一棵大樟树，依次雕刻五个化身或其中几个化身，以便分身各地，满足四邻百姓的需要。①

我们认为，这则民间传说也包含着深刻的文化意蕴。其中之一可能与闽西土著民的树崇拜原始宗教观念有关。土著民本来有树崇拜的传统，后来接受了定光佛信仰，日久渐渐把本民族的古老传统与新接纳的定光佛信仰糅合在一起，创造出五个檀香苞子（或樟树苞子）化为定光佛五个分身的崇拜形式。另外，古越族也有以鸟为图腾的种落。定光佛五个化身的怪鸟形象，或许又与越族后裔的鸟崇拜或鸟图腾有关。树苞子分身的传说却演为怪鸟造型的定光古佛五个化身形象，可能混合了不同种落土著民的多种原始宗教成分。

定光大师坚持佛教救度群生的思想核心，又灵活地吸收巫、道的某些思想因素和宗教形式，由此而形成的民俗佛教充分适应了宋初闽西社会的特点，满足了这个复杂的社会中各族群的现实需要，同时也有利于官府对这个多事之区的统治。

首先，客家先民初来此地，首要任务是战胜虎狼成群、瘴疠肆虐的恶劣环境，克服山高地冷、多旱多涝的困难，安家立业，发展生产。定光大师伏虎、除蛟、开井、治水、祈雨、筑陂种种善举，帮助解决了百姓（首先是客家先民，也包括土著民）生产、生活中最迫切需要解决的问题，所以百姓把他奉为神明、佛祖，视作自己苦难生活的救星。

其次，客家先民初来闽西时，与土著民曾经有过激烈的矛盾和斗争。定光大师通过宗教宣传使人们"畏业报而息冤怨"，有调和土、客双方矛盾的作用；

---

① 　这一传说见刘大可《关于闽台定光古佛信仰的几个问题》，《客家》1994 年第 4 期。这里引述其大意。

又通过吸收双方各自原有宗教信仰的有益成分,创造了成为各族群共同信仰的民俗佛教,从而奠定了双方共同接受的意识形态,为族群整合提供了重要条件。

就官方来说,定光佛创造的民俗佛教,虽有道法和巫术的表现形式,却又不完全等同于道和巫。它是正统佛教与赣闽粤边带有巫教色彩的民间信仰的结合体,是客家先民宗教信仰与土著民宗教信仰的结合体。这样一种改造过的佛教,正适应官方对老百姓进行精神统治的需要。

对于定光大师的作用,官员们有一个认识转变的过程。最初,由于定光大师的某些行事与巫道相似,有些官员把定光与一般的邪门左道相提并论。后来,随着定光大师的影响越来越大,官员门逐渐看清了他的作为有益于王道统治的性质,于是开始积极与他往来,进而对他大力表彰和宣传鼓吹。如祥符四年(1011)和六年(1013)先后任汀州郡守的赵遂良认识到其宗教活动的意义和作用,就把他从武平南安岩请到郡衙,"结庵州后,以便往来话次"。所谓"往来话次",可能有像韩愈与僧大颠交往谈论哲理那样一层意思,但主要的还是随时请定光做法兴利除害。据记载,赵遂良先后请定光出水、除蛟,结果一一奏效,他便"表闻于朝,赐'南安均庆院'额"。

继任者胡咸秩也很快领教了定光的神通,为之惊悚;又看到定光为民祈雨有效,解除了旱情,使当年农业丰收,更加佩服。卸任进京时,便"历言诸朝列",由是"丞相王公钦若、参政赵公安仁、密学刘公师道皆寄诗美赠"[1]。

嘉泰年间(1201~1204)任汀州郡守的陈公瑛说得更为直白,他说:"雨旸之应如响,是佛与守分治汀民也。"意思是说,在当时的汀州,郡守是行政首脑,而定光佛是精神领袖或精神支柱。他感到,对于这样的精神领袖,现有的庙宇规格太低,与其巨大作用不相称,因而不惜财力、物力把定光庙大加扩建了一番。[2] 此后各任郡县官大多认识到这一点,在扩建修缮庙宇和奏请加封定光赐号方面各有建树。[3]

---

① 《临汀志·仙佛·敕赐定光圆应普慈通圣大师》,第164~167页。

② 《临汀志·寺观·定光院》,第70页。

③ 《临汀志·仙佛·敕赐定光圆应普慈通圣大师》中录载了一篇托名苏东坡的赞词,有云"七闽香火,家以为祖",极言定光佛在福建受到广泛崇拜。但赞词紧接着说:"萨埵御天,宋有万姓,乃锡象服,名曰定应。"意思是定光佛广受崇拜在宋有天下之前,宋朝一得天下就给定光佛加封了定应大师的名号。这种说法与事实不合。可能苏东坡所赞为吴越国的定光菩萨,内中并无"七闽香火,家以为祖"之言,此言晚出,混进苏东坡的赞词而把苏东坡赞颂的对象偷换为宋代福建的定光佛。

本来,闽西百姓对定光大师的崇拜是一种自发的行为。自从士大夫和朝廷介入以后,百姓的自发行为与官方的有意宣传互相推动,在汀州范围内逐渐形成了普遍的定光佛信仰,表现在于定光寂化之后,民间不断制造定光佛神异显应事迹,把定光佛的护国庇民功能不断扩大。

例如,有一个故事说:绍兴三年(1133),江西虔州贼寇猖獗,虔化县宰刘仅求助于定光佛,定光佛显灵,在县塔上放五色毫光,并示现真相,导致贼寇溃败。江西漕司据此上奏,朝廷在定光大师原有封号上加"普通"二字。又一个故事说:绍定三年(1230),宁化潭飞磜贼寇造反,进犯州城,局势危急。值此严峻时刻,定光佛屡次显灵。贼驻金泉寺,定光佛让天下起大雨,洪水滔滔,贼不得渡,米谷都被浸湿了,晨起煮饭粒米不熟,贼众饥困。及至交战时,定光佛显灵于云霄,旗帜招展,贼众大惊,风声鹤唳,顿时溃散,跪求饶命。因此百姓们说:"汀民更生,皆师力也。"嘉熙四年(1240),州中人士追叙定光佛这一功劳,联名列状请郡守申奏州衙后庵的庙额,朝廷准奏,赐额曰"定光院"。

武平县还有一个传说:"宁化余某,求嗣立应。后夫妇抱子齐来叩谢,距岩(按:即武平南安狮子岩)二十里,子忽毙。余夫妇敬心不改,把子暂寄荒岭,仍亲到岩。致斋毕,乃归,视子坐食馒头,遂尽舍财产入寺。"[1]诸如此类的传说,把定光的神通不断扩大,不但能伏虎、除蛟、开井、治水、祈雨、筑陂,还能治病、送子、御寇,成为无所不能的地方守护神。

士大夫、地方官和老百姓共同不断推动的结果,导致朝廷对定光大师的封号不断升级,南宋乾道三年(1167)已封至八字,南宋末在封号中改一字为"圣"字,定名为"定光园应普慈通圣"大师。朝廷的荣宠,反过来推动了定光佛信仰的传播,表现在崇奉定光佛的寺庙越建越多,崇拜的地域也从武平、长汀扩及汀属各县[2]乃至临近汀州的其他县份。仅据《临汀志》所载,截至南宋,专门或主要崇奉定光佛的寺庙,武平县有南安均庆禅院、东山禅果院、南安廨院,汀州州城及长汀县有定光院、文殊院、南安廨院、定光堂,上杭县有东安岩,连城县有太平庵、东田石、白仙岩、广灵岩、定光庵,清流县有灞涌岩。

---

① 见清宣统元年(1909)所立"定光大师来岩事迹碑",现存武平岩前均庆寺内。

② 宋代汀属六县,唯宁化县虽有不少关于定光佛的传说,而专奉定光佛的寺庙无考,疑为该县的主要守护神伏虎法师所掩。

汀州之外,同属福建西部而与汀州相邻的南剑州、建宁府等地宋代也已建有崇奉定光佛的寺庙。南剑州方面,据载,沙县的洞天岩、西竺寺、瑞云岩旧时均供奉定光佛 ①;建宁府方面,崇安县的定光寺,旧名"园彻",唐末建,宋时"赐今额"②;建安县则有南岩寺,宋建炎二年(1128)建 ③。

　　赣南、粤东虽在福建省之外,但却是赣闽粤"客家大本营"的另外两个重要片区,也是与闽西客家人往来最频繁、最密切的地区。定光大师生前也曾在这两个地区活动。因而这两个地区也有信仰定光佛的信众和据点。前引绍兴年间庹化县被寇,县宰刘仅求助于定光佛,定光佛显灵,帮助击溃贼寇的故事,是宋代定光佛信仰就已传到赣南的确证。而长汀定光院每岁正月初六定光坐化之晨,"四方敬信辐辏,名香宝炬,幡盖庄严,难以数计,虽隘巷亦成关市"④,所言之"四方敬信",应即包括来自梅州和赣州的定光佛信徒。至今武平县举行各类定光佛醮会时,都有来自赣南会昌、寻乌和梅州蕉岭、平远等地的信徒参加,可为旁证。距汀州距离遥远的粤东惠州地区,元明时期也已演化为客区,其地也有民众信仰定光佛。元代惠州归善县民以聂秀卿、谭景山、戴甲为领袖起兵抗元,"拜戴甲为定光佛"相号召 ⑤,就是一条重要的证据。

　　总之,自北宋初至南宋末,以汀州为中心,旁及赣南、粤东、闽西北等地,已经形成一种取代昔日巫觋迷信,具有广泛群众基础,适应官民、土客各方面、各阶层需要的民间信仰——定光佛信仰。这种信仰是以汀州为中心的一个新民系在意识形态方面的鲜明旗帜,是这个民系在意识形态方面与其他族群、民系相区别的重要标志。

---

　　①　见李启宇编《沙县文化历史丛书·佛迹贤踪》,沙县政协 1994 年印行。按:沙县唐时曾属汀州,宋以后虽然自汀州划出,但与汀州关系仍然密切,名相李纲贬官福建,就同时兼任武平和沙县两地的职务。定光佛信仰因李纲之故自汀州传至沙县是很自然的事。所以这里所举旧时供奉定光佛的寺庙虽未必都建于宋代,但宋代沙县有定光寺庙则可断言。

　　②　《八闽通志》卷七七《寺观》。按:原书说该寺"宋建隆中赐今额",可能记载有误,也可能这一定光寺与汀州定光佛无关,其名为定光别有缘由。

　　③　《八闽通志》卷七六《寺观》。按:南岩寺是武平南安岩定光寺的别称,其知名度几与定光寺相等。建安县的寺院以"南岩"为名,疑因祀奉定光佛而得名。

　　④　《临汀志·寺观·定光院》,第 70 页。

　　⑤　《元史》卷三九《顺帝纪》。

第三节　风声气习，别是一方

宋代汀州族群整合的另一项成果是形成了一种特殊的风声气习，包括方言和风俗两个方面。

一、方言

关于方言，语言学者认为，语言学上划分方言的依据主要是看语音和词汇的变异情况。从语音上看，客家话的语音发生独自的音变多在唐末宋初。那些至今仍保留唐以前古音的客家方音，也是在宋以后才不随中原汉语之变化起相同变化的。这表明迁徙至闽粤赣交界处的中原汉人的语言，其语音从宋代开始脱离中原汉语的发展轨迹，而从开始变异到形成方言，还需有一个过程。因此，客家方言的形成不可能迟于南宋。从词汇上看，客家话里保留有不同时代的古汉语词，这些古语词都是未随中原汉语起变化而使用至今的。此外，客家人所使用的一些语词常出现在宋代文人著作中，并在那时词义发生了变化。以上语音和词汇的情况都表明客家话是在唐末宋初开始变异，而形成方言是在大批中原汉人进入到闽粤赣交界处，人口骤增以后的两宋时期。①

语言学者的这一研究结论，与历史文献留下的方言史资料吻合。宋人陈一新《跋赡学田记》曰："闽有八郡，汀邻五岭，然风声气习颇类中州。"② 有的学者认为这条史料是"今天我们所能看到的记载客家话特点的最早文献"，它"暗示了汀州的客家话至迟在南宋已经形成"，而"在陈一新之后，文献再次中断，直到明代王世懋的《闽部疏》才又从侧面提及汀、虔一带的方言"。③

我们认为，陈一新的记载的确反映了南宋时汀州有着不同于相邻的福建各州的独特语言风俗面貌。不过，若说陈一新这条材料是我们今天所能看到

---

① 此段据罗美珍的论述而改写，原文见罗美珍、邓晓华：《客家方言》，福建教育出版社 1995 年版，第 31~32 页。

② 《舆地纪胜》卷一三一引。

③ 周振鹤：《客家源流异说》，《学术月刊》1999 年第 2 期。

的记载南宋客家话特点的唯一文献,则又不然。就汀州的情况而论,南宋时
有一首题为《过汀州》的诗就有这样的描述:

> 荒山无寸木,古道少人行。地势西连广,方音北异闽。
>
> 间阎参卒伍,城垒半荆榛。万里瞻天远,常嗟梗化民。①

这里明确提到当时汀州已有自己的方音即方言,其语言特点与通行于福建其
他地区的闽方言迥然不同。诗中对于汀州的自然地理状况和人文地理的其
他特点也作了概括描述。"地势西连广",说的是汀州在自然地理上与其西边
的粤东连为一体;"间阎参卒伍,城垒半荆榛。万里瞻天远,常嗟梗化民",说
的是这里人民富有反抗精神,不断爆发反抗斗争,官府为了镇压而大量驻军。

与上述两种记载相映成趣的是刘克庄一首咏漳州风物的诗。其诗曰:

> 庵远人稀行未休,风烟绝不类中州。
>
> 何须更问明朝路,才出南门极目愁。②

陈一新、刘克庄两人时代相同,都就风俗语言立论,一说汀州颇类中州,一说
漳州绝不类中州,可见在当时人眼中,汀、漳两州虽然境土相连,文化面貌却
迥然不同。再以之与《漫游集·过汀州》所载比观,可证南宋时汀州在语言
风俗上迥异于福建其他州郡,而与中原文化有许多相同或相似之处。

为了进一步说明问题,我们不妨考察一下粤东方面的情况。《永乐大典》
卷五三四三《潮字号·潮州府》"风俗形胜",引《图经志》曰:

> 潮之分域隶于广,实古闽越地。其言语嗜欲与闽之下四州颇类,广、
> 惠、梅、循操土音以与语,则大半不能译。惟惠之海丰于潮为近,语音不
> 殊。至潮梅之间,其声习俗又与梅阳之人等。③

按:潮州旧志以"图经"为名者凡三四种,皆为唐宋时所修,其中可考知修志时
间者三种,皆为南宋时修。《永乐大典》潮字号屡引《图经志》,应属南宋所

---

① 《永乐大典》卷七八九五 "题咏"引《漫游集》。按:《四库全书》总一一八六册集部(宋)
胡仲弓《苇航漫游稿》提要有云:"《永乐大典》所载,别有《漫游集》一书,核其体例,盖采宋元两代
之作,汇为总集。当时校雠未密,朱书标目,往往与此集混淆。今并考校姓名,删除讹异,不使与此集
相混。"据此,《漫游集》中作品的时代有宋有元,但考"题咏"所引顺序为:《临汀志》、《舆地纪胜》、
唐韩偓诗、《漫游集·过汀州》、宋钱塘韦先生诗、《文天祥集》、元丁继道诗、《寓庵稿》。前两者为志
书,接着都是诗文,应是按时间顺序排列。然则《漫游集》既在宋钱塘韦先生〔名骧,南宋乾道四年
(1168)临汀郡庠刻有《钱塘韦先生集》18 卷〕诗和《文天祥集》之前,其作者应是宋人。

② 《后村先生大全集》卷一五。

③ 《永乐大典》残卷影印本,中华书局 1986 年版,第 2450 页。

修之《图经》。① 也就是说，南宋时潮州、梅州已各有"土音"即方言，彼此不能相通，而界于潮梅之间的居民所操的方音则与梅州方音相同。南宋潮梅之间约当如今的丰顺、大埔等县地，如今都是操客家话的地区。可见当时不但形成了潮州和梅州两个方言区，而且其地域分布也与今日之状况大体相似。

联系到明人王世懋《闽部疏》关于"长汀以南，杂虔岭之声"的记载，则长汀以南与赣南（虔）、粤东（准确地说是梅阳及潮梅之间）属于同一方言区。这一方言区——客家方言区的形成时间，结合上述语言学者的研究和方音史的资料来看，可以肯定不应迟于南宋。

二、风俗

关于风俗，陈一新所谓"风声气习颇类中州"，已包含了汀州形成了与中原具有渊源关系的特殊风俗的意思。《临汀志》则曰："汀，山峻水急，习气劲毅而狷介，其君子则安分，义励廉隅，耻为浮侠；其小人则质直果敢，不以侈靡崇饰相高。"② 强调了风习与自然环境的关系。这一思想古已有之，《礼记·王制》曰："广谷大川异制，民生其间异俗，刚柔轻重、迟速异齐，五味异和，器械异制，衣服异宜。"表明先贤们早就认识到自然环境对于区域人文的巨大作用。

其实自然环境对于区域民风士习的作用与文化传统对于区域民风士习的作用是相辅相成的。此外，还有一个因素具有重要作用，那就是区域内经济的类型和发展水平、文化教育的状况等社会因素。兹就这个问题试加阐述。

先看民风。《临汀志》说的"习气劲毅而狷介"，"其小人则质直果毅，不以侈靡崇饰相高"，以及"服用无华"，"轻生尚武"，用今天的话来说，就是质朴、节俭、刚直、勇敢、偏激、重武。

再看士习。《临汀志》所谓"其君子则安分，义励廉隅，耻为浮侠"，以及

---

① 参见饶宗颐：《清以前潮志纂修始末》，载黄挺编《饶宗颐潮汕地方史论集》，汕头大学出版社 1996 年版，第 321～322 页。按：《永乐大典》引用《图经志》叙事有至洪武年间者，则如饶宗颐所说，"似永乐时修《大典》者所增"，因为"《图经志》自叙迄元，递有增修"。从这段引文的内容来看，它讲到了梅州和循州，而明代梅州、循州分别废入潮州和惠州，可知这里所说不应是明代的情况。引文又提到"潮之分域隶于广"，称二级政区为"州"，不称"路"，这都是宋代情况，而不是元代情况。由此可知，《图经志》所述确为南宋之潮州风俗。

② 《临汀志·风俗形势》，第 20 页。

汀州属县县志如宁化县所谓"旧志称人物富庶,性气刚愎,仕宦不谒公门,儒生耻于奔竞"①,长汀县所谓"汀在万山中,踞闽(疑应为'汀')江上游,波石廉悍,峰岭崎岖,士生其间,性多兀傲","由唐历宋,风声气习颇类中州"②。总的来说,汀州的读书人,有纯朴本分、重视气节的优点,又有兀傲、刚愎的缺点。

类似的情况,也见于赣南。《古今图书集成·赣州风俗考》引旧志所载,概括赣南的故俗是"悍劲伉健,犷讦好斗喜争","民间绝无四方奇伪之物。男子布袍,女子椎髻。冠婚仅取成礼,燕会止列数肴,即贵家大族亦无所芬华"。这些特点,也不外乎质朴、节俭、刚健、勇敢、偏激、重武的意思。同书对于赣南的士习也作了概括的叙述,略云:"隋唐疆域日僻,声教寝远,人皆抗节笃志。"又云:"青衿之士,不窥市门,不干公府;见长者于学宫,逡巡诸趋唯谨,遭于道,肃辑拱立……质直退让之风何如哉!"这是专就优点立论,说的也无非是纯朴本分、重视气节的品质。

赣南与闽西相同或相近的民风,缘于彼此相同或相近的自然环境和生产、生活方式。就环境论,我们知道这两地都是群山环绕,交通闭塞,而又气候炎热,到宋代还是瘴疠盛行之区。就生产、生活方式论,客家先民自中原和江淮迁来,适应环境的巨变,在极其艰苦的条件下重建家园,既发挥原有的经济文化优势,又努力学习土著民的经验,逐渐形成了带有浓郁山区特色的新的经济生活面貌。对此,宋代文献中多有记载。如《宋史·食货志》说"江北之民杂植诸谷,江南专种粳稻",并说这是"土风各有所宜"。所谓"江南",包括江南东西路和福建路,赣南、闽西都在这个范围内。说明了当时赣南、闽西只种稻,不种麦、黍诸谷的稻作农业特点。

又据《宋史·地理志》,赣州土贡只有白苎一项。而赣县有蛤湖银场,虔化有宝积铅场,会昌有锡场,瑞金有九龙银场;南安军也只贡苎,南康县有瑞阳锡务,上犹县有上田铁务。另外,《太平寰宇记》记载,虔州有铅、糖、竹梳箱、蜜梅,赣县南部"山多材木、果实、食物,一郡皆资此山,虽名空山,其出物百倍于他山"。说明宋代赣南经济特点是地乏蚕桑,绩苎麻为衣物,矿冶业和山林经济在整个经济中占有重要地位。

---

① 康熙《宁化县志》卷一《风俗志》,福建人民出版社1989年版,第12页。
② 民国《长汀县志》卷一七《礼俗志》第二册,长汀县博物馆1983年重刊本,第77页。按:这两种县志所引旧志的时代不详,但从其内容看(如"由唐历宋"等文字),所记风俗包括了宋代的成分。

《临汀志》有关各篇则记载了宋代汀州经济生活的具体情况。其《风俗形势》篇载："汀，山峻水急……舟车不通而商贾窒，农罕以耕稼自力，未免有旷土游民；妇不以蚕丝自工，惟事乎治麻缉苎，是以积贮有限，服用无华。"《赋税》篇载："汀，山多田少，土瘠民贫。"《供贡》篇载："汀，地产无奇，土贡不作。""祖宗旧制以汀州地有坑场，银货易得；不宜蚕桑，衣赐难办。"《土产》篇载："汀在闽而南，山樵谷汲，稻食布衣，故民之丰约不大相远；枲不出境，故谷价常贱；比屋而绩，故其布多品；地接潮、梅，率多旷野，故有虎、豹、熊、象之属；其气候多暖，故花果之种类时序，或似岭南。"反映了宋代汀州之交通闭塞、商贾不通、山田瘠薄、民劳人俭、以山林矿冶佐稻作之不足的山区农耕经济面貌。

总之，至迟到南宋，赣南、闽西已经形成了以稻食布衣为基本内容的农耕经济，与矿冶、山林经济相辅相成的山区农业经济格局。这一地区的人民过着与相邻地区有较大差别，而内部比较一致的共同经济生活，其相同的风俗正是在相同经济生活的土壤中发育成长起来的。

为了进一步认识宋代赣南、闽西民风、士习的独特面貌，我们不妨看看其相邻地区的风习。先看赣北的洪州，《豫章记》记其风俗云："地方千里，水路四通，风土爽垲，山川特秀，奇异珍货，此焉自出。奥区神皋，处处有之，嘉蔬精稻，擅味于八方，金铁筱荡，资给于四境。沃野垦辟，家给人足，蓄藏无缺，故穰岁则供商旅之求，饥年不告臧孙之籴。人食鱼稻，多尚黄老清净之教，重于隐遁。盖洪崖先生、徐孺子之遗风。"[①] 由于自然条件较优越，生活较富足，所以表现出一种满足现状、不求进取的社会风尚或社会心理素质。

又如福州，淳熙《三山志》记其风俗曰："得天之气和平而无蛰，燠不为瘴，寒不至冱；得地之形，由建、剑溪湍而下，泉、莆潮涨而上，适至是而平。民生其间，故其性纾缓而能强力，善治可以久安……其君子外鲁而内文，而小民谨慎畏法。"[②] 福州南面的仙游县，宋时风俗则是："生其间者，人性敦朴，嗜好简静。始也，士未知有科举之利，民未识有纷华之悦，承平日久，始多儒雅，多世家宦族，而习俗渐趋于文。然儒者力于修饰，而不苟进取；仕者乐于清贫，

---

① 《太平寰宇记》卷一〇六"洪州"条引。
② 淳熙《三山志》卷三九。

而不急富贵……隶民伍者,耕农多而商贾少。婚姻不愆于礼,丧葬不俭其亲。有无缓急相通融,岁时往来相问劳,犹有古之遗风焉。""勤俭以署门户者,能安于淡泊,而不尚侈靡以相夸;争竞以泄私忿者,能阨于惩艾,而不事嚣讼以求胜。知理循份而寡欲易足,安土乐业而用志不逾,此风俗之大略也。"① 总的来说,福州和莆仙之人,性情比较平和舒缓,士习儒雅尚文,民风谨慎畏法,好修饰,重礼仪。

只要略加比较,便可清楚地看到,赣南、闽西人好勇敢争,不同于洪州人的知足尚隐;赣南、闽西人的劲健尚武、质直纯朴,不同于福州和莆仙人的儒雅尚文、缘饰重礼。细比较下去,还有诸多不同。因此,我们说宋代赣南、闽西人已经共同形成一种有异于相邻地区人民独特的社会风尚与社会心理素质,是符合历史实际的。

有人以嘉靖《赣州府志》和嘉靖《汀州府志》的有关记载为据,认为赣南、闽西以共同的社会心理素质为核心的共同民风迟至明代中叶才形成。② 其实,上述两府志所载有关县份的民风,如于都县"民性少恒,易生喜怒",兴国县"刚悍劲毅,尚气喜争……民鲜商贩,惟务农业,风俗俭约",宁都县"果而挟气,勇而好争。民善治生,有勤俭风;士知务学,无浮靡习",瑞金县"民性悍勇",龙南县"民惟力耕,不知负贩。轻生好斗,勇悍相角。婚姻鲜礼,丧葬哀资",石城县"民俗桀骜,犷讦难理",宁化县"气性刚愎,男不逐末而事农功,女不蚕丝,而专织纺",武平县"山峻地僻,俗梗民强。尚武勇足以御敌,力本业足以营生",归化县"质直好俭,不务浮靡",永定县"民性质直,气习劲毅。男勤生业……女务纺织",等等,与宋代文献所载相近。比较《临汀志》、《古今图书集成·赣州府风俗考》引旧志所载与嘉靖汀、赣两府志的记载,两者的核心内容是完全一致的,后者所反映的明代汀、赣民风,除了增加了一些文化、科举的成分外,与宋代并没有质的不同。所以,从嘉靖汀、赣两府志看到的当地民风,应是在宋代就已基本形成,而不应认为迟至明代才形成。

综上所述,赣闽粤交界区域的赣南、闽西两地,宋代确已形成了独特的方

---

① 宝祐《仙溪志》卷一《风俗》。
② 王东:《客家学导论》,上海人民出版社 1996 年版,第 142~143 页。下文所引嘉靖《赣州府志》、嘉靖《汀州府志》关于各县民风的记载,亦自王东此书转引。

言、独特的宗教信仰和独特的风俗与社会心理素质,由此构成其独特的社会文化面貌,与其相邻的闽南、闽中、赣中、赣北等地迥然有别。其时赣闽粤三角地带的粤东北一角,北宋时社会发展水平较低,土著的"獠蛮"在该区人口中尚占有较大的比重,故未能在社会文化的各个方面都与赣南、闽西同步发展,但南宋时梅州"土旷民惰,业农者鲜,悉借汀、赣侨寓者耕焉"①,赣南、闽西人大量进入该区,因而使该区的经济文化面貌表现出向赣南、闽西趋同的态势。当时梅阳之人的方音、习俗与潮州迥然不同,应是与赣南、闽西相近。因此,我们认为客家民系在宋代,至迟在南宋已经形成。

　　赣南、闽西共同作为宋代客家民系形成时期的中心地域,而闽西的作用和地位尤为重要,除了前文已经论述的原因之外,更表现在客家人以汀州的宁化石壁为文化认同的标识。

第四节　宁化石壁——客家族群自我认同的符号

　　关于族群,人类学家、社会学家对它有不同的定义。有的从群体内部的共同特征出发,强调语言、种族和文化的特征。如有一派认为:族群(Ethnic Group),是指在一个较大的文化和社会体系中具有自身文化特质的一种群体,其中最显著的特质就是这一群体的宗教的、语言的特征,以及其成员或祖先所具有的体质的、民族的、地理的起源。② 本文上节所论,就是从族群(民系也是一种族群,是"民族"这个大族群下次一个层次的族群)的内涵立论,证明南宋时确实有一个特别的族群——客家民系在赣南、闽西形成了。

　　但有的社会学家和人类学家更加强调族群成员的自我认同,认为族群是由其本身组成成员认定的范畴,造成族群最主要是其"边界",而非语言、文化、血缘等"内涵";一个族群的边界,不一定是地理的边界,而主要是"社会边界"。在生态性的资源竞争中,一个群体通过强调特定的文化特征来限定

---

　　① (南宋)祝穆:《方舆胜览》卷三六引《梅州图经》。

　　② Nathan Glazer & Daniel P., *Moynihan: Ethnicity Theory and Experience*, Harvard Univercity Press,1975. 转引自周大鸣:《论族群与族群关系》,《广西民族学院学报》(哲学社会科学版)2001年第2期。

我群的"边界"以排斥他人。[①] 这里被特意强调用作族群"边界"的文化特征就是族群认同的标志,实际上是一个文化符号。

准此而言,客家民系用以区分我群与非我群"边界"的文化符号是什么呢? 我们认为,这样的文化符号可以不止一个,但宁化石壁是其中最明显、最重要的符号。

有一句民谚曰:"北有大槐树,南有石壁村。"意思是说北方汉人的祖根系于山西洪洞大槐树,南方客家人的祖根系于福建宁化石壁村。翻开客家人视若珍宝的族谱,你会发现,无论他们的祖先是汉、晋、唐、宋、元、明哪个朝代南迁的,也无论他们的祖先来自甘肃、陕西、山西、山东、河南、湖北、湖南、江苏、浙江乃至福建沿海天南地北任何一个地区,甚至是由畲族汉化成为客家人的家族,族谱上往往记载其祖宗先迁到福建宁化石壁开基,然后再分迁各省各地发展。历史上的名人如太平天国领袖洪秀全、台湾末代巡抚唐景崧、抗法名将刘永福、"中华民国"缔造者孙中山,现当代名人如朱德、叶剑英、郭沫若、李光耀、李嘉诚等等,据有关族谱记载,他们的祖先都是宁化石壁过来人。宁化石壁由此获得了"客家摇篮"、"客家祖地"的美称,也有人称之为"客家南迁的中转站"、"客家发祥地"等。若有哪位客家人说他的祖先未在宁化石壁居停过,人们就要怀疑他是否是货真价实的客家人了。

其实这样的说法是不合历史实际的。宁化是汀州最早设立的一个县,位于长汀县之北,西与江西石城县毗邻。石壁处在宁化县最西边,是一块小盆地,西倚武夷山脉中段的隘口站岭隘,古有石壁峒、石壁寨、石壁乡、石壁市、石壁下、石壁寮等不同叫法,还有径称"石壁"的。名称各异,含义却差不多,都指紧挨着站岭隘东侧的这块盆地,也就是宁化人所说的"西乡",现有二十几个村子,方圆一百多平方公里。

赣闽之间,自北而南纵贯着高峻的武夷山脉。古代由赣入闽,必须在武夷山脉中选择比较低平的隘口作为穿越的路径。在武夷山的北段,古时赣闽两地的人员往来,最常走的是分水关、甘家隘和杉关等几条通道。至于武夷山的南段,赣闽之间的隘口也有多处。在宋代,这些隘口主要有如下几条:从长

---

① Barth, Fredrik, *Ethnic Groups and Boundaries: The Social Organization of Culture Difference*, Boston, MA:Litle Brown, 1969. 转引自周大鸣:《论族群与族群关系》,《广西民族学院学报》(哲学社会科学版)2001 年第 2 期。

汀西至赣州瑞金县有新路岭,北至赣州瑞金县有黄竹岭,西北至赣州瑞金县有石脑岭;从宁化西至赣州石城县有张坑,西北至建昌军南丰县有车桥岭;从武平西至赣州安远县有大中山,西北至赣州会昌县有南瀑口北岭。[①] 到了明清时期,武夷山南段赣闽之间的主要交通路径自南而北为:武平与会昌之间的火星崾,长汀与瑞金之间的桃源崾,宁化与石城之间的站岭隘。[②] 与宋代比较,最常用的交通路径由分散趋于集中,隘口名称也有所变化,但有一个基本事实是不变的,即站岭隘并非武夷山南段沟通闽赣的唯一路径,它只是诸多隘口之一。[③]

既然古代由赣入闽的路径有多条,并非都得经由站岭隘先进入宁化石壁不可,那么,对于多数客籍族谱记载先世来自宁化石壁的现象,又应如何解释呢?

我们认为,客家人多称先世来自宁化石壁,就像福佬人都说祖先来自光州固始、广府人皆言上世曾避居南雄珠玑巷、北方人喜谈源于山西洪洞大槐树一样,虽然出于后人的编造,不能作为信史看待,但这些为各自民系普遍认同的家族渊源传说,实有甚深的社会原因,蕴含着很复杂的文化意义。要解释这个问题,不能用历史学的方法,而要用文化学的方法。

首先必须看到,上述客家人对于宁化石壁、福佬人对于光州固始、广府人对于南雄珠玑巷及许多北方人对于洪洞大槐树的追根认同,都是在与各自聚居地的土著民及旁系汉人进行生存斗争的错综复杂环境中形成的。为了在精神上、文化上压倒竞争对手,就必须培养本宗、本族、本群成员的荣誉感和认同感,增强宗族和群体的凝聚力。而要达到这个目的,对于祖先形象的塑造和血统高贵的强调,就是方便而又必需的手段了。

这里涉及汉族源远流长的文化背景和文化传统问题。其中的要点是一元论的民族起源观点和中原正统观念。

所谓一元论的民族起源观点,是认为全民族有一个共同的祖先,推而广之,则认为全人类有一个共同的祖先。宗教上的上帝创世说,人种学上的以

---

① 见《临汀志·至到》,第 7 页。
② 见康熙《宁化县志》卷一《山川志》。
③ 关于古代由赣经武夷山脉的诸隘口入闽多途并进的具体考证,参见谢重光:《客家普遍溯源于宁化石壁的文化意蕴》,《汕头大学学报》(人文科学版)1999 年第 1 期。

非洲某一猿人为人类共祖说,都是一元论的民族起源观点的具体表现。汉族以女娲为创生创始之祖,或以黄帝、炎帝为始祖,自称炎黄子孙,也是一元论民族起源观点的一种表现。据考证,汉族以黄帝作为全民族的共祖,也只起源于清季。"历史是一个共同回忆,其组成有一个系谱学之线索可寻。有关现代国家起源的民族史系谱,往往是近代的发明。中国人好称'黄帝子孙',此种概念在中国自称'天下'的大一统时代是不可能形成的。明清之际的王夫之提倡严夷夏之防,曾奉黄帝为华夏畛域之奠立者,清季的汉民族主义分子遂将黄帝转化为民族始祖。黄帝崇拜的叙事,由古代、现代、本土、外来的因素编织而成,表面上首尾一贯,其实是一个混合语,而且一首一尾都是舶来品。"①

把一元论民族起源观点应用到民系起源问题上,必然会把本民系所有成员的来源集中到某一很具体的地点。至于这一具体地点的筛选,各民系各有各自不同的历史因由。就客家民系来说,则有下列两个因素起了关键的作用。

其一是武夷山在客家先民记忆中留下了不可磨灭的印象。

自唐历五代至宋,客家先民的南迁,大多数是跨长江溯赣水越武夷山进入闽西才得以比较稳定地安顿下来。绵亘高耸的武夷山脉,犹如一道天然的屏障,把先民们曾饱尝其害的战乱隔绝于大山的那一边,保证先民们在大山的东侧有一个相对安宁的环境垦殖发展,再创家园。因此,武夷山东侧那一道道巍峨高耸的石壁,就自然而然地深深烙印在客家先民的心中,经过漫长的岁月,其他的事件在记忆中都慢慢模糊了、忘却了,唯有石壁的印象历久弥新,并通过口耳相传,留给子孙后代,成为客家人的集体记忆。我们这样说,并非凭空想象,客家地区到处可见的石壁地名,可以为我们的推论作一坚实的佐证。

选择武夷山东侧的山谷盆地为安居乐业之所,是闽西地区在客家民系形成过程中起到特别重要作用的同义语。反过来说,正是闽西在客家民系形成过程中的这一特殊地位,促使客家人以宁化石壁作为民系认同的标志。

其二是客家先民来到闽粤赣边区之后的生存环境中,有多种文化共处,而汉文化是强势文化。

---

① 孙隆基:《清季民族主义与黄帝崇拜之发明》(提要),《历史研究》2000 年第 3 期。

　　与客家先民共同生活在闽粤赣边大山区的有种族繁多的土著居民,在史书上被称为"蛮獠"、"峒獠"、"夷獠"、"峒贼"等等,此外还有先来此地定居的旁系汉人。他们在生存空间和生存条件方面都有尖锐激烈的矛盾冲突,解决矛盾冲突的办法有力气之争,更主要的是文化之争。斗争的结果是强势文化同化弱势文化。具体地说,为了在矛盾斗争中取得优势,必须严格华夷之辨,因而对于自身身份、血统高贵的论证就成为必要而有力的手段。而由于中华文化传统中历史悠久的中原正统论的作用,自然以来自中原者之身份、血统为贵。在这样的身份、血统论证中,很可能最先有一批经由宁化石壁而演变成客家人的中原移民成为身份高贵的楷模;其后,经由别地石壁而演化为客家人者,一方面由于记忆模糊,一方面由于抬高身价的需要,也把本族入闽的途径说成经由宁化石壁。久而久之,造成了不经宁化石壁者就不是来自中原的思维定势,并形成一股巨大的舆论压力,于是各种来源的客家人(包括原为蛮獠后来融入客家者)纷纷认同这一成说,声称本宗本族也是经由宁化石壁而播散各地的。

　　上述第二个因素实际上是一元论的民族起源观点和中原正统观念共同发挥了作用。正是这两种观念的交相作用,中华传统文化才得以从中原地区向周边地区不断扩展,汉族的规模才得以越来越扩大。换句话说,包括一元论的民族起源观点和中原正统观念在内的中华传统文化向中原以外的中国广大地区传播、扩展的过程,也就是各周边地区汉化的过程。这一过程在客家民系形成过程中的具体表现,就是客家人纷纷以宁化石壁过来人自居,通过这样的文化认同,达到了增强民系凝聚力、增强对中华文化之向心力的作用。

　　因此,我们可以把众多客家族谱都记载本族迁自宁化石壁的事实视作"石壁现象"。"石壁现象"与别的民系追根于光州固始、南雄珠玑巷、洪洞大槐树以及整个中华民族追根于黄帝、炎帝的现象一样,虽然未必是历史事实,却都包含着极其深刻的文化意蕴。在这层意义上,宁化石壁、光州固始、南雄珠玑巷、洪洞大槐树、黄帝、炎帝都只是一个文化符号,正是有了这些符号,中华民族和非中华民族,此族群和彼族群才有了一个容易辨认的标志。

第三章　元明清闽西客家社会的变迁

第一节　宋末元初福建人民的抗元斗争

在宋末元初的抗元斗争中,南方各省人民特别是赣闽粤人民,抗元热情最为高涨,在斗争中表现得最为英勇壮烈。就中福建各族人民波澜壮阔的抗元斗争,对于客家民系的进一步发展壮大,对于客家与畲族、福佬等族群的融合和交流,以及对客家人的分布和迁移,对客家人思想性格和其他文化面貌,都发生了巨大而深远的影响。因而这里有必要对宋末元初福建几支主要的抗元队伍作一简要的介绍。

一、文天祥、张世杰领导的畲汉人民保宋抗元斗争

在宋末的保宋抗元斗争中,有两位南宋大臣起了重要的组织领导作用:一位是文天祥,一位是张世杰。

文天祥的活动主要在赣闽粤边山区。他首先在赣中、赣南把地方豪强和溪峒蛮獠组织起来,起兵勤王,福建邵武等地溪峒蛮纷纷响应。[①] 此后又有闽浙的豪强、盐夫、畲民起而抗元,元廷也被迫"诏调兵讨之"。闽北和沙县的抗元武装是其中很活跃的部分。[②] 溪峒蛮多属畲族,闽北黄华所部被称为"畲军",原因就在于其队伍有不少溪峒蛮。但黄华军中还有盐夫,应是贩私盐的汉人,所以黄华所部是一支畲汉联合武装,性质与宋代文献中的"汀、赣贼"相同。

益王(赵昰)立于福州之后,文天祥被任命为右丞相,旋以同都督身份出江西,收兵入汀州。其部将分兵攻取宁都、于都,然后会兵于汀州。景炎二年

---

① 《元史》卷四一八《文天祥传》,《元史》卷一〇《本纪·世祖七》至元十五年(1278)"五月乙酉"条。

② 《元史》卷一〇《本纪·世祖七》,《元史》卷一三一《忙兀台传》。

（1277）正月,元兵攻入汀州,天祥退军漳州。四月,入梅州。五月,出江西,入会昌。六月,入兴国县。七月,遣主力攻赣城,分兵攻取吉州各县,一时间声势大振,吉州八县光复了一半,临江、洪州等州郡都表达了归附的意愿,连潭州的兵将也响应文天祥,攻下了邵州、永州之间数县,抚州、分宁、武宁、建昌等地的豪杰,都派人来表示接受文天祥的指挥,只有赣州久攻不下。后来元朝派大将李恒增援赣州,文天祥兵败,收残兵奔循州,驻南岭。翌年周旋于粤东地区。十一月,进屯潮阳县,在前往惠州海丰途中被元军张宏范部俘虏于五坡岭。①

文天祥的抗元军事行动主要集中在赣闽粤交界区域展开,文天祥曾开府南剑州,两入汀州,与元军及降元叛军展开了顽强的拉锯战。②汀、赣、梅客家人是文天祥抗元军的主力,表现出极为可贵的爱国献身精神。

张世杰统帅的是淮军,主要活动在江浙闽粤沿海一带,特别是益王被立为帝之后,张世杰一直是为益王保驾的主力部队,从定海到温州,到福州,再到泉州、漳州、潮州,还曾进攻过雷州,最后在厓山与元军作殊死战。陆秀夫、帝昺及杨太后投海而死后,张世杰葬之海滨,自己亦自溺死。③

张世杰在漳、泉一带作战时,陈吊眼、许夫人所部畲军在张世杰的统一领导下直接参加了攻城之战。史载:“张世杰围泉州,将淮军及陈吊眼、许夫人诸洞畲军,兵威稍振。”④另外,在厓山之战的危急时刻,管领海舟的陈植乃漳州人,“见事危,断维出港,自以六舟泊梅岭,募士卒,驰檄诸蛮,图立宋后”⑤。所谓“诸蛮”,是漳州一带的溪峒蛮獠,以后多数演化为客家人。⑥由此可见福

---

① 《宋史》卷四一八《文天祥传》。
② 据民国《长汀县志》卷二《大事志》。
③ 《宋史》卷四七《本纪第四十七·瀛国公·二王附》。
④ 《宋季三朝政要》“附录”。
⑤ 乾隆《南靖县志》卷六《人物·儒林·宋·陈景肃》。
⑥ 乾隆《南靖县志》卷六《人物·儒林·宋·陈景肃》载:“世杰覆舟,元人索捕急,(陈植)遂变姓名隐芹山。其弟格,为海滨监簿。帝昺之亡,格从容就死,忠义形于《六咏》。植敛其袍笏,招灵魂葬于渐山。”按:乾隆《漳州府志》、《云霄县志》、《东里志》、《澄海县志》、《福建通志》皆记载了陈植、陈格及其姐陈璧娘(或作碧娘)事迹及璧娘所作《平元曲》,文字互有异同。各志对于陈氏姐弟的籍贯主张不同,或以为南靖人,或以为云霄人,或以为澄海人。按:宋代福建未有南靖、云霄、平和、诏安诸县,广东亦未有澄海县。据考,渐山在今诏安四都,芹山应为今平和县境的大芹山。这两地在宋代都属于漳浦县,元代归入南靖县。其中大芹山及今南靖、平和、云霄、诏安的西部山区都属客家人住区。陈植既然变姓名隐芹山,自身属客家人的可能性较大。后来陈吊眼的祖籍地诏安县太平乡白叶村也成为客家人住区,亦是一条佐证。

建客家人及其先民在抗元斗争中的重要作用。

二、黄华领导的畲汉人民抗元义军

宋亡之后，畲汉人民的抗元斗争还坚持了很长时间，黄华领导的义军是其中重要的一支抗元武装。

黄华的根据地在闽北，主要活动地域包括赣东北和浙南。这一闽浙赣交界区域在宋代后期已是畲族的重要分布地。据《元史·百家奴传》载：至元十三年（1276），百家奴"徇地福建，行定衢、婺、信等州城邑。至新安县，击斩宋赵监军、詹知县，擒江通判。道与畲军遇，疾战败之。鼓行而东，沈安抚以建宁府降"[①]。与百家奴相遇疾战的这支畲军应该是本地的畲族武装，说明闽浙赣交界区域畲族基础深厚，他们有自己的武装，对元军南侵持反对和抗御的立场，这正是黄华起义的背景和基础。

黄华正式揭起抗元旗帜应在1278年，事见《元史·世祖本纪七》：至元十五年（1278）十一月辛丑，"建宁政和县人黄华，集盐夫，联络建宁、括苍及畲民妇自称许夫人为乱"。又见《元史》卷一六二《高兴传》：（至元）"十五年（1278）夏，诏忙古台立行省于福建，兴立都元帅府于建宁，以镇之。政和人黄华，邵武人高日兴、高从周，聚众叛，皆讨降之。"据这些记载，黄华和高日兴、高从周大概是汉人，或是畲化了的汉人，他们聚集的造反群众有汉人，也有畲民，所以最初的文献记载只称他们"为乱"、"聚众叛"，并未称其所部为"畲军"。两年之后，黄华才打起畲民起义的旗号，"聚党三万人，扰建宁，号头陀军"[②]。按："头陀"就是"剪发文面"，是部分畲民的体貌特征。"头陀军"是畲军的同义词，如同南宋中叶宁化的畲军领袖晏彪号"晏头陀"一样，号"头陀军"犹如自称畲军。

黄华初起义时力量还不大，对元军的认识也不够深透，为统治者剿抚并用的两手策略所屈，一度投降了元朝，这就是《高兴传》所说"皆讨降之"的含义。为了笼络和利用黄华，元朝统治者采取了恩威并用的两面手法，"许以为副元帅，凡征蛮之事，一以问之"，驱使黄作征陈吊眼的先锋。但是，元朝统

---

① 《元史》卷二九。
② 《元史》卷一三一《完者都传》。

治者的凶残欺诈行径擦亮了起义领袖的眼睛,复杂斗争的锻炼丰富了造反者的经验。至元十九年(1282),黄华重新举起反元复宋大旗,广泛发动群众,使队伍迅速壮大到10万人,与元军转战于闽浙赣边的广袤山区,沉重打击了蒙古人的气焰。元朝调集了浙西、江淮、福建三路大军合剿,激战一年多,才把黄华义军镇压下去,黄华赴火自焚,壮烈牺牲。[①] 但其余部坚持斗争到至元二十六年(1289)底[②],总计黄华起义前后达十二年之久。

黄华起义影响深广。时人曾说:"福建归附之民户几百万,黄华一变,十去四五。"[③] 准此而言,直接或间接响应黄华起义的民众达三五十万之众。这次起义以闽浙赣边区为核心,其活动范围和影响及于全福建。这次起义有一个从自发到自觉的过程,黄华降而复起后"伪称宋祥兴五年",说明他们正式以宋遗民自居,以反元复宋为号召,在政治上、策略上明显进步了。

正是由于黄华起义的影响既深且广,元朝对起义的善后处置比较慎重,对参加起义群众有恒产者编为民户纳税服役,无恒产与妻子者,编为守城军[④],对其中的畲族酋长授予近处州郡的民政官员[⑤]。这些措施,促进了畲族的汉化,主要是客家化。

三、陈吊眼领导的畲族抗元斗争

陈吊眼是宋元历史上的一个传奇人物,名遂,又名大举,吊眼是他的外号,民间也有敬称他为陈吊王的。他的活动见于记载的最早时间当为宋景炎元年(1276)末。史载:"张世杰围泉州,将淮军及陈吊眼、许夫人诸洞畲军,兵威稍振。蒲寿庚闭门拒守,阴赂畲军,攻城不力。"[⑥] 据《宋史》本纪第四十七,张世杰围泉州与蒲寿庚攻战在德祐二年(1276)十一月。不过此时陈吊眼等畲族首领对元朝的态度还比较暧昧,故有"攻城不力"之事。

陈吊眼坚决反元而被元朝官方作为畲民叛乱头子载诸册籍则在至元十六年(1279)。请看下列记载:

---

① 《元史》卷一六二《高兴传》《刘国杰传》。
② 《元史》卷一五《本纪·世祖十二》。
③ 《元史》卷一六七《王恽传》。
④ 《元史》卷九八《兵志一》。
⑤ 《元史》卷一五《本纪·世祖十二》。
⑥ 《宋季三朝政要·附录》。

〔至元十六年（1279）〕漳州陈吊眼聚党数万,劫掠汀、漳诸路,七年未平。十七年（1280）八月,枢密副使李罗请命完者都往讨,从之。加镇国上将军,福建等处征蛮都元帅,率兵五千以往。……（黄）华遂为前驱,至贼所,破其五寨。十九年（1282）三月,追陈吊眼至千壁岭,擒之,斩首漳州市,余党悉平。①

（至元）十七年（1280）,漳州盗数万,据高安寨,官军讨之,二年不能下。诏以兴为福建等处征蛮右副都元帅。兴与都元帅完者都等讨之,直抵其壁,贼乘高瞰下击之。兴命人挟束薪蔽身,进至山半,弃薪而退,如是六日,诱其矢石殆尽,乃燃薪焚其栅,遂平之,斩贼魁及其党首二万级。十八年（1281）,盗陈吊眼聚众十万,连五十余寨,扼险自固。兴攻破其十五寨,吊眼走保千壁岭,兴上至山半,诱与语,接其手,掣下擒斩之,漳州境悉平。②

至元十七年（1280）,陈桂龙据漳州反,唆都率兵讨之,桂龙亡入畲洞。③

〔十九年（1282）二月〕戊午,籍福建户数。……夏四月戊戌,征蛮元帅完者都等平陈吊眼巢穴班师,赏其军钞,仍令还家休息。遣扬州射士戍泉州。陈吊眼父文桂及兄弟桂龙、满安纳款,命护送赴京师。其党吴满、张飞迎敌,就诛之。……五月戊辰,并江西、福建行省。……免福建山县镇店宣课。……招谕畲洞人,免其罪。……六月庚戌,流叛贼陈吊眼叔陈桂龙于憨答孙之地。④

根据这些记载,陈吊眼是宋末元初闽南、粤东的畲民领袖,部众从数万发展到近十万,结五十余寨⑤,与元朝大军苦战达四五年之久,是元军向闽南粤东推进的主要障碍。为了平定这支畲军,元朝廷调集多员猛将,动用数路兵力,甚至为此而改变行省设置,但还是难于取胜,最后借用了黄华畲军"以蛮制蛮",

---

①　《元史》卷一三一《完者都传》。

②　《元史》卷六二《高兴传》。

③　《宋季三朝政要·附录》。

④　《元史》卷一一四《本纪·世祖十一》。

⑤　据潮汕方志,陈吊眼由闽南至粤东,归附者众,共有58寨。现在潮汕很多地方还有陈吊王寨遗迹,其中澄海临江寨有千人井,传说是陈吊眼部属所挖,井水可供千人饮用。准此,以每寨千人计,陈吊眼部属约有六万人。

并设计采用火攻,才勉强剿平祸乱。

元军扑灭陈吊眼之战,"斩贼魁及其党首二万级",手段凶残至极。陈吊眼的叔父陈桂龙等"纳款"投降,也受到流放"憨答孙之地"的重惩。但是与统治者的愿望相反,畲族人民并没有被残酷镇压吓倒,就在陈吊眼牺牲、陈桂龙等被俘的险恶形势下,"其党吴满、张飞迎敌",显示了起义畲民群众的抗元决心。

陈吊眼的根据地在漳州西南部的大山区。《元经世大典序录》引《国朝文类》卷四一载:

> 至元十七年（1280）八月,陈桂龙父子反漳州,据山寨,桂龙在九层磜畲,陈吊眼在漳浦峰山砦,陈三官水篆畲,罗半天梅泷长窖,陈大妇客寮畲。

这里提到的地名,宋元之际属漳州漳浦县,如今分属漳州平和、诏安、南靖诸县。如"峰山"即大峰山,在今平和县九峰、大溪等乡镇;"水篆"今称秀篆,在今诏安县西部;"梅泷长窖"即今南靖县梅林乡长窖村。另外,前引文多次提到官军追陈吊眼至千壁岭,在闽南方言中"千壁岭"与"松柏岭"音近,应是"松柏岭"之讹。松柏岭在平和县与广东饶平县交界处。而诏安县太平镇的白叶村,世代相传是陈吊眼的老家。可证陈吊眼的根据地确实在漳州西南部。而这些地区,如今都属客家地区,也就是说,陈吊眼领导的畲军,以后都汉化成为客家人了。

关于陈吊眼的事迹,民间传说有着与官方记载完全不同的内容。正史说陈吊眼于至元十九年（1282）被擒,"斩首漳州市,余党悉平"。但民间传说却认为宋亡后,陈吊眼一直在潮州坚持抗元,并越战越强,于至正十六年（1356）攻下揭阳城,自称定王,又占据潮阳城,直到明朝洪武初才受招抚。[①]这些传说不一定完全符合史实,如说陈吊眼坚持斗争到洪武初,倘以陈吊眼景炎元年（1276）随张世杰抗元时年15岁计算,至洪武初最少应有108岁,古人至一百多岁尚能领军作战的可能性几乎等于零。但是传说也有坚实的事实基础,那就是陈吊眼麾下的畲军的确一直在闽南和粤东长期抗元,陈吊眼本人在这一带享有崇高的威望,不管他是否在至元十九年（1282）被官军

---

① 饶宗颐《潮州志·大事志》(潮汕修志馆编,1949年版)第17、19页引顺治《潮州府志》谓:至元十六年（1279）,漳州巨盗陈遂,一名陈吊眼,据揭阳,分将筑城,僭称定王。至明洪武初始降。且加按语曰:"《潮阳唐志》:'元末,陈遂据潮阳邑治。'又潮安县北有陈吊王寨。是当日陈遂为祸,几及三阳,不仅一揭阳也。"

剿杀（或许当时陈吊眼并没有死，元军将领虚报战功谎称把他擒斩的可能性很大），他一直活在闽南、粤东人民心中。

还有一种可能性，即吊眼（眼睛外角向上斜）是畲民的体质特征，畲族领袖陈遂因其这种体质特征而被叫上了陈吊眼的外号，并以其卓越的才能和崇高的威望而受到闽南、粤东畲民的崇拜，连他的外号也受人钦敬。他去世后，他的抗元事业的继承人连他的外号一起继承下来，也自称或被称为陈吊眼。

总之，陈吊眼是与黄华同时而稍后的一位畲族领袖，他领导的畲族抗元斗争具有与黄华抗元畲军相当的规模，一个在闽浙赣边，一个在闽粤赣边，遥相呼应，南北辉映。还有一点相同之处，就是他们的部属日后大都成为客家人，从这个角度来看，这两支队伍的活动，也是福建客家先民的活动。

四、李志甫领导的畲族抗元武装

李志甫，漳州南靖县（元代称为南胜）人，于元代中后期在漳州、潮州一带聚众抗元①，在史志中被称为"反贼"、"山贼"、"南胜贼"、"南靖贼"，也有一些载籍直称为"畲贼"，如郑经岩《南胜伯赠侯爵赐谥忠洁陈公墓铭》有云：

> 至元丁丑〔即后至元三年（1337）〕畲民黄二使逆命，郡兵追破之，余党李至甫结聚南胜，不能拔。朝廷命重臣征发四省兵以讨之，历四载，经百余战，兵老民疲。②

陈志方《元右丞晋国罗公墓志铭》亦云：

> 公讳良，字彦温……值元季之乱……因发廪募乡民，从大将击平南胜畲贼李志甫，功居最，奏受长汀尉。未几，畲寇吴仰海，江西贼詹天骥等继发，公奉命讨平之，升漳州新翼万户……其后南胜畲寇陈角车、李国祥，安溪贼李大，同安贼吴肥，漳贼王猛虎，江西贼林国庸后先窃发，西林贼陈世民攻陷南诏、长汀、龙岩、漳浦诸邑，公悉削平，降其众，复其邑。③

又《元史》卷一九三《忠义·萧景茂传》曰：

> 萧景茂，漳州龙溪人也。性刚直孝友。家贫力农。重改至元四年

---

① 《元史》卷一八八《王英传》载："（后）至元三年（1337）……李志甫起漳州，刘虎仔起潮州，诏命江西行省右丞燕帖木儿讨之。"盖李、刘同时而起，互相呼应，漳、潮为他们共同的活动范围。

② 光绪《漳州府志》卷四六《艺文六》，光绪三年（1877）芝山书院本。

③ 同上。

（1338），南胜县民李智甫作乱，掠龙溪。景茂与兄佑集乡丁拒之，据观音
山桥险，与贼战。众败，景茂被执。贼胁使从己，景茂骂曰："狗盗！我生
为大元民，死作隔洲鬼，岂从汝为逆耶！"隔洲，其所居里也。

龙溪人萧景茂属于福佬人，对畲民的习俗信仰很熟悉，他骂李志甫徒众为"狗
盗"，这是针对畲民的狗图腾（即盘瓠图腾）崇拜而发的骂词，乃李志甫及其
徒众是畲民或其中有不少畲民的佐证。

　　李志甫起于后至元三年（1337）至四年（1338）间，于后至元六年
（1340）被袭杀，历时前后四年。对于这次事件，据前引陈君用（即忠洁陈公）
的墓铭，"朝廷命重臣，征发四省兵以讨之，历四载，经百余战，兵老民疲"亦
未能克，可见李志甫聚众之多，战斗力之强，转战范围之广。"乱事"的最后
平定主要是靠漳州地方豪强及其乡族势力的参与，罗良、陈君用、萧景茂等都
是地方豪强的代表，他们大多是福佬人。此外，"平乱"有功的黄佐才，作为
事发县份的县尉，也应视作地方势力的代表。[①]从这一角度观察，实际上是福
佬人为了自身的族群利益，组织乡丁助朝廷消灭了李志甫领导的畲族武装，
因而打上了民族或族群斗争的烙印。

　　李志甫被袭杀后，漳州、龙岩一带的"山贼"、"流寇"如曾飞、管得胜、黄
得恭[②]，"南胜畲寇陈角车、李国祥"等坚持斗争直至元亡。从福佬人的乡族
势力站到了这些反元武装的对立面来看，元代中后期漳州偏西地区以畲族为
名的反元力量实际上仍是畲族、客家的联合武装。由于与福佬人的长期接触
与斗争，他们中一部分人被同化成了福佬人，李志甫的老家平和南胜如今是
福佬住区即为明证，但他们的主体应被同化成了客家，今南靖、平和的西部山
区仍为客家住区就是有力证据。

第二节　族群互动中客家民系的发展

一、畲民汉化成为客家

　　元代福建畲汉人民大范围长时间的抗元斗争，增进了各族群间的接触、合

---

① 《元史》卷四〇《本纪·顺帝三》。
② 乾隆《龙岩州志》卷一一《人物志·忠义》。

作或抗争,因而促进了彼此的交流和融合,加上元朝采取的一系列有利于畲族汉化的政策,大大加速了畲族汉化的进程。由于畲族主要与客家错居杂处,他们的汉化主要是通过接受客家文化作为中介而实现的,所以畲族汉化的结果基本上是演化为客家,客家民系因而在畲族汉化过程中得到很大发展。对此上节的论述已有涉及,下面就促进畲族汉化的主要因素及途径略加分析。

1. 畲族首领被授予官职

元代被授予官职的畲族首领很多,有不少是起兵抗元后接受招安,因实力的强弱而得到等级不同的官职。如黄华曾被授予征蛮副元帅、招讨使、管军总管,其党高日新授山北路民职①。各处畲民起兵被平定后,朝廷采取了"放福建畲军,收其军器,其部长于近处州郡民官迁转"②的办法,至元二十四年(1287)朝廷又颁布了"以宋畲军将校授管民官,散之郡邑"③的诏令。可见让归降的畲族部落首领交出其统领的畲军,安排他们在近处州郡担任一般的民政官员,成为元朝解决畲族问题的惯例。

畲族首领任官以后,必须熟悉官府的律令格式,遵行官场的礼仪制度,还要学习儒家的纲常伦理,了解当地的民情风俗。不但他本人如此,他的家人、部属也须适应官场规矩和地方习俗。这既为他们的迅速汉化创造了条件,也等于硬性规定了他们汉化的道路,想不汉化都不可能了。

2. 强制畲民离开山峒与汉人杂处

元朝廷解决畲族问题的办法,对一般畲民来说,通常是把他们录为编户齐民,让他们与汉族百姓一样纳税服役,逐渐在经济负担、生活方式方面向汉人看齐。典型事例如黄华起义被讨平后,诏"令福建黄华畲军有恒产者为民,无恒产与妻子者编为守城军"④。前引诏令所说"放福建畲军","放"就是免除其低贱身份,使其成为编户齐民的意思;"以宋畲军将校授管民官,散之郡邑",所管之民不可能是汉人,只能是被安置到就近郡邑的畲民。

3. 发遣畲军屯田

把归降畲军按半军事化部署,发遣到地旷人稀处屯田,也是元朝廷常用的

---

① 《元史》卷一二《本纪·世祖八》。
② 《元史》卷一三《本纪·世祖十》。
③ 《元史》卷一四《本纪·世祖十一》。
④ 《元史》卷一三《本纪·世祖十》。

办法。由于元军的野蛮屠杀及其南侵造成的惨烈战争,江淮以南大片地区成为废墟,人口流散,生产破坏,给元朝的统治带来极大的困难。统治者为了稳定社会、增加财政收入,大力推行往代行之有效的屯田措施,《元史》所谓“有国者善用其（屯田）法,则亦养兵息民之要道也。国初,用兵征讨,遇坚城大敌,则必屯田以守之。海内既一,于是内而各卫,外而行省,皆立屯田,以资军饷。或因古之制,或以地之宜,其为虑盖甚详密矣”①,即指此而言。

以招降或俘获的畬军为劳力,是保证屯田推行的方便条件。在福建范围内,主要有汀漳屯田:

> 成宗元贞三年（1297）,命于南诏（今漳州诏安县）黎、畬各立屯田,谪发见戍军人,每屯置一千五百名,及将所招陈吊眼等余党入屯,与军人相参耕种。为户汀州屯一千五百二十五名,漳州屯一千五百一十三名。为田汀州屯二百二十五顷,漳州屯二百五十顷。②

> 〔成宗大德元年（1297）二月〕以新附军三千屯田漳州……二年（1298）正月丁酉,置汀州屯田。③

> 〔仁宗时于皇庆元年（1312）〕十一月戊戌,调汀、漳畬军代亳州等翼汉军于本处屯田。④

畬军屯田大概并没有打散其原来的部落组织,但也使这部分畬民离开了山峒,到平原地带生活,而且常有畬军与汉军“相参耕种”的情况,这就为畬汉交融、畬民汉化创造了很好的条件。当屯田任务结束后,常免屯田军为民,这部分屯田的畬军就渐渐成为汉人了。

4.汉人避入畬山增进了与畬民的接触和交流

遇到重大的战乱,或不堪统治者的暴政酷敛,汉人被迫躲进深山,避入畬峒。这种情况宋代已很盛行,所谓“边人逃入蛮峒”,所谓“知书及士人陷畬”,常常是指此而言。元代这种风气更盛。至元二十九年（1292）正月“庚子,江西行省左丞高兴言:‘江西、福建汀漳诸处连年盗起,百姓入山以避,乞

---

① 《元史》卷一〇〇《兵志三》。
② 以上二条俱见《元史》卷一〇〇兵志三。
③ 《元史》卷一九《本纪·成宗二》。
④ 《元史》卷二五《仁宗二》。

降旨招谕复业。……'诏皆从之"①。这个问题见诸大臣的奏议、皇帝的诏令,其普遍性、严重性可想而知。

汉人避入深山与畲民错居,一方面,可能使一部分汉人畲化;另一方面,如果入山的汉人数量很多,也可能反过来使畲民受汉人生产方式和生活习俗的影响,因而也收到促进畲民汉化的效果。

福建畲民汉化成为客家的具体史例,可以陈吊眼部、许夫人部为代表,陈吊眼所部转化为客家已如前述,这里略述许夫人部演化为客家的情况。

许夫人也是一个传奇人物。黄华起事时联盟者中有许夫人,乃是建宁、括苍畲民妇自称许夫人为乱;张世杰从潮州征讨泉州蒲寿庚,麾下也有许夫人畲军;汀州、潮州都有许夫人的传说,汀州人说许夫人是汀州女英雄,潮州饶平百丈埔建有夫人庙纪念她;甚至有人传说许夫人是兴化军陈文龙之女、陈吊眼的族姐,结识了汀州二十四畲峒酋长蓝太君,因而成为畲族领袖。②众说纷纭,莫衷一是。但有一点是清楚的,那就是许夫人是一位畲族领袖,活动在从闽西北、闽西南到粤东的广阔地区。按:陈吊眼父名陈文桂,有叔名陈桂龙,颇疑"许夫人为陈文龙之女"乃"许夫人为陈桂龙之女"的讹误,因为这样正与许夫人为陈吊眼族姐的说法符合。如果这一推测不谬,那么文献中"陈大妇客寮畲"的陈大妇可能就是许夫人。"客寮畲"之"畲"与客家必然有密切的关系。因此,许夫人所部畲民后来多数转成客家人自是情理中事。

二、北方流民入籍成为客家

宋元之际的战乱造成的人民死亡流离是空前的,其时真正是千里丘墟,哀鸿遍野。下面摘录的一些记载略可看出当时流民问题的严重:

　　（至元）十六年（1279）,改授怀远大将军,吉州路总管。……民之流亡,与远郡来归者数千家。③

---

① 《元史》卷一七《本纪·世祖十四》。
② 据近年发现的蔡永兼嘉庆十五年（1810）所著《西山杂志》手抄本《许夫人起畲兵勤王》篇。
③ 《元史》卷一五二《张子良传附子张懋传》。

（至元）二十三年（1286），命往江浙等处遣汉人复业。①

〔至元二十三年（1286）四月〕己未，以汉民就食江南者多，又从官南方者秩满多不还，遣使尽徙北还。仍设脱脱和孙于黄河、江淮诸津渡，凡汉民非赍公文适南者止之，为商者听。……〔二十六年（1289）〕二月辛亥朔，诏籍江南户口，凡北方诸色人寓居者亦就籍之。②

（至元）二十六年（1289），朝廷以中原民转徙江南，令有司遣还，忙兀台言其不可，遂止。闽、越盗起，诏与不鲁迷失海牙等合兵讨之。③

邢州旧万余户，兵兴以来不满数百，凋坏日甚。④

江淮流移之民，并安东、海宁、沐阳、赣榆等州县俱废。⑤

〔天历二年（1329）〕四月癸卯，陕西诸路饥民百二十三万四千余口，诸县流民又数十万……河南府路以兵、旱民饥，食人肉事觉者五十一人，饿死者千九百五十人，饥者二万七千四百余人。……池州、广德、宁国、太平、建康、镇江、常州、湖州、庆元诸路及江阴州饥民六十余户……大都、兴和、顺德、大名、彰德、怀庆、卫辉、汴梁、中兴诸路，泰安、高唐、曹、冠、徐、邳诸州，饥民六十七万六千余户……（五月）凤翔府饥民十九万七千九百人……（六月）绍兴、庆元、台州、婺州诸路饥民凡十一万八千九十户……陕西、河东、燕南、河北、河南诸路流民数十万，自嵩、汝至淮南，死亡相藉……益都莒、密二州春水，饥民三万一千四百户……⑥

上述记载说明元代接连不断的战乱和饥荒，一次又一次地引致几十万、几百万的流民潮，朝廷因应形势，制定了允许北方流民在南方入籍的政策。从文献上看，流民的去向主要是江南，朝廷也有意引导流民开垦江南荒地。例如至元二十五年（1288）正月癸丑就下过这样一道诏令：

① 《元史》卷一五四《洪福源子俊奇传》。按：江浙属南人范围，这里汉人应是指北方流离至此的汉人。

② 《元史》卷一四《本纪·世祖十一》。

③ 《元史》卷一三一《忙兀台传》。

④ 《元史》卷一五七《刘秉忠传》引刘秉忠上书世祖之言。

⑤ 《元史》卷一八八《董抟霄传》。

⑥ 《元史》卷三三《本纪·文宗二》。

募民能耕江南旷土及公田者,免其差役三年,其输租面三分之一。①
不过,当时所谓江南,把赣、闽诸省也包括在内。一个明显的证据是,桑哥、玉
速帖木儿曾言:"江南归附十年,盗贼迄今未靖者,宜降旨立限招捕,而以安集
责州县之吏,其不能者黜之。"对此,叶李献计说:"臣在漳州十年,详知其事。
大抵军官嗜利与贼通者,尤难弭息。宜令各处镇守军官,例以三年转徙,庶革
斯弊。"② 议论安集江南州县而以漳州之事为对,显然是把漳州算在广义的江
南之中了。

赣闽粤边土地广袤,环境闭塞,有充足的荒地可供开垦,又有安全的保障,
遂成吸引流民的渊薮。史载这一区域在元初户口损耗很厉害,不少州县被废
或降等,但几年之后,被降等的州县重新升级,甚至设立了一些新的州县,其
中有"盗贼"受招降、有的成为新附军,入山避难百姓复业等因素,而流民或
流离人口以种种形式安定下来却是最主要的因素。清人徐旭曾研究了很多
客家人的族谱,得出结论说:"元兵残暴,所过成墟,粤之土人,亦争向海滨各
县逃避,其间闽、赣、湘、粤边境,毗连千数百里之地,常有数十里无人烟者。"③
及至时局稍靖,幸存下来的客家人民和北方流民迅速填补了这一空旷地带,
他们"于是相率迁居该地焉。西起大庚,东到闽汀,纵横蜿蜒,山之南,山之
北,皆属之。即今之福建汀州各属、江西之南安、赣州、宁都各属,广东之南
雄、韶州、连州、惠州、嘉应各属,及潮州之大埔、丰顺,广州之龙门各属,是也。
所居既定,各就其地,各治其事,披荆斩棘,筑室垦田,种之植之,耕之获之,兴
利除害,休养生息,曾几何时,遂别成一种风气矣"④。

由于这一波流民及赣闽粤边大区域之间的移民,经过相当时间的耕垦创
业、融合同化,"遂别成一种风气",最后无论是原来的客家人,还是流寓来此的
北方人都成了客家,今日所见客家基本住区即所谓"客家大本营"的格局,
也就确定下来了。其间元廷的政策起了促进作用。元廷对于流民的政策,有一
个从强制回归原籍到允许在新居地入籍的过程,至元二十六年(1289)二月

① 《元史》卷一五《本纪·世祖十二》。
② 《元史》卷一四《本纪·世祖十一》。
③ 《和平徐氏族谱》所载徐旭曾《丰湖杂记》。
④ 《和平徐氏族谱》所载徐旭曾《丰湖杂记》。

"诏籍江南户口,凡北方诸色人寓居者亦就籍之"① 就是完成政策转变的标志。

三、平乱淮军就地安置演化为客家

必须指出的是,这一时期客家民系的扩大,还与淮军复员之后就地安置演化成客家有关。从南宋起,就常常调淮军镇压赣闽粤边区的动乱和民变,几乎成为一种惯例。元代沿用此例,如:"〔至元二十一年（1284）〕二月戊申,漳州盗起,命江浙行省调兵进讨。"按:江淮行省一度改为江浙行省,故"命江浙行省调兵进讨"调的主要还是淮军。所以同年九月甲申,中书省言:"福建行省军饷绝少,必于扬州转输,事多迟误。若并两省为一,分命省臣治泉州为便。"所称两省即指福建和江浙,地属江淮的扬州受江浙行省管辖,福建用兵军饷从扬州转输,更说明军事上江淮对于福建的重要性。

下面再举几则直接调淮军镇压赣闽粤边动乱的史例②:

> 至元二十五年（1288）四月乙丑,广东贼董贤举等七人皆称大老,聚众反,剽掠吉、赣、瑞、抚、龙兴、南安、韶、雄、汀诸郡,连岁击之不能平,江西行枢密院副使请益兵,江西行省平章忽都铁木儿亦以地广兵寡为言,诏江淮省分万户一军诣江西,俟贼平还翼。

> 二十六年（1289）正月癸卯,贼钟明亮寇赣州,掠宁都,据秀岭,诏发江淮省及邻郡戍兵五千,迁江西省参政管如得为左丞,使将兵往讨。

> 二月丙寅,命福建行省拜降、江西行院月的迷失、江淮行省忙兀带,合兵击贼江西。

> 五月丙申,贼钟明亮率众万八千五百七十三人来降。江淮、福建、江西三省所抽军各还本翼。

> 二十七年（1290）九月己酉,福建省以管内盗贼蜂起,请益戍兵,命江淮省调下万户一军赴之。

调往赣闽粤镇戍的淮军,虽有一部分事定之后抽还本翼,大部分却是久戍不归,或转为屯田军③,最后就地复员,其与客家人杂处的部分,遂渐渐演化为客

---

① 《元史》卷一四《本纪·世祖十一》。

② 分见《元史·本纪》各卷,不一一注明。

③ 《元史》载有"〔皇庆元年（1312）〕十一月戊戌,调汀、漳畲军代亳州等翼汉军于本处屯田",是淮军曾在汀、漳等处屯田的明证。

家人了。福建省武平县中山镇,旧为明代武平所,该所兵将长期保留军籍,日久脱籍为民后都成了客家人,这个典型事例,有助于我们了解元代屯戍汀漳的淮军演化为客家的情形。元代与明代,时间有先后,道理却是一样的。

第三节　客家人对闽西、闽西南边缘地区的开发

福建的民系地理分布大势,汀江流域是客家人的天地,而九龙江流域是闽南人的世界。汀江最东的一条主要支流叫做黄潭河,发源于上杭县东北部的古田,流经上杭、永定二县,在永定东南角汇入汀江。九龙江西边的一条主要支流叫做船场溪,发源于南靖县境的博平岭东麓,流贯南靖县西部的梅林、书洋、船场等乡镇,汇入九龙江。黄潭河与船场溪之间,是客家人与闽南人的过渡地带。这一过渡地带西有玳瑁山,东有博平岭,大山长谷,自然形势险峻,人文景观奇特。博平岭以西基本上是客家分布区,但其中的龙岩县(今称新罗区)和漳平县(今改为市)的大部分属福佬人住区;博平岭东侧的南靖、平和、诏安等县,行政上属于漳州市,但其西部的乡镇如南靖的梅林、书洋,平和的长乐、九峰、大溪,诏安的太平、秀篆、官陂、霞葛等,居民仍以客家人为主,基本上是客家乡镇。

过渡带的民系区划状况,肇基于宋元。此前这一带基本上是畲民的天下,后来逐步汉化成为客家,宋元时期陈吊眼、许夫人、李志甫所部的汉化是其第一阶段,他们大多散处诏安、平和、南靖及广东饶平等县西部的客家乡村。明代畲民的汉化过程继续进行,同时汀州客家人向东推进,最终奠定了闽客过渡带的民系分布格局,试述如下。

一、归化、永定、平和三县的设立

闽客过渡带的狭长山区和谷地,元代虽有部分畲民汉化,散处于此,但总体来说到明中叶仍是地旷人稀十分荒凉的地方,处在这一带的漳平、华安、永定、南靖、平和、诏安等县,除了南靖设立于元代,其他都是明中叶以后才逐步设立的。这样,两个民系间有一道缓冲地带,彼此间的矛盾还不激烈。

但不久畲族、客家的状况就急剧恶化。第一,客家民系经过数百年的繁

衍,人口大增,而所居住的地区土地垦辟殆尽,人多地少的矛盾突出起来,迫使一部分人口外迁,以寻找新的发展空间和机遇。外迁的方向,不外是向更深的山区和向沿海地带迁移这两条途径。向更深的山区迁移,则增加了与畲族的接触,彼此多了交流,但难免也会增加一些矛盾;向沿海地带迁移,则增加了与福佬民系及广府民系的接触,彼此的矛盾自然也激烈起来。第二,畲族方面,畲民的烧山种畲生产方式,对于生态、资源、地力的破坏很大,环境更加恶劣,而朝政日益腐败,贪官污吏对于畲民多方诛求,加之连年灾荒,把畲民逼到穷困潦倒不堪忍受的地步,因而激起畲民一次次反抗斗争。斗争中畲族与客家的合作比以前更加广泛和深入,畲族汉化进程也大大加快了步伐,其显著标志是归化、永定、平和三县的次第设立。

归化县设立于成化六年（1470）,永定县设立于成化十四年（1478）,都是闽西山区畲汉人民联合斗争的结果。入明以来,其间的民族斗争和阶级斗争连绵不断,重要者如:

> 洪武二十年（1387）,（上杭）溪南盗钟子人同广寇作乱,凶焰可畏。水南人张爱被推为队长以备御之。及子人攻县,爱与龙文彪等挺身力战,歼其渠魁,斩首数百级。贼败而退。爱随官军捣贼巢穴,深入被执,骂贼不屈而死。[1]

> 正统中,沙县邓茂七造反,其党陈正景纠清流贼蓝得隆等围攻汀州,推官王得仁率民兵助官军捍御,力战守者四旬……贼攻宁化,公率民兵赴援,败贼于盖洋,追至大陂,斩首数百级,降者二千人,选其壮士分隶诸军以掩系;贼走将乐,阴遣降卒诱执茂七亲党三十六人（一说擒政景等八十四人）。[2]

> 天顺壬午（1462）,上杭贼首李宗政攻破县治,放兵四劫,官军莫能御。癸未（1463）,伍骥奉命按福建,道闻事急,一面檄三司引兵会剿,一面单骑诣贼垒招抚,归附者千七百余户（一说降者前后万余人）,给以牛种,俾复故业。李宗政负固不服,都指挥丁泉力战,为贼所害。骥吊死恤

---

①　嘉靖《汀州府志》卷一四《人物·风节》。
②　综见嘉靖《汀州府志》卷一八"词翰类"周洪谟《忠爱祠记》、《明史》卷一六五《王得仁传》。

伤,激以忠义,复与贼战。连破十八砦,俘斩八百余人,四境悉平。①

统治者在人民群众前赴后继、不屈不挠的斗争面前,认识到一条道理:越是封建统治薄弱的地方,越容易成为造反者的巢穴。在这样的地方出了乱事,虽可以凭借优势的兵力勉强镇压下去,终究不是长治久安之法。要长治久安,最好的办法是在那里设县,有了县、乡、都、图一套统治机构,可以把对百姓的教化工作经常化,出了乱事也能够有险可依,有城可守,有县管武装可以调用。基于这种认识,在平定邓茂七之乱的过程中,于成化六年(1470)设立了归化(今明溪)县。当时有人写文章谈到设立归化县的缘起,认为"归邑治两郡四邑裔土",设县前"邓寇虽平,而大帽山贼势反复。无所设险,急忙则尽避去;又沙、尤、永安山寇不时聚劫,民无所依,其势益肆","欲遏其(指大帽山贼和沙、尤、永安山寇)无东,故建是邑"。②

永定也是为了对付大帽山民众的造反而设县的。文献记载道:

闽之永定乃上杭之析邑,而闽之绝域也。毗近潮阳,僻居万山中,人民倚险习顽,衽席干戈。成化丁酉(1477)冬,渠魁钟三啸聚劫掠,四远弗宁。于时镇守太监卢胜、按治御史戴用谐诸藩臬重臣合谋,以亚参陈渤暨都阃率师讨平。既而上起都宪高明巡抚其地,会三司议,非立县不可为长治久安计。事闻,上可其奏。遂析杭之溪南、胜运、太平、丰田、金丰五里一十九图设立县治于溪南田心,名曰永定。③

归化县的境域原属"两郡四邑裔土",即汀州府和延平府两郡以及清流、宁化、沙县、永安四县的边境;永定县则是上杭南端毗邻广东潮州的边远地区,属"闽之绝域","僻居万山中"。这说明这二县未设之前,汀州北部和南部各有一块地旷人稀荒凉未开发之区;而二县的次第设置,则标志着汀州一北一南的两块荒凉的落后地带加速了开发进程,人口多了,统治机构健全了,教化加强了,土地的垦辟和经济的发展也必然随之有长足的进步。至于我们说这二县的设置同时也标志着畲、客合作的深化和畲族汉化进程的加快,乃基于这两个地区的造反群众都既有畲族也有客家。因为文献中泛泛称为"上杭

---

① 综见嘉靖《汀州府志》卷一八"词翰类"李东阳《重建褒忠祠记》、《明史》卷一六五《伍骥传》。

② 嘉靖《汀州府志》卷一八"词翰类"徐汝圭《遗爱祠记》。

③ 嘉靖《汀州府志》卷一八"词翰类"吴节《新建永定县记》。

贼"、"山贼"、"山寇"者,一般既有客家又有畲族,其中的钟姓、蓝姓成员如钟子人、钟三、蓝得隆之类,则可断为畲族。客家人领导的造反行动中有畲族参加,畲族领导的造反行动中有客家人参加,足见这两个族群的密切合作关系。设县之后,畲族慢慢融入客家之中,归化、永定后来都成了纯客家县(20 世纪 80 年代后有少数人恢复了畲族身份,但他们汉化程度极深,与客家人没有什么区别),又足见畲族汉化进程的加快。

汀州北、南两端设县之后,东南部与漳州、潮州毗邻的大山区就成为当时闽西南最荒凉落后之区,同时也是盗贼渊薮。弘治、正德年间这一带"乱事"不断,反抗斗争愈演愈烈,诸如:

> 弘治八年(1495),"上杭来苏里贼首刘廷用、张敏、陈宗寿等聚众攻劫江西瑞金、会昌、宁都,转掠广东程乡等县"。朝廷感到闽粤赣边的乱事屡扑不灭,事态严重,"就任升广东左布政使金泽都察院右副都御史,节制江西、广东、湖广、福建四省,统辖汀、赣、潮、桂等八府地方,俾专镇于江西赣州,比照梧州中制事例以抚捕之",事权重大的南赣巡抚就这样设立了。金泽莅任后,勉强平息了闽西暴乱,"仍具奏每县添设巡捕主簿一员,职专捕盗"。①

> 正德二年(1507),程乡(今梅县)人李四子等,又揭起了造反的大旗,目标直指地主富豪的囤积居奇、哄抬物价,攻取富豪的谷仓,"平巢稻谷"。闽粤边界的穷苦弟兄"闻风猬起",邻境福建武平县岩前里的群众领袖陈裕首先响应。义军发展到 20 营寨,转战 5 年,朝廷动用 3 省官军,才把这次造反镇压下去。但几年后其余部"岩泉('泉'应为'前')孽寇刘隆等复炽",与詹师富领导的义军相呼应。②

> "正德七年(1512),武平县地方挂坑等处贼首吴显智、曾惟茂聚众劫杀,势甚猖獗。时三司调委思智(上杭溪南里人赖思智,时任捕盗老人,统率民兵)领兵攻战,先登破巢,前后生擒斩首二百四十九功,渠魁授首,余党逃遁。思智乘胜长驱,直欲尽灭。不意贼兵伏起,遂为支解,死于寇难。正德九年(1514),巡按御史胡文静录其战功死义以上。"③

---

① 《天下郡国利病书》原第 16 册《福建·汀州府志》。
② 同上。
③ 嘉靖《汀州府志》卷一四《人物·风节》。

詹师富是大帽山反抗斗争的主要领袖,他与"潮寇温火烧"配合,把斗争的烈火从闽西、粤东燃烧到闽南龙溪、漳浦一带,"诸山泽亡命不逞者蚁附之,势张甚",所至攻破衙门,捆缚官吏,对封建统治造成极大的威胁。① 加上赣南、粤东的多民族联合反抗斗争此起彼伏,互相呼应,形成燎原烈火,负有绥抚湘、赣、闽、粤四省边界之责的南赣巡抚文森见势不好,"托疾避去",心学宗师王守仁就在这一艰难时刻临危授命,出任右佥都御史,巡抚南赣。他到任后,整顿了吏治,掌握了详细的情报,权衡轻重,决定先解决闽西南的乱事,"于是檄福建、广东会兵,先讨大帽山贼。明年正月,督副使杨璋等破贼长富村,逼之象湖山,指挥覃桓、县丞纪镛战死。守仁亲率锐卒屯上杭。佯退师。出不意捣之,连破四十余寨,俘斩七千有奇,指挥王铠等擒师富"②。其中福建驻军在围歼大帽山的战役中,"捣芦溪,芟象湖,攻平和长富村,薙大小峰阔竹洋而濯治之,凡四十余所,馘渠从詹师富、黄猫狸等一千四百七十四,俘逆属六百六十六,还胁从老弱三千八百六十四"③。

闽西奏捷后,王守仁在善后工作方面做的第一件大事就是设立了平和县,他向朝廷上疏曰:

> 南靖县治,辟在一隅,相离芦溪、平和、长乐等处,地理遥远,政教不及,小民罔知法度,不时劫掠乡村,肆无忌惮,酿成大祸。今日动三军之众,合二省之威,虽曰歼厥渠魁,扫除党类,特一时之计,未为久远之规,乞于河头、中营处添设县治,引带汀潮,喉襟清宁,人烟辏集,道路适均,政教既敷,盗贼自息。考之近日,龙岩添设漳平而盗寇以靖,上杭添设永定而地方以宁,此皆明验。今若添设县治,可以永保无虞。④

县治选在河头的原因是:"河头地方,北与芦溪、流恩、山冈接径,西北与平和、象湖接境,而平和等乡又与广东饶平县大伞、箭灌等乡接境,皆系穷险贼巢。"⑤ 因其形势险要,位置适中,所以"要于河头地方添设县治以控制贼巢,

---

① 嘉靖《汀州府志》卷一八《词翰类·国朝·宪台平寇颂》。
② 《明史》卷一九五《王守仁传》。
③ 嘉靖《汀州府志》卷十八《词翰类·国朝·宪台平寇颂》。
④ (明)王守仁:《添设清平县治疏》,《王阳明全集》卷九,上海古籍出版社1992年版。
⑤ 同上。

建立学校,以易风俗,改移小溪巡检司以防御缓急"①。具体进程是,正德十二年（1517）,上奏朝廷请析南靖县清宁、新安二里和漳浦县二、三都置清平县。获准后于是年十二月在河头大洋陂（今九峰镇）动工兴筑县城。次年正式建县,定名平和,并移小溪巡检司于枋头坂（今芦溪漳汀村）,更名漳汀巡检司。②

关于在"盗寇渊薮"设县的意义和作用,明末清初的大学者顾炎武也有详尽的论述,他说:

> 国朝来,每因寇乱,设县即定。建宁之设寿宁,延平之设永安、大田,漳州之设漳平,及近日宁洋、海澄,而无不定者。独汀州当三省之交,成化六年（1470）设归化,而其地盗少;十四年（1478）设永定,而窃发间有者,盖南通潮漳而北上杭,三图皆寇薮也。迩日乃靖者,赣（按:应为"广"）分大埔而又立平远耳。平远未立之时,程乡立太平营城,设抚民通判主之。官无常居,不实抚恤,乃因立为县,则有司存,而其学校、祀典、乡饮酒礼,民日由之,遂渐从善而归治。③

综合王守仁和顾炎武的议论,可知较之单纯的武力镇压,设县治可以切实控制户口,施行经常性的礼乐教化,文武结合,取得长治久安的效果。用今天的观点看,在某一治安不好、经济落后的地区设县,就是通过建立健全的统治机构,发展经济、文教来谋求当地的社会稳定。因此,明代汀州先后增设归化、永定二县,其周边地区增设永安、大田、漳平、宁洋、平远、平和等县,确实反映了汀州及整个赣闽粤边区经济社会的巨大发展。

需要略加说明的是,归化、永定二县是纯客家县份;平和县如今是客家与福佬杂居的县份,但在明代初设立时,客家人似乎占多数,起码其西部是客家人的天下,当时县治在西部的河头（今九峰）,巡检司在枋头（今长乐）,都是客家住区,说明明代平和县的政治、经济、军事重心都在客家聚居区域。因此,归化、永定、平和三县的设立,主要体现了客家人对闽西、闽西南边缘地区的开发。

---

① （明）王守仁:《再议平和县治疏》,《王阳明全集》卷一〇,上海古籍出版社1992年版,第381页。

② 平和县志编委会编:《平和县志·大事记》,群众出版社1994年版。

③ 《天下郡国利病书》原第26册《福建·闽中分处郡县议》。

二、漳州西部县份客家新居民点的建立

上文列举的这些新县设置的顺序,也大致体现了汀州和赣闽粤交界区域边缘地带开发的顺序。诸县中平和县最后设立,根源在于那里原是介于客家和福佬两个民系之间的缓冲地带,当两个民系的核心区开发程度很低时,无暇顾及这一自然条件不好而又容易引起冲突的地方。但是明中叶后,由于闽、客两个民系的经济、社会都有长足进步,人口膨胀,耕地不足,只得向外寻找发展,于是产生了大量新移民。闽南和客家对外移民都有东向、南向和西向等多条路线。闽南移民东向是向大海、向海外发展,南向是把南部邻接广东的地区开发出来并向粤东的潮汕平原移民。客家移民西向是回迁到赣南。而客家移民的东向与闽南移民的西向,都是进入玳瑁山与博平岭之间及其迤南的大山长谷,这一带连年"寇盗"不断,就是在这样的背景下发生的。

官府讨平"寇盗"并择址设县,是闽客过渡带得到开发的途径之一,这一途径的特点是伴随着刀光剑影,充满了血与火的冲突,悲壮色彩浓烈。另有一条途径却是悄悄地进行的,那就是移民选择大山长谷中荒无人居而适宜垦殖的处所,胼手胝足,筚路蓝缕,建立新的家园。这样建立起来的新家园往往就是插入福佬人占统治地位县份中的客家新居民点。南靖县书洋乡的情况,是汀州客家人东向移殖建立新家园的一个缩影。

据说,最早来此开基的是两户客家人,一户姓施,一户姓杨,以人名地,称为"施杨"。后来施、杨两族搬走了,别的客家人入居此地,物是人非,才讹为同音的"书洋"两字。现居书洋的各个家族,都是明清时期从永定等客家县迁移过来的,这在各姓族谱上都有明确的记载。

例如塔下村张氏家族的情况就很典型。塔下村位于书洋乡西北。据族谱记载,塔下张姓祖先原住永定县金沙蕉坑里,初迁广东大埔县长教,又迁移至南靖县西部边沿的马头背,后移住平和县小溪(即今平和县城)经商。移住平和的这位祖公有二子,老大留住小溪,老二迁回马头背张屋坪旧址。但马头背是个小地方,没有多大发展余地,于是老二试着向山下谷地寻找发展机会,踏下来一看,找到现在住的地方,是块小盆地,山青水绿,风水很好,就在这里开基,发展起来,故名"踏下",以后讹为"塔下"。

村子建在船场溪源头的幽深河谷盆地上,溪流淙淙,穿村而过,溪流上每

隔百米左右就有一座单孔石桥，把河谷两岸紧紧相连。河北岸井屋繁庶，新建的楼房高低错落，鳞次栉比。顺着楼房之间的石阶拾级而上，远远就可看到山坡上昂然矗立着一排石旗杆，环拱着一座规模巨大的祠堂，这就是塔下张氏家庙，名曰"德远堂"。

德远堂始建于清朝康熙年间，三百多年来几经修葺，如今已是占地七亩，二进三间，气派非凡的大型建筑。正门是一座大牌楼，上书"张氏家庙"四个大字。门前一座半月形的大水池，是客家民居常见的做法。牌楼内是竹树掩映的庭院，穿过庭院，步入厅堂，只见大殿上高挂一块横匾，"德远堂"三个镏金大字十分耀眼。殿堂里雕梁画栋，金碧辉煌，正中神龛里供奉列祖列宗神主，两旁左钟右鼓，俨然衙门架势。供桌上摆一巨册新修的《张氏族谱》，中堂竖立四根粗大的石柱，内柱、外柱各有楹联一副。外联是："德乃祖功乃宗行其庭必恭敬止，远而孙近而子入是室惟孝友于"，落款为"嘉庆岁在壬申孟春谷旦，十五代孙金拔盥手敬题"。

十五代，这是从塔下开基祖小一郎数下来的辈分。小一郎于明宣德元年（1426）七月十四日从马头背始迁塔下，至今五百多年，已繁衍二十四代。但张氏在塔下的头二百年，骈手胝足地苦干，筚路蓝缕地创业，虽有发展，尚未成大气候，直到康熙年间，宗族人口稍盛，经济上也有了一定基础，这才创建了宗族祠堂。从此开始，在宗族的鼓励下，族中一部分殷实人家开始注重文教，着力培养子弟读书进取。如此又经过将近二百年的努力，族人首次叩开了科举的大门，给祖宗带来无上的荣光，也使宗族顿时提高了社会地位。

这位在张氏宗族史上值得大书一笔的族人就是十五代裔孙张金拔，他于嘉庆十五年（1810）庚午科五经中式，取为第五名举人，后来又于道光丙戌（1826）科高中进士。以后历任府学教谕，书院山长，德远堂外石柱的楹联，就是他在中举两年后撰写的。在德远堂外半月池边的石旗杆林中，他立的那一根处在特别显目的位置。但他并不是族中第一个立石旗杆的人。在他之前，十四代孙张文采已先立一根。张文采于乾隆壬申岁（1752）恩授直隶州司马，或许他的官职非由科举而得，可能属于捐纳之类，所以张文采在族中影响反不如张金拔。张金拔之后，张氏十四代孙张光邦于嘉庆十六年恩授岁进士，例封文林郎；十六代孙张克忠于嘉庆十七年选拔进士。张氏子孙接二连三金榜题名，真可谓世代簪缨，富贵绵延了。

在封建时代,石旗杆是身份的象征,只有品官和有科名的人才有资格竖立。塔下张氏族中,每位中举或做官的族人都在祠堂门外立一根石旗杆,积累下来,德远堂外面的石旗杆已有十九根之多,它们昂然挺立,直刺青天,骄傲地向人们炫示张氏在科第和仕途上的荣耀。

书洋乡的其他各姓也多是来自永定的客家移民。例如田螺坑村住的都是黄姓居民,祖先也是永定人,清中叶从永定来此放鸭子,从此定居下来,生息繁衍成一个自然村。该地盛产田螺,就把村子叫做"田螺坑村"。

田螺坑东南侧是上坂寮村,也姓黄;越过一座小山为下坂寮,姓刘、姓李。田螺坑讲客家话,也会讲福佬话;上坂寮讲福佬话,也会讲客家话;下坂寮福佬话和客家话杂用。语言的混杂和变迁,是客家人与福佬为邻后,受福佬文化影响的结果。但他们的深层文化心理还是客家的,对此,只要看他们祭祖的情况就可了然。这几个村子,村中各有祠堂,但祖祠都在永定县湖坑,村民们都要定期回永定祭祖。书洋乡塔下村、石桥村、河坑村的情况大体也是如此。

书洋乡有一座山岭叫做"五更寮山",岭上建有一座小庙,名曰"萃福宫"。庙前一条羊肠小道,自永定方向蜿蜒而来,直通书洋。过去从永定到南靖移民、赴圩、打工、做生意、走亲串戚,靠两条脚板走路,摸黑起程,走到岭上恰好五更天,"五更寮山"因此而得名。"萃福宫"的主神是圣母陈太后,就是助产、护婴、保平安的临水夫人陈靖姑。庙中楹联曰:"萃同人祈平安于昔日,福善信报大德乎今朝。"显然,在一批批永定客家人向南靖迁徙的漫长岁月中,临水夫人充当了移民们心中的救星,是他们克服艰难困苦的精神支柱。移民们在新开辟的天地立定脚跟后,便建造此庙答谢神庥。或许,庙址原来只是一座简陋的草寮,即所谓"五更寮",供辛苦往来的人们歇歇脚,避避风雨。日后人们稍有积蓄后便拆寮建宫。因此可以说,这座萃福宫就是客家人从永定向南靖移殖的历史见证。

萃福宫庙中现存木匾一块,落款是"嘉庆玖年甲子仲春立"。嘉庆九年(1804)是萃福宫最后落成的年代。从简陋草寮发展到具有"宫"的规模,大概要经过百来年的时光。这一历程,大致与各个宗族的形成发展历程相仿。

从族谱来看,闽客过渡带只有少数客家宗族在明末清初已发展到相当规模,多数的客家宗族是在清朝中叶才成熟和壮大起来的。上述书洋乡的田螺坑、上坂寮、下坂寮等村子,都在清朝中叶发育为有一定实力的家族。如田螺坑黄姓是一个小宗族,他们的祖宗放鸭子出身,但到嘉庆年间却建起了四角土楼①,足以说明该族在嘉庆年间已有成熟的组织和相当的经济实力。塔下村的张氏家族虽然在清初已成气候,但直到嘉庆年间才出举人,道光年间才有进士,说明该族发展的高峰应在清中叶。

类似南靖书洋这样福佬县份中的客家居民点,在平和、诏安、云霄等县的西部所在多有。龙岩县(今为新罗区)的适中镇原先也是这样的客家新居民点,虽然其地现在已完全通用福佬话,民俗和社会心理上也受到福佬人的深刻影响,但该地数量颇大的土楼,有许多的结构形式却有明显的客家土楼特点,一些土楼的楹联和门前半月池边的石旗杆也一如客家地区所见。适中各家族的族谱,记载他们的祖上来自汀州上杭,至今族人还有回上杭祭祖的习俗。可见此地原属客家住区无疑。推想闽客过渡带一些现在讲福佬话被人看作福佬住区的村落,其中必有不少是像适中这样原为客家后被福佬同化的情况。

土楼是闽客过渡带特有的建筑奇观,也是客家移民东向与闽南移民西向共同开发玳瑁山和博平岭之间的丘陵谷地的历史见证。客家移民东向与闽南移民西向的结果,缓冲地带基本被新移民填满了,两个民系的界面衔接乃至重叠在一起。于是彼此间争地、争水、争山林乃至争风水,矛盾、冲突、械斗日见尖锐和频繁。②为了应付这种恶劣的环境,以血缘为纽带的宗族组织不断加强,宗族为了抵御外族的侵扰,必须聚族而居,加强防卫,加强族人互助。在抗倭斗争中兴起的土楼,对外封闭,对内开放,具有完善防御功能,自然成为宗族聚居的最佳选择。

但兴建土楼要有足够的人力、物力和财力,因而有待宗族的发展壮大。如前所述,闽客交界区域的客家宗族基本上是在明末以来,特别是清中叶以来发展壮大起来的。在这样的背景下,闽客交界区域的土楼最先出现在明末,自清中叶起像雨后春笋般滋生发展起来,正好与此地客家宗族的兴起和完善同步。

---

① 田螺坑土楼群中的方形土楼,当地人称为"四角楼",父老们都说,四角楼建于嘉庆年间。
② 正史和方志中关于这一时期寇乱、匪患的大量记载,大都具有闽客斗争的背景。

如今,闽客斗争的风暴早已成为历史,只有那一簇簇、一群群默默矗立的土楼,见证着他们往昔的斗争和融合。

第四节 宋元明清闽西客家人的文化成就

一、官私教育

汀州的学校教育在宋代奠定了坚实的基础,元明清时期有了更大的发展,其中既有官方的府县学,又有民间的书院和社学、义学。

在官学方面,府儒学在明、清两朝地方官员的重视下,多次重修扩建,规模更大,体制更完备。明成化间创建了志道、依仁、据德、游艺四斋,又在学中置乐器教乐舞。弘治间增建书楼七间,并建膳堂和训导衙。清代三次迁徙校址,扩大规模,使得文庙大成殿、露台、戟门、名宦乡贤祠、泮池、棂星门、崇圣祠、祭器乐器所、教官廨舍、尊经阁、明伦堂、省牲所、文昌祠、魁星阁等主体和配套建筑应有尽有,而且都建得比较典重宏丽,巍峨耸立于东城之上,俯瞰全城,不但在汀州为最壮观之建筑,视临近州府之学亦毫不逊色。学额也有增加,清制廪膳生员 40 名,增广生员 40 名,附学生员不限额。岁试取进文武童各 20 名,科试取进文童 20 名。①

各县县学也有不同程度的进步,在府县官员和地方绅士的不断努力下,一再重修扩建,保证了有关建筑的齐整,藏书的丰富,教书育人制度的完善。县学学额比府学略减,一般为廪膳生员 20 名,增广生员 20 名,附学生员不限额。岁试取进文武童各 15 名,科试取进文童 15 名。但长汀县为府治所在,学额得到特殊照顾,雍正二年(1724)起"准照府学岁(考)、科(考)各取文童二十名"②。

书院滥觞于汉代,盖"诸儒以明经教于其乡,率从之者数百人。齐、鲁、燕、赵间,《诗》、《书》、《礼》、《易》、《春秋》、《论语》,名家者甚盛,则设书院

---

① 《民国长汀县志》卷一三《学校志》。清制州县学三年考校一次,名岁考或岁试,大比前一年为科考或科试。
② 综见民国《长汀县志》卷一三《学校志》、乾隆《连城县志》卷五《学校志》、民国《武平县志》卷一四《学校志》等汀属各县志。

昉是矣"①。它是对于官学的补充,是士大夫聚徒讲学、建立学派、发展学术的基地。宋代书院极盛,大学者们"相与择胜地,立精舍,为群居讲学之所。若石鼓、岳麓、白鹿、睢阳,世所谓四大书院是也"②。明代为了加强专制统治,对兴办书院作了种种限制,但书院教育制度适应了地方发展文教的需要,仍得以维持和发展,汀州的书院也以明、清两代为最盛。

据方志记载,宋代以来汀州州城和长汀县的书院有鄞江书院、新罗书院、森玉书院、紫阳书院、东山书院、正谊书院、道南书院、丽泽书院、龙山书院、广陵书院、观文书院、觉觉书院、卧龙书院、正音书院等十几所。③ 府属各县也都有书院,而以连城为盛:县城有文溪书院、程公书院、雷公书院二(一文昌阁右,一南岳庙前)、李公书院二(一在北门外,一在东门外)、陶公书院、王公书院、正音书院;东门外冠豸山上有仰止亭、丘氏书院、尚友斋、悠然阁、竹径书院、樵唱山房、修竹书院、东山草堂、五贤书院、雁门书院;最使人惊异的是在偏僻的宣和乡培田村竟也有六个学堂,两个书院。④

这些书院大都是当地各大家族所建。以连城县冠豸山书院群为例,仰止亭、丘氏书院据传始建于宋代,其余大部分为明清以来所建。各书院规模不一,却各有辉煌历史,或名儒讲学,或科第联芳,或藏书万卷,令人艳羡不止。

仰止亭的历史最悠久⑤,为文亨罗氏所建,主体建筑是座三层八角形书斋,背倚壁立千仞的灵芝峰,前瞰文川河,环境幽静。南宋初,理学名家罗从彦应连城罗氏宗亲之聘,于建炎二年至绍兴元年(1128~1131)的四年间,前来仰止亭讲学,一时间闽西、闽北群儒汇聚,穷究心性,发明义理,著书立说,启沃后学,在福建理学发展史和文化传播史上写下光辉的一页。当年罗从彦手书的"壁立千仞"四个大字,镌刻在灵芝峰上;他的五世孙罗良凯追踪先祖,也来仰止亭读书,与同样结庐冠豸山的本地俊彦丘鳞、丘方叔俋时相过从,手书"名山拱秀"四字,刻于乃祖刻石下方。这两处石刻遗迹,昭示着闽西客地虽然辟处偏远山区,其学术发煌、文风鼎盛丝毫不让号称"海滨邹鲁"

---

① 康熙《宁化县志》卷六《书院志》。

② 同上。

③ 参见李文生、张鸿祥:《论汀州都市在客家民系发展中的地位和作用》,汀州客家研究会编《汀州客家研究》第一辑,1993年版。

④ 据乾隆《连城县志》卷五《学校志·书院》记载及笔者在冠豸山、培田村实地考察所见。

⑤ 据说为文亨罗氏于宋太宗时兴建,其真实性有待考证。

的沿海州郡。

丘氏书院坐落在冠豸山五老峰下,本是南宋丘鳞、丘方叔侄结庐读书之处。叔侄两人师从名儒,精研理学,先后于嘉定十三年(1220)和宝庆二年(1226)进士及第,创下了叔侄进士的佳话。丘氏后人为了彰显先祖这段辉煌经历,将此读书处辟为书院。数百年来,历尽沧桑,而丘氏书院弦歌不辍,清季因遭兵火而圮毁,但门楼坚固难摧,至今保存完好。

东山草堂坐落在一线天进口灵芝峰下,始建于明末,为连城谢氏家族子弟修学育才之所。用谢安年轻时高卧东山典故,名为"东山草堂"。

东山草堂是平房庭院式建筑,进深三间。大门横额石刻"东山草堂"四字,乃摹朱熹帖书;两边楹联"东田石老山辉玉,宝树枝横凤振毛",巧妙地宣扬了地方之雅、家族历史之光荣;二进二门旧有联语为"到门惟燕子,入室有兰荪",化用了刘禹锡"旧时王谢堂前燕,飞入寻常百姓家"的诗句;后进小门旧有联语为"栽两三枝栖凤竹,养三五个化龙鱼",寄托了希望子弟成龙成凤的厚望。这一切都布置得典雅贴切,体现了主人深厚的文化素养,渗透着客家人根深蒂固的读书做官的意识。

然而人们最引以为自豪的,还是曾在草堂就读的谢氏先人谢凝道、谢邦基父子进士的光荣。谢凝道于清嘉庆元年(1796)进士及第,他和父亲谢国治与乾嘉名臣、四库全书总撰纪晓岚相交,纪晓岚因而为东山草堂题了"追步东山"的匾额,并为连城谢氏族谱撰写了序文。谢邦基嘉庆十六年(1811)进士及第,与民族英雄林则徐为同榜进士,交谊深厚。林则徐曾应邀赴连城为谢邦基之父谢凝道祝寿,并游览冠豸山,参观了东山草堂,有感于谢家人才辈出,挥笔写下了"江左风流"匾额。大文豪和大英雄的题匾,使东山草堂生色不少,同时也说明东山草堂在教育培养人才方面确实卓有建树,才能获此殊荣。

乡村书院同样有其光荣历史和辉煌成就。宣和乡培田村南山书院的情况可以为证。这座书院始建于清乾隆三十二年(1767),曾聘请士林清望、饱学宿儒如翰林曾瑞春辈前来执教①,远远近近的读书人都慕名到此修学。由于其师资优秀,教学出色,大受乡邦士大夫的嘉许。有人借用明代清流人裴

---

① 曾瑞春先到南山书院任教,后中进士入翰林院供职。

应章尚书的一对联语贴在书院大门旁："距汀城郭虽百里,入孔门墙第一家。"很贴切地夸赞了南山书院的地位和作用。书院内的楹柱上,有曾任连城县学教谕的吴茂林题词曰:"士以器识为先试看范公作秀才抱负居何等,学惟经术最重当思董子治春秋工夫是怎生。"引经据典,引导学生向范仲淹、董仲舒看齐。曾春瑞点了翰林后也为母校题词曰:"十年前讲贯斯庭绿野当轩宝树滋培齐竞发,百里外潜修此地青云得路玉堂清洁待相随。"

书院之外,还有义学、社学 ① 遍布城乡,与众多的书院群构成密集的民间教育网络。它们与官学互相补充,为提升地方文化水平方面发挥了巨大作用。

二、人才培养

官私教育发达的直接成果是大批人才的涌现。仅从科举方面来说,汀州唐代进士及第者仅宁化伍正己一人;五代时无考;宋代进士及第与特奏名授予进士身份者达到 64 人;元代享国短促,社会动荡,又实行民族歧视政策,南人取科第者极少,属于特殊情况;及至明代,由于汀州经济社会和教育的进步,士子们在科场上也取得了大丰收,仅据黄仲昭《八闽通志》所载,从明初到成化末(1368~1487)的 110 年间,汀州的进士和举人 ② 就有 158 人,明代汀州科举成就远超唐宋,由此可见一斑;当然清代的情况又超过明代,仅长汀一县,清代就出了进士 17 人,举人 104 人,为数甚巨的恩贡、拔贡、副贡、岁贡、优贡还不算在内。

我们固然不能说科举制度培养出来的人物都是优秀的,但其中确有不少政治、经济、文化、军事方面的人才,加上其他途径培养的优秀人物,宋代以降汀州确是英才辈出。这里只能择要简介如下。

1. 政治军事方面

宁化郑文宝　初仕南唐李后主,以文学选为清源公书记,入宋登太平兴国八年(983)进士,奉使川陕,捐商人到岸钱以平叛卒,赈灾救荒,政绩优异,累官至工部侍郎。在文学艺术方面成就尤为杰出,史称其"长于诗,善篆书,工

---

① 义学由官绅捐资创建,吸收一般民众子弟入学;社学是乡村宗族设立的学校,学生主要是本宗族子弟。

② 明代科举分为三级,本府考试合格者为秀才,本省考试称为乡试,及第者为举人;中央考试有会试和殿试两场,及第者为进士。唐宋科举无进士、举人之分。

鼓琴"。有文集 30 卷,《谈苑》20 卷。其中《南唐近事》2 卷、《江表志》3 卷为传世之作。①

长汀罗彧　宋太平兴国三年（978）进士,历知惠、筠、成三州,有惠政。澶渊之役,扈从征辽,命与宰相寇准参与机务。契丹乞和,彧为报聘使,不辱使命,受到真宗嘉奖。告老归乡,特除诸路提点,赐锦衣、金带、锦旗以示褒恤。卒祀乡贤祠。②

连城彭孙　宋仁宗皇祐间率乡里勇壮应募,参与平定江南、湖南、岭南"盗寇",皆有功,神宗朝参与河西边防重任,卓有建树。历事四朝,恩宠甚厚,封陇西郡开国侯,食邑 1600 户。③

长汀谢潜　绍圣四年（1097）进士。崇宁四年（1105）应博学宏词科,为元祐党人之一。党禁解,历知古田、弋阳、建宁三县,在建宁政绩特别显著,毁淫祠,禁溺子,大受百姓爱戴,本县人生子多在名字中带一个"谢"字,以表示对谢潜的感激之意。北宋末徽宗、钦宗二帝被金国俘虏,谢潜献策迎还二帝,进秩二等。最终做到奉议郎,卒祀乡贤祠。④

长汀郑立中　政和五年（1115）进士。在崇安尉任上,值方腊余党犯闽,郑立中率民兵修分水寨坚守,出奇兵击败敌寇。在金兵侵犯时,被提升为行军总管,奉使募福建民得数千人,转战而前,收复光、蔡等州,奉命守蔡州,遇害,赠朝散郎。绍兴中长汀县令建道学六君子祠于县学中,以郑立中、杨方配祀乡贤。⑤

邹应龙　原籍绍武,迁居（或子孙迁居）长汀,庆元二年（1196）状元,官起居舍人。与韩侂胄议论开边不合,出知赣州,建慈幼院,催收各县欠租,用以收养贫穷人家的弃婴,大有惠泽于民。后来在知泉州任上,针对皇族子孙经商横行恣肆,邹应龙以法惩治其首恶者,整顿了地方秩序。在广西经略任上,善妥地处理了少数民族叛乱的问题。理宗时历任工部尚书和礼部尚书、端明殿大学士,签书枢密院事,陈述御边策略、举贤才、抑近幸,尽忠竭力,

---

① 康熙《宁化县志》卷四《人物志·先宪》。
② 民国《长汀县志》卷二三《列传》。
③ 康熙《连城县志》卷七《人物志·乡贤》。
④ 民国《长汀县志》卷二三《列传》。
⑤ 同上。

朝野称誉。卒赠少保,谥文靖,在泉州被崇祀于名宦祠。①

连城丘鳞　理学名家杨方弟子,登嘉定进士,任赣州赣县尉,政有廉声。在绍定年间的民族起义中,代理连城县令,周密计划,捍御乡邦,率民避难于冠豸山,受到上司表彰,升任建宁县令,最后官至承直郎。②

明溪陈有定　起自贫贱,元末率乡里子弟平定汀州叛元农民武装,升清流尉,延平路总管,击败陈友谅来犯之师,迁行省参政,开省汀州,悉有闽中八郡地,胜兵数万人。明朝立国后,陈有定仍忠于元朝,从福建至元大都的陆路隔绝,陈有定岁时多遣贡舶,由海道经登州、莱州向元廷进贡,受到元主嘉奖。在明朝大军进攻福建时,为元尽忠,被执不屈而死。③

长汀罗良　元末汀漳军事长官。募兵平定漳州李志甫领导的畲民起义起家,得到元朝的重用,先后任长汀县尉、漳浦县主簿、南剑州十翼千户、新翼万户,成为汀漳一带维护元朝统治的主要军政首长。元末闽西南、粤东反元地方武装蜂起,罗良东征西讨,屡战屡胜,官至资政大夫、福建行省右丞,兼广东道宣慰司都元帅,仍守漳州。治军严明,理民有方,整顿屯田,招抚流民,取得很大成绩。由海道运粮并贡方物供应朝廷不匮,大受元主嘉奖,授光禄大夫,进封晋国公。陈有定割据跋扈,罗良坚守漳州,与陈有定攻战,兵败全家殉难,一门忠烈,祀乡贤。④

长汀马驯　明正统九年(1444)福建解元,十年(1445)进士,授户部主事,勤谨为政,考绩称最;迁户部郎中,总督宣府(明九边之一,辖今河北西部至山西大同一带)粮草,悉心区划,节省大量运费;升四川左参政,整顿后勤,平定叛乱,先后晋右布政使、左布政使;转都察院左都御史巡抚湖广等处,赈济灾荒、招抚流民,政绩优异。凡在部16年,在蜀12年,在湖楚7年,随事竭忠,历事四朝,封政议大夫,祖宗三代都受到赠官的荣宠。告老还乡,隐居郡城东山,日与故旧游处。生平著述丰富,卒年76岁,祀乡贤。⑤

宁化张显宗　明洪武二十四年(1391)进士及第。历任翰林院编修、国

---

① 民国《长汀县志》卷二三《列传》。
② 康熙《连城县志》卷七《人物志·乡贤》。
③ 道光《清流县志》卷七《人物志·忠烈》。
④ 民国《长汀县志》卷二三《列传》。
⑤ 同上。

子监祭酒,享有盛誉。永乐五年（1407）,出任交趾（越南）左布政使,"劳来抚戢,彝民安抚",卒于任上,受到越南人民的爱戴,为他立庙奉祀。[①]

清流裴应章 隆庆二年（1568）进士及第。明神宗朝历官兵部、工部侍郎、南京吏部尚书,都有优异政绩,特别在加强边防、抚定叛卒方面,建树卓杰。卒赠太子少保,谥"恭靖",汀州府、清流县都把他列为乡贤崇祀,本县乡绅父老认为裴应章以劳定国,复请建专祠,有司春秋特祭。有《编蒲蛊余》、《谏草焚余》、《庄子摘语》、《左传纂》等著作传世。[②]

清流伍可受 明万历五年（1577）进士。初任湖南容县令,安抚少数民族有方;调扬州榷税,制裁奸人,革除积弊;升云南金事,御兵抚叛,清声威望,朝野推许。死后入汀州府乡贤祠。[③]

长汀吴廷云 明末进士。任浙江山阴县令,捕盗寇,整肃了治安;筑海塘45里,灌溉三江等处田万余顷,对地方经济建设作出重大贡献。在户部管榷银的重要岗位上,廉洁自律,拒绝江南使者巨额贿赂,时称"天下十一大清官"之一。任琼州知府,加强了海防,平反了冤案,革除了不合理的宰牛收费制度,用椰子、槟榔岁课税金5000两抵辽饷摊派,减轻了百姓负担。后来以不满宦官专权,告老归乡,诗酒自娱,教育儿孙,重视地方文教,临终还留下一笔钱帮助修建学校,做到一生守志不渝。卒祀乡贤。[④]

长汀黎士弘 字愧曾。生而颖异,14岁补博士弟子员,师从宁化李世熊。17岁作百鸟图,被漳南道冯之图称为"汀南异人"。明代汀州屯田军曾得赐田在江西信丰县界,请人佃耕,路远难于收租,而所负担的税赋官府严加催征,往往把屯丁逼到绝境,积弊数百年无法改革。崇祯间,黎士弘以一介年轻书生,只身赴赣州向有关当局说明原委,予以厘正,显示了超人的胆识和才华。入清以后,黎士弘以拔贡第一名,高中顺天举人,受到海内推重。担任广信司法官,平反冤狱无数;又往玉山县招集流亡,建学立治,使一个兵燹后十分残破的小县出现了社会安定、人民乐业的新气象。出任永新县令,与民休息,移风易俗,政绩卓著;调任陕西甘州司马,整顿防务,和辑兵民,又有卓杰表现;

① 康熙《宁化县志》卷四《人物志·先宪》。
② 道光《清流县志》卷七《人物志·名臣》。
③ 道光《清流县志》卷七《人物志·直臣》。
④ 民国《长汀县志》卷二三《列传》。

在吴三桂叛乱时,担任洮岷副使,在叛乱四起、军心不固的情况下,从容筹划,协助军事长官收拾混乱局面,起了重要作用。在兰州、宁夏两任司法长官,又以出色的工作,对社会安定起了促进作用。最后官至宁夏布政司参政,祖宗三代受诰封。年老退休还家,还经常关心民瘼,为家乡各项事业出谋划策。①

长汀刘国轩　明末清初壮士。生而磊落不群,十余岁便以勇力胆识闻名,屡次率领里中年少,击溃盗寇,保卫乡里。清初为漳州守门把总,永历八年(即顺治十一年,1654)郑成功伐漳州,刘国轩开门投诚,擢为护军后镇,转战南北,攻取台湾,都有殊功。郑成功死后,郑经继位,以刘国轩守鸡笼(即基隆),剿抚土著民,拓地日广。三藩之乱时,刘国轩从郑经渡海回到福建,与耿精忠部周旋于福建兴化至广东潮州之间,屡败耿精忠之师;后又在潮州与清平南王尚可喜十万大军对垒,大败尚军,追奔四十多里,斩首两万有奇,俘虏七千多人,直杀得清军尸横山谷,由是威名震南粤。郑经为清军所迫,曾据有的闽粤 10 府一时俱失,退回思明(今厦门),军事尽委刘国轩。刘国轩为将爱士卒,信赏必罚,出奇制胜,众莫能测,诸将莫及。永历三十二年(1678)② 春,以刘国轩为正总督,经略闽南,屡败清朝围剿大军,一度攻取漳、泉不少城池,兵众近五万,士气大振。终因寡不敌众,三十四年(1680)退回东宁(台南)。三十五年(1681)郑经逝世,子郑克塽继位,晋刘国轩武平侯。十月,清廷部署大举攻台,郑克塽命刘国轩驻澎湖,拜郑总督,假节行事,修战舰,筑炮垒,讨军实,以待清军。施琅举众攻澎湖,经殊死战,郑军大败,刘国轩退回东宁,与文武议,奉郑克塽归降了清朝,受到康熙皇帝褒奖,赐地,给丁壮地亩,授天津卫左都督总兵,官加伯爵,祖宗三代诰封,二子荫官。卒年 65 岁,加封光禄大夫,太子少保。③

2. 文化学术方面

宁化徐唐　精《春秋》学,负笈京师,质疑送难,旁射他经,都有极深的造诣,受到欧阳修的赏识,推荐给宋仁宗,召见讲《易》,获得嘉奖。为母亲守孝,庐墓不复出。王安石亲为其母撰写了墓志铭。④

---

①　民国《长汀县志》卷二三《列传》。

②　南明亡后,郑经犹奉永历正朔。

③　民国《长汀县志》卷二三《列传》。

④　康熙《宁化县志》卷四《人物志·先宪》。

长汀杨方　隆兴元年（1163）进士。曾在崇安受学于朱熹，佐朱熹兴白鹿洞书院，是朱子门人中唯一的汀籍人士。居官以廉介刚直著名。又受知于名臣赵汝愚，历任宗正寺簿、知建昌军、编修官、秘书郎、知吉州等官。以朱熹、赵汝愚的关系，列名于"伪学"党籍，罢官居赣州，闭门读书，自号淡轩老叟。党禁解除后历官抚州知州、直宝谟阁广西提刑，勤谨正直。卒于广西任上，祀乡贤祠。[1]

宁化李世熊　明末廪生。自幼聪颖，博览群书，淹贯经史，旁及医卜星纬释道典籍，尤好韩非、屈原、韩愈之书。为文不合时宜，空有满腹经纶，却屡试不第，壮志难酬，一度以当塾师自遣。虽不食明禄，未受明恩，但忧国忧民之心却比一般达官显贵热切得多，强烈得多。明亡，作《反恨赋》寄托亡国之痛，淬励当代，激发后世。此后不再参加科举考试，隐居宁化家乡，不入城市者长达四十年。他在隐居之所阳迟山建檀河精舍，名其书斋为"但月"斋。"但月"两字可以拆成"明一人"三字，暗寓明虽已亡，尚有遗民一人之意。

退隐期间，清廷曾屡次征召他出仕，都被他坚决拒绝。有鉴于唐王政权内部的尔虞我诈、虚弱腐败，他还曾作书劝阻老师黄道周出征，要黄道周大有作为于将来，不必作无谓牺牲于目前，反映了他经世务实的思想特点。他对地方安宁和建设却十分关心，做了大量设险御暴、兴利除害的事，深受百姓崇敬和爱戴。康熙十三年（1674），闽藩耿精忠叛清，不断遣使敦请李世熊出山相助。但李世熊洞悉当时政局已定，久经战乱的人民亟须休养生息，耿精忠逆时而动，只会扰民，必不能复明。他不愿生灵再涂炭，故严厉拒绝，并联络数十乡成立"保民会"，防止兵灾延及宁化。他的家乡泉上里，赖他的领导而免遭劫难。

他还把一生的学识和秉持的气节倾注在著述中。所著有《本行录》3卷，《经正录》3卷，《史感》、《物感》各1卷，《钱神志》7卷，《寒支初集》10卷，《寒支二集》4卷等。其中《狗马史记》一书，讽刺明季尸位素餐的官僚，谴责丧失民族气节之辈，被清廷视为禁书。晚年修成的《宁化县志》，特别着眼于"沿革、建置、利弊、损益、美恶、盛衰"，穷溯本源，旁达支委，使读者通过一邑故实的兴衰变迁，看到天下古今所以得失成败，治乱所由产生之因，"反

---

[1]　民国《长汀县志》卷二四《儒林传》。

复阐扬备深惩劝",把一部志书写成"当代夏商之鉴",深深寄托着其爱国爱民思想及治国理念。

上杭刘坊　原名琅,字季英,号鳌石,出生在云南永昌。他的祖父刘廷标,是李世熊的好友,明末任云南永昌通判,精忠报国。张献忠部将孙可望进逼永昌时,与同僚王运开先后自缢。父亲刘之谦,任南明永历帝的户部主事。永历十三年(1659),清军破云南,捕获刘之谦勒索贿赂,之谦说:"我父子20年苦节,只不过取滇南一杯水漱口罢了,哪里有财物向你们行贿?"清军又逼令他剃发,之谦说:"要杀便杀!剃发做秃头鬼,有何面目见我黄泉下的父亲?"结果被清军炮烙而死,全家有80多人一同遇难。当时距刘廷标死节只有13年,刘坊仅2岁。

刘坊由他的母亲抚育成长,自幼在云南的永昌、腾阳之间流离转徙,备历艰辛,受到很深刻的忠孝节义教育,心中充溢着报仇雪恨的激烈感情。他40岁时曾在一封致友人的信中回忆道:"仆本恨人,虽集屈、宋之骚辩,平子、文通之笔墨,不足以写其半生愁恨,旷古奇穷!"他在18岁前生活在云南,熟悉当地遗民抗清事迹,写了大量诗作记述爱国军民义士抗清斗争的情况,寄托自己的兴亡之感、故国之思,对卖国求荣、为虎作伥的吴三桂予以辛辣的嘲讽和笑骂。

19岁之后谋求回归故乡,辗转崎岖于滇、蜀、湘、楚、赣、粤之间,历四年才回到上杭。一路上广结朋友,大部分是明朝遗民,互相酬唱激励,民族感情和气节得到进一步的陶冶锻炼。23岁至宁化拜谒李世熊,很快与这位前辈结为忘年之交。在朋友集会时,他经常介绍永历帝时滇、黔、川的抗清斗争情况,"高谈每惊四座"。他与李世熊的交往,在思想上受益很大。他后来一生道路,与李世熊相似之处很多:思想上坚持抗清,行动上不与清廷合作,不参加科举考试,不与世俯仰,不同流合污,卓然特立,桀骜不训。但也不学伯夷、叔齐作饿死首阳山之举,因为他要"苟全此身","徐观彼昊究竟何如",也就是将深仇大恨埋藏心底,注视时局发展,静观其变,希望出现有利时机,进而做一番反清复明的大事业。

自31岁起,他常常往来于大江南北,北游燕赵,南下广州,广交游,多读书,勤著述,自谓"走路莫多于我,饮酒莫多于我,说话莫多于我"。他这样孜孜于游历,很有点像当年顾炎武游历大河上下、大江南北,考察天下郡国利病,为实现抗清大志作准备。坎坷奇特的经历,成就了刘坊慷慨悲壮、深沉峭拔的诗文创作。他的著作很丰富,而流传至今的仅有《天潮阁集》,其思想内容和艺术造诣都达到了很高的水准,是客家文化宝库中的奇葩。

长汀上官周 字文佐,号竹壮,生于康熙四年(1665)。擅画山水和人物,曾奉旨进京与王石谷、王原祁合绘《康熙南巡图》12卷,所绘人物近万人,无不神形毕肖,生动多姿,在中国画史上有重要地位。著有《笑晚堂画传》,精心刻画了一百多位历史人物画像。

上杭华嵒 原名德嵩,字秋岳,号新罗山人。康熙二十年(1681)生。年少习画,后游两浙,定居杭州。擅画人物、山水、花鸟、草虫、敢于突破画坛拟古摹古习气,标新立异,时出新奇。曾至京城,受到康熙皇帝赏识。亦工书善诗,有"三绝"誉。诗人顾师竹赠诗评论他的为人和作品说:"一生山水窟中游,身似春云心似秋。呼吸清光扫笔底,怪来书画亦风流。"画史也给予他很高评价,《中国绘画史》说:"就清之人物画来说……长汀上官周之工夫老到,临汀华嵒之脱去时习……均为清代史实风俗画之较有名者。"华嵒的《桃源浴鸭图》被列为国家文物,珍藏于故宫博物院。

宁化黄慎 原名盛,字公懋、恭寿,号瘿瓢山人。康熙二十六年(1687)出生。少年丧父,家境穷困,奉母命学画维生。16岁离家从师,勤奋向学,悉心钻研,画艺日进。于雍正元年(1723)到达扬州,他以精湛杰出的画艺,很快就吸引了邗江士民,震动了画坛。黄慎一边卖画,一边游历由川,并与书画界名士结交,特别是与郑板桥、李鲜、金农、高翔等名画家交往密切,共同开创画坛的新风气。不久就名噪大江南北,成为清代最负盛名的画派"扬州八怪"之一,时人有"瘿瓢之名满天下"之誉。

黄慎学画过程中,很注意提高文化素养,发愤读书、练字、学诗,诗、书、画齐头并进,都有很高的造诣。他的诗,直抒胸臆,抒写性情,清新自然,诗作流传至今者尚有339首,结集为《蛟湖诗钞》4卷传世。他的书法,源出晋代大书法家王羲之、王献之父子。擅长草书,初学怀素,兼取孙过庭、颜鲁公笔法,自开蹊径,形成苍劲浑厚的独特风格。他的画,山水、花卉、人物俱佳。其"写意山水,取法倪、黄,一洗清初'四王'山水画习气,不用披麻皴作重峦叠嶂,多用折带皴、云头皴写危崖绝壁,下临沧江,或旷野绵邈,孤峰突嵂,或用米点绘平芜无际,远树依微,擅写江天寥廓,云水苍茫,萧疏旷朗的境界"。其"写意花卉,取法青藤、八大,以篆笔作枝柯,以草书写茎叶,纵横挥斥,神韵生动,气魄豪放"。"尤擅人物。早年所作工笔人物,颇受上官周的影响。中年后突破传统素描的窠臼,以狂草笔法写衣纹,泼墨劲扫,运笔凌厉,自创一格,对后世人物画影响很大。清代的闵贞,近代上海的王震,广东的苏六朋,福建的李霞、李耕,都曾经师法黄慎。"①

对于黄慎诗、书、画的成就,当时人和后人都给予很高的评价。郑板桥评道:"爱看古庙破苔痕,惯写荒崖乱树根。画到精神飘没处,更无真相有真魂。"黄慎的同乡、状元出身的著名理学家雷鋐称:"山人字与画可数百年物,诗且传之不朽。"在民间,则有黄慎诗、书、画三绝之称。近年来,宁化县为黄慎建立瘿瓢园,园中竖立了黄慎塑像,有关部门还拍摄了以黄慎为题材的电视剧。

长汀朱子章、朱来章兄弟　出身于汀州医学世家,自幼习医,至康熙末年以医术名闻一方。康熙六十年(1721)搭广东商船至日本寻求发展,应得川幕府之聘,在长崎行医,治愈很多患者,因而受到幕府褒奖,发给信牌,允许以后再持牌前来贸易和行医。雍正五年(1725),朱子章、朱来章携家人和助手再次赴长崎,一边行医,一边经商,还与日本医学界进行学术交流,它们携来的包括大量医书在内的书籍、字画满足了日本人民的迫切需要,促进了日本医学和文化的发展。朱子章在日本病逝,其医学经验和研究成果只保存于他答复日本医生提问的一些书信中。朱来章则留下了较为系统的作品,其中最重要的是《朱来章治验》写本,共20页,现藏日本内阁文库。其内容是他在长崎行医的医案,内载经他治愈的患者姓名、性别、诊治要点、处方及疗效等。在每一案例中,他都阐明所永疗法及处方的理由,另有幕府医官栗本瑞见就医案写的评语,及朱来章逐条对案例的总结,具有较高的学术价值,对日本汉方医学的发展贡献很大,也是中日文化交流史上的珍贵文献。②

宁化雷鋐　字贯一,号翠庭,生于康熙三十五年(1696)。雍正十一年(1733)状元。受知于名儒蔡世远、朱轼、方苞,继承并发扬程朱理学,对于陆九渊、王阳明的心学也有深入研究,著述丰富,被人推崇为"道德文章为天下

---

①　丘幼宣:《蛟湖诗抄校注》,海峡文艺出版社1989年版。

②　参见潘吉星:《十八世纪旅日的汀州名医朱子章及朱来章》,《汀州客家研究》,1993年。

所宗"。雷鋐的思想在汀州有很大的影响,伊秉绶的父亲就从他那里获得很多教益。

武平李灿　字明文,号珠圆,生于雍正元年(1723)。少时倜傥有奇气,好读书,能诗嗜画,擅书艺。少年时画作山林气太重,后来游历江、浙、鲁、豫,寻师访友,切磋画艺,得江山交游之助,才思大进,画技日臻高妙,人称他受神仙点化,画作有仙气。其书法苍劲,诗品亦清新超脱,耐人寻味,他的题画诗曾结集为《珠圆集》,可惜已失传。当年他被称为"画仙",与上官周、华嵒、黄慎等人同享盛誉,艺术造诣与这几位大家相颉颃。但较少结交名士,亦未受知于帝王卿相,故作品流传不广,在画史上未占据应有的地位。

宁化伊秉绶　字组似,号墨庵、默庵,生于乾隆十九年(1754)。出身书香官宦家庭,秉承家学渊源,对于宋明理学有很深造诣。乾隆五十四年(1789)进士,先后任惠州、扬州知府,均有德惠政声,为一代名宦。在文化方面,绘画、治印、诗文均为世所重,尤擅书法,时有"南伊北邓"("邓"指邓石如)之誉,为清代著名书法家。其书法真、行、隶、篆俱精,而以隶书最知名。清代名家何绍基谓其"八分出篆",梁章钜谓其"能拓汉隶而大之,越大越壮"。其书法作品很丰富,流传中外。1931年,商务印书馆搜集伊秉绶墨迹编成《默庵集锦》上、下册刊行,1937年又出版《默庵集锦·续集》行世。

长汀杨澜　嘉庆举人,与宁化伊秉绶、吴贤湘为文字交,转相切摩,以古人自期。弃官归里,读书之外无他好,所著有《负薪初稿诗集》;留心乡邦文献,与弟杨浚成《郡志补正》2卷,晚年重加删定为《临汀汇考》13卷,大行于世。①

长汀汤志尧　乾隆戊申(1788)解元,嘉庆己未(1799)进士,受知于学使朱珪,与宁化张腾蛟、霞浦游光绎、晋江谢淑元皆为一时知名士,人称"张游谢汤"。曾任直隶永年知县,致仕归,结庐东山下,与士大夫觞咏其中。知府孙平叔延主龙山书院。得风气之先,能够虚心学习西方自然科学知识,用正方案法三次测得北极、赤道经纬度,以此为晷表度。为文重韩(愈)文,有雄直俊伟之气,不同流俗。殁后,弟子为设位于书院魁星楼之后,为时钦重。②

长汀江翰　15岁通六籍,考据经学本于东汉郑玄,而以顾炎武、江慎修为

---

① 民国《长汀县志》卷二五《文苑传》。
② 民国《长汀县志》卷二四《儒林传》。

旨归。凡考试常居第一,张之洞一见奇之,悬榻以待,誉为不世才。光绪十九年(1893),主讲重庆东川书院,设经义、治事二斋,增近世有用诸书,先后五载,人才蔚起。时以布衣掌教者,海内仅二人,江翰其中之一,论者羡之。光绪二十四年(1898)戊戌变法后,学习西方设立新学,江翰先后任江苏高等学堂及师范学堂监督(校长)。三十二年(1906)应学部之召任参事官,兼京师大学堂师范馆监督,新制多出手定,并往直隶、山东、河南考察学务。宣统二年(1910)被选为资政院硕学通儒、议员,雍容闲雅,言论风生,于国家大政、地方利弊,应兴应革,剀切陈述。清廷逊位后,弃官遁逸,专意著作。民国成立后出任参政院硕学通儒参政,及第一届高等文法官考试主考官。1927年,民国国务院聘充礼制馆总纂,又应山西省长聘,前往山西讲学,门弟子集资位他筑难老山庄于晋祠,以志纪念。1935年卒于北平,终年79岁。著有《慎所立斋文集》、《诗集》、《孔学发微》、《诗经四家异文考补》、《石翁山房札记》等书行世。[①]

三、刻书业的辉煌成就

发达的教育、鼎盛的文风,必然与书籍的大量发行和流通互相配合、互相推动。如前所述,汀州的造纸业素称发达,刻书业在宋代也有了相当的基础。明清时期,随着文化教育的长足进步,汀州刻书业空前繁荣兴盛,其显著的标志就是,清代南方雕版印刷基地四堡书坊的崛起。

四堡之所以成为南方私人雕版刻书业的重要基地,有一个背景,那就是福建雕版刻书业中心转移,这里需要先加说明。福建的雕版刻书中心本来在建阳。早在南宋,建阳的刻书业就有了突飞猛进的发展,成为南宋著名的出版业中心之一。它的背景是宋代建阳经济发达,文化上取得辉煌成绩,是闽学的发源地和闽学学者的渊薮。其时建阳刻书以私刻和坊刻影响最大,坊刻中"麻沙"、"书坊"两地书坊多而集中,被称做"书棚镇",或称"图书之府"。这两地距离近,刻工交流多,刻书特点几乎完全相同,故同被称为"麻沙本"。"麻沙本"流通广远,所谓"麻沙版本书籍行四方者无远不至",因而在中国刻书史上享有盛名。到了元代,建阳书坊毁于兵燹,入明以后迅速恢复,中心

---

① 民国《长汀县志》卷二四《儒林传》。

移到崇化里。崇化里不但刻书,而且形成了每月逢一、逢六定期交易的书市,从而进入了空前的繁荣时期。但进入清代,建阳刻书业却逐步走向衰微。其根本原因一是战乱频仍,社会动荡;二是清朝加强了文化专制,文字狱迭兴,禁书罗网广布。此外,闽北经济萧条,书坊业主和刻工在恶劣的生存环境下被迫歇业、改行,于是建阳刻书业一蹶不振。[①] 然而,东方不亮西方亮,一个刻书中心衰落下去了,另一个刻书中心却在闽西悄然兴起,那就是清代闻名遐迩的四堡书坊。

四堡是一个方圆百余里的特殊经济文化区域,位于长汀、连城、清流、宁化四县交界处,数十个村落分属上述 4 个不同的县份。今之四堡乡是明清时长汀县属的四堡里,西距县城约 60 公里,1958 年划归连城县。其地开阔向阳,人多地少,乡人农耕之外,多从读书仕宦和贩贸四方寻出路。其中马氏、邹氏二族最发达。四堡刻书业既滥觞于这两个家族,日后也由他们两个家族包揽。

关于四堡刻书业最初兴起的时间,有人推测与明中叶四堡马屋村的马驯有关。马驯,解元、进士出身,官至二品,宦游全国,见多识广。成化年间告老还乡后倡修族谱,刻印诗文,影响很大,有力促进了四堡文风的兴盛。那么,其时马氏族谱的刻印是否由族人自印? 或者说,马氏族人是否因大量刻印族谱的需要萌生了自己刻印书籍的念头? 从宋明以来闽西已有官私刻书的基础来看,应该说马氏族人因需要大量刻印族谱而由族人自印这样的可能性不能完全排除,但因缺乏实证,姑存此疑,以待今后更深入的研究。

据现在所见的资料,四堡刻书业的兴起昉于雾阁村邹氏。该村邹学圣明中晚期官至杭州税课仓大使,万历八年(1580)辞官归里,带回杭州的元宵灯艺和雕版印刷术,从此“镌经史以利后人”。因此,基本可断明万历八年(1580)是四堡刻书业兴起的上限。

由于四堡马氏、邹氏此前早有族人牵车服贾,游走四方经商,“得陶朱扁舟之趣”,而乡里又素有崇文重教之风,因之,邹学圣创始的刻书业一经兴起,邹、马二族就敏锐地看到这是一门把崇文与服贾结合起来的行业,于是认准要走这条刻书、贩书的儒商之路。

---

①　此处所论参考了谢水顺、李珽《福建古代刻书》(福建人民出版社 1997 年版)的观点,特此致谢。

经过这两族人前赴后继的努力,到清康熙年间,四堡刻书业勃兴,乾嘉年间则达到了极盛。四堡马氏族谱记载:"吾乡在乾嘉时,书业甚盛,致富者累累相望。""耕读之外,储古籍雕版,装为缃帙,以应士大夫觅购者,不可胜计。"当是时,四堡乡书楼林立,印坊栉比,"皆以书籍为业,家有藏版,岁一刷印,贩行远近"①。有人统计过,那时马屋村有林兰堂、万竹楼、翼经堂、德文堂,雾阁村有碧清楼、崇文楼、文海楼、以文阁等四十多家著名的大书坊,招贴高悬,书香四溢。全乡从事印书业者一千二百多人,占全乡总人口的60%。乡中男女老幼,或抄写,或雕刻,或砍木材制版心,或裁纸折叠装订,真是家无闲人,好一个文化之乡的兴隆景象。

四堡刻印的书籍种类齐全,举凡经史子集、医卜星算、诗词小说、童蒙读物乃至日常应用之书、查禁之书,都有刻者。像《二十四史》《四书集成》《四书备旨》、《诗经注》、《唐诗三百首》、《幼学琼林》、《增广贤文》、《三字经》、《百家姓》、《千家诗》、《康熙字典》等读者广泛的书籍,都一版再版。汀州府籍许多学者的著作,也在这里刻印而得到流传。当然,刻得最多的是武平人林宝树的《一年使用杂字》②。此书共四千多字,通篇用七言韵语叙述客家人的生活、思想和习尚,是一部通俗易懂的训蒙读物,很受欢迎,经四堡书商刊印发行,流传很广。

四堡刻印的书籍,纸墨佳,刻工精,装帧考究、版式大方,选题雅俗共赏、老少咸宜,加上营销者经营有方,因而备受欢迎。本府及本省之福、漳、泉、延、建各州府自然不用说了,还远销江西、浙江、江苏、湖广、广东、广西、四川、云南、贵州乃至越南北部,"足迹几遍天下",一时间成为南方书坊刻书业的中心。乾嘉之后,由于时世的变迁,四堡刻书业也逐渐衰落。当年马屋、雾阁两村书商大获利市后,纷纷起造新居,极一时之盛,后来也日渐零落,但这些屋宇至今仍鳞次栉比,默默矗立在残阳下,似乎在诉说着往日的繁荣,又似乎在感叹人世沧桑。

四堡的书商,多数都有青少年时业儒的经历,文化基础深厚,致富后又在"耕读"二字上下工夫,"广置书田,鼓励勤读",并把"立学"作为族规写进

---

① （清）杨澜:《临汀汇考》。

② 又名《年初一》,作者林宝树,字光阶,清初举人,选授奉天海城知县,因道远不赴,在家乡教授生徒,著有《大全摘钞》、《梁峰诗文集》传世。

谱中。如大书商邹氏《家训》云：

> 语曰：人不学，不知道。逸居而无教，则近于禽兽。学之于道，盖可忽乎哉！吾家人醇俗朴，半耕半读，一脉书香，绳绳相继者，其来久矣。……自今为父兄者，必于嬉嬉童稚中，择其不甚顽钝者，束之于学塾，聘名师，招益友，俾之磨砻砥砺，相与以有成。将来出为名臣，处为名儒，大为深山邃谷间生色。即不然，知书识字之人，纵置身农工商贾之途，亦有儒者气象，庶不辱我诗书礼义之乡。况乎乡多书肆，雕梨刻枣，古籍几于汗牛，不胫而走四方，且可为海内文人作将伯之助。颂于斯，读于斯，又何烦借书券、买书钱哉！

可见，四堡的刻书、贩书正与崇文、兴学互为条件，互相推动，相得益彰，它是客家人耕读传家的另一种典型。

第四章　祖国大陆客家人移民台湾

第一节　客家基本住地向粤东的扩展

客家民系的对外开拓几乎是与这个民系的形成同步进行的。早在南宋时期,客家民系刚在赣南、闽西形成时,就已开始了向粤东的移殖过程。《舆地纪胜》一三二"梅州"记载道:"郡土旷民惰,而业农者鲜,悉藉汀赣侨寓者耕焉。"这"汀赣侨寓者"正是来自汀州、赣州的客家人,而当时梅州"土旷民惰",反映的是其地土著人口稀少,大量土地尚未垦辟的原始落后状态,汀、赣客家人迁入此地,"借耕"土地,即在此开垦荒地,建立新的家园。

黄遵宪在《梅水诗传·序》中说:"嘉应一州,占籍者十之九为客人,此客人者,来自河洛,由闽入粤,传世三十,历年七百,而守其语言不少变。"①他这话是一百年前说的,那时说"历年七百",至今应改为"历年八百"了。从现在上推八百年,大约是在公元一千二百年,相当于南宋中叶,正好与《舆地纪胜》的记载相符,说明梅州客家人的不少家族自南宋时由闽西、赣南迁来,这是符合历史实际的。

不过,宋末元初,经过元朝军队的洗劫,湘赣闽粤交界处的广袤山区户口凋残殆尽,出现了大片荒无人烟之地的惨象。对此,清嘉庆间惠州客家人徐旭曾作了这样的描述:"元兵残暴,所过成墟,粤之土人,亦争向海滨各县逃避。其间闽赣湘粤边境,毗连千数百里之地,常有数十里无人烟者。"幸存下来的客家人民,"于是相率迁居该地焉。西起大庾,东至闽汀,纵横蜿蜒,山之南,山之

---

①　转引自(清)黄遵宪著、钱仲联笺注:《人境庐诗草笺注·附录二·黄公度先生年谱》"光绪二十七年辛丑"条,上海古籍出版社1981年版,第1239~1240页。

北,皆属之。即今之福建汀州各属,江西之南安、赣州、宁都各属,广东之南雄、韶州、连州、惠州、嘉应各属,及潮之大埔、丰顺、广州之龙门各属,是也"①。

徐旭曾所说的情况,并不完全符合历史真实,但他的描述,毕竟捕捉到了宋元之际客家人大举移居粤东、粤北的史影。在正史中,我们不难找到相关的史料与这种史影相印证。例如:

> 〔大德四年(1300)〕九月壬戌,广东英德州达鲁花赤脱欢察而招降群盗二千余户,升英德州为路,立三县,以脱欢察而为达鲁花赤兼万户以镇之。②

大德四年距宋亡仅二十年左右,流散在英德州的所谓"群盗二千余户",应即徐旭曾所言因粤北劫后荒芜而迁入其地的客家流民。客家流民的入居和辛勤垦辟土地建立家园而使得政区升级并设立新县,正是元初客家人大规模开发粤东、粤北的历史缩影。又如:

> 〔顺帝至元三年(1337)夏四月〕己亥,惠州归善县民聂秀卿、谭景山等造军器,拜戴甲为定光佛,与朱光卿相结为乱,命江西行省左丞沙的捕之。……五月戊申,诏:"汝宁棒胡,广东朱光卿、聂秀卿等,皆系汉人。汉人有官于省、台、院及翰林、集贤者,可讲求诛捕之法以闻。"③

按元朝惯例,总称江南、闽粤之民为"南人",有时则分别蔑称为"蛮"、"獠"、"畲"、"猺"、"苗"、"峒民"、"黎"、"溪峒"等。此处称增城、惠州朱光卿、聂秀卿等为汉人,说明朱、聂等人不是本地土著,而是来自北方的移民,即客家人。因而,这则史料也反映出元代客家人的居地确已远达惠州一带了。

及至明代,由于闽粤赣边客家基本住地人口的迅速增长,人稠地狭的矛盾突出起来,客家人遂进一步向珠江流域迁徙。顾炎武《天下郡国利病书》的以下记载集中说明了这个问题:

> 从化多汀、漳、英、宁人来采矿、烧炭、种蓝。
>
> 流溪堡纸峒产有银矿,其地山溪险阻,与龙门、英德、长宁接壤。嘉靖间尝开采,异省殊方,奸利之徒,不招而至,众辄数千。既而或徒劳罔得,

---

①　广东《和平徐氏族谱》所载徐旭曾:《丰湖杂记》,见罗香林《客家史料汇篇》第一册,香港中国学社 1965 年版。

②　《元史》卷二〇《成宗三》。

③　《元史》卷三九《顺帝二》。

或得不偿失,又或矿尽费穷,各失始望,散罢而去。资身无策,遂乃群起盗心。始则乘人不备,所掠辄得;久之公然肆劫,势日益张。于是通河源、长吉诸贼李亚元等聚众数万,出没诸邑,流劫千里,祸延十余载,杀掠人口无算,而从则白骨蔽野,十室九空,被祸尤甚。……龙门抵界,所在产有铁矿,皆属从化地面。向惩银矿之害,概禁不开。万历四十四年(1616)中,有奸利商人告饷开冶,督府行从、龙会议。时龙门令陈阳长惑于商人之计,本县前令卢尉曾力争之不能得,遂以饷额归龙门,听其开冶。四方无赖,一时蝇集。未几潜出为盗,商不能禁。既而转炽,胁商人以接济,遂合蓝徒炭党(原注:耕山种蓝烧炭者,皆汀、漳、英、宁之人)四行劫掠,铁场遂为盗薮。其地北通英德、长宁,南透增城,西连清远,东则龙门接壤,皆万山联络。深林险阻,人迹罕到。其贼首张惟冲等结砦所在,有白牛岗、雁洋陂、寨子背(原注:皆属龙门地方)上下坪、兰和峒、石门寨等处(原注:皆增、从、龙联界)掳掠勒赎,皆归其中。积十余年,祸遍七邑。崇祯五年(1632),抚卒导官兵直捣巢穴,虏其渠魁,其党鸟兽散,始获平宁。

流溪地方,深山绵亘,林木翳茂……万历之季,有奸民戚元勋等招集异方无赖,烧炭市利……不数年间,群山尽赭。久之,其徒渐众,遂相率为盗,四行杀掠。奸民利其财物,多为接济。……天启五年(1625),知县雷恒力请督府禁止。然盗风已长,乃据险啸聚,竟成大乱,连年用兵,始克剿平。

溪头地近十八山,其中悉大户税田塘坎良民耕种。隆庆二年(1568),清远大庙贼李积深乞招,于此占住。其文(疑应为“父”)通侵杀同党丘子江。江之子投长宁,招俞朝瑞等众报复……迨迩年以来,其党渐众,遂合矿炭之徒为盗。每一劫掠,妻子皆出,乌合之党亦多,特溪头为窟穴。及大兵至,塘坎之民愿为向导。溪头抚民乃绐贼首就缚,盗风渐息。而英宁之人四散占住邑界尚多,今虽归化,但一时革面,未必回心,善后之策,不可不预为绸缪也。[①]

文中的“汀”指汀州,当时是一个纯客家地区;“漳”指漳州西部,包括南靖县、平和县、诏安县的西部山区,明代这里是一个客家人占绝对优势的地区,至今这一带仍有相当比例的客家住区;“长宁”今为新丰县,与英德都是客家

---

① 《天下郡国利病书》原第27册《广东上·从化县志》。

居民占多数的县份；龙门、增城也有不少客家人，特别是其西部山区的居民基本上是客家人。

聚集至从化流溪堡开采银矿的徒众来自"异省殊方"，"异省"主要就是闽、赣二省，特别是闽省的汀、漳二郡；"殊方"则是指本省的长宁、英德、龙门、增城等地，来自这些地方的人与汀、漳之人属于同一族群，而与从化平原地带的居民族属不同，故称"殊方"。他们"不招而至，众辄数千"，这种局面形成的时间始于嘉靖间，至万历朝为盛，而采矿之徒往往与烧炭、种蓝的"蓝徒炭党"互相结合，或互相转换，互为补充，融为一体，而被目为"矿炭之徒"。显然，这些人就是具有游耕传统和善于烧炭、种蓝与经营山林经济的客家人。

这些客家人，无论是来自就近的长宁、英德、龙门、增城，还是直接从汀、漳远道前来，根本的原因都是因为赣闽粤边的客家基本住地人口大增，人稠地狭的矛盾日益尖锐，过剩的人口只得从土地上游离出来另找出路。他们到群山绵亘、人迹罕至的粤东、粤北、粤中结合部的大山区佃耕、种蓝、烧炭、开矿，本来是有利于该地区经济、社会发展的好事，但由于当地官府目光短浅，横加阻拦、歧视、压榨，故尔常常激起官逼民反的事变。文献记载中明中叶以降接连不断的来自闽赣的"盗"、"贼"、"寇"、"乱"，大都是在这种背景下发生的。《天下郡国利病书》的有关记载，反映了这类事变的大势，从中可以看出赣闽粤边客家基本住地的客家人逐步向粤中拓展的情形。例如：

> 惠来　东客营，在县西五里。弘治六年（1493），流贼童阿王据此劫掠，始筑堡，以民壮一百六十名守之。正德十四年（1519），贼首曾耙头复据此为营，次年就擒。遗址尚存。[①]

惠来是客家与福佬杂居县，旧属潮州，今属揭阳。"东客营"之称，不知因何得名，或许当时已有"客家"、"福佬"的族称，亦未可知。不过，有一点是明确的，那就是正德十四年（1519）占据此营的"贼首曾耙头"恰是程乡客家人。由此推测，弘治六年（1493）据此劫掠的流贼童阿王可能也是客家人。惠来县在东客营筑堡防御，显然与梅州、潮州客家人的西进有关。

> 增城　天启七年（1627）八月，山盗大起；十月望日，贼首赖鸡工掠蒋村，至从化太平墟，为乡民生擒之。（原注：《从化志》同）……崇祯三年

---

① 《天下郡国利病书》原第27册《广东上·海道江道哨兵》。

（1630）正月，从化贼首钟国让伏诛，其弟国相复聚众寇掠。十一月，国相往劫博罗银冈，返至增城西郊，与贼首黄仲积、廖丁髻等合，薄城东屯望头村。十二月寇汤里分诸村。四年（1631）五月，知县陈世凤觐回，复计擒仲积，诛之。

从化 崇祯四年（1631）二月，巡按御史高钦舜遣参将陈照、李相协剿上下山盗，诱贼首陆彦博、赖丁髻、廖大鼻等诛之。钟国相潜遁，为清远官兵所杀。……①

上述两则关于增城等地"贼"、"寇"侵扰、劫掠从化的史料，与前面引述的"从化多汀、漳、英、宁人来采矿、烧炭、种蓝"相关史料比观，可知这些"贼"、"寇"多半是汀、漳、英、宁之人。

惠州府 长乐之隘曰丹竹、曰桔洞、曰中溪，三营俱西贼渊薮，溪洞阻深，蹊径歧错。安远丹竹楼、黄乡堡贼巢邻，势力相联络，加之以冶铁之卒，双头、角上、高坑、九节狐等山乌合酿祸；邑南七十里猴子洞，漳寇入揭阳必由之。诏安小段（方言与"秀篆"同音）之贼，蓦越饶平之小榕，或由大埔之苦竹，既入潮境，奔溃肆出；西北五花嶂、九连山数百里，荒墟玄径，奸宄投窜其中。敕兵宪镇于长乐，设诘奸簿一员，设十三都巡司于此以扼吉赣南侵，设水口巡司于南以断漳汀入寇。东西虽无官守，东以四都隘，西以大坪隘，皆民兵戍之。

和平之隘……曰七辇迳、曰分水凹，其迳通揭阳、潮阳、海丰诸县，距本县棉洋、留沙诸乡十余里，通海林、黄沙诸隘。 附县志议：邑界汀赣，僻于郡东北隅，山城孤立，势若悬危。迤北九十里大望山（按：又名"大帽山"）盗，界连九县，山高地广，盗贼奔窜于此，官军急难扑灭。②

（嘉靖）二十三年（1544）秋九月，铲坑、看牛坪盗刘全等率其党来降先是，上杭县三图篁竹寨民世习为寇，我埔铲坑、看牛坪二处（按：在大埔县，《天下郡国利病书》原第27册《广东上》引《潮州府志》有"大埔县乌槎营堡在三河巡检司。防小靖、看牛坪、铲坑三寨，招抚贼党"之文）延袤与邻，亦多其人杂居，渐染作乱，势相犄角。至是，三图贼首杨世聪被擒，其党又聚众临程乡县境……

---

① 《天下郡国利病书》原第27册《广东上·海道江道哨兵》。
② 《天下郡国利病书》原第28册《广东中·惠州府》。

　　（嘉靖）三十七年（1558），福建人李南涧插居黄畲，纠合乡贼张旗等抵惠州淘金坑掘矿，勾连矿贼劫杀，地方大震。后又会程乡贼蔡春魁寇石窟、松源、龟浆等都，佥事万仲督兵进剿，平远县民曾习舜、韩金环、陈玉广等擒解巡道斩之。是年，山贼杨继傅、邹文纲等聚党数千，号中白哨，攻陷潮阳洋乌等都三十余乡，分将据之，村里一空。

上述记载中的"贼"、"寇"，实应读作"民"。他们都是来自闽西南、赣南、粤东，在潮州、惠州、广州等州府的大山中寻找耕山、采矿的生存机会，而被官府逼得铤而走险的客家人。记载中"贼"、"寇"的行动路线，如"漳寇"由长乐（今梅州五华县）入揭阳，诏安秀篆之贼越饶平之小榕，或由大埔之苦竹进入潮州境，"汀、赣之贼"由和平县入大帽山，再肆出至粤东、粤北、粤中交界的大山区，还有福建人李南涧插居程乡黄畲，联合程乡（今梅县）人渐次向平远、潮阳等地推进，如此等等，正是闽粤赣边区的客家人向潮州、惠州、广州迁徙、扩展的轨迹。

第二节　客家人迁台过程

　　客家人向台湾的迁徙，也与明清时期闽粤赣边客家基本住地人多地狭的矛盾加剧，以及天灾（主要是水旱灾害）人祸（苛政和盗匪）频仍，社会矛盾激化相关。也就是说，客家人向粤中和珠江三角洲地区的迁徙，以及向台湾的迁徙，社会背景和推动力量基本上是一样的。以迁台人口最多之一的镇平县（今蕉岭县）为例，据《石窟一徵》记载，该县"山居其七，民之寄台湾为立锥之地者，良以本处无田可种故也"[①]。《嘉应州志》也指出，镇平县民因山多田少、土瘠民贫，男子不得不向外寻求谋生的机会，故"趋南洋者如鹜"[②]。这里讲的"南洋"是针对海外各地而言，其中包括台湾。清政府收复台湾之后，台湾以其荒地多、距离近，比东南亚更能吸引移民，故镇平县民"赴台湾佃耕者十之二三，赴吕宋咖喇吧者十之一"[③]。

---

①　黄钊：《石窟一徵》卷三《教养》二，广东省蕉岭县地方志编纂委员会2007年点注本，第68页。
②　温仲和：《嘉应州志》，第151～152页。
③　黄钊：《石窟一徵》卷三《教养》二，第70页。

由于向粤中和珠江三角洲地区迁徙近便而易行,向台湾迁徙隔着风波险恶的海峡,加上官府的禁止防范,必须犯难冒险,因而困难重重。这导致了在时间上,客家人向台湾的迁徙略后于向粤中和珠江三角洲地区迁徙。

那么,客家人最早什么时候到达台湾呢? 不少的论著说到祖国大陆人民移殖台湾,或者说祖国大陆人成规模地到台湾开拓经营,总认为最早的一批人是漳州人颜思齐集团,其次是泉州人郑芝龙集团,客家人比漳、泉人迟到台湾。这种说法似是而非,必须予以澄清。这里,我们可以暂时撇开三国时期卫温、隋代陈稜带军队到过台湾,以及宋元时期一些祖国大陆人士对澎湖列岛的经营不提,专就祖国大陆人民成规模地经营台湾本岛来说,史料显示,客家人到达台湾的时间并不比漳、泉福佬人迟。因而,本节首先要考证客家人最早到达台湾的时间,其次论述各地客家人——惠州、潮州、嘉应州和汀州等地——迁台的过程,最后谈谈客家人迁台的路线和方式,以及到达台湾后的地域分布。

一、从“山贼”到“海寇”：客家人迁台的先驱

明中叶起闽、粤、浙、赣等省各种社会矛盾的激化,对闽粤赣边客家社会造成巨大的影响,主要表现之一是一部分民众沦为“盗”、“寇”,起初犹在闽粤赣边的山区活动,结寨聚众,树旗抗官,同时也四出打家劫舍、杀人越货。这一时期充斥文献的所谓“山贼”、“山寇”,大多指此而言。其中汀、漳、潮、惠诸郡的“山贼”、“山寇”具有两个显著的特点∶第一,他们大都是客家人。汀州是纯客家地区,当时惠州也是客家势力占优势,可以不论。当时所谓“漳寇”、“潮寇”,其中的“山寇”也主要是来自漳州西部之南靖、平和、诏安诸县山区,以及潮州之程乡、大埔、平远等客家县和饶平、惠来、普宁、揭阳、潮阳、海阳之西部客家住区。① 第二,“山贼”发展的趋势是由各地势孤力单的团伙各自行

---

① 据顺治《潮州府志》卷七（广东人民出版社1996年版）《兵事部》所载,自元至清潮州地区的“山寇”有如下几起∶“涂侨之变”、“陈满之变”、“陈遂之变”、“饶隆海之变”、“周三之变”、“范大满之变”、“苏孟凯之变”、“陈玉良等之变”、“李四仔之变”、“曾耙头之变”、“黄白眉（或作‘张白眉’）之变”“上杭贼江小等之变”、“关总等之变”、“李南涧之变”、“梁宁之变”、“梁国相等之变”、“张琏之变”、“林朝曦、陈绍禄之变”、“徐加俤之变”、“梁道辉之变”、“余大春、蓝松山之变”、“廖宗学之变”、“杨子亮之变”、“苏继相、曾魁、杜高山、曾朝元、杨仁宝等之变”、“蓝一清、赖元爵等之变”、“丘泾之变”、“钟大魁之变”、“苏峻等五总之变”、“钟凌秀之变”、“叶阿婆、陈蜡梨之变”、“廖辉钦之变”、“张文斌之变”、“涂武子、赖觉、徐黄毛、卜应凤、卜应龙之变”、“江龙之变”、“平远寇之变”、“谢上逵之变”等。这些变乱大都爆发于客家住区,其主要头领和基本群众都是客家人。

动走向互相联络、互为犄角,成为跨州过县声势浩大的反叛武装力量。由此进一步发展,则与沿海的地方造反势力结合,演为"海寇"、"海盗"。

当时,西方资本主义正处在资本原始积累的阶段,探险家和商人们纷纷向东方寻找殖民地和贸易的机会,同时,日本对外扩张的态势也在不断加强。在这样的背景下,我国东南海域的商贸活动非常活跃,而明朝的海禁政策阻断了我国人民参与正常海上贸易的渠道,于是闽、粤、江、浙沿海人民被迫铤而走险,组织武装,冲破海禁,进行海上走私活动,有的还与"倭寇"及西方殖民者相勾结,对我国沿海地区进行骚扰和劫掠,因而酿成严重的"海寇"、"海盗"问题。"海寇"、"海盗"以广阔的海洋为舞台,南下东南亚,北上日本,倏忽往来,突发飙至。台湾、澎湖地处东西洋交通的咽喉位置,自然成为"海寇"、"海盗"临时驻足或作贸易中转站的场所。如由"山贼"演变为"海寇"、"海盗"的重要代表吴平、曾一本、林道乾、林凤等团伙,都曾有过进出澎湖、台湾的经历。

文献中关于这些"海寇"往来台湾、澎湖的记载,有的是综合概述,如顾炎武《天下郡国利病书》曰:

> 彭湖一岛,在漳泉远洋之外……国初徙其民而虚其地,自是长为盗贼假息渊薮。倭奴往来停泊取水必经之要害。嘉隆之季,万历初年,海寇曾一本、林凤辈尝啸聚往来,分綜入寇,至烦大举捣之始平。

有的是就某一"海寇"具体记述,其中关于林道乾到台湾的事记载得最为详尽。乾隆《潮州志》卷三八《林道乾传》有云:

> 林道乾,惠来人,少为县吏,机变险诈,智虑超于诸寇。性嗜杀,所过无不残灭。舟泊处,海水尽赤,积尸如山,潮汐为之不至。先是,嘉靖四十五年(1566)三月攻诏安南厥下等村,都督俞大猷逐之,遁入北港。北港在澎湖屿东北,万历末年始通商贾,称台湾。大兵不敢进,留偏师驻澎湖守之。道乾不乐,居北港,遂恣杀土番,取膏血造船,从安平镇二鲲身遁往占城,复回潮州,掳掠如故。既而就抚,安插朝阳下尾乡。

《明史》卷三二三《外国四·鸡笼》曰:

> 嘉靖末,倭寇扰闽,大将戚继光败之。倭遁居于此(台湾),其党林道乾从之。已,道乾惧为倭所并,又惧官军追击,扬帆直抵浡泥,攘其边地以居,号道乾港。而鸡笼遭倭焚掠,国遂残破。……忽中国渔舟从魍港飘至,遂往来通贩,以为常。至万历末,红毛番泊舟于此,因事耕凿,设阛阓,称台湾焉。

曹学佺《倭患始末》则曰：

万历元年（1573），潮贼林道乾窜据澎湖，寻投东番（台湾）。

上述记载关于林道乾窜澎湖、居台湾的具体时间互有歧异，有的说在嘉靖末，有的说在万历初，相差六七年，但都肯定林道乾去过台湾、澎湖。有人认为林道乾可能没有到过台湾[①]，与史实相悖，其说不足取。

若据《明史》和《天下郡国利病书》的说法，林道乾于嘉靖四十五年（1566，即嘉靖末）率部进入台湾，而祖国大陆与台湾正式通商在万历末年（约1619），从嘉靖末年到万历末年，历时半个多世纪之久。也就是说，林道乾在一般海商到台湾、澎湖进行贸易之前半个世纪，就已率部进入台湾了。当时，从澎湖到台湾的海道险恶，明朝官兵视台湾为畏途，因此追赶林道乾到澎湖便畏葸不前，只能"留偏师驻澎湖守之"，而林道乾却能入北港（在今云林县）而居之，并在台湾纵横南北，安平镇和打狗（今高雄）[②]都留下了他活动的足迹。最后因为与倭寇的矛盾，林道乾才横跨大洋进至占城（今越南南部），在那里拓殖发展，表现出一往无前的无畏气概。

林道乾是惠来客家人，他的部属多数是客家人。他本人后来回到潮州接受了招抚，被安插居住于潮阳下尾乡。但他在台湾逗留多时，他的部属是否有人并未随林道乾往占城、回潮州，而就此在台湾定居，成为台湾最早的祖国大陆移民呢？这种可能性是无法排除的，至少作为曾经在台湾居留过相当一段时间的祖国大陆人，林道乾及其麾下的客家子弟不比漳泉人迟。

林道乾之外，当时纵横闽粤沿海的其他大海寇，如吴平、曾一本、林凤等团伙也可能到过台湾。在这些海寇中，吴平是老前辈，林道乾、曾一本本来都是他的部属。吴平是诏安人，居住地虽比较靠近沿海，但在明末，可能还属客家人的范围。[③]吴平集团在嘉靖末年已发展成一股巨大的海盗势力，屡与官军交

---

① 日本学者中村孝志即对林道乾是否到过台湾持怀疑态度，见其所著、赖永详译：《近代台湾史要》，《台湾文献》第6卷第2期。

② 饶宗颐：《潮民移台小史》（载黄挺编：《饶宗颐潮汕地方史论集》，汕头大学出版社1996年版，第301页），据《澎湖厅志》所作论述。该志关于林道乾的叙事系嘉靖四十二年（1563），与乾隆《潮州府志》不同。盖林道乾至澎湖是嘉靖四十二年，至台湾本岛则在嘉靖四十五年（1566）。

③ 《明史》卷二二三《吴桂芳传》载："平初据南澳，为戚继光、俞大猷所败，奔饶平凤凰山。"饶平凤凰山是畲族祖地，今为畲族、客家杂居地。吴平兵败逃往凤凰山，必然与凤凰山民众有密切的关系，可能凤凰山就是他的根据地之一。因而判断他本身是客家籍。

战,互有胜负。嘉靖四十三年(1564),吴平被福建总兵俞大猷招降,安置居于梅岭,"未几复叛,造战舰数百,聚众万余,筑三城守之,行劫滨海诸郡"①。后又被戚继光击败,退居南澳,在深澳之东筑寨,并在岛上"造宫室,起敌楼于娘娘宫澳口之前后,泊蒙冲巨舰于澳前深处"②。其寨墙用土木石垒筑,还设有海底石墙,海陆寨围约三千米。③吴平部众"半在寨,半在船"④,这伙海盗集团的规模和实力于此可见。

吴平死后,曾一本纠集余党,重新发展势力,很快又成为海上一霸。文献记载道:"曾一本者,福建诏安人。招亡纳叛,聚党数万,出入闽广,大肆猖獗。"⑤又载,他的船队在海上"连舟数十里"⑥,有一次他从广州返回南澳时,"浮海数百艘,夜燃灯系帆竿,累累如贯珠,长可数十里"⑦。

林凤是饶平人,领导着另一股著名的海盗势力。因为他长期在菲律宾经营逗留,他的名字为治中外交通史者所熟知。关于他的兵力,文献记载说他"拥众数千,流劫海上,猖獗多年",后来经过多年的发展,当其受闽、广两省军队的围剿败走碣石时,官军"获贼徒男妇八千余人"⑧,则其部众总数肯定是在万人以上了。

这些海盗集团的共同特点是勾结倭寇,在沿海大肆劫掠,当受到官军围剿在沿海一带难以支撑时,便"走外洋"或"走外夷",其中便包括了台湾、澎湖在内。当时台湾被称为"东番"或"鸡笼",台湾西岸的洋面称为"淡水洋"。对于林凤到台湾的事,文献的记载也很明确。《潮中杂纪》说:

> 万历三年(1575),海寇林凤突入广澳……林凤拥众数千,流劫海上,猖獗多年。为官兵所逐,因奔外洋,攻吕宋玳瑁港,筑城据守……至是又从外洋突入广澳,(总督侍郎凌)云翼乃檄总兵张元勋、监军副使赵可怀追剿之,与福建总兵胡守仁合兵追至碣石,获贼徒男妇八千余人。复追至

---

① 《明史》卷二一二《俞大猷传》。
② 《皇明经世文编》卷三八三。
③ 陈历明:《潮汕文物志》上册,汕头文物管理委员会办公室1985年编印。
④ 俞大猷:《正气堂集》卷一六《前会剿议》。
⑤ 郭子章:《潮中杂纪》卷一一《国朝平寇考下》。
⑥ 乾隆《潮州府志》卷三八《征抚》。
⑦ 林大春:《井丹先生集》卷一五《上谷中丞书》。
⑧ 郭子章:《潮中杂纪》卷一一《国朝平寇考下》。

淡水洋。贼船飘遁,兵随击之,焚沉艘二十余只。凤走外夷。[1]

《明史》卷二二二《凌云翼传》说:

> 凤初屯钱澳求抚,正茂不许,遂自澎湖奔东番(台湾)魍港,为福建总兵官胡守仁所败。是年冬,犯柘林、靖海、碣石,已,复犯福建。守仁追击至淡水洋,沉其舟二十。贼失利,复入潮州。……

关于吴平、曾一本到台湾活动的情形,见《澎湖厅志》[2]。此外,顾炎武《天下郡国利病书》中也提到曾一本去台湾的事。林道乾、林凤、吴平、曾一本等或者本身是客家人,或者来自与客家住区交界之地,其徒众中客家人的数量定然不少。这些客家徒众随头领到达台湾,因当时台湾地旷人稀,王化不及,成为逋逃渊薮的特殊条件,有些人因而留了下来,揆情度理,这样的情况是必然难免的。

事实也正是如此。对于这一时期客家人迁台的踪迹,在民间族谱资料中尚可依稀探寻。南靖县书洋乡有多份《萧姓族谱》,提供了该族早在明万年间就有许多族人迁居台湾半线武东堡(近彰化县社头乡一带)、彰化大武郡和社头乡埤斗村等地的资料[3],族谱提到的明万历三十年(1602),正是漳、潮海上武装集团活动猖獗、往来台湾频繁的时期。此时书洋萧氏族人数十人前往台湾开基创业,他们或者本身就是海上武装集团的成员,或者是伴随着海上武装集团的来往台湾而偷渡赴台,其情节是可信的。这一族谱资料,为本节的论点提供了真实可靠的依据,弥足珍贵。

台湾现存的文物中也有一些明末客家人来台的线索可供探寻。彰化县溪湖镇中山里大溪路125号的肇霖宫是一座古老的三山国王庙,该庙《荷婆岜肇霖宫沿革志》记载:"明神宗万历十四年岁次丙戌(1586),广东省揭阳县弟子马义雄、周瑞森二人,恭奉故乡霖田庙'敕封三山国王'香火来台,于鹿仔港登岸,转抵本庙现址,为纪念国王奉旨莅台开基,显化济世,即以故乡之

---

[1]　郭子章:《潮中杂纪》卷一一《国朝平寇考下》。

[2]　林豪编纂、薛绍元删定:《澎湖厅志》,《台湾文献丛刊》第164种。

[3]　刘子民:《寻根揽胜漳州府》,华艺出版社1990年版,第254页。按:书洋萧氏如今已经福佬化,交际使用闽南话,被视为"闽南人社区",但还有若干客家文化踪迹可寻,如内坑房的开基祖萧细满,"细满"即典型的客家人对排行第二儿子的称呼。书洋萧氏福佬化的起始时间不详,估计是比较晚近的事,因为据台湾学者的研究,书洋萧氏迁徙至台湾的家族仍属福佬客的范畴。参见吴中杰:《台湾漳州客家分布与文化特色》,《客家文化研究通讯》第2期。

名,正式命名此地为'荷婆崙'……翌年万历十五年岁次丁亥（1587）地方众弟子倡议建庙,就地取材,搭建茅屋,命名本庙为'肇霖宫'……万历二十七年岁次己亥（1599）翻修为'土角'（一种土砖）庙。"① 我们不知《荷婆崙肇霖宫沿革志》的记载所据为何,如果这一记载属实,则这是万历年间粤东客家人移殖台湾的有力证据。

另外,德国史学家 Riess 研究荷兰史料后发现,荷兰人刚来台湾与原住民沟通时,大多是由客家人翻译的,且因为来台甚早,所以他们讲的客家话,已混合了台湾原住民说的南岛语。② 这一来自西方的史料和研究成果,更为客家人于明朝晚期最早来台定居和开发提供了铁证。

总之,明末因海盗集团来往台湾而赴台并留居台湾的客家人,是客家人同时也是所有大陆人中最早移殖台湾的先驱。说客家人比福佬人迟到台湾,是不符合史实的。

二、从荷据至清代：几个重要阶段客家人迁台的概况

1. 荷据时代

1624 年,荷兰人占据了台湾西海岸的一些地区。1662 年,郑成功驱逐了荷兰殖民者,收复了台湾。从 1624 年到 1662 年,史家称为"台湾的荷据时代"。在荷据时代,又有一些大陆汉人移民台湾,其中包括客家移民。据学者估算,这时全台湾岛汉人有 4.5 万～5.7 万人,福建各县有陈、林、王、李、黄、蔡等二十多姓移民在这个时期进入台湾,仅南靖县就有萧、黄、庄、简、吴、张 6 姓。③ 这些移民基本上来自闽、粤两省,其中有福佬人,也有客家人。客家人在此期汉族移民总数中的比例,文献无征,无法确知。但当时虽有海禁,却并无特别歧视客家人迁台的律令,客家人迁台与福佬人迁台的条件大体相同。而且不少这时迁台的漳州人实为客家人,如从明末崇祯年间开始迁往台湾开基立业的诏安县秀篆庵前村邱氏是客家人④,从南靖移去的萧、黄、庄、简、吴、

---

① 转引自黄荣洛:《客家人的台湾史》,见徐正光主编《徘徊于族群与现实之间》,台湾正中书局 1995 年版,第 152 页。

② 参见邱彦贵、吴中杰:《台湾客家地图》,台北猫头鹰出版社 2001 年版,第 29 页。

③ 陈孔立:《清代台湾移民社会研究》,厦门大学出版社 1990 年版,第 7 页。

④ 刘子民:《寻根揽胜漳州府》,华艺出版社 1990 年版,第 236 页。

张 6 姓,基本上也是客家人 (说详下文)。从这些情况来看,这时迁台汉人中客家人所占比例不低。乾隆晚期,台湾客家人在汉族移民总数中约占三分之一。今若以客家人占移民总数 40% 计[①],此期迁台客家人总数在 1.8 万 ~ 2.3 万人左右,应与事实相去不远。

2. 明郑时代

客家人真正成规模移居台湾,那是郑成功收复台湾后的事。郑成功的队伍中有不少客家子弟。随郑经略台湾的大将刘国轩是汀州客家人,其部属多为客家子弟兵,他们跟随刘国轩去了台湾。清廷平定台湾后,刘国轩降清并被调回内地任职,但刘国轩麾下的客家子弟有一部分留在台湾,在台湾垦殖开基。[②]

张要 (耍) 是郑成功经略闽粤时期的主要将领,又名万礼,平和小溪人,但自幼为诏安官陂客家人收养,部众多为漳、潮西部山区的客家子弟。张要 (耍) 在南京战役中牺牲,但其余部仍在郑成功军中。其结义弟兄郭义 (诏安官陂人)、蔡禄 (时为诏安、平和交界处人,后划归云霄) 等也是郑成功部将,麾下也多客家子弟。[③] 近年有学者在诏安官陂调查,得知"官陂移居台湾的人很多,最早是万礼的部众随郑成功到台湾的"[④]。但万礼、郭义、蔡禄等

---

① 《皇朝经世文编》卷八四《上福节相论台事书》说,乾隆年间,"全台大势,漳泉之民居十分之六七,广在三四之间"。文中"漳泉之民"约等于福佬人,"广人"约等于客家人。由于此前一度严禁惠潮客家人渡台,故乾隆年间台湾客家人的比例应较荷据时期低,换句话说,荷据时期台湾客家人的比例应高于汉人总数的三四成,今以大约四成估算。

② 据连横:《台湾通史》卷一五《抚垦志》,郑成功克平台湾之后,"以部将十人管社事,分新港、目加溜湾、萧垄、麻豆为四大社,征收鹿皮,与之贸易……(永历)十九年(即康熙四年,1665)谘议参军陈永华请申屯田之制,以拓番地,从之。于是南至琅㟧,北及鸡笼,皆有汉人足迹"(见该书第 290 ~ 291 页,商务印书馆 1983 年第 2 版)。按:刘国轩为郑成功麾下大将,直至郑经治台时,长期负责抚番事务,他把家乡带去的子弟兵部署屯田自是情理中事。另外,据连城四堡的一些族谱记载,四堡人明清时有人迁居海外,包括目加溜之地(见四堡展览馆墙上所挂四堡人在海外分布图所示,四堡在 1958 年前属长汀)。按:目加溜或目加溜湾是汉人拓垦台湾早期所用地名,后来废弃不用。由此可见四堡或汀州人移民目加溜的时代甚早,可作为刘国轩乡子弟兵随刘入台留居垦殖的旁证。

③ 张要 (耍) 是闽南西部山区结万为姓集团的领袖,故名万礼。据罗炤调查,参加万礼结拜万姓兄弟的还有平和县的叶冲、鲁英,诏安县官陂的廖猛、刘阿贤,五通 (诏安县) 的黄靖,南陂 (诏安县) 出生的吴钧,另外还有元中、进水、下河 (分属诏安的霞葛和红星镇) 的(见罗炤:《天地会探源》连载之 50,该文从 1994 年 10 月 19 日开始在《中华工商时报》连载,共分 139 次载完)。按:诏安县官陂、霞葛和红星镇都是客家住区,与之毗邻的本县五通、南陂及邻县平和西部、云霄西北部也是客家住区或闽、客杂居地区。由此推测,万姓结义兄弟基本上是客家人,他们统领的起义武装也应是客家人居多。

④ 罗炤:《天地会探源》连载之 24。

人都没有去台湾,所以准确地说,应是万姓结义集团这一系统的部分客家子弟兵跟随郑成功去了台湾,其中一部分留居台湾,成为明郑时期的客家移民。

对于这一调查结论,另有来自祖国大陆和台湾的两种调查材料予以支持。

其一,据台湾学者调查,台湾浊水溪畔的诏安客属群落,分成七大部分,称为"七崁"。据当地居民传说,七崁之所以要分为七块,是因为该地最大宗族"张廖"有七条祖训,第一条就是"生廖死张",故曰"张廖"。其实并非所有廖姓的人都有此规矩,一般姓廖的人墓碑上仍保持廖姓不变,是为"单廖";只有从福建漳州诏安官陂来台的廖姓,才会死后姓张,称为"双廖"。西螺一带的"张廖",正是康熙年间五位(廖姓)堂兄弟由官陂渡海来此开垦定居迄今的。^① 另外,广东潮州府饶平县的北半部为客家区,明末清初也有不少人参加了张要(耍)为首的万姓结义集团。据台湾学者调查,清代入垦台湾定居的饶平客属移民多如繁星,分布遍及台北三芝、内湖、新庄,桃园南崁,以及桃竹苗与东势地区,中西部彰化、云林、嘉义等地。^② 估计其中也应有万姓结义集团之客家子弟的成分。

其二,据福建漳州有关部门的调查,在台湾的"张廖"子孙,总数多达 10 万以上。诏安县官陂乡和台湾各地的张廖姓谱牒都记载得明明白白:张廖姓产生于明洪武七年(1374)的诏安官陂。据官陂《张廖姓族谱》记载,明洪武七年,原籍云霄西林村和尚塘张天正的第三子张愿仔,到官陂(时称二都)游学,经常住在廖三九郎家,廖家膝下只有一女名大娘,廖三九郎见张愿仔善良朴实,忠厚勤勉,遂将他招赘为嗣,待若亲子,并将全部田园产业交其掌管。张愿仔对岳父母也像对待亲生父母一样。不久,廖族有孽子犯罪,累及族人,族中无人敢出面见官,张愿仔挺身而出,以廖族身份到官府申辩,不料官司拖累多年,结案后张愿仔身染重病,临终时嘱咐儿子友来说:"余感廖公之恩,余死后,尔当姓廖,代父报德;死当姓张,以存祖姓。生死不忘,张廖俱昌!"友来立誓:"凡我子孙,生则姓廖,殁乃书张。"于是张、廖二姓遂成一脉,生时写廖,死后书张,成为定制,故有"活廖死张"、"人廖神张"或"张骨廖皮"之

---

① 　邱彦贵、吴中杰:《台湾客家地图》,台北猫头鹰出版社 2001 年版,第 61 页。
② 　同上书,第 60 页。

说。① 这一调查材料说明了台湾姓张廖的居民确实是来自福建诏安官陂的客属移民后裔,同时也说明,这批来自诏安官陂的迁台客属移民最早源头应是郑成功征台湾时随行的万姓集团客属子弟,正因为随郑成功征台的万姓集团客属子弟在台湾定居打下了基础,才便利了后来诏安官陂客家人源源不断地迁台,生息繁衍,积久达到十多万人。

有上述材料作坚实的基础,我们认为,陈孔立关于明郑时代台湾的汉族移民增加到 10 万～12 万人 ② 的估计是可信的。这时汉族移民中闽、客的比例,据《重修凤山县志·风土志》记载,"台自郑代挈内地数万人来居兹地,半闽之漳泉、粤之惠潮民",则台湾南部闽、客的数量大致相当。现取保守一点的观点,仍以荷据时期的比例估算,此期的台湾客家移民(合旧有移民与新增移民计)应在 4 万至 4.8 万人上下。

3. 清代施琅主持福建军政期间

康熙二十二年(1683),清朝派施琅征台得胜,郑成功的孙子郑克塽出降,次年台湾正式纳入清朝的版图,成为福建省辖下的一个府。康熙二十三年(1684),清廷终止了行之有年的迁界政策,下令展复沿海边界,开放海禁。一时间,"沿海内外多造船只,飘洋贸易采捕,纷纷往来难以计算","数省内地,积年贫穷游手奸宄闲作者,实繁有徒,莫从施巧,乘此开海,公行出入汛口"③。也就是说,在开海之初,朝廷对于祖国大陆人民渡台是不加禁止的,因而沿海和内地省份许多在老家无以为生的人民乘机涌到台湾,在那里拓荒创业。其中,闽粤的漳、泉、汀、潮、惠等府的穷苦人民,一来得地理之便,二来这些府州恰恰是地狭人稠人口压力最大之地,加之历来有飘洋过海外出创业的传统,很自然成为渡台移民最多的地区。漳、泉、汀、潮、惠之民即福佬人和客家人。可以说,刚刚开海的几年间,客家人和福佬人一样,出现了一个向台湾移民的小高潮。康熙二十五年(1686)至二十六年(1687),一批来自镇平(今蕉岭)、平远、兴宁、长乐(今五华)四县的客家人,进入台湾南部,拓垦于下淡

① 刘子民:《寻根揽胜漳州府》,华艺出版社 1990 年版,第 224～225 页。

② 陈孔立:《清代台湾移民社会研究》,厦门大学出版社 1990 年版,第 7 页。

③ (清)施琅著、王铎全校注:《海疆底定疏》,见《靖海纪事》,福建人民出版社 1983 年版,第132～135 页。

水溪东岸流域等地①,就是粤东客家人抓住了清领台湾之初渡台禁防松懈的时机而成功移台的显著事例。

但好景不长。当时施琅担任福建水师提督之职,负有海防重责。他看到沿海人民渡台者日益增多,深知听任这种状况发展下去,台湾很可能再度成为"盗薮",便向朝廷建议,对祖国大陆人民渡台颁布了三条规定:

(1)欲渡航赴台湾者,先给原籍地方之照单,经分巡台厦兵备道之稽查,放洋至台;抵台后再经台湾海防同知之审验,不许潜渡。

(2)渡航赴台者,不准携伴家眷,既渡航者不得招致之。

(3)粤地屡为海盗渊薮,以积习未脱,禁其民之渡台。②

这三条规定主要是针对闽粤二省的渡台移民而发,但在二省之间却畸轻畸重:对闽省(主要是福佬人)之民只是加强监管,凭照渡台,且不许移民携带家眷;对于粤省之民却严加禁止,根本不准渡台。盖因施琅乃福建人,任福建之官,鉴于惠潮之人屡屡组织武装对抗清廷(即所谓为"海盗渊薮")的历史经验,站在防止粤人侵扰福建(时台湾为福建一府)的立场,所以特别禁止粤人迁台。这里所谓"粤地",主要指惠、潮二府(嘉应州雍正时才设置,康熙时属潮州),而且受影响最大的是这两府的客家人。由于施琅在世时严格执行不许粤人渡台的禁令③,所以在此阶段福佬人占得了渡台的有利时机,不但渡台移民的数量大大超过了客家人,而且还占据了台湾西海岸的沿海和

---

① 参见伊能嘉矩:《台湾文化志》(中译本,台湾省文献委员会编译,1985 年版)下卷,第 289 页;连文希:《客家之南迁东移及其人口之流布》(《台湾文献》第 23 卷第 4 期);陈运栋:《客家人》(台湾联亚出版社 1983 年版),第 95~96 页。这批粤籍移民属四县客家人,尚有乾隆二十九年(1764)王瑛曾的《重修凤山县志》为证,其书卷一〇《人物志·义民》称居住于下淡水港东、西二里的广东人"率粤之镇平、平远、嘉应州、大埔等州县人"。

② 这三条规定被称为清初移民台湾的政策,但可能并不是出自皇帝的某一道诏令中,而是研究者从散见的诏敕奏议中归纳出来的。对这一政策的系统表述,最早见于日本学者伊能嘉矩的《台湾文化志》中卷,第 409 页。论者引述常常互有异文,笔者这里综合参考了李祖基的《论清代移民台湾之政策——兼评〈中国移民史〉之"台湾的移民垦殖"》和林正慧的《清代客家人之拓垦屏东平原与六堆客庄之演变》的引文。此政策主要出于施琅的建议,其出台时间,据李祖基的研究,在康熙二十四年(1685)至二十九年(1690)之间,但由上引粤东四县客家人于康熙二十五(1686)、二十六年(1687)移垦下淡水溪东岸的事例来看,这三条规定(至少是第三条禁令)的出台时间应较靠后,如在康熙二十八年(1689)、二十九年(1690)为合理。

③ 首任巡台御史黄叔璥:《台湾使槎录》(《台湾文献丛刊》第 4 种,第 92 页)引《理台末议》有云:"终将军施琅之世,严禁粤中惠、潮之民,不许渡台。盖恶惠、潮之地素为海盗渊薮,而积习未忘也。琅殁,渐弛其禁,惠、潮之民乃得越渡。"《理台末议》盖为康熙时人的献策,具体作者不详。

平原地带,给日后闽、客两个族群在台湾的数量和分布格局造成重大而深远的影响。

不过,清朝渡台三条规定的执行效果并不好,所谓"禁者自禁,渡者自渡",在被禁期间,惠、潮客家人偷渡去台者从未断绝。另外,汀州客家人和漳州西部客家人不在禁限,此一阶段应有部分汀州和漳州客家人渡台。在民间族谱和口碑资料中可以找到不少这样的实例。如诏安官陂张廖氏,参加张要(耍)的起义后投入郑成功军队,进入台湾,部分人在台湾解甲归田,立业安家。"清康熙时期,官陂张廖们借此关系,又纷纷入台垦殖。目前台湾的张廖子孙,大部分属这个时期开台先民传衍下来的。"[①] 还有诏安秀篆游氏,"到了第八世,有游廷院聚众数百人入台,随郑经据守台湾抗清,转战于东南沿海。清政府统一台湾后,游廷院之子一涵及部分游氏留居台湾。有清一代,游氏陆续迁台,传衍下台湾游氏中赫赫有名的'王游派'一脉"[②]。

4. 康熙中晚期至乾嘉年间

施琅于康熙三十五年(1696)去世,其后不许惠、潮粤人渡台的禁令逐渐废弛,粤东客家人取得了与其他地区人民赴台垦殖的同等权利。所以,尽管清廷鉴于台湾移民增多后社会治安混乱的情况,对于移民台湾的政策一度趋严,表现在强化了给照验照的制度,采取了一系列打击偷渡的措施,但客家地区人多地少的压力和台湾地旷人稀、自然条件好、容易谋生的巨大吸引力相互作用,导致闽粤客家人自康熙后期开始,历雍正、乾隆、嘉庆诸朝,掀起了一次次移民台湾的高潮。

康熙后期客家人移民台湾的目标主要集中在南部和中部。其时沿海肥沃之区已为捷足先登的闽南人占据,故客家人只好转向下淡水溪平原地带,以及中部云嘉平原一带,辛勤垦殖,建立起一个个客家庄。康熙五十六年(1717)所修的《诸罗县志》记载道:"诸罗土旷,汉人间占草地,与土番错。我朝置县,流移者踵相接……潮人尤多,厥名曰客;多者千人,少亦数百,号曰客庄。"[③] 这反映出施琅过世对惠、潮人渡台之禁渐弛之后,客家移民台湾日益增多的事实。

---

① 刘子民:《寻根揽胜漳州府》,华艺出版社 1990 年版,第 226 页。

② 同上。

③ 《诸罗县志》卷八《风俗志·汉俗》。

至康熙六十年（1721），闽南人朱一贵起事，南部客家人起而组织地方武装自卫，并协助朝廷平乱，这样的地方自卫组织以"堆"为名，共有左、右、前、后、中、先锋6堆，参加者计有镇平、程乡（今梅县）、平远、永定、武平、大埔、上杭客民13大庄、64小庄，丁壮12500名。若以户出1名壮丁，每户平均4口计，则是时6堆客家人约有5万人，超过了明郑时期全台客家人口数的上限。这说明截至康熙末年，台湾客家移民数量比明郑时期增加了很多。

雍正、乾隆两朝，闽粤客家人迁台潮流继续高涨。入垦的地区，除高屏溪东岸近山的平原和丘陵外，渐向高雄、台南、嘉义等地，以及彰化、云林、台中一带扩展。乾隆年间，继续向北部的台北、桃园、新竹、苗栗地区推进。如雍正年间大埔客家人张达朝在台中大平原西部承垦荒地，至乾隆间其所筑"独雾拣圳之灌溉面积已有三千甲"（"甲"为台湾田亩面积单位，一甲等于11亩多）。这么大片垦地的佃人多为客家人，他们自成一种风习，故《彰化县志》记其时士习曰："彰邑庠分闽、粤二籍，读书各操土音，各有师承。"

其中粤东（含嘉应州各县及潮州所属纯客和非纯客县）客家人多移殖台北新竹。1948年饶宗颐作《潮民移台小史》[①]列举了此期粤东客家人移殖新竹的重要事例，摘录如下：

　　乾隆十六年（1751），镇平人林洪、吴永忠、温电玉、黄日新、罗德达等于上下田寮地营垦老头份、二份、三份、四份、五份，河唇、中肚、新屋下望更寮各地，各招流氓数十名开拓。

　　三十年（1765），镇平人吴有浩，聚百名秦茄荖坑附近，垦成后中东兴、下东兴、桃子园三庄。

　　三十六年（1771），镇平人徐明责九十名，移民于上东兴、枫树坑、瓦窑三庄。

　　三十八年（1773）、三十九年（1774），饶平人林钦堂开垦员山。（原按：《新竹县采访册稿本》有《员山子番子湖冢牧碑》，文略云："立合约人林钦堂、曾日辉为代众给埔以便牧牛事……番仔湖田嵌上埔地一所，土名员山仔，界址注明垦单，议定估银一百五十元……约内垦单系林钦堂收存，永为牛场云云。乾隆四十一年（1776）七月立。"此碑在新竹县东十里头重埔,高四尺八寸,正书,据此知员山一带乃潮州人所开拓,此碑为重要文献,故备录之。)

五十九年（1794）,镇平人十余户在新埔建庄。（以上移垦事迹,详见日人管野秀雄的《新竹州沿革史·附录》。又海陆丰人移垦亦多,详见连横的《台湾通史》卷三一《王世杰传》。）

此期客家移民入垦台湾中部地区的也不少,其范围大体笼括了北起大安溪、南至八掌溪的整个西部平原。康熙《诸罗县志》记载:"自下茄冬至斗六门,客庄、漳泉人相半……斗六门以北客庄愈多。"[①] 可见当时台湾西海岸中部客家人比重之高。

以后情况慢慢起了变化,中部客家人的比例逐渐下降,闽南人的优势日益明显。乾隆末年,有人对台湾人口的族群结构和地理分布作了一个估计:"全台大势,漳泉之民居十分之六七,广在三四之间。以南北论,则北淡水、南凤山多广民,诸彰二邑多闽户;以内外论,则近海多漳泉之土著,近山多广东之客庄。"[②] 这时台湾的人口数,据学者的研究,大约有 100 万[③],那么,这时全台客家人数大约有 33 万。到了嘉庆中期,台湾人口猛增到 194 万左右[④]。若此期台湾人口的族群比例与乾隆末年相当,则全台客家人应有 66 万左右。

5. 道光以后

这个阶段一直延续到清末,历时约九十年。此期客家人迁台的高潮已经过去,但小规模的或零星的客家人迁台从未断绝。其间也有两个小高潮。第一次是同治咸丰年间由于太平天国事件,一方面有些百姓为了避乱而迁台,另一方面太平天国失败后有些客属将士为避难而迁台。第二次是在同治末年日兵侵台事件发生后,光绪元年（1875）,清廷采纳沈葆桢（时任钦差办理台湾等处海防兼理各国事务大臣）的建议,改禁限人民渡台为鼓励人民迁台开垦,下谕:"所有从前不准内地人民渡台各例禁,着悉与开除。其贩卖铁、竹两项,并着一律弛禁,以广招徕。"[⑤] 此后,福建巡抚丁日昌积极执行鼓励人民

---

①　周钟瑄、陈梦林:《诸罗县志》,康熙五十六年（1717）原刊,台北大通书局 1984 年翻印本,第 136 页。

②　《皇朝经世文编》卷八四《上福节相论台事书》。

③　陈孔立:《清代台湾移民社会研究》,厦门大学出版社 1990 年版,第 97 页。

④　同上。

⑤　《清德宗实录选辑》,《台湾文献丛刊》第 193 种,台湾银行 1959 年印行,第 2 页。

赴台的政策,在厦门、汕头和香港设立招垦局,由政府提供路费,贷给资金、农具,招徕大陆移民,开发台湾内山地区。在此形势下,又有一大批客家人迁居台湾。

当然,1945 年台湾光复至 1949 年间,一大批国民党军政人员和一般职员、居民以政治原因渡台,其中也有相当部分客籍人士。但这批渡台人员是在台湾早已由移民社会转向定居社会之后迁居台湾的,他们一律被视为外省人,与早年客家人渡台垦殖开发台湾的情况不同,这里略而不论。

第三节　客家人渡台的方式和路线

客家人渡台,因不同原乡和不同阶段而有不同的方式和路线。

清领台湾之前,客家人渡台大都是随海盗船或郑成功的队伍赴台的,前文已经提到,这里不再赘述。清统一台湾之后,在施琅禁止惠、潮粤人渡台的阶段,粤东客家人渡台只能采取偷渡的方式。其时汀州客家人不在禁限,可以合法渡台。但是由于用合法的方式渡台,手续繁难,费用巨大,许多人承受不了,所以还是有不少汀州客家人采取偷渡的方式赴台。

一、合法渡台

为了说明问题,这里必须简要介绍一下合法渡台的程序和所需费用情况。

如前所述,合法渡台也有严格的管制。第一步,"先给原籍地方之照单",首先是"请照",即渡台人员必须请乡邻出具保结,向原籍所在县的知县领取准予放行的路单,路单上要填名本人的年龄、相貌、籍贯,还要按上十指手印,作为出海口岸查验的根据。第二步,"经分巡台厦兵备道之稽查",这是因为初期规定的出海口岸只有厦门一处,后来虽增加了五虎门、蚶江(今莆田涵江)两处,但这两处距离客家地区遥远,客家人渡台只能利用厦门正口,因而必须在厦门接受查验。第三步,验照通过后即可"放洋至台",但在由原籍至厦门的途中,以及放洋上岸的过程中,都难免胥役的留难勒索。据乾隆末年福康安的观察,家丁胥役在挂验出口时,向渡台人民索取的照费,每船高达洋银五六元到七八元不等;而在台湾负责稽查的胥役,更不乏关说受贿的情形,通常以船的大小及人数的多寡决定输银的数额,平均约银七八十元至一百元不等。这项需索,"官弁视为陋规,竟成利薮"①。

合法渡台的客家人,初期限于汀州客和漳州客,后来粤东客家人也取得了合法渡台的权利。他们渡台的路线各有不同,归纳起来可分为两种类型。一是水陆混合型。如永定的高头与南靖的梅林、书洋等乡镇,多经由九龙江西溪支流船场溪走一段水路,再走山路过南靖、漳州,到龙溪石码或月港、浮宫等港口,坐船至厦门,换海船放洋渡台;或先辗转到达三河坝后循清远河(又称"梅潭河"或"小溪")至平和县赤石岩,舍舟陆行经漳州至厦门放洋。二是基本上取水路。如上杭、武平、连城、长汀以及永定大部分乡镇,多沿汀江顺流而下到大埔县三河坝,转韩江(粤东客家人则直接由韩江)乘船至澄海县附近各港澳搭船至厦门。台湾林文龙所藏有关客家移民台湾的文书资料《淡兰文书》中,有一份粤东客家人合法渡台路线和经过情形的具体资料,移录于下:

> 其渡台也,经本县给领路单,年貌籍贯,十指箕斗,据实填清。由水路至平和县,抵漳州府,奸徒藉稽查名色,抢去路单,勒银赎回。至厦门,声实不符,得遂其欲,了无一事。总之,给单验单,动费银两,此有路单渡台之难也。②

二、偷渡

合法渡台的种种限制和困难,迫使客家人渡台更多地采用偷渡的方式。当时偷渡客常常使用的港澳,较著名的闽南有龙溪的石码、紫泥、月港、浮宫、镇海,漳浦的旧镇、佛坛、古雷、陆鳌、井美、前亭、将军澳、赤湖,诏安的铜陵、宫前、澳角、前河(上述四地今属东山县)、宫口、南门等处;粤东有南澳、樟林(属澄海)、柘林(属饶平)等处。此外还有许多无名小港澳。这些港澳散漫分布在蜿蜒曲折的海岸线上,距离台湾近便,得风扬帆,快则十多小时,慢则两昼夜可抵达台湾的红毛、梧栖、鹿港、笨港(北港)、布袋、鹿耳门、安平、打狗(高雄)等港口。官军或因"塘汛倾圮,营制废弛"而无力防御,或因"得

---

① 《道咸同光四朝奏议选辑》,《台湾文献丛刊》第288种,第22页。
② 林文龙:《客家移民与龙潭地区的开发》,《史联杂志》第18期。

贿纵客,听任出入"而不愿防,故"内地自福宁以迄漳州,无处不可偷渡"①,闽南粤东"在在可以偷渡"②。

尽管如此,偷渡的风险仍然很大。首先是要受"客头"的欺诈和虐待。因为客家人僻处山区,对于渡台的手续、路线等多不熟悉,很难零星偷渡,只得依赖"客头"包揽过渡。"客头"又称"揽客",类似于现在的"蛇头",一般是地方上的不法棍徒或店家充当,负责宣传招揽、引带渡台。想渡台的人交一笔钱给他,所有交通、食宿乃至生死都托付给他了。从"淡台文书"中我们可以看到,"客头"在带领偷渡客抵达出海港澳之前,往往与奸宄勾结,借机勒索银两,俗称"食铜";抵达出海港后,不立即安排搭船,故意延宕时日,将客人盘缠消耗殆尽,从中得利,俗称"卖客";在抵达台湾各港澳后,船户乃将其置放客店,有亲属者,前来交钱带走,谓之"领客",无亲属或路途遥远的人,至有守候经年而不能出店者,其艰辛实非言辞可以形容。当年流传的一份《渡台悲歌》,形象也反映了客家人渡台过程的血泪经历和悔恨心情,现移录若干段落于下,以供参考:

> 劝君切莫过台湾,台湾恰似鬼门关,千个人去无人转,知生知死都是难;台湾所在灭人山,专杀人头带入山;客头说道台湾好,赚钱如水一般了;口似花娘嘴一样,亲朋不可信其言;千个客头无好死,分尸碎骨绝代言;出门离别泪连连,乞食寮场一般般;别却双亲并梓叔,丢畀坟墓并江山;家中出门分别后,直到横江就搭船;船行直到潮州府,每日五百出头钱;盘过小船一昼夜,直到柘林港口边;下了小船寻店歇,客头就去讲船钱;壹人船钱壹圆半,钱银无交莫上船;亦有对过在台湾,又等好风望好天;也有等到二三月,睡在船中病一般;晕船呕出青黄胆,三日两夜过台湾;下里(了)大船小船接,一人又要两百钱;少欠船银无上岸,家眷作当在船边;走上岭来就知惨,恰似唐山粪缸样……③

---

① 曹振镛等:《会议台湾善后事宜疏》(1834),见《道咸同光四朝奏议选辑》,第3~4页。

② 《闽浙总督富勒浑奏折》,见《明清史料》戊编第2辑,第130页。

③ 黄荣洛:《渡台悲歌》,台原出版社1989年版。转引自谢俊逢:《从客家传承音乐看客家人》,收录于徐正光主编《宗教、语言与音乐——第四届国际客家学研讨会论文集》,台湾"中央"研究院民族学研究所2000年版,第395页。按:谢俊逢所引字句似有错乱,因笔者未见到原文,只能以理校的方法做了一些调整。

第四节　台湾客家人的分布状况

关于台湾客家人的地域分布,历史的面貌与现实的状况有很大的差异。

一、现实状况

就现实状况来说,大致上可以分为五大板块,代表着五种类型。

1. 桃园、新竹、苗栗地区

此区位于台湾北部,是目前台湾客家人聚居面积最大、人数最多的一个地区,区内区外"客"与"闽"界限分明,被称为"客家庄纵横又势众"的类型。区内桃、竹、苗三县的情况各有特点,简介如下。

（1）桃园县。

桃园县现设 13 个乡、镇、市,除复兴乡为山地乡（原住民住区）外,其他12 乡、镇、市可大别为南、北两区。北区以桃园市为中心,居民大多为闽南籍;南区包括中坜市、平镇、杨梅、龙潭、新屋、观音诸乡,以中坜市为中心,居民大多为客家籍。族群包括闽南人、客家人、外省籍、原住民,而以闽、客人口最多,且比例相当。

（2）新竹县。

1982 年以前,新竹县的客家人远多于闽南人,县政主要由客家人掌握,县长由客家人担任,议长才由闽南人担任。1982 年新竹市升格为省辖市。县、市分治后,新竹市成为闽南人为主的城市,客家人约占 20%;新竹县则有 86% 的居民是客家人,基本上可以说是一个客家县。

（3）苗栗县。

苗栗自 1950 年设县,共有 18 个乡、镇、市,其中客家人约占七成弱,闽南人约占三成,其余为外省籍和原住民。区内可分为山线、海线和中港溪三部分,海线闽南人多,中港溪和山线客家人占绝大多数。

桃竹苗地区客家人的原乡大都在广东,但桃园南部和苗栗县（北部与新竹县毗邻的少数地点除外）的客家人基本来自清代的嘉应州,其中又以梅县（清代为嘉应州附郭）、镇平（今名蕉岭）特别是镇平籍者为多。清代嘉应州除附郭外下辖镇平、平远、兴宁、长乐（今名五华）四县，所以桃园南部和苗栗县的客家人称为四县客，他们讲的话叫做四县话。新竹县（含苗栗县北部少数地点）的客家人则主要来自广东惠州的海丰、陆丰二县，所以他们被称为海陆客，讲的话叫做海陆话。

2. 屏东、高雄境内的六堆地区

六堆地区包括屏东县的万峦、内埔、竹田、长治、麟洛、新埤、佳冬、高树八乡，以及高雄县的美浓、杉林、六龟一镇二乡。这是台湾客家人聚居的第二大板块，仅次于北部的桃竹苗地区。其中屏东县的客籍人口占全县的十分之二强，闽南人占十分之七弱，闽客之别称为县政的一个因素。高雄的美浓是一个非常典型的客家乡镇，在地理环境、族群关系和产业经济的社会性质方面都相当封闭，且自成一格。六堆客家人的原乡也多在广东嘉应州，但据说他们的开台祖本是明郑时代解甲归田的官兵，是最早前来台湾拓殖的客家人之一。

3. 东台湾后山地带的花莲、台东地区

东台湾本来主要是原住民的地盘。这一地区的客家人大多是甲午战争后日据台湾时期（1895～1945）移入的，属于客家人在台湾的二次移民。移出地区八成以上是北部的桃竹苗地区，尤以苗栗的头份，新竹的竹东、竹北、新埔、关西，桃园的杨梅、中坜、湖口等地为多。在花莲县的人口结构中，闽南人、客家人、外省人、原住民各占相当的比例，族群互动关系很有典型性。其中客家人在总人口中的比例，学界尚有争议，现在比较流行的看法，认为大概在25%～40%之间。台东县的人口结构也是闽籍最多，客籍其次，但客籍占多大比例不详。本县客家移民中一部分来自六堆地区。

4. 台北大都会区、高雄市都会区

台北大都会区包括中和、永和、板桥、新店市，至1994年止，约有50万客家人。台北县为台湾第一大县，至1993年为止，约客家县民20万。台北市的客家居民散居在各个角落，约45万人，占全市人口近七分之一。一般认为，台北市的客家人多数是由桃竹苗和六堆前来闯天下的。此区客家人的特点是，杂处散居在高度流动的都会区，客家意识薄弱，客家人的政治力量很难得到展现，称为"客家族群被隐性化"的类型。

高雄市的客家人约有30万～40万人，也具有杂处散居的特点，但新兴的三民区成为客家人相对集中的住地。20世纪80年代以后,由于客家票源在选举中发挥重要的作用,客家族群的政治力量日益受到重视。

5.其他地区

台湾其他各个县市,也都有客家人与福佬人混居杂处,尤以浊水溪下游两岸的大平原为最多。这些地区客家人的特点是:客家方言流失,客家文化褪色,客家认同意识也相当淡化,是"客家族群被福佬化"的类型。[①]

二、历史面貌

客家人福佬化的问题,就客家人与福佬人接触并在文化上受影响、被涵化来说,那是一个漫长的过程,但就被化到失去了自己的族群特性而言,则是最近几十年来的事。所以,几十年前台湾客家人的分布,与我们现在见到的状况迥然不同。历史上台湾客家人的分布情形,经过学者不懈的研究和追踪调查分析,现已大致理清。邱彦贵、吴中杰还据以描绘出一幅《台湾客家地图》,根据这册地图从台湾头(北部)说到台湾尾(南部)的方法,历史上台湾客家人分布的大致轮廓如下。

1.北部台湾

(1)北海岸。

包括淡水、三芝、石门一带,这个区域的客家移民主要是来自汀州府,其中永定人数最多,武平、上杭也有一定数量。淡水鄞山寺以来自汀州原乡的定光佛作为主神,兼有汀州会馆的功能。

(2)台北县市。

台北县西部的中和、新店、新庄、泰山、五股、三重、八里、莺歌、土城、三峡等地,历史上都有客家人拓垦聚居,成分以汀州客、漳州客为多,也有一部分四县客和潮州大埔、饶平客。台北市内的内湖、松山、景美、北投、中山、士林等处,也可以找到历史上的客踪。万华区德兴里原名"客仔厝",过去是否客家聚落,待考。

---

① 以上关于台湾客家人现实分布状况的数据与观点,主要依据萧新煌、黄世明的《台湾地方社会与客家政治力:客家族群派系的类型、发展及限制》,(见徐正光主编:《历史与社会经济——第四届国际客家学研讨会论文集》,台湾"中央"研究院民族学研究所2000年版),间或参考了邱彦贵、吴中杰《台湾客家地图》中的资料。

（3）兰阳平原。

兰阳平原上的宜兰县，主要是漳州移民的分布地。漳浦县福佬人吴沙率领大批同乡入垦兰阳平原的事，是人们所熟知的。但吴沙率领的同乡有不少来自诏安、平和、南靖的客家人，所以留下了几个称为"客人城"的纯客家聚落。其他的"城"、"结"（过去最小的垦荒单位）、"围"也有不少漳州客杂居其间。而兰阳溪以南罗东镇的北成与冬山乡的丸山、大兴、得安、顺安等地，则有粤籍移民入垦。至今，这些村子的庄庙中，都有粤籍开拓先贤的牌位。

2. 桃竹苗地区

（1）桃竹苗台地、河谷。

历史上，客家人是以泉州头家的雇工身份进入桃竹苗台地和河谷地区的。乾隆末年林爽文事件后，官方批准实行"番屯制"，客属可以直接从平埔族头家取得土地拓垦权，因而大批客家人来此垦荒、定居。到了19世纪末，苗栗、头份（今属苗栗县）、新埔（今属新竹县）、平镇（今属桃园县）成为客属人口分布的重心。

（2）桃竹苗内山区。

桃竹苗内山区原为原住民泰雅族和赛夏族的领域。19世纪初，居住桃竹苗河谷务农的客籍农民，受人口增加的压力，开始向各河川上游的内山区拓垦。经过艰苦努力，垦成北埔、宝山、峨眉等区，基本形成了今日新竹地区的客家版图。苗栗县的客家人则向中央山脉进军，垦成三湾、狮潭、大湖、卓兰一线内山客庄。至此，整个桃竹苗地区成为台湾客家人的最大版图。

3. 中部台湾

这区域内的台中—丰原都会区，往昔是巴则海平埔族居住游耕之所。清雍正、乾隆时期，大埔人张达京在诏安客家人廖朝孔的帮助下，在此兴修水利，用水权换取巴则海的土地，招集汉人垦殖。其垦业遍及大台中地区，西达海线的清水，南边直到彰化市、芬园乡。其佃户以大埔同乡为最多。因而，使台中的丰原、东势地区成了全台湾大埔客家移民最密集、分布最广的区域。这一带的客家人除占绝对优势的大埔人外，也掺杂一些丰顺客家人和诏安客家人。

东势以南上城、下城、大茅埔、软埤坑一带，也有客家人入垦，因为遭到泰雅人的武力抵抗，所以留下了当日客家人严密设防的"围屋"式民居建筑。

4.西台湾平原

由浊水溪、北港溪、八掌溪等河川流域组成的西台湾大平原,现在被视为全无客家人的地区,历史上却有多种来源的客家人垦殖其间。如南彰化平原有饶平客,西螺七崁有诏安客,斗六地区曾建立"粤籍九庄";云林、嘉义交界区域曾有西台湾平原上最发达的客庄"五十三庄",它是在不同时间内由不同来源(汀州武平、嘉应州、潮州饶平等)的客属汇集而成的;苯港周遭、嘉义城内以迄嘉义台南交界处,也处处有客踪可寻。文献留下的记载,也表明这一境域内客家人的比例曾经是很高的,所谓"自下加冬(位于台南县后壁乡)至斗六门(今云林县斗六市),客庄、漳泉人相半"[①]。现在给人全无客家的印象,完全由于是客家人福佬化所致。这个问题,留待下一节详述。

5.南部台湾

南部台湾下淡水河畔的六堆组织,是台湾历史上最悠久的客庄,这一带也是仅次于桃竹苗地区的台湾第二大客家版图。此地的客家聚落保存至今,已见前述。历史与现状不同的是,位于台湾最南端的恒春半岛,旧名"琅峤",清代"居民尽是他乡客,一半漳泉一半潮",来自潮州的客家人在车城建立了保力、统埔、射寮、四重溪等居民点,满州乡更是客家移民密集之处,今日著名的旅游休闲地"垦丁"也因来此开垦的客家壮丁而得名。

第五节　汀州客、漳州客与福佬客问题

上面各节,已陆续涉及汀州客、漳州客和客家人福佬化的问题,但以前人们对于台湾的族群关系,往往用简单的两分法来区分,把粤人等同于客家人,把闽人等同于福佬人,很多人对于汀州客、漳州客和福佬客的认识至今还模糊不清,这里有必要作进一步的回顾和阐述。

一、汀州客

汀州本是客家中心区域之一,汀属各县都是纯客家县份,来自汀州的移民

---

① 周钟瑄、陈梦林:《诸罗县志》,康熙五十六年(1717)原刊,台北大通书局 1984 年翻印本,第 136 页。

是地地道道的客家人,这是毫无疑问的。汀州客移殖台湾及在台湾社会的表现,除了有台湾文献的记载和某些文物、遗迹可供探索外,近年来在海峡两岸客家宗亲的谱牒和客家原乡的社会调查中,也发掘出不少汀州客家移民台湾的史实,择要介绍如下。

永定县 永定人迁台,始于清雍正十一年(1733),下洋中村的胡焯猷率亲族到台湾淡水一带垦荒,开发良田数千甲,还创办义学、书院,清廷和台湾总督①分别授予"文开淡北"、"功资丽泽"的匾额。雍正、乾隆年间,湖坑及奥杳李姓迁台者数百人。奥杳楼下村李姓开基祖德玉公传下第13代李荣显,于雍正年间迁台北府淡水县(按:当时无台北府,只有淡水厅)海山乡石头村,恩登仕郎;德玉公派下13世又有李荣仕,其子嵩文、崇文兄弟移居台湾淡水县三芝乡,李金龙、李登辉父子即崇文房后裔,分别属德玉公下18世和19世。

奥杳吴姓于乾隆年间迁台,今在桃园县已繁衍至数千人家。下洋镇思贤村吴姓开基祖吴一郎纲传至第12、13世的允园、圣昌等人,约在清嘉庆、道光年间迁台,在桃园县发迹。此外,还有江、阙、游、魏、沈、罗、苏、王、余、赖、华、卢、黄、张、陈、曾、吕、廖、刘、熊、范、林、丘、马、温、谢、翁、许、巫、邹、周、杨、葛、俞、邓、孔等四十多姓人氏先后迁台。据1959年统计资料,永定籍在台同胞有二十余万人。

江东峰是(永定)高头江氏开基祖百八郎的第10世孙。他繁衍的子孙迄今已超过万人,流布很广,而以台湾台北县板桥市人口最多,仅江东峰的第6代孙江璞亭一支即达三千多人。……东峰公坟墓坐落在漳州市南靖县书洋乡,离高东村有14公里之遥。……1993年,台湾的"国大代表"江惠珍、"省议员"江上清率领了170人的庞大祭祖团回乡登坟拜祭。②

上杭县 据世界丘氏宗亲总会丘秀强所著《闽粤台丘(邱)氏世系源流研究总结》,"查台湾区丘(邱)氏……饶平始祖之庚孙公偕四子伯宗、伯通、伯顺、伯春系来自上杭,也是说客家话",而"吾族十之八九操客家话的,都是上杭追祀始祖三五郎公派下之裔孙(继龙公裔孙特盛)"③。

---

①　清领时期台湾无总督。这里应是调查时记录下的报告人叙述的原话。
②　综见张惟等:《寻根揽胜闽西缘》,海风出版社1997年版,第54、200、213、221页。
③　同上书,第244页。

武平县　武平到台湾落籍的,根据族谱及其他资料的记载,仅清朝乾隆年间,即有魏、李、练、刘、钟、何、蓝等多姓。……据《台湾姓氏研究·蓝氏姓考》记载:雍正四年（1726）入垦屏东东港之蓝仲,乾隆年间入垦台南东山之蓝爱、南投镇之蓝寒、竹南之蓝承开和蓝承略兄弟,新竹之蓝欢、桃园市之蓝宗和蓝员、桃园大溪之蓝正、台北市内湖区之蓝引、宜兰罗东之蓝悦和蓝星,嘉庆年间迁居台南市之蓝仕元、桃园中坜之蓝杰、台北双溪之蓝敕、罗东之蓝令,均系大一郎之七子——七郎（即念七）之后裔。……蓝大一郎的墓地就在武平县大禾村。①

据查考,台湾练姓是武平祖地渊文公第17世名叫蕃榜公（字在君）的后裔。早在嘉庆年间,由蕃榜公率子兆科、恭科及族人约三四十人去台湾经商谋生,至今已有两百年历史。而台湾台北县石门乡练姓正是与武平象洞洋贝为一脉宗亲,与武平练姓同根。②

长汀县　1988年,据从台湾来（长汀）寻根问祖的台湾中原大学教授邹吉春介绍,台湾邹姓的人不少,桃园就有三个村,广福村全姓邹,有一百余户,另两村有别姓,但也有一百余户人。他因修古墓发现合砖上有"汀州府南门外"墨迹可辨,方知祖宗是从长汀迁徙来台的。汀州南门外这一系是在清康熙年间从汀州四堡双泉村迁来,在府城南门外车子关同庆寺前落基的。③

综上所述,汀州客在清代台湾移民的历史中,确实有重要的贡献和地位。台湾政要李登辉、吴伯雄、江惠珍、江上清等,都是汀州客移民的后裔。所以说,汀州客是台湾客家人的重要组成部分,讲台湾客家人不应忽略汀州客,这是毋庸置疑的。

二、漳州客

关于漳州客,前文曾经说明,漳州西部山区多属客家住区,因为在福建中西部的玳瑁山和博平岭之间是客家人与闽南人的过渡地带,这一带的西侧是龙岩县和永定县,东侧是南靖县和平和县,其迤南是云霄县和诏安县。南靖、

① 张惟等:《寻根揽胜闽西缘》,海风出版社1997年版,第309页。按:这里所述从武平大禾分支的各地蓝氏族人,有的早已演变为福佬人,越出了汀州客的范畴。
② 同上书,第311页。
③ 同上书,第190页。

平和、云霄、诏安诸县行政上属于漳州市,其东部平原地带讲闽南话,属福佬地区,但其西部或北部的乡镇,如南靖的梅林、书洋,平和的长乐、九峰、大溪,诏安的太平、秀篆、官陂、霞葛、红星等,居民仍以客家人为主,基本上是客家乡镇。此外如平和的五寨、国强、安厚、芦溪、崎岭,南靖的船场、奎洋、和溪、永丰,诏安的南陂,龙岩的适中等乡镇,历史上也有较多的客家成分,如今基本上已福佬化了。类似的情况又见于潮、惠二州。如潮州(20 世纪 80 年代以前的潮州,含今潮州、汕头、揭阳三个地级市)东部的饶平县,北部的丰顺县、揭阳县(近年析置揭西县,客家人居多)、普宁县以及南部的惠来县,都是客家、福佬杂居地区,这些县的南部平原或沿海地带属福佬区,北部山区则是客家区。

　　以前人们印象中台湾的漳州籍移民都是福佬人,或认为漳州府属各县向台湾移民,沿海移去的比山区移去的多。根据最近的调查研究,事实恰恰相反,漳州府属各县向台湾移民以漳埔、南靖、平和、诏安四县为多,在南靖、平和、诏安三县的移民中又高度集中于山区的客家乡镇。据闽、台有关族谱的记载,祖籍南靖的台湾萧、简、魏、李、庄、刘、黄、张、赖、林等 10 姓居民,总人口超过 80 万,其中简氏与萧氏都有十几万人。他们基本上都是客家移民的后裔。[①] 下面介绍几则漳州客家移民台湾的个案资料。

　　萧姓　据(南靖)书山派《萧姓族谱》记载:早在明万历三十年(1602),书山派长房萧永崇派下的"辉"字辈孙,有辉番、辉兴、辉利等 12 人开基台湾半线武东堡(近彰化县社头乡一带);有次房萧永富"仕鼎公"、"仕朝公"、"团围公"、"团武公"、"伯河公"等支系几十人开基彰化大武郡等地;有四房萧永仁的裔孙腾云,五房萧永志派下辉义、辉佑、志君等随后赴台。斗山派《萧氏族谱》记载:萧细满后裔子孙从 11 世至 13 世,计有 27 人。从明万历三十年(1602)起,先后迁居彰化县社头乡坤斗村,其中有长房派下仕盛、仕隆、仕朝、仕孝、仕奕、仕信、仕凤,次房派下仕财、仕鲲,三房派下道行、友明、日琼、后南、后龙等,四房派下国绸、国源、国兴等。涌山派《上涌萧氏世系》记载:萧猛容裔孙中有六房派下 7 世孙萧璸,于清康熙年间,举家迁诸罗山北社尾(今嘉义市北社区),随后,二房、三房、四房、六房的 7 世至 11 世,都有人入台

---

①　参见林嘉书:《南靖与台湾》,华星出版社 1993 年版。

开基……书山、斗山、涌山派《萧氏族谱》记载的入台开基祖共 254 人。入台后,主要分布于彰化社头、田中、员林、花坛、田尾,嘉义北社、民雄、竹崎,苗栗后龙、苑里、头份,桃园中坜、芦竹、八德、大溪,台北贡寮、士林、树林,台中大雅,台东大武,云林西螺,宜兰礁溪等地。①

　　简姓　简姓又称"张简",得姓于漳州府南靖县梅林乡,是因"入赘"而形成的著名的客家复姓。梅林长教(又作"张窖")张简氏自 10 世至 14 世都有人迁台。"经过几十代人的繁衍,如今简姓在台湾已是引人注目的巨族。他们主要分布于基隆、宜兰、新竹、台中、桃园、南投、嘉义、高雄、屏东等地。有的是成百上千户联宗聚居于一乡一村,一镇一街,如南投县草屯镇有一千三百户,南投镇有一千户,桃园县大溪镇有六百户。"②

　　魏姓　南靖县梅林乡梅林村,魏姓聚居,宗祠曰"光裕堂"。从梅林移居台湾彰化县员林镇的魏姓宗亲,也在当地兴建一座"光裕堂",奉祀魏姓各世次列祖列宗。梅林魏姓今存三部族谱,对本族子孙迁台情况的记载极为详尽。族谱所载明清之际迁台开基祖的名字共 315 人,其中不少是夫妻相携、父子同往、兄弟共行。入垦地点遍布于彰化员林、永靖、社头,云林北港、东势、斗南、西螺,台北八里、北投、树林、永和,桃园大园、中坜,台中潭子、新社、雾峰、乌日、丰原、和平、大甲,南投草屯、中寮、埔里和嘉义大埔等地。③

　　许姓　漳州府诏安县二都许寮竹子脚,现在是诏安县红星乡辖下的一个行政村。台中县竹子脚许姓宗亲来信说,他们的祖先是二百年前渡海入台,开垦落籍于台中竹子脚。早先曾有人回许寮竹子脚拜祖。④

　　吴姓　经过多方探寻查证,嘉义县吴凤后裔已确认祖籍在平和县大溪乡壶嗣村。近年,有不少吴凤后裔陆续前往平和县寻根谒祖,他们都满意地在壶嗣村找到了自己的根。⑤

　　江姓　"明初,江万顷之第四世孙江百十三郎开基平和。江百十三郎生五子,分衍平和、南靖,其中第五子江肇元,开基平和大溪江寨。清乾隆年间,江

　　①　刘子民:《寻根揽胜漳州府》,华艺出版社 1990 年版,第 254~255 页。
　　②　同上书,第 249~251 页。
　　③　同上书,第 245~246 页。
　　④　张惟等:《寻根揽胜闽西缘》,海风出版社 1997 年版,第 236 页。
　　⑤　同上书,第 296 页。

寨江姓陆续迁台。""台湾彰化、桃园、台北、台中等地的江肇元派下裔孙,祖居地就在江寨村。"①

　　邱姓　诏安县秀篆庵前村"庵前邱氏,从明末崇祯年间开始迁往台湾开基立业。族谱记载,5世邱日洪,7世邱维地,10世邱拱一,11世邱茂庭、邱章植,13世邱用明,14世邱立养、邱盛德和邱仁昌等都前往台湾定居","(庵前邱氏)和台湾桃园县八德乡邱姓,是一家子"②。

　　黄姓　秀篆黄氏繁衍到12世之际,正是唐山人过台湾的高潮——康熙、乾隆年间。因此,从12世起,各房头都有裔孙迁居台湾。……他们先后垦殖于桃园南兴庄、更寮下和宜兰土城庄等地,建立起黄姓聚居的村落。③

三、福佬客

　　根据上述家族的迁徙资料,客家人在台湾的分布非常广泛,与漳泉移民的比例也绝非现在所见的那么低。但文献或口碑资料中所见的大部分客家移民分布地,现在却成了福佬人的势力范围,这是什么缘故呢?答案很简单,这是客家人被福佬人同化(也就是福佬化)的结果。

　　客家人被福佬人同化,这是客、福两个族群互动的结果。在客、福族群互动中,或者由于客家人占少数,福佬人占多数,客家聚落的周围多为福佬人,或者由于福佬人经济比较发达、繁荣,在政治、文化上居于主导地位,客家人为了与福佬人打交道(例如到福佬人主导的集市做买卖,进行物资交流等),不得不学习和采用福佬话进行交际,久而久之,在自己村落中也改用福佬话,连服饰、行事也逐步仿效福佬人,最后导致客家话流失,客家文化走样变形,于是客家人就慢慢演变成半福佬人乃至全福佬人了。

　　这样的情况,在祖国大陆的闽客边缘地带是常见的现象。例如,平和县九峰镇黄田行政村,有三个自然村分别坐落在山顶、山腰和山脚下的小盆地。山顶的村子叫背厝,完全讲客话,被称为"死客";山腰的村子叫溪坝,内部讲客家话,对外讲福佬话,被称为"半山客";山脚下小盆地上的村子叫下楼,现在全讲福佬话,客家人称之为"福佬"。据调查,早先下楼也是讲客话的,现

---

①　张惟等:《寻根揽胜闽西缘》,海风出版社1997年版,第299页。
②　同上书,第235页。
③　同上书,第231页。

在有的老人还会讲客家话,在其文化中还留着不少客家文化的痕迹。显然,下楼由于地处盆地,离圩、镇近,受闽南人影响深,完全或基本上福佬化了;溪坝地处山腰,受闽南人较大的影响,但程度上不如下楼深,只是半福佬化了;背厝地处山顶,翻过山是广东饶平县的客家住区,南面紧邻诏安县秀篆客家住区,居民与饶平和秀篆的客家人关系密切(通婚、交易、宗教文化活动等),与九峰镇子上的福佬人关系反而不是那么密切,受影响较少,因而完整地保持了客家话和客家文化面貌。

客家移民迁至台湾后,许多聚落四周都是福佬人,有不少家族还不得不插花散居在福佬人聚居的地盘,受福佬文化的影响更深、更广,福佬化的进程也就更快、更彻底了。清朝末年,云林县客族聚居的"前粤籍九庄"已出现"言语起居多效漳人"的情况①,那些零星散居在福佬人的汪洋大海中的客家小村落就更不用说了。台湾和祖国大陆不同的是,在祖国大陆,"福佬客"一般是指半福佬化的客家人,约略与"半山客"同义;但在台湾,"福佬客"的意义更为宽泛,只要祖先是客家人,即所谓"客底",那么,不管你本身是完全福佬化还是半福佬化,都叫做"福佬客"。

现在台湾客属比例那么低,在一般人的印象中,在中西部广袤的平原地带似乎已不见客属踪迹,这其实就是大量客家人福佬化的结果。经过台湾学者的艰辛探寻,中西部平原上客家人活动的史迹已被初步揭示出来,许多人的"福佬客"身份也得到确认。譬如嘉义县大林镇,现在居民所操的语言完全是"台语"(闽南话)。但旧时这里有一条街叫做大莆林街,内有三山国王庙,崇祀三山国王,是道光元年(1821)捐民财建立的。②而据日本学者的研究,"大林,大正九年(1920)大莆林街改为今名,康熙末年垦首薛大有率众入垦……地名的由来,一说是旧时广东省潮州府大莆地方的移民移垦而来"③。引文中的"大莆"应为"大埔",是当时潮州府辖下的一个纯客县,今属梅州市管辖。根据地名的渊源和崇祀三山国王的信仰特征,可知嘉义县大林镇原来是客家人拓垦和居住的据点。

---

① 倪赞元:《云林县采访册》。
② 见不著撰人:《嘉义管内采访册》,台北大通书局1984年翻印本,第17页。
③ 安倍明义:《台湾地名研究》(日文),台北番语研究会1938年版,第226页。转引自刘还月:《台湾的客家人》,台北常民文化事业股份有限公司2000年版,第172~173页。

又如,在太保市,原先有个粤东客家移民的大型聚落加走庄,庄中有庙奉祀三山国王。后来加走庄"败庄",居民星散,三山国王庙的三座神像大王、二王、三王也分散零落他处了。研究者找到了后潭平安宫、管事厝广福宫、鱼寮保安宫三个奉祀三山国王的宫庙,查明后潭的居民以源自潮州惠来的蔡氏为主,还有同样来自惠来的陈氏,"二王"移祀于村中平安宫;管事厝广福宫内的三山国王是已散庄的加走庄"三王",报告人的祖籍则是饶平县。"大王"则落在市公所附近以七娘妈为主神的福济宫正殿右间。在鱼寮,向老人们了解到,"原先的鱼寮聚落在顶港(入水口),曾是千余户人口的大庄;日本时代……迁村后人户四散,今日的鱼寮仅苏姓一口灶为旧鱼寮居民",而"散居他处的苏氏家族承认自身的客家渊源"。①

再如,在北港溪南岸,今属嘉义县的新港,街区北侧,濒临北港溪畔有三个分祀三山国王的聚落,古称"大西势潭三庄",自东而西分为古民(二王)、中庄(三王)、后庄(大王)。研究者在此三个兄弟聚落中找到饶平曾氏、郭氏及普宁陈氏、揭阳林氏等粤东祖籍的居民。其中大部分应是客家人,但现在都被当做福佬人了。在新港街区西南侧和南侧,据研究者的调查,其居民以源自汀州的客属为主,"旧称为'大客庄'者今日已成小聚落,以永定魏氏为主要居民;同一行政村的'潭仔墘'则以上杭江氏居优势,始迁祖在 1750 年左右来台。另一汀州客属主要据点为新港南侧的'菜公厝',菜公厝其实是'姓江厝',是一个纯粹江姓聚落,源自永定"②。

研究者还查明,向来被认为是漳州府属移民占绝对多数的宜兰县,游姓来自诏安客家乡镇秀篆,分别以冬山乡和员山乡为发源,遍布宜兰各乡镇。李姓、黄姓也有来自秀篆的。廖姓、赖姓和部分陈姓则来自诏安官陂或太平镇的白叶,亦属客家乡镇的移民。南靖客家则以梅林张、邱姓为多。以聚落来分,礁溪乡的三民、白鹅、林美(有"客人城"聚落)等村为游姓、赖姓诏安客。壮围乡壮六、过岭,冬山乡太和等村为游姓诏安客。陈姓诏安客在员山乡外员山、礁溪乡白叶陈城。由于宜兰散村的聚落形态,散居零户的客属遍布各处,"就像在一袋黄豆(福佬)当中加进一袋绿豆(客属),到处都是"③。

---

① 邱彦贵:《试掘旧嘉义县下平原客踪》,《客家文化研究通讯》创刊号。
② 同上。
③ 吴中杰:《台湾漳州客分布与文化特色》,《客家文化研究通讯》第 2 期。

　　但这些"漳州客"大都忘却了自己的"祖宗言"客家话，文化习俗上也多仿效福佬人。如建筑方面的用语，客家人原来称房子为"屋"，现在却使用了福佬人惯用的"厝"；房屋前面的晒谷场地，客家人原来称为"晒谷坪"，现在有的地方改用了福佬人惯用的"晒谷埕"。这些使其原本的族群面貌变得模糊不清，以至在族群认同上，有的自认为是福佬人，有的好一些，具备双重认同，即有时认同客家，有时认同福佬。

　　但不管福佬客福佬化的程度有多深，在其身上总还能找到客家文化的遗存。除了族谱上记载着他们抹不掉的客家渊源，在民俗方面，"客家人常以某位已经去世的先祖甚至远祖名讳为号，成立家族共同的产业，用以祭祀祖先，并用来购置学田，筹措家族子弟的教育经费，或以公田收入救济清寒族人；又常以此公号名义，捐献庙宇，甚至联合其他家族公业，建立轮流侍奉神明的祭祀圈。福佬人无此种习俗，香油捐献常以个人或商号名义。漳州客属也多以公号捐献庙宇，如台南白河'客庄内'南靖张姓，就以先祖'张婆太'为名成立公号，并以此名捐出田产给当地的'临水夫人庙'"。

　　还有"双祧"的习俗，即出于某种特殊的需要，既承继父系又承继母系传宗接代的义务，因而兼用父系的姓和母系的姓，组成复姓。如惠州客属有"范姜"（迁桃园新屋），大埔客属有"罗房"（部分迁台中东势），丰顺客属有"陈林"（部分迁台中东势、苗栗市），龙岩客属有"罗陈"等。漳州客属也多见"双祧"的事例，如诏安官陂的"张廖"（部分迁台中西屯、云林西螺、南投中寮等地）、南靖梅林和书洋的"张简"（部分迁高雄大寮）等。台湾张、廖、简连宗成立宗亲会，其渊源无疑来自漳州客属。①

　　在宗教信仰方面，汀州、漳州客属也有特殊的仪式或特殊的神明。如定光佛是汀州客家人独有的守护神，东风大帝、东方大帝或东峰公太是汀州和漳州客家江姓特有的祖宗神。东峰公的坟墓坐落在南靖县书洋乡，自明朝嘉靖年间以来，永定、南靖、平和、诏安的江姓子孙都要举行规模盛大的祭祀活动。台湾客属江姓仍保持了这种习俗，拜该神的有台北三芝永定江姓、嘉义大林永定江姓、嘉义水上平和大溪江姓、台南楠西诏安霞葛江姓。②

①　吴中杰：《台湾漳州客分布与文化特色》，《客家文化研究通讯》第2期。
②　同上书，第87页；张惟等：《寻根揽胜闽西缘》，第19～220页。

从聚居形态来看,客属倾向集居,大型的伙房、围屋应运而生。祖国大陆闽客交界地带永定、南靖、平和、诏安、饶平的巨大土楼,就是适应家族聚居的产物。台湾漳州客属移民保留了这一聚居形态,台中东势、高屏六堆伙房规模明显大于附近的福佬人。台湾规模最大的几十所大型民宅,都为客属拥有。

从维生活动来看,台湾的泉州移民长于在海岸从事晒盐、捕鱼、养殖等产业,这些项目广东客属几百年来绝少沾边。漳州客属也符合此特质,少有"讨海人"出现,多数在平原种稻或在丘陵区种茶、竹、水果。

福佬客保留着这样那样的客家文化特质,说明他们仍是一个有别于福佬人的群体。这个群体数量大,分布广,而且在政治、经济、文化界活跃着许多有重大影响的人物,在台湾社会上的能量和影响不容忽视。如台湾政坛的李登辉是永定客家后裔,萧万长是南靖客家后裔,陈水扁祖籍诏安太平白叶,"立委"朱高正祖籍平和九峰,都属于福佬客行列。还有吕秀莲,祖籍南靖县书洋乡吕厝村,现在是一个通用闽南语的村落。但是该村吕姓是明代中期从永定大陂头迁入的,老底子仍是客家。吕厝村龙潭楼吕姓的一支于清乾隆年间迁居台湾,定居于桃园县新路村。这个村子也早已福佬化了。尽管吕姓的原乡和在台湾的新居地都已分别福佬化,但吕秀莲属于漳州客属之福佬客仍是不争的事实。

基于台湾存在为数甚巨的福佬客的事实,学者们提出,要有一种新的眼光来看待台湾的族群问题。"一大和三小"("一大"指福佬,"三小"指客家、原住民和外省人)的旧观点过时了,要加上一个福佬客或漳州客族群。"台湾目前自认是福佬族群的人,实则跟客家有太深且划分不开的渊源;尊重客家其实是尊重自己,反之亦然。"[①]

不过,揭示福佬客的身份是一回事,福佬客本身的族群认同又是一回事。福佬客充分福佬化的结果,使许多客属后裔不但不了解自己的客家渊源,当其真实身份被研究者揭示后,出现了不承认自己的福佬客身份,甚至群起责难研究者的情况。例如,高雄县大寮拷潭"张简"复姓来自南靖县书洋和梅林两个客家乡镇,"张简"是当地大姓,因此可以判定大寮乡"张简"应是客

---

① 吴中杰:《台湾漳州客分布与文化特色》,《客家文化研究通讯》第 2 期。

家后裔。出身高雄简姓的文史研究者简炯仁指出高雄张简、简姓的客属渊源后，竟遭受众多宗亲指责。[1]

对于出身福佬客的政治家或政客来说，自己真实身份的揭示，只是玩政治多了一张可供利用的牌而已，即可骗取客家人的选票。他们面对客家选民时可以声称"我也是客家人"或"我的老祖宗也是客家"；面对福佬选民，他又会说，"我们福佬人是台湾的主人"。在他们内心深处，并没有真正认同客家，也不因自己的客属渊源而理解、同情、尊重、帮助客家。因此，学者的愿望和政客的作为完全是两码事，要使福佬客成为一个自觉的族群，消除大福佬主义的偏见，还有很长的路要走。

---

[1]　吴中杰：《台湾漳州客分布与文化特色》，《客家文化研究通讯》第 2 期。

第五章　台湾客家人的艰苦创业历程

客家人历尽千辛万苦初到台湾时，真正是上无片瓦，下无立锥之地。经过百数年的艰苦奋斗，终于在台湾站稳了脚跟，建立了家园，这一艰苦创业的历程，同时也就是客家人与原住民、福佬人共同开发台湾的过程。客家人开发台湾的历史，是整个台湾开发史重要的组成部分。

第一节　台湾客家人的垦荒事业

明清两代客家人移民台湾，除了个别特例外，其主要目的是为了垦荒，垦荒事业是客家人开发台湾初期的主要事业。

台湾客家人的垦荒事业，较之于福佬人来说，条件要困难得多。第一，撇开明末和荷据时期那段特殊历史不谈，单就清代祖国大陆移民开发台湾的历程来说，一般是漳泉人先到，占据了沿海和西部平原间比较优越的地带，客家人迟来，不得不向偏东部丘陵和内山地带发展。第二，他们来自贫瘠的山区，初期还多是偷渡而来的，大多是单身，且没有资金，所以当清廷在台湾实施鼓励垦荒政策后，福佬人往往是集资组织垦号，当"头家"（闽南语，老板或雇主的意思），客家人只能受雇于闽南头家，当佃户或佣工。但客家人凭着勤劳刻苦、团结奋斗、坚忍不拔的硬骨头精神，克服了恶劣得难以想象的自然和社会环境，战胜了无数的天灾人祸，在垦荒事业上取得了卓越的成就。下面分别从南部和北部各举一个典型事例，略作介绍剖析，以见其概。

一、客家人对屏东平原的拓垦

1. 客家人入垦前屏东平原的自然环境及社会状况

屏东平原是台湾第二大平原,在清代称为"下淡水",其范围西至下淡水溪(今高屏溪),东至当时之番界,北至罗汉门(今旗山镇附近),南濒海滨。平原上溪流纵横,下淡水溪在平原的西缘自北南流,全长 171 公里,为台湾第二大河。此外,区域内还有楠仔仙溪、荖浓溪、番仔寮溪、隘寮溪、东港溪、林边溪等主要河流,各河流大多发源于东部中央山脉的断崖层,河水带着大量岩屑进入低平地区后,堆积成地势平坦、面积宽广的大平原。

这个大平原纬度低,气温暖热,雨量充沛,土壤肥沃,很有利于发展农耕,加上距离早期移民登陆上岸的鹿耳门较近,所以对于渡台垦荒的闽粤移民具有很大的吸引力。但平原尚未得到很好开发之前,遍地丛莽,林菁深阻,瘴疠肆虐,加上下淡水溪常有洪患,河道也有时改道窜流,这些都是阻碍这一带拓垦成为聚落的不利条件。平原东缘接近断层崖,地多石砾,用水不便,更为入垦增加了极大的难度。

在汉族移民未进入拓垦前,屏东平原是原住民平埔族群的活动区域,主要有武洛(又称"大泽机"、"尖山仔")、搭楼、阿猴、上淡水(又称"大木连")、下淡水(又称"麻里麻仑")、力力、茄藤(又称"奢连")、放索(又称"阿加")等八社,清代称为"凤山八社"。"凤山八社"的平埔族人原来主要以游猎和火种(台湾称为"烧耕")为生,但在荷据时期,受荷兰人的影响或强制,开始学习耕作技术,经济、文化有所进步。明郑时期,实行番汉分治的政策,以下淡水溪为界,溪北汉人居之,溪南"土番处焉"[①],即下淡水地区仍为平埔族活动区域,明郑政权在此设"安抚"之官,向番人收取赋税。

"凤山八社"的位置几经迁移变动后,至清初,各番社所在地大致如下:武洛社位于今里港乡茄冬村武洛,搭楼社位于今里港乡搭楼村,阿猴社位于今屏东市一带,上淡水社在今万丹乡社皮村一带,下淡水社在今万丹乡香社村番社,力力社在今崁顶乡力社村附近,放索社在今林边乡水利村放索,茄藤社在今万州乡万华村车路墘。这些番社的游猎和火种范围更大,在汉人未入垦下淡水地区之前,武洛社与搭楼社主要活动于武洛溪以北,阿猴社、上淡水

---

① 李丕煜:《凤山县志》,第 3 页。

社、下淡水社活动于武洛溪至东港溪之间,力力社为东港溪与后寮溪之间,后寮溪以南则是茄藤社与放索社的活动范围。

清领台湾之初,下淡水地区属凤山县管辖,但因其地"水土多瘴气,人易疾病"[1],官府对此地并不重视,只在东港设置下淡水巡检司署,负责稽查关隘船只。而移民的态度却要积极得多,他们克服重重困难,渐次入垦其地,及至康熙中叶,移民已有一定的规模,建立了一个个村落,以至官府在下淡水河两岸分别设立淡水港西里和淡水港东里,各辖18甲的居民组织。[2] 当然,这些移民基本上是闽南人。

2.康熙年间客家人在屏东平原的拓垦

客家人入垦下淡水地区迟于闽南人,其具体的时间和地点,学术界尚有争议。日本人伊能嘉矩的看法比较流行,影响较大。他认为,广东镇平、程乡(今梅县)、平远、兴宁、长乐(今五华)各县移民,约于康熙二十五年(1686)至二十六年(1687)间渡海来台,原想在府治附近垦殖,然因府城附近土地已为闽南人占垦,只得在东门外开辟菜园,种菜维生。后来发现淡水溪以东地区尚有未拓垦的荒地,乃相率前往开垦。[3] 据说,客家人在下淡水地区最先垦成的村庄是位于万丹社西缘的滥滥庄。这一地点的选择,既避开了闽南人的势力范围,又与"凤山八社"平埔族保持了距离。滥滥庄建成的时间,则已在康熙三十年代。

此后以迄康熙末年,由于有来自客家原乡的移民源源不断的补充,客家人在下淡水地区的拓垦事业迅速扩展。他们从滥滥庄出发,以东港溪沿岸为主,在港西下里垦成今内埔、竹田二乡,在港东上里垦成今万峦乡;稍后再往北发展,垦殖今长治、麟洛一带,往南垦殖今佳冬、新埠一带。兹以长治长兴庄的拓垦情况为例,回顾客家人在下淡水地区创业的概况。

长治长兴庄的开庄始祖是原籍镇平县的客家人邱永镐。他于康熙三十六年(1697)只身渡海来台,初在台南卢、林、李三姓批发商行当伙计,因办事勤谨,才能出众,受到老板赏识,拨出一笔资金让他到阿猴创办分行。邱永镐到阿猴后,了解到那一带居民不多,经营批发、零售皆有困难,而从事拓垦倒有

①　不著撰人:《台湾舆地汇钞》,1710 年原刊,《台湾文献丛刊》第 216 种,1965 年,第 23 页。
②　高拱乾:《台湾府志》卷二《规制志·保甲》,中华书局 1985 年影印本。
③　[日]伊能嘉矩:《台湾文化志》下,台湾省文献会 1991 年印行,第 142 页。

良好的前景。他回去报告了观察到的情况,建议废分行,改事拓垦,获得老板首肯,并融通了资金交其办理。于是,邱永镐即回原乡,招募了邱、胡、廖、黄、李、罗等六姓青年数十人,并携妻黄氏及子仁山、义山来台垦殖。

邱永镐最初的拓垦据点在"香橼树下"(因多野生香橼而得名),于兹搭盖租馆,供垦民居住。后因租馆遭风雨侵袭倒塌,乃弃其地沿溪北上,垦成长兴庄。随后又以长兴庄为中心,向外扩展,陆续垦成老潭头、新潭头、三座屋、下屋、岽上等庄。垦荒中水利是命脉,邱永镐第四子智山是一位修水利的行家,他自大坑阙(今水门)开圳二十余公里,引水灌溉水田七百多甲,不但附近田地受惠,多余还可灌溉内埔乡、九如乡等地。他经常巡视水路,有一次除夕夜,在水门附近遭生番杀害,为乡人的拓垦事业奉献出生命。由此可见当年拓垦的艰难。

到了邱家第三代,垦业有成,乃向读书仕进方向发展,邱智山的三子俊万,除继承家业外,早年入学为庠生,进而补廪拔贡,成为邱永镐派下取得科甲功名的第一人。其后邱氏子弟入学为秀才者渐多,近代则有博士和名医多人,体现了客家人耕读传家的风尚。

3. 乾隆年间客家人在屏东平原的拓垦

乾隆初年,是客家人在下淡水地区拓垦的第二阶段。此前,客家移民已在武洛溪北岸垦成武洛庄。在康熙末年的"朱一贵事件"后,武洛庄成为"六堆"[①]组织的右堆中心,但因其孤悬在六堆的北缘,周遭都是闽人聚落,常有械斗事件发生,加上地处河床浮升平原,易遭水患威胁,被迫向更北面的内山发展,垦成今高树、弥浓等庄。兹以弥浓的垦殖为例,略作说明。

美浓,旧称"弥浓",在汉人进入之前,应是平埔族与南邹族的牧场,属于"番汉界线"以外的地区。按清朝的政策,为了减少与原住民的冲突,汉人严禁至此开垦。但武洛客庄孤悬于六堆之最北端,外部既有福佬人、平埔族进袭和水患的威胁,自身又有人口日增、现有土地不堪负荷的压力,故不顾番害,突破禁限,冒险进垦美浓,在那里建立了新的家园。

其具体过程是,乾隆元年(1736),在右堆总理林丰山与副总理林桂山兄

---

① 六堆是客家人在拓垦屏东平原过程中形成的村落自治组织,战时具有很强的军事防卫功能,平时则具有村民自治和互助的性质。关于它的形成过程和历史作用,下文将有详细讨论。

弟俩带领下,汇聚张、徐、黄、刘、曾、钟、陈、余、李、林、廖、何、邱、左、卢、宋16姓约四十多人,采取小家族集团移垦的形式,穿过荖浓溪,抵达月光山脚下拓垦。由于当时荖浓溪下游、楠梓仙溪两岸及美浓溪下游的西岸,已有许多闽人聚落,其地又逼近番界,客家垦民的生命安全常受到威胁,所以先民不敢在新开垦地过夜,只好将农具、耕牛放在双峰山麓伯公坛处,每日凌晨由武洛渡溪北上,先到伯公坛处取耕牛、农具,再到垦地耕种,黄昏时将农具等放回原处,渡溪南返。数年后开垦有成,遂在牛埔之东、美浓溪北岸建造房舍,渐渐在月光山下、美浓溪、竹子门溪、羌仔溪三水会合处聚结成庄,即今美浓镇内最早出现的弥浓庄。

此后庄中百姓继续扩大开垦,建立新的村庄,计有乾隆十三年(1748)李、刘二姓新建的中坛庄,乾隆十五年(1750)中坛刘氏再分建的金瓜寮庄等。乾隆十九年(1754),林丰山、林桂山兄弟先后去世,由桂山长孙长炽继续领导庄民。翌年,在村庄四周筑栅架炮,加强了防御设施。在庄内则将开垦成功的土地进行分配,各姓分得的土地由荖浓溪畔越美浓溪直至山脚下,成为一条狭长的垦殖带,并继续拓地建庄。乾隆年间建成的新庄有山下庄、坤头下庄、上下竹园庄、柚子林庄、三降寮、上下清水庄、上下九寮庄、和兴庄等。道光年间,又有从福佬人处夺得的牛埔庄,以及开月眉、崁顶等二庄。至此,基本奠定了今日所见美浓客家庄的格局。

4.客家人拓垦屏东平原的两个特点

屏东平原客家人拓垦过程中,有两个特点是很突出的:一是闽客关系的渐趋缓和,二是水利工程的施工和管理办法。

闽客关系走向缓和的背景是番害严重。因为这时的拓垦向东发展,日益逼近番界,而且是较平埔族更为凶悍的"傀儡番",拓垦者因生番"出草"死于非命的事件时有发生。有人对雍正年间下淡水地区生番出扰事件及造成的严重后果做过统计,略如下表[1]:

---

[1]　林正慧:《清代客家人之拓垦屏东平原与六堆客庄之演变》,台湾大学历史学研究所1997年硕士学位论文。

时　间	生番出扰情形	出　处
雍正元年（1723）	心武里女士官兰雷为客民杀死，八歹社、加者膀眼社率领番众数百，暗伏东势庄，杀死客民三人，割头颅以去	《台海使槎录》，第 152 页
雍正三年（1725）	十一月初六日，武洛社熟番猫力与其子株买到山边砍竹，猫力遭生番镖死，株买走脱	《宫中挡雍正朝奏折》卷五，第 317~318 页
雍正四年（1726）	八月二十二日，新东势庄佃民邱连发家佣工人邱云麟，往埔种作，被生番杀害，取去头颅	同上书卷六，第 764 页
雍正五年（1727）	闰三月初十日，加走庄砍柴民人陈义遭傀儡生番杀死	同上书卷七，第 811~812 页
	闰三月十三日，怀忠里东势力庄糖廍遭生番放火，且杀死民人苏厚、陈信二人，割去头颅，又镖洪祖二人	同上书卷六，第 764 页
	闰三月十五日，傀儡匈番至新东势庄杀死民人谢文奇、赖登新二人，割去头颅，并伤赖应南、赖应西、黄显义等三人	同上书卷七，第 854 页
	四月十一日，傀儡生番闯入阿猴社寮内，杀死土番巴陵等六人	同上书卷七，第 892~893 页
雍正六年（1728）	十二月二十八日，长兴庄管事邱仁山率领该庄佃民越界侵入傀儡山，开水灌田，12 人遭傀儡生番伤。后傀儡番又至竹叶庄杀伤佃民张子仁等二人	同上书卷一二，第 216 页
雍正七年（1729）	二月初一日，傀儡生番潜至山脚名为田尾的聚落，将茄藤社番卅望、红孕等五人杀死，又杀死上淡水开埔番妇及幼番各一人，拿去幼番一人，且焚烧草寮，烧死牛只	同上书卷一二，第 669~671 页
	二月初三日，阿猴社熟番巴宁因往山边寻看茅草，遭傀儡生番镖死	同上书卷一二，第 669~671 页

　　面对凶残的傀儡生番的不断出扰，闽、客两个族群必须同心协力对付，因此在两族拓垦区邻接处出现了闽客混居的现象。

　　在水利工程方面，由于陂圳常常跨越多个村庄，故其开发和管理不能由个人甚或一个村庄独力完成，需要沿线各村庄的分工合作，管理上也需要协调控制。因应这种形势，六堆地区找到了一种特别的修圳和配水办法，那就是：开陂凿圳大多用投标的方法，得标的堆取得该陂圳的经营权，营利部分提出一定份额作为所在堆的堆费。工程施工时,当地人有钱出钱,有力出力。陂圳竣工后,每人享有平等的配水权,这叫做"开陂做圳,人人有份"。后来加入者则按需水量缴交水租。管水用水发生争执时,则由各堆总理及相关耆老依照当地惯例出面协调,除非与邻近的福佬人聚落发生争执无法解决时,才诉诸官府裁决。

六堆地区纵横交错的陂圳,井然有序,系统完整,将陂圳沿线不同原乡的客家人聚落结合起来,而且将东港溪及隘寮溪沿岸的六堆核心紧密联系在一起。这样的做法和效果,是邻近的福佬人聚落所缺乏的。[①]

二、北埔姜家发展史

北埔姜家的祖籍在广东省惠州府陆丰县。第 11 世姜朝凤是姜家渡台始祖,于乾隆二年(1737)45 岁时渡台,在红毛港(今新竹县新丰乡)登陆,成为业主汪延昌的佃户,垦辟树林子一带地方。

当时红毛港是原籍陆丰县移民聚居开垦的地方,姜朝凤选择此地作为自己入垦的目标,就是认同这里由同乡地缘关系结成的社会群体。他在汪延昌家当了一段时间佃户后,转为同乡徐立鹏的佃户。徐立鹏向官府纳银取得垦权,佃户们则从徐立鹏处取得具体开垦权,而向徐氏缴纳大租,数量是收获总量的 1%。姜朝凤所垦辟的田园,至少有水田二甲五分,旱田二甲五分,共五甲。

姜朝凤去世后,他的第五子姜胜智典当了父亲留下的田产,搬到更靠近内山的九芎林庄(今新竹县芎林乡)继续开垦。当时新竹地区的开垦形势是:泉州籍移民先来,垦辟了西部靠海平原地带,时间大约在康熙三十年(1691)到乾隆初年;粤籍客家移民后来,开始由平原进入东部丘陵台地,即沿着头前、凤山两溪的谷地河岸,进入竹东丘陵与飞凤山丘陵,开垦今竹东镇、芎林乡、新埔镇诸地区,再进至横山乡,至山脉边缘,迫近土著的活动空间,转而至今关西镇、北埔乡、峨眉乡、宝山乡一带。姜胜智的入垦九芎林庄,适当新竹垦业的第二阶段,泉籍移民极少参与山区垦辟,粤籍移民成为开庄主力之时。

[①] 这里关于乾隆时期屏东平原闽客关系变化及六堆客家人陂圳开挖、管理特点的叙述,主要依据台湾简炯仁的研究成果:《屏东平原客家"六堆"聚落的形成及其社会变迁》,收录于徐正光主编《聚落、宗族与族群关系——第四届国际客家学研讨会论文集》,台湾"中央"研究院民族学研究所 2000 年版,第 27、35、36 页。

他联合开垦九芎林庄的先驱者刘承豪一家,向屯番垦户钱什班请给垦批,由普通佃户跃升为佃户首,修筑水圳,广垦地埔,为姜家此后在这一地区的发展打下了稳固的基础。

后来继承姜家事业的是姜胜智的侄孙姜秀銮。姜秀銮是姜家渡台第4代,其时姜家已组成祭祀渡台祖的公尝宗族组织,同时还成立了祭祀本姓唐山祖的公尝尝会。姜秀銮生于乾隆四十八年(1783),他在兄弟分家时分到九芎林公馆街商店丰源号一处,与人合伙开设的典铺一所,以及6000多元的债务。他自幼习武,长大后担任九芎林新垦区的防番防盗任务,进而成为总理新垦区的领导核心人物。因为协助官府办理公差有功,受到官府信任,蒙赏顶戴、军功七品职衔,付札执照,并成为领导地方团练的"义首"。

当时竹堑埔地大致上已开垦成田,只有东南一带靠近土著的山区还没有开发。官府为了鼓励移民拓垦东南山区,于道光六年(1826)在离竹堑不远的石碎崀,设立了官隘来防番。但官隘防卫力量薄弱,垦户仍畏葸不前。于是,淡防厅同知李嗣业又一次借重姜秀銮,给银1000元,命姜秀銮在堑南更建隘楼15座,雇隘丁巡防。至道光十五年(1835),进一步命姜秀銮扩建隘楼,全面防番,并招佃耕垦备支隘费。

姜秀銮认为设隘垦地耗费过大,乃建议李同知让闽粤绅商共同投资成立总垦户。经李同知批准,乃于道光十五年(1835)二月,由竹堑城闽绅林德脩与姜秀銮同立合约,组织金广福总垦户,议招20股,姜秀銮管在庄10股,林德脩管在城10股,其中每股中仍可招数人合伙,俱各另立大小股合约。金广福铺名的含义是:"金"表示合伙开店,并取发财得金的吉利寓意;"广"、"福"表示由广东、福建两籍之人所创立。后来周邦正代替林德脩出任闽籍垦户首,住在竹堑城内,主办有关衙门公事及会计事务,并掌管戳记;姜秀銮作为粤籍垦户首,则进驻垦区,负责守隘防番及督工开垦的任务。传说姜秀銮趁土著不备之时,率领募集到的闽粤两籍佃农数百人,牵牛携带农具,从树杞林(今竹东镇)方面,突进北埔,驱逐土著而建立了据点,然后在险要处建设新隘36处,配置隘丁260多名,各隘互相联系,形成一大防御线,名为大隘。然而盘踞在这一带山区的土著赛夏族钱、李、夏三姓,仍然不肯退入深山,经常潜伏在大隘防线外,"出草"杀害垦民。姜秀銮统率隘丁与赛夏族大小十余战,付出死伤隘丁及垦民百余人的代价,才消除番人的侵害。

　　番害之外的另一大困难是隘粮隘费的拮据。姜秀銮被迫一再加派垦费，致使原认股人纷纷退股，这些股份都改由姜秀銮自己承担。经过他坚忍不拔的努力，苦心支撑住局面，加上官府的支援，终于克服了番害和经费困难，把北埔、月眉、草山顺兴庄等地段都垦辟成田园。于是，纸寮窝、五份八、庚寮坪、内大坪、三十二份、大河底、坡头面、燥树排、石仔林、下大湖、上大湖、老四寮、新四寮、外大坪、尖隘仔、大南坑、小南坑、大份林、小份林、复兴庄、二寮、四寮坪、北埔街、尾隘仔、麻布树排、下面盆寮、上面盆寮、水礁仔、店阿岗、上大坜、中大坜、埔尾、埔心、南埔、四份仔、中兴庄、番婆坑、阴影窝、十二份、河背、畚箕湖、赤柯坪、狮头坪、水流东、石井、月眉街、梯仔庄、柑仔崎、宝斗仁、崎林、双坑、大崎、水仙岽、水尾沟一带，都成为金广福所拥有的土地。

　　在道光二十二年（1842）中英鸦片战争中，姜秀銮率团练赴鸡笼口（今基隆港），协助官兵击沉夷船，擒获逆夷多名，以军功获赏五品职衔，因而更加强了金广福大隘的权威。姜秀銮卒于道光二十六年（1846），金广福垦业由其长子姜殿邦承继。姜殿邦曾中式粤籍武生第一名，继承父业后置立祭祖尝产，称为"姜义丰尝"，又设立学田奖励子弟求取功名，标志着此时姜家宗族组织已在新垦地形成，其家族已上升为缙绅之家。

　　姜殿邦一生做了几件大事：一是纳谷入官，成为本地区一大垦号的头人，标志着姜家势力范围的扩展；二是在咸丰九年（1859）的闽粤分类械斗中协助官方弹压逃散的居民归庄，并擒拿要犯，以功蒙赏五品顶戴；三是在同治元年（1862）戴潮春案中，姜殿邦率长子及隘丁协助官府镇压，勇往直前，以一当十，克复大甲、彰化等地，获颁"奉公勤奋"匾额。

　　姜殿邦去世后，其子姜荣华、荣富兄弟俩继承垦业。由于此时平坦易垦的埔地陆续垦尽，只有山间零星的垦区，故此一时期金广福垦业进展不大，但荣华、荣富倾资购进土地，姜家的地产扩大了不少。再下一代由姜金火、金韫兄弟先后承家。姜金火就是姜绍基，在光绪十年（1884）中法战争中，率团勇在基隆迎击法兵有功，获得官府的赏赐，并"准以县丞双月选用"。姜金韫就是姜绍祖，在乙未（1895）反割台抗争中奋勇抗击日本侵略者，为国捐躯。

　　在姜金火主持家务时期，大量投资推动新的垦业，又妥善处理垦民与番社的矛盾，化阻力为助力，使得金广福垦业又有长足的进展。在姜金韫主持家务时期，社会形势发生变化，垦区内的土著已经归化，隘务及番政收归官府有关衙门,故姜金锱把精力转向置买地产,姜家至此时已发展成大地主。

姜金锱(绍祖)壮烈成仁之后,姜家第8代年仅11岁的姜振乾承继主管家业,其祖母姜荣华夫人宋氏实际掌理家务,仍能维持家业不坠。

姜家拓垦成功的历史,是新竹客家人拓垦史的缩影。与姜家一样,在新竹的开发史上"筚路蓝缕,以启山林",建立了丰硕功业的著名客家家族还有拓垦竹堑北缘红毛港一带的徐立鹏家族(陆丰客家人),拓垦头前溪、凤山溪中上游金山面和六家一带的林钦堂、林先坤等家族(饶平客家人),拓垦竹东树杞林一带的彭乾和、彭乾顺家族(陆丰客家人),等等。著名的垦号除了"金广福"外,还有"金惠成"等。这些家族在拓垦过程中,也与姜家一样,与福佬人有着密切的合作关系。如嘉庆十一年(1806)组成的"金惠成"垦号,从事今竹东街地区的开垦。闽、粤二籍各持7股,闽籍股东是在新竹城的绅商、铺户,负责财会等事务;粤籍股东则深入垦区督工和防番,实际垦种的多是粤籍佃户。又如,嘉庆末年在竹堑城附近九钻头等地开垦的十余庄粤籍业佃,由于隘粮缺乏、番害难平,经商议,主动延请竹堑城闽南商人陈长顺接管垦务,深入河南地区设隘,解决了番害问题。陈家后来于太平地定居,其后人陈绍藩捐建太平地三元宫,供奉粤籍地方守护神三山国王,表示对客家文化的认同,反映出当地闽、粤两籍比较和谐的族群关系。[①]闽、粤两籍垦首共同出资,粤籍佃户出力合作拓垦的现象,在新竹以及苗栗、桃园很普遍,这是桃竹苗地区客家拓垦史的显著特点。

第二节　闽客械斗与义民问题

一、闽客械斗

闽客合作开垦、和睦相处,那只是在特定的场合、特定的条件下闽客关系的一个方面;另一方面,闽客之间也常因现实的利害纠纷引发频繁的矛盾冲突。对于这个问题,要从清代台湾移民社会特殊的社会结构谈起。

祖国大陆汉人大量移居台湾进行开垦,起初并未有落籍台湾长做台湾人

---

① 参见吴学明:《闽粤关系与新竹地区的土地开垦》,《客家文化研究通讯》第2期。

的打算。当时台湾的汉人社会是一个移民社会，及至进入台湾的汉族移民成家立业、生子生孙，建立起成熟的宗族组织，才从移民社会过渡为定居社会。①在处于移民社会的时期，台湾社会结构的一个显著特点是，居民主要以原乡地缘或方言为纽带结合在一起，不同祖籍、不同方言的移民组成不同的社会群体，彼此之间存在比较严重的矛盾和隔阂，常因一些小事引发大规模的械斗。对此，清代文献多有记载，有人还作过一些分析评论。

如有人观察到，初期渡台的汉人还没有长住久居的条件和打算，往往是"春时往耕，秋成回籍，只身去来，习以为常"。当时赴台移民并不是举家举族移居，大多是单身汉前往谋生，故"宗族之亲少，洽比之侣多"，"流寓者无期功强近之亲，同乡井如骨肉矣"②。移民的家族和宗族组织尚未形成，于是，同乡的关系或同方言群的关系就成了台湾移民社会人际之间最重要的纽带。故"闽、粤之人，各分气类，睚眦之怨，纠乡众，持白挺以斗。好事轻生，其习尚然也"③；虽同为闽人，亦以府属不同而纷争不已，所谓"台湾之民不以族分，而以府为气类。漳人党漳，泉人党泉，粤人党粤，潮虽粤而亦党漳"④。这里说到的"漳人"、"泉人"、"粤人"分别是以漳州、泉州和粤东客家住区地缘纽带结成的社会群体。"潮虽粤而亦党漳"中的"潮"指的是潮州海阳、揭阳、潮阳及饶平中讲福佬话的那部分人，因为与漳州福佬人属同方言群（即今天常说的福佬民系），所以彼此认同，互相支援。

与"潮虽粤而亦党漳"相映成趣的是，汀州客家人虽是闽人，却常常与粤东客家人同立场、共进退，可以说成"汀虽闽而亦党粤"。闽浙总督觉罗满保曾言，"潮属之潮阳、海阳、揭阳、饶平数县，与漳泉之人语言声气相通，而潮属之镇平、平远、程乡三县，则又有汀州人自为守望，不与漳泉之人同伙相杂"⑤，就是对汀人党粤的正确概括。

---

①　台湾历史由移民社会向定居社会过渡是一个较长的过程，学界一般认为咸同之际（1860年左右）是由前者向后者转变的界线。参见陈孔立：《清代台湾移民社会研究》，厦门大学出版社1990年版，第12页。

②　高拱乾：《台湾府志》卷七《汉人风俗》，见中华书局1985年影印《台湾府志三种》本。

③　不著撰人：《平台纪事本末》，《台湾文献丛刊》第16种。转引自中国社科院历史研究所明史研究室：《清代台湾农民起义史料选编·附录》，福建人民出版社1983年版，第253页。

④　姚莹：《东溟文集》卷四。

⑤　觉罗满保：《题义民效力议叙疏》，见乾隆《凤山县志》卷一二上《奏疏》。

清代台湾汉族移民的分布格局,从沿海与山区来观察,是"海口多泉,内山多漳,再入与生番毗连,则为粤人"①。从南北来观察,则是北路福建人多,故"先分漳、泉,继分闽、粤";南路广东人多,故"分闽、粤,不分漳、泉";中路的彰化,福建人、广东人都比较多,尤多泉州人,不仅"分闽、粤,且分泉(晋江)、南(南安)、安(安溪)、惠(惠安)、同(同安)"②。这样的分布格局,决定了台湾移民社会中分类械斗的特点:南路的闽粤械斗最为惨烈,而北路、中路的分类械斗呈现漳泉、闽粤及泉州之南北郊互斗并彼此合纵连横的错综复杂局面。

这里讲的分类械斗,是指民间的私斗,不依赖于官府,也不与官府为敌,而械斗双方基本以祖籍(有时按省籍划分,有时按府籍划分,有时甚至按县籍划分)进行结合。反抗官府的农民起义,以及族姓、房派、职业集团之间的械斗,都不属我们讲的分类械斗的范围。这样的分类械斗中涉及客家人的闽粤械斗,计有17次,其中有的规模很大,波及范围很广,其起因却仍是日常生活中的细小纠纷。如道光六年(1826)发生在淡水、彰化、嘉义的闽粤械斗,"斗事之起,以彰化粤籍人与闽籍人失猪相争,互有掳掠,官治之不得要领,匪民即乘机焚抢,遂分类相攻,蔓延及嘉义、淡水"③。这次骚乱由粤籍移民黄文润的猪被偷窃引发,一些游民利用闽、粤两籍的矛盾从中煽动,导致各地动荡,居民到处迁徙,小的村庄多被焚抢。至七月间,械斗已经蔓延到一厅(淡水)、二县(彰化、嘉义),淡水的南崁、大甲,彰化的四张犁、葫芦墩等地连日焚杀,殿仔庄等处被焚最严重,每庄难民不下数千人。后来粤籍客家人中勾结"番割"(指与土著族结婚者)带领土著民参加械斗,使情况更加复杂起来。最后福建当局派兵弹压,才使械斗得到制止。

又如咸丰四年(1854)淡水、彰化的闽粤械斗。据咸丰五年(1855)、六年(1856)台湾镇总兵邵连科等两次奏称:淡水"粤人何阿番因失牛只,纠得匪党张阿挞、赖阿丁、赖得六、罗馨二等,借端拥抢中港庄闽人方谅耕牛。庄众追匪,被匪拒捕杀死工人甘达一命。何阿番、赖阿丁亦被闽人格毙。因之匪谣四起,遂成闽粤分类","延至彰境,纷纷焚掠。彰淡被焚各庄,全为焦

---

① 姚莹:《东瀛记事·鹿港防剿始末》。
② 《海音诗》第46页注文。
③ 姚莹:《识小录》。

土,哀鸿遍野,触目心伤"。^①骚乱起因和蔓延发展状况都与道光六年（1826）的械斗类似。

不过,在日常细故引起闽粤械斗的表面现象背后,隐藏着客家弱势族群受到漳泉族群压迫,为求生存、求发展不得不起而抗争的时代背景。由于总的形势是漳泉人人多势众,客家人较少,所以在分类械斗中出现了两种特殊的现象。

一是客家人因大敌当前而加强了内部的凝聚力。有记载说:"闽、粤分类之祸,皆起于匪人。……凤山、淡南粤人众闽人寡,余皆闽人众粤人寡。然则粤人受害乎? 曰:否。粤人诡而和,沿山聚处,知其众寡不敌,不分邪正,一气连络。闽人蠢而戾,罗汉脚呈志生事,有家室者多观望不前。故闽、粤分类,闽人往往大败。"^② 所谓"粤人诡而和"、"一气连络",就是指客家人机智聪明、团结互助,万众一心地对付强敌,取得以寡胜多的战绩。

二是客家人采取灵活机动的策略与漳泉人抗衡,往往利用漳、泉之间的矛盾,在漳、泉互斗之后主动出击,以争取更多的生产、生活资源,并扩大生存空间。所谓"粤富而狡,闽强而悍,……分气类,积不相能,动辄聚众械斗。……闽粤斗则泉漳合,泉漳斗则粤伺胜败而乘其后"^③,说明了客家人在分类械斗中以弱胜强的灵活策略。

二、义民问题

除了纯民间性质的分类械斗之外,清代台湾连绵不断的农民起义中也常常伴随着闽客之间的族群纷争和械斗。文献记载道:"闽人习于蛮横,动酿乱阶。粤人明于利害,不拒捕,不戕官。闽人为叛民,粤人即出为义民,保护官长,卫守城池。"^④ 这正道出了在官民对抗的各类起义或民变中,当闽籍人民发动起义或民变时,客家人由于平素与闽人的利害冲突,积怨很深,更害怕闽人利用聚集队伍抗官之机侵扰客庄,往往打起拥护官府的旗帜,充当义民,实际上主要是拿起武装,聚众自保。所以台湾移民社会史上的农民起义或民变常

---

① 据军机处录副奏折。
② 陈盛韶:《问俗录·分类械斗》,书目文献出版社 1983 年版,第 138 页。
③ 周凯:《记台湾张丙之乱》,见《内自讼斋文集》。
④ 陈盛韶:《问俗录》。

与族群间的矛盾斗争纠缠在一起,局部地打上了分类械斗的烙印。

如康熙末年的朱一贵起义,就带有浓厚的闽客分类的色彩。文献记载,此次事变"多系潮之三阳及漳、泉人同伙作乱,而镇平、平远、程乡三县之人并无入伙"①。相反的,客家人以李直三、侯观德等人为首,"纠集十三大庄,六十四小庄,合镇平、程乡、平远、永定、武平、大埔、上杭各县之人,共一万二千余名于万丹社,拜叩天地竖旗,立大清旗号"②,成为义民。起义失败后,起义者在供词中提到"(去)南淡水与客仔厮杀","六月初间,王忠去南淡水征客仔"。这些都是事变中闽客冲突的实录。③当时有人说:"辛丑〔康熙六十年(1721)〕变后,客民与闽人不相和协。"④后来又有人说:"康熙六十年(1721)朱一贵之乱……此闽粤分类之所由始也。"⑤当今学者也有人认为,朱一贵事件"亦为台湾史分类械斗之始"⑥。这说明了清代台湾史上农民起义与分类械斗纠缠不清的关系,更揭示了此次事变对闽客关系的深远影响。可以说,朱一贵起义中客家人充当义民的根源是闽客矛盾,事变的结果更加深了闽客矛盾,成为此后百余年间闽客械斗的远因。

相似的情况在此后的几次大的农民起义中一再重演:雍正间吴福生起义时,客家义民以侯心富等人为首,聚集一万多人,"分驻防守八社仓廒",戮力围堵、剿杀变乱的闽人。⑦乾隆年间林爽文起义时,凤山县的粤籍居民"遵康熙、雍正年间各义民祖、父设堆堵御之例,推举人曾中立为总理,分设六堆,统计义民八千余人,屡经打仗杀贼"⑧。据清朝官员报告,"官兵前经被困数月,并无粮饷,俱系广东义民助粮接济",在山猪毛,"一切俱是义民供应的"⑨。道光十二年(1832)张丙起义后,凤山、彰化、淡水等地发生械斗。在凤山,"粤人

---

①　乾隆《凤山县志》卷一二上《奏疏》。

②　乾隆《凤山县志》卷一〇《义民》。

③　《台湾汇录已集》第一本,第4~17页。

④　黄叔璥:《台海使槎录》卷四《朱逆附略》,《台湾文献丛刊》第4种(1722年原刊),第93页。

⑤　林师圣:《台湾采访册·闽粤分类》,《台湾文献丛刊》第55种,第34页。

⑥　林正慧:《清代客家人之拓垦屏东平原与六堆客庄之演变》,台湾大学历史学研究所1997年硕士学位论文。

⑦　乾隆《凤山县志》卷一〇《义民》。

⑧　中国人民大学清史研究所、中国第一历史档案馆合编:《天地会》第三册,中国人民大学出版社1982年版,第319页。

⑨　同上书,第72、319页。

乘机分类",进攻闽庄,进行焚杀;在彰化,粤籍和泉籍互相焚抢;在桃子园,漳籍和粤籍(包括汀州府属在内)械斗;在堑南是粤籍和泉籍,堑北是粤籍和漳籍械斗。①

现在有些人提出,既然朱一贵、吴福生、林爽文等福佬人领导的起义是反抗清朝封建专制统治的,客家人站在起义的反面,帮助清朝镇压起义,就是助纣为虐、为虎作伥,以此论证客家人具有迎合封建专制统治、做顺民做奴才的品性,即所谓"义民不义",客家人在清代台湾史上屡屡做义民是其历史污点。我们认为,清代台湾史上的义民问题是一个很复杂的问题,对于它的成因和历史功过出现不同的看法是很正常的现象。但如果忽略或撇开族群矛盾、特别是客家族群作为弱势族群的特殊背景,一味从忠、奸、逆、顺的角度,片面地抬高或贬低义民的历史地位和作用,都可能失于偏颇。事实上,在清代历次民变中充当义民和义民首的,不仅有客家人,也有泉州人和漳州人。况且"义民"和"乱民"并不是一成不变的,彼此的关系可以转化。正如台湾学者蔡仁坚指出的:"不是义民永为义民,乱民永为乱民……而是一种相对的两面性,它随着利益的趋向、统治者的利用等因素而流转。"② 从历史上看,客家人是一个最富于造反和革命精神的族群,在古代的抗金、抗元、抗清斗争中,在近现代史上的中法战争、戊戌变法、太平天国起义、辛亥革命和土地革命中,客家人都站在各族人民的前列,站在时代的前列,抛头颅、洒热血,作出了惊天地、泣鬼神的无私贡献,建立了丰功伟绩。客家人的这部光荣历史,是谁也抹杀不了的。客家人在清代台湾史上经常充当义民的问题,确实是特定历史场景下的一个相当特殊的问题。③ 这段复杂史实折射出客家人作为弱势族群,为求生存、求发展而进行艰苦卓绝的斗争,也是谁也抹杀不了的。

尽管客家人在残酷的生存斗争中被迫采取了上述种种灵活的策略,尽管客家人面对强大的外患百倍加强了内部的团结,但终归是弱势族群,在分类械斗及掺杂着政治因素的族群斗争中常常居于下风。在多数情况下,经过一

---

① 《清宣宗实录》卷二三一,第3、23页。

② 台湾研究会主编:《台湾研究会论文集》第一集,第91页。

③ 林师圣曾论及"朱一贵事件"之后的闽粤关系,说:"嗣后地方安靖,闽每欺粤,凡渡沿、旅舍、中途多方搜索钱文。粤人积恨难忘,逢叛乱,粤合邻庄聚粟蓄粮,闽警即藉义出庄,扰乱闽之街市村庄,焚抢掳掠闽人妻女及耕牛、农具、衣服、钱银无算,拥为己有,仇怨益深。"见《台湾采访册·闽粤分类》,《台湾文献丛刊》第55种,第34页。

场大规模的械斗,总要被迫迁出旧居地,或缩小旧居地的范围。例如,北部地区客家人原来分布较广,经过长期械斗,粤籍居民陆续迁往桃园中坜一带,在桃园的闽粤居民,逐渐分为东西两部,闽人分居桃仔园一带,粤人则聚居于中坜一带。中部地区的粤人多数迁往苗栗。今日所见南部客家人的版图,也是长期械斗后客家人迁移、收缩的结果,而非往昔客家人分布的旧观。

三、六堆组织剖析

屏东平原上客家人的六堆,是一个很特殊的集村民自治和军事防卫于一身的组织,最初产生于康熙六十年（1721）的"朱一贵事件"中,以后不断演变、完善,在历次拥官平乱和闽客械斗中发挥了重要的作用,在平时则具有聚落自我认同和团结的功能,至今仍保持着活力。认识这一组织的形成演变情况,对于理解台湾客家人处在尖锐复杂的族群矛盾、对立中的生存状态,理解义民问题的实质,都有很大的帮助。因而特别提出,略加剖析。

关于六堆初起的情形,当时的闽浙总督觉罗满保和随总兵蓝廷珍入台平乱的蓝鼎元都有记载。蓝鼎元说:

> 方朱一贵作乱时,有下淡水客庄民人侯观德、李直三等,建大清义民旗,奉皇帝万岁牌,联络乡庄拒贼。一贵遣陈福寿……刘育等领众数万攻其庄。六月十有九日己酉,侯观德等逆战于淡水溪,败之,阵斩刘育,杀贼兵及迫入水死者万计。[①]

觉罗满保的奏折说:

> 康熙六十年（1721）四月二十二日,贼犯杜君英等在南路淡水槟榔林招伙竖旗抢劫新园,北渡淡水侵犯南路营,多系潮之三阳及漳、泉人同伙作乱。而镇平、程乡、平远三县之民,并无入伙……三县义民内有李直三、侯观德、邱永月、涂文煊、黄思礼、刘魁材、林英泰、钟国纠、林文彦、赖君奏等,谋密起义,誓不从贼,纠集十三大庄、六十四小庄,合镇平、程乡、平远、永定、武平、大埔、上杭各县之人,共一万二千余名于万丹社,拜扣天地竖旗,立大清旗号,供奉皇上万岁圣旨牌;推庄民侯观德指画军务,遣艾凤礼、邱若瞻、涂廷尚、邱克用、朱元位等,率众剿平笃家贼人。刘庚甫、

---

① （清）蓝鼎元:《平台纪略》,《鹿洲全集》下,厦门大学出版社1995年版,第831页。

陈展裕、钟沐纯等,率众剿平姜园贼人。遂分设七营,排列淡水河岸,连营固守。每营设立统领二人。先锋营则由刘庚甫统领,带一千二百余人,驻守阿猴地方;中营则赖以淮、梁元章为统领,带一千三百余人,驻守万丹地方;左营则侯欲达、涂定恩为统领,带一千五百余人,驻守少(小)赤山地方;右营则陈展裕、钟贵和为统领,带三千二百余人,驻守新园地方;前营则古兰伯、邱若瞻为统领,带二千一百余人[①],驻守水流冲地方;后营则钟沐裕为统领,带一千五百余人,驻守塔楼地方;巡查营则艾凤礼、朱元位为统领,带一千七百余人,驻守巴六河地方。[②]

比较两人的记载,蓝鼎元在时间上写得较具体,觉罗满保在人物、事件上写得较具体,两说在打出拥清旗号、联络乡庄、沿淡水溪安营拒敌、初战即取得大胜等基本情节上则是一致的。他们是当时人,又是当事者,所记有较高的可信度。从中可以看出,下淡水地区的客家人,是在杜君英、朱一贵揭竿而起,客庄受到以漳州和潮州闽南语系移民为主的战乱扰害时,自动招募义勇,以联庄自卫的形式,投入与造反者的战斗的。客家义勇的成员,有的来自粤东客家县份镇平、程乡、平远、大埔,有的来自闽西客家县份永定、武平、上杭。站在他们对立面的是"潮之三阳(海阳、潮阳、揭阳,实际还有饶平)及漳、泉人同伙作乱"者,即参加造反的福佬人。在这里,"义民"与"乱民"显然是按方言群(即今日称为民系者)划分,而非按省籍、府籍划分。

当时以各客庄义勇组成的民团,官方称之为"营",民间的自称是什么,不得而知。这样的营共有七个,但其中一营负责巡查,是流动的,其他六营以固定的客庄为依托。据研究,这六营义勇分别是由竹田、万峦、佳冬新埤、武洛、长治麟洛、内埔等客庄募集的。[③]营与庄的对应关系,显示了屏东平原客家人六个联为一气的自治自卫组织六堆的雏形。

在"朱一贵事件"中创造出来并取得巨大成功的下淡水地区这种民团组织,以后在吴福生事件、林爽文事件等社会动乱时期一再得到运用。而"堆"

---

① 前营义勇人数,有的版本写作"六千一百余人",据此则各营相加大大超过一万二千余人的总数,且前营人数不可能比其他各营人数多那么多,"六"应是"二"字传写之误。

② 觉罗满保:《题义民效力议叙疏》,《重修凤山县志》,《台湾研究丛刊》第49种,台湾银行经济研究室1957年印行,第344页。

③ 参见钟壬寿:《六堆客家乡土志》,台湾常青出版社1999年重刊本(1973年原刊),第84页。

的名称也在对付林爽文事件时正式见于记载,旧时总领军事的"指画军务"演变成为六堆总理,各堆的统领也演变成总理事、副理事。《平台纪事本末》及《钦定平定台湾纪略》记载道:乾隆五十一年（1786）林爽文于彰化起事后,官府遣人赴下淡水粤庄招集义民,卫护府城。而林爽文之党庄大田亦派人前往招诱客民,客民将其捕杀。之后,下淡水客民于十二月十九日齐集忠义亭,选庄中壮丁八千多人,分为中、左、右、前、后及前敌六堆,以举人曾中立总理其事,每堆、每庄各设总理事、副理事,分管义民,粮饷系按照田亩公捐。[①]

由"营"改称为"堆",据说是以此区别于官营,即所谓"后若贼乱平定,将营改成堆,以别官营之目"[②]。其实,在名称变化的背后,也隐含着内容的某些变化。

第一,每一堆与所依托聚落的对应关系渐渐固定下来,即万峦乡一带为先锋堆,竹田乡一带为中堆,麟洛、长治二乡为前堆,内埔乡一带为后堆,佳冬、新埤二乡为左堆,美浓、高树一带为右堆。由此,各堆分别成为各所属聚落客家人自我认同的标志。

第二,六堆战时之建制逐步完善。"各堆公选总理、副总理,六堆更推选大总理、大副理。地方有事之日,大总理指挥一切,各堆总理协办军务。各堆选拔壮丁,以五十名为一旗,以六旗为一堆。粮饷由庄民自行负担,其中大租户二分,小租户五分,佃户三分,属于一种自治独立的屯田组织。"[③] 其内部各职的选拔和分工也有明确的规定:"每堆设总理、副总理各一名外,另有持旗之正副旗手二人,率队之正副先锋二人,专司联络的长干一人,专司备粮事务的督粮一人。六堆大总理由各堆总理六人协议推荐学识、名望、财产、刚勇兼备之人。专司内务的大副总理及管理堆丁的指挥使、文案、督粮、长干等人,由大总理与各堆总理协议决定。"[④]

第三,六堆平时之自治组织亦趋成熟。战事结束后,六堆的组织并未完全

①　《平台纪事本末》,《台湾文献丛刊》第 16 种,台湾银行经济研究室 1958 年印行;《钦定平定台湾纪略》,《台湾文献丛刊》第 102 种,台湾银行经济研究室 1961 年印行。

②　刘正一:《台湾南部六堆客家发展史》引宋九云《台南东粤义民志》（1880）之《六堆设立章程》,收录于徐正光、彭钦清、罗肇锦主编的《客家文化研讨会论文集》,台北"行政院"文化建设委员会 1994 年印行,第 442～443 页。

③　《台南县志》,成文出版社 1899 年原刊,第 23～24 页。

④　［日］松崎仁三郎:《鸣呼忠义亭》,高雄盛文社 1935 年版,第 4 页。

解散,各堆经推举产生的大总理、总理、副总理等公职,转而成为堆或庄中事务的仲裁者,负责维持各堆各庄的社会秩序。各堆还通过构筑庄社共同的防御工事,保证聚落的安全;举办科举会等文教组织、大圣会等信仰结社、尝会等宗族公有经济组织,来推动各堆各庄或各宗族共同的经济、文化和精神活动,借此不断增强六堆内部的凝聚力,达到村落自治的目的,使得下淡水地区的客家移民成为一个相对强势的族群。

六堆人高度团结互助、共同对外的传统维持了二百多年而不坠,至今仍在发挥作用。如六堆人成立了"六堆文教基金会",编辑出版了《六堆客家乡土志》,创办《六堆杂志》。近年又成立"重修六堆客家乡土志筹备委员会",推展"六堆客家社会文化发展与变迁之研究"项目,发起成立"六堆文化研究学会"。有的地方,如美浓成立了"美浓爱乡协进会",在发展乡土文化事业、促进环境保护、保障乡土权益方面做了大量工作,取得了显著成绩。其中最著名的就是为反对兴修美浓水库,组织乡民与政府进行了长期的抗争。

第三节　与土著民的斗争和融合:"平埔客"和"客平埔"问题

在汉人入居台湾之前,在台湾早已居住着多种原住民,他们有的住在沿海平原,有的住在中部山地或丘陵,汉人入居台湾之后,有的与汉人接触较早较多,接受汉文化影响较深,被称为"熟番"、"归化番";有的与汉人接触较少,保持较多的本族原有文化风貌,被称为"生番"。日本割占台湾后,则把台湾原住民统称为"高山族"。这种称呼为部分台湾和祖国大陆学者所接受,在很长一段时间内沿用不替。随着研究的深入,有人又把住在平地的原住民称为"平埔族",而把住在山地的原住民称为"高山族"。据研究,高山族内部可再分为九族,平埔族内部可分为十族,共包括泰雅、赛夏、阿美、布农、排湾、鲁凯、卑南、曹、雅美、凯达格兰、巴则海、道卡斯、噶玛兰、雷郎、巴布拉、猫雾捒、和安雅、西拉雅、邵族等族群。其中,与汉人接触较多相互同化较深的是平埔族。本节论述客家人在台湾开发过程中与原住民的关系,以平埔族为主。

汉人入居台湾之后,打破了平埔族固有的生活秩序,在拓垦过程中与平埔族争土地、争水源,彼此发生了广泛的接触、斗争、交流、融合。这样的过程是福佬人与客家人所共有的,但因客家人的分布较近内山,在拓垦中又常担任负责防番的隘丁,所以客家人往往站在原住民与汉人冲突的第一线,因之客家人与平埔族的接触更多更密切。通过接触、交流,从而达到互相同化的结果,即产生了大量的"平埔客"(平埔族人演变为客家人)和"客平埔"(客家人被平埔族同化)。

让我们自北而南,对台湾的"平埔客"和"客平埔"问题作一简略的巡礼。[1]

客家人入垦台北盆地时遭遇的平埔族主要是凯达格兰族,他们和平埔族建立了良好的合作关系。如入垦景美万盛、新店大坪林一带的广东大埔廖姓移民,来台第二代都娶了凯达格兰平埔族人为妻。新庄的饶平刘和林家族、泰山的永定胡焯猷家族,都是和当地平埔族头目订约取得了垦地。和睦的相处,密切的交往,一方面,使有的客家后裔身上流着平埔族的血液,耕耘着本属于平埔族的土地;另一方面,使有的平埔族人身上流着客家人的血液,并在不同程度上接受了客家的语言、饮食、服饰、民俗等文化的影响。这样的双向互动模式,乃是汉人进入台湾之后全台客家(福佬也不例外)和平埔人的历史发展基调。

桃园台地客家与平埔交融的情况,可以宵里客家与南崁四社的关系作为典型。客家人在桃园台地的分布以中坜、龙潭地区为多。宵里位于中坜和八德交界处,当地原住着南崁四社的一个部落,他们的头目知母六,率众开凿了宵里湖以供水利,并带领客属开辟了后来的龙潭地区。在这个过程中,平埔人迅速汉化,知母六也起了汉式姓名萧那英,其子萧东盛又开拓了龙潭和关西交界的铜锣圈台地。此后萧家一直是龙潭地方的望族,几乎与客家浑然无别。

在新竹,客家人成为当地原住民道卡斯族地主的佃农,逐渐建立起客家聚落,久而久之,竟后来居上成为关西镇的主要族群。

苗栗三义乡鲤鱼潭迤南至台中丰原、神冈一带,本是巴则海族的领域,来自广东大埔的客家移民张达京娶了巴则海头目的姑姑为妻,在族中取得了极大的权利,人称"番驸马"。他协同巴则海头目潘敦仔开凿多条水渠,使台中

---

[1]　本节的资料来源主要是邱彦贵、吴中杰的《台湾客家地图》,特向邱、吴两先生致谢。

盆地成为重要的水稻产区。但巴则海族人要使用这些水渠，却必须按照"割地换水"协定，割让一定数量的所属土地给他，由此张达京成为大垦户，从闽、粤招募大批汉人前来佃垦。慢慢地，巴则海族人的土地丧失殆尽，只得退入深山，或迁往东部另辟新天地，汉人转而成为台中盆地的优势族群。台中盆地上的众多客家人聚落也因而建立起来。

台湾中部客家与平埔族交融的情况，有一个很典型的例子：浊水溪畔彰化县芳苑乡内，原来有一个称为"番仔挖"的地方，本是平埔族的住地。清代泉州同安县福佬人洪姓入垦之后，当地平埔族逐渐汉化，改姓为洪，讲起了福佬话。但其中有一户人家，将一个孩子送给苗栗南庄山上的赛夏族头领丝卯乃为子嗣，取名丝大尾。后来机缘凑巧，丝大尾竟继承了该族的头领大位。但因不善理财，家境并不宽裕。时值日治年代，适逢西螺诏安客富户廖裕纷成立农垦公司"布屿株式会社"，偏好雇佣桃竹苗客家人。丝大尾的一个小儿子便带着从新竹北埔娶来的妻子，跟随这批桃竹苗客的移民队伍，来到云林二仑的庄西村落户开垦。自然，这位丝家的公子逐渐汉化成了客家人。他的孩子名叫丝燕霖，至今健在，年近六旬，身体健硕，说着一口道地的四县客话，见到来访的客家学者，开口便是"涯姓丝"，并自诩为"正客"，称诏安客为"沤客仔"（意指腐朽的客家）。他的语言、习俗、意识，都完全客家化了，无疑已是一位地道的客家人。但是丝燕霖的双亲彼此间对话用的却是"海陆客话"，他的儿子讲的也是漂亮的"海陆客话"。丝燕霖本身也兼通海陆客话和福佬话，这是"平埔客"对各地客家乃至福佬文化兼收并蓄的结果。

在南部台湾，屏东的原客关系最具代表性。屏东的鲁凯、排湾族，因居傀儡（大武）山而被称为"傀儡番"。如前文所述，当客家人入居六堆之初，原客关系曾经相当紧张，彼此冲突不断。尤其是长治客属侵入三地门占用水源，引致排湾族出草报复，杀死不少客家垦民。乾隆以后实行"以番治番"政策，将屏东平原上的平埔族徙往大武山沿线屯垦，矛盾冲突逐渐减少。到了日治以后，原客相处融洽，常见婚姻、收养关系。美浓客籍作家钟理和的名作《假黎婆》，主角就是一位客家化了的原住民妇女，"假黎"是方言对音，即傀儡的意思。

至于台湾最南端恒春半岛上的原客关系，富有传奇色彩的姚龙妹故事很能说明问题。六堆客家人进入恒春半岛后，遇到排湾化的卑南族"斯卡罗人"。斯卡罗十八番社头人潘文杰之孙潘文吉强娶了客家女子姚龙妹,姚龙妹学习了斯卡罗的语言,在夫婿早逝后力持家业,并请来美浓的地理师为潘家修谱建坟,对潘家的发展兴旺卓有贡献。这样一位平埔化的客家妇女,身上仍保留着不少客家文化的特征。他的媳妇谢佳佐,也是客属。

第四节　台湾客家人的抗日斗争

台湾客家人的爱国家爱民族、崇尚忠义的精神,和多年维持不坠的义勇民团组织,在乙未年(1895)的反割台战争中发挥了最大的作用,迸发了耀眼的光芒。

一、丘逢甲及乙未反割台斗争中的客家抗日英杰

在台湾客家人的抗日斗争中,首先应大书一笔的是丘逢甲。丘逢甲祖籍镇平,落籍台中,为当地望族。他本人进士及第,才华横溢,在台湾士绅中很有影响。甲午(1894)中日战争后,清廷签订了《马关条约》,把台湾割让给日本。消息传来,台湾人民群起坚决反对。丘逢甲领首以全台绅民的名义上书清廷,慷慨陈词:

> 和议割台,全台震骇!自闻警以来,台民慨输饷械,不顾身家,无负朝廷。……臣等桑梓之地,义与存亡,愿与抚臣誓死守御。设战而不胜,请俟臣等死后再言割地。……如倭酋来收台湾,台民惟有开仗。[1]

在清廷决意弃台,下令台湾巡抚唐景崧和文武官员内渡,而日本则调集军队,准备武装接收台湾的情势下,丘逢甲被推为义军大将军,负责防守新竹至台中防线。这次反割台斗争,虽然由于孤立无援,更由于自身的种种弱点而失败了,但它唤起民众、首倡抗日的历史地位和作用仍永葆史册。丘逢甲首倡并领导了乙未反割斗争,失败后眼看回天无力,不得已内渡祖国大陆,在粤东大力兴办教育,培养英才,并写了大量充满民族感情和爱国热忱的诗歌,最后投身辛亥革命,为自己光辉战斗的一生画上了壮烈的句号。

---

① 《宫中电报档》,见戚其章主编《中日战争》第三册,中华书局1991年版,第70、74页。

日本军队夺取了台湾北部,在台北成立了总督府宣布"始政",即开始实行殖民统治之后,却意外地受到中部和南部台湾人民的顽强抵抗。中部抗日的领袖人物吴汤兴、徐骧、姜绍祖、胡嘉猷等都是客家人。吴汤兴是苗栗县生员。清廷决定割台,吴汤兴义愤填膺,立志为保卫家园而献身。在乙未反割台抗日运动中,他被唐景崧授为义军统领,遂在家乡招募乡民,备器械、具糗粮,组成义勇队。徐骧、姜绍祖也是苗栗客家人。甲午战前,徐骧在苗栗头份执教,姜绍祖为垦户首。在乙未反割台斗争的抗日旗帜下,他们都募勇组织义军,成为抗日义军将领。胡嘉猷原籍广东梅县,落籍苗栗,科举不第,以父亲军功得荫职为小武官。在乙未抗战中,联合黄娘盛义军,抗击侵犯中坜一带的日军。吴、徐、姜、胡等人领导的义军大都是当地的客家人,武器落后,给养很差,但都有强烈的捍卫家乡的观念,斗志昂扬,勇敢善战,在日军南下时都活跃在新竹、苗栗一线,迎头痛击侵略者。

1895 年 6 月 12 日,日军自台北分两路进逼新竹。13 日,日军在大湖口受到吴汤兴等军的顽强阻击。"日军恃众,惟发排枪,弹如雨下,鲜命中。吴军多山民,善阻击,弹无虚发,日军仆者相继,遂大败退。"[①] 另一路日军在大科崁受到胡嘉猷的阻击。尽管在人数和装备上义军都处于劣势,但胡军以竹排为障,登炮台射击。日兵攀竹跃入,胡军拼死抵抗,连毙数敌,日军仍攻势不减。胡嘉猷取一门旧扛炮,以铁钉、铁丸塞入而发,日军稍却。这时徐骧等部赶到,周围民众也来支援,四面进攻。日军一支运粮队被歼,军心动摇,退入大科崁北面三角涌的山林间逃脱。

此后,日军调集大部队集中进行扫荡,客家各义勇队展开了历时一个多月艰苦卓绝的保卫战。新竹城失而复得、得而复失多次,双方往往为了争夺一个山头、一个据点而拼尽全力、浴血苦战,义军最终因为粮尽弹绝而败。吴汤兴、徐骧先后中弹牺牲,姜绍祖被俘不屈、服毒自杀,他们都壮烈地实现了为国捐躯的豪言壮志。

二、乙未反割台斗争大将军刘永福

台湾抗日斗争中还有一位彪炳史册的客家英雄,他就是名震中外的黑旗

---

① 洪弃父:《台湾战纪》,《中日战争文献汇编》六。

军将领刘永福。刘永福,广西客家人,中法战争后以"帮办防务闽粤南澳镇总兵"官衔,调到台湾,驻守台南,加强防务。乙未反割台斗争时期,他被推为大将军。台北失陷后,刘永福仍以"帮办防务"名义主持台南军事,指挥麾下所部与民军。他发布文告,筹措军饷,训练兵勇,准备与日军周旋到底。日军进攻新竹时,他派兵驰援。新竹、台中、苗栗、嘉义相继陷落后,日军与刘永福军处于正面对垒的态势。日本侵略者深知刘永福黑旗军善战,以保证刘永福安全回祖国大陆作为诱饵,劝刘永福放弃抵抗,刘永福坚决拒绝。他指责日军"占据台北,纵容兵卒杀戮焚掠,无所不至",表示"爱整甲兵,保此人民,成败利钝,在所不计"。[①] 于是日本急从国内增派大军支援近卫师团南进,于10月初集结了四万余兵力,分三路水陆进犯台南。在兵力处于绝对劣势,而又粮饷匮乏、外无援兵的艰难处境下,刘永福还是尽其所能打击日军。为了团结各派系共同抗日,每次战斗,刘永福总是把自己的嫡系部队放在最前线,多次击退敌人的海陆进攻。他还创造性地采用箍桶竹签打击敌人,即在海岸上挖堑掘坑,埋入大木桶,桶内密插竹签,外以草皮伪装。日寇偷袭时,往往落入桶内,或死或伤,狼狈不堪。只是战斗持续下去,刘永福军的弱点日益突出,兵将死伤严重,粮饷匮乏,募捐无着,清政府不但不予支援,反而下令大陆官民"不得丝毫接济台湾",台南的汉奸土匪又从而捣乱破坏。至此,刘永福纵然英雄盖世,也是一筹莫展,才不得已设法内渡厦门。

乙未反割台斗争昙花一现,旋即凋萎。台湾人民壮烈的抗日斗争虽以失败告终,但以吴汤兴、徐骧、姜绍祖、胡嘉猷和刘永福为首的客家英杰在反割台斗争中的集体英雄主义表现,为台湾客家人的抗日斗争谱写了一曲辉煌的乐章,永远回荡在台湾人民的心中。

三、坚持抗日的罗福星和他组织的革命党

在日本殖民统治时期,日本占领者对台湾人民进行残酷的政治压迫和经济掠夺,实行了奴化人民的"皇民化"运动。台湾客家人与全体台湾人民一道,在政治和思想文化领域对侵略者进行了形式多样、坚持不懈的反抗斗争,涌现了不胜枚举的志士仁人。其中,迄至辛亥革命为止,罗福星是一个光辉的代

---

① 吴桐林:《今生自述》,《中日战争文献汇编》六。

表,从他的身上可以略窥这一阶段台湾客家人抗日政治斗争情况之一斑。

罗福星,字东亚,号国权,祖籍广东蕉岭,1886 年生于台湾苗栗。毕业于苗栗公学,后随祖父迁回祖国大陆,此后常往来于台湾与祖国大陆之间。罗福星生性豪迈,目睹日人的残暴统治,受革命思潮的熏染,渐渐树立了抗日爱国的民族革命思想。曾作诗歌曰:"青年尚武奋精神,睥睨东夷肯让人? 三岛区区原弱小,哪怕日本大和魂!"凸显了他的抗日英雄气概。

罗福星在台湾不堪日人苛政虐待,返国参加了黄花岗起义,受伤被捕。获释后辗转于蕉岭、爪哇、新加坡、雅加达之间,兴办华文教育,历任校长之职。辛亥革命后再赴台湾,开展社会调查和筹组革命党的活动,设支部于苗栗,而以台北大稻埕(今台北市延平路一带)大瀛旅馆为联络处。罗福星组织的革命党以华民会、三点会、革命会为外围,以同盟会为统摄,中心设在苗栗,逐渐扩展至台北、基隆、桃园、宜兰、台南。罗福星本人南北奔波,募集会员。在罗福星等人的辛勤努力下,加盟入会者由数百人、数千人迅速发展至 12 万人,形成声势浩大的革命势力。

革命形势的发展,引起日本警厅的注意,于是加紧迫害革命者,破坏革命机构。1913 年 11 月,台湾整个会党组织被日本人侦破,罗福星弃家潜逃,最终于 11 月 21 日在淡水下奎柔山庄民家被捕。12 月 4 日,罗福星及其战友黄光枢、江亮能、谢德香、傅清凤、黄员敬等被日本临时法院判处死刑,另有近百名党人被判重刑。1914 年 3 月 3 日,罗福星在台北监狱受绞刑而牺牲。就义时,罗福星泰然自若,毫无惧色,从容索笔作绝命书曰:"不死于家,而永为子孙纪念,而死于台湾,亦为台民纪念耳!"罗福星的壮烈牺牲,引起台湾人民的普遍愤慨,其忠贞为国、矢志恢复的精神,永远受到人们的敬仰。他所开启的台湾现代抗日民族主义思想,以及将台湾的抗日民族斗争与祖国大陆国民革命相结合的做法,在台湾人民抗日运动史上具有重要的意义。

四、"农民组合"的抗日斗争

辛亥革命之后至 1945 年光复以前,台湾人民的抗日运动进入了一个新的阶段,主要特点是以现代思想文化为指导,掀起各种社会运动,人们称之为抗日的"文斗"时代。客家人由于充当佃农、雇工的较多,所以在"农民组合"中有突出的表现。

台湾"农民组合"于1927年12月4日宣告成立,提出了"工农联盟"的纲领。客家人简吉和赵港是"农民组合"的干部,奉命来到新竹大湖,领导农民反对日本政府不当放领官地给附日地主的斗争,同时开展"农民组合"大湖支部的工作,迅速地发展了组织。此后日本殖民者对"农民组合"实行全面镇压,大湖支部亦被破坏。但农民运动斗士们很快恢复了"农民组合"的工作,重建了大湖支部,新建了竹南永和山支部,选举了新的领导。年轻的客家人刘双鼎被选为"农民组合"常委,在"文协"左翼和台湾共产党的领导下,发动台湾人民开展反对日本帝国主义争取民族解放的武装斗争。在残酷的斗争中,"文协"左翼战士客家人郭常和"农民组合"领导刘双鼎先后被捕,都不屈死于狱中。[①]

第五节　当代台湾客家人的抗争

台湾光复之后,经济、社会有巨大的发展,尤其在20世纪70年代以来,创造了经济腾飞的奇迹,跻身于"亚洲四小龙"之列,一般的台湾客家乡亲,都已过上小康以上的富裕生活。但是,经济状况的改善,并没有改变台湾客家人的弱势族群的地位。相反,随着客语的不断流失,大量客家人的福佬化或隐性化,客家族群的人口比例继续下滑,在政治、经济、文化等各个领域的闽强客弱态势可以说是更加明显了,客家人所感受到的被压迫、不平等现象也就更突出了。

比如在政治资源的分配上,台湾客家人所得到的份额就远远少于福佬人。有学者对1951年台湾实施地方自治法以后的各县县长和县议会选举作过具体的分析,除了桃竹苗地区因为"客家庄纵横又势众",故而客家人可获得掌控县长权位或与闽南人轮流主持县政的机会外(桃园县的县长、议长大体由闽、客两族轮流出任;新竹县基本上是县长归客家,议长归闽南人;苗栗县县长多由客家人担任,议长或由闽南人出任),其他各县区在县长、议长的角逐

---

　　①　本节关于台湾客家人参与"农民组合"抗日斗争的资料,取自蓝博洲的《台湾客家人的历史战歌——西元1895～1954年》,收录于徐正光主编的《徘徊于族群和现实之间》,台北正中书局1991年版,1995年第2次印刷。

中,闽南人占了绝对的优势。即使是在屏东县,虽拥有六堆这样集中、团结的客家聚落,县长和县议长仍由闽南人垄断,客家人只能分配到主任秘书或机要秘书、水利会总干事和县农会理事长之类的角色。[①]

在文化资源的分配上,以大众传媒为例,1988 年之前,台湾各电台、电视台中,有用国语的,有用闽南语的,却没有一个用客语的电台或电视台,在官办电台、电视台中连一个客语频道都没有!在学校教育中也有类似的情况,授课主要用国语,间或用闽南语,教材主要是用国语编写的,也有少数是闽南语的乡土教材,却根本没有用客语授课的情况,也没有用客语编写的乡土教材。

不平则鸣,富于反抗精神的台湾客家人在新的形势下开始了新的抗争。而这种新的抗争,是与台湾客家人族群意识的觉醒分不开的,所以有人把这种新的抗争称为"客家族群运动"。

一、台湾客家族群意识复兴的标志——《客家风云》创刊

台湾客家族群意识复兴的标志是 1987 年《客家风云》杂志的创刊。该刊在创刊初期即提出了"重建客家人尊严"的诉求,并致力于建立对当前重大政治、社经议题的客家观点,积极介入和认同当时民间正在勃兴的改革运动和反对浪潮,特别对参与这些运动的客籍人物给予显著的讨论和报道。

1988 年中期,《客家风云》杂志发起了反对当局独尊国语、打压本土语言政策的运动,筹组了"客家权益促进会",组织发动了有六千多人参加的街头示威,提出"开放客话广播、电视节目,实行双语教育、建立平等语言政策,修改广电法二十条对方言之限制条款为保障条款"三大诉求。这次运动,虽然由于筹划仓促,参加者动机和理念不尽相同,各社团、各组织之间缺乏必要的沟通,未能达到预期的目的,但它还是产生了广泛而深刻的影响,主要表现在如下几个方面。

第一,"还我母语"的观念和行动在不少客家地区、聚落、社区和客家人士中推展开来。像苗栗的一些客家村庄,村头村尾竖起了"请您讲客家话"的标语牌;许多客家人已坚持在家庭中用客话作为交流语言,以期使孩子们都

---

① 萧新煌、黄世明:《台湾地方社会与客家政治力:客家族群派系的类型、发展及限制》,收录于徐正光主编的《第四届国际客家学研讨会论文集:历史与社会经济》,台湾"中央"研究院民族学研究所 2000 年版。

会说客话、爱客话；还有人组织了以客家文化为主题的夏令营，甚至组织客家孩子们回祖国大陆原乡观光访问，培养孩子们的客家感情和客家意识。

第二，已经争取到在一些电台、电视台开辟了一定时段的客话节目，有关人士还继续为延长客话节目时间，设立专门的客话频道乃至客话电台、电视台而努力。

第三，有人已提出在客家人较集中地区的中小学校里采用国语和客话双语教育的设想，《台湾的客家话》《客家话词典》之类著作也已出版了多种，客语教材、客家文学也在不断创作中。这些工作成绩，对于客家话的保存和推广将会有很大的贡献，对于在某些学校推行国语和客话双语教育，也是必要的准备。

第四，重视对客家山歌的学习、传承与改造、传播。山歌是客家人最喜爱的一种文艺形式，它自由地表现客家人的劳动与生产、生活感受及爱情追求，是客家文化的重要内容，也是客家人联络感情的重要工具，同时它又是运用客家语言、传播客家语言的有效形式。所以有些客家人对山歌倾注了特殊的感情，甚至认为凡客家人就必须会唱山歌，不会唱山歌的就不算客家人。例如台北中原客家崇正会的一班乡亲就有这种倾向。他们办了两个山歌演唱班，每周定期演唱。笔者到该会访问时，有些乡亲就执著地要与笔者对唱山歌。而每年二月规模盛大的竹东山歌大赛，开办二十多年来长盛不衰，而且报名参加比赛的人越来越多，主办单位只好把赛程提前一天，出现了连续两天从早到晚山歌唱不停的盛况。这也是在台湾客家人大力弘扬客家文化的背景下才可能有的盛事。为了使新一代客家青少年也喜欢客家山歌，目前音乐界的客家人士对客家山歌的歌词和旋律、节奏进行了改造，然后请艺人演唱制成光盘发行。这项工作如果获得成功，则对于传播客家文化和推广客家语言都有很大的推动作用。

二、客家民众力量的强烈表示——"中坜事件"

在政治领域，客家人也有很高的参与热情，并已取得相当的成绩。发生在1977年11月19日的"中坜事件"，便是一次客家民众力量的强烈展示。这次事件的导火线是国民党在桃园县县长选举中有作弊嫌疑，引起选民争议。事发后桃园县警察局长率领有大批警察的镇暴车到场镇压，激起众怒。于是早就不满于国民党政权高压政策的客籍民众群起围斗警察,焚毁警车等汽车六十多辆,进攻警察局和投票所,迫使当局将官派投票所监察主任送法院查办,并宣布民众支持的党外候选人当选县长,这场骚乱才逐渐平息下去。据报道,自发起来参加这次事件的中坜客家民众达一万多人(一说超过两万人),事件进行过程中未发生任何抢劫案和其他不法行动,群众一切行动都是针对国民党政权而发,表现出客家民众良好的素质和明确的抗争目标。因此,从这次事件中,我们看到了台湾客家人反抗强权、追求民主的可贵精神,看到了客家人团结的巨大力量。

在其他各地的选举中,也不乏客家人团结一致而取得胜利的事例。如美浓人的团结战斗精神即极为突出。1980 年的"立委"选举,联合报记者出身的美浓人钟荣吉,得到屏东县长客家人邱连辉的助选以及"美浓情结"、"客家人大团结"口号之助,总共得到 100500 多票,而在美浓则囊括 93% 的选票,创下选举史上的空前纪录。

1993 年,"反水库"成为美浓地方民意机关的正式决议,以镇代会、镇公所、里长、邻长为班底的动员系统配合地方各界人士组成的"美浓爱乡协进会",积极筹备了表达地方反水库民意的各项活动。4 月 16 日,200 多位来自美浓的请愿群众,头绑白布条,手执油纸伞,在"立法院"前高喊"反水库,救美浓!"口号,终于迫使"立法院"于 5 月 3 日通过了冻结美浓水库预算一年的提案。此举极大改变了人们固有的认为客家人在政治、经济上隐忍保守的观念。①

此外,新竹范文芳的坚决反核立场,六堆曾贵海的环保行动,苗栗陌上尘、钟乔及桃园萧新煌的劳工运动和弱势族群关怀,都反映了台湾客家人在社会公共政策方面的鲜明主张,也代表了台湾客家人的族群利益和集体力量。在这些活动和抗争中,我们看到了客家精神在当代台湾这一特殊时空范围的发扬和光大。

---

① 这里关于美浓的论述,引自萧新煌、黄世明的《台湾地方社会与客家政治力:客家族群派系的类型、发展及限制》(见徐正光主编:《第四届国际客家学研讨会论文集:历史与社会经济》,第 160~161 页),但个别文字有改动。

第六章　福建客家文化的主要特征

在客家学研究中,人们讨论得最多的话题之一就是客家文化和客家精神。关于客家精神,项南同志的说法是很有代表性的,他说:

> 客家精神的内涵是很丰富的,其核心在于团结和奋进。……首先是客家先民自身团结的精神形成了很强的向心力。正是这种向心力使他们在漫长的迁徙过程中把中原灿烂的文明带到南方播衍而不被迁徙地的土著同化。……其次,这种团结奋进的精神特质,还表现在对异族文化的博采和涵化上。……客家文化继承和发扬了中华文化的精华,长期的迁徙又养成了兼收并蓄取其长、开拓进取不保守的民风,使客家民系具有强大的凝聚力和生命力。[①]

其实,客家精神是客家文化的内核,客家文化是客家精神的表现形式。内涵丰富、特点鲜明的客家精神,是从范围极广、形式多样而又十分具体的文化现象中概括、总结出来的。为了具体地、形象地认识丰富多彩的客家文化,本章主要以福建的客家文化为对象,把它分为若干大类,每类中举出典型的事例或事象加以介绍、剖析。

第一节　服饰与饮食

一、服饰

旧时客家的典型服饰,男子上装以对襟短衫、中长对襟衫、直襟棉袄、皮袄为常服。对襟衫结构简单:对襟,主体部分上窄下宽,无领或浅领,配上窄口

---

① 项南:《客家文化丛书·序》,福建教育出版社 1995 年版。

的长袖。下装以大裆裤为代表,造型简单,式样统一,裤头和袖口都要向内翻褶与里布相接,颜色通常是蓝、灰、黑色。女子服饰更富特色,最常见的上装是大襟衫,大襟,右衽,配上高竖的领子,精美的布纽扣,长短以"行不露臀,坐不露股"为原则。下装也是大裆裤,少裙装,颜色尚青、蓝、黑色;头发喜梳成高髻,以帕包头,插上金、银、铜簪,一般不缠足,一双天足,上山下田,健步如飞。

这样的服饰,与中原汉族的服饰差别甚大,却与畬族服饰类似,显然是在长期与畬族人民交往中,受到畬族的影响,吸收了畬族服饰文化的有益养分所致。

关于畬族服饰,文献上常见的记载是:"其男子不巾帽,短衫阔袖,椎髻跣足,黎面青睛,长身猿臂。声哑哑如鸟。乡人呼其为畬客。妇人不笄,饰结草珠,若缨络蒙髻上。明眸皓齿,白皙经霜日不改。析薪荷畚,履层崖如平地。"[1] 或说他们"男女椎髻,跣足,衣尚青、蓝色。男子短衫,不巾不帽;妇女高髻垂缨,头戴竹冠蒙布,饰璎珞状"[2]。

这种装饰打扮,与数十年前客家人的装饰打扮几无二致。如旧时客家妇女的发髻:"过去客家妇女的辫发很多是盘成高髻的,状如独木舟,谓之'船子髻',系以红绳,插以银簪,髻上可套凉笠,髻端外露前翘,笠沿周围垂下长约五寸的五彩布条,微风吹来,彩条飘拂,确是别有一番风韵。"[3] 把辫发盘成高髻,用红头绳一扎,像独木舟似的,这就是所谓"椎髻";"髻上可套凉笠",笠沿还要饰以五彩布条,也就是所谓"头戴竹冠蒙布,饰璎珞状"。两相对照,两者之间的一致性真是一目了然。

旧时客家妇女通常的衣着则是:"客家妇女穿的是右侧开襟上衣,右襟沿及衫尾四周,缀以花边,宽纹一寸。裤头阔大,裤裆较深,裤脚口亦缀以花边;着的是布鞋,鞋面由两片色布缝成,鞋端略往上翘,状似小船。上面用五彩花线绣了花,身上还系着围裙子,用银链子系结,裙子状如'凸'字,其上半部也绣有花卉或图案,如此等等。逢年过节或串亲走戚时脖子上挂着银项圈,

---

① 民国《长汀县志》引范绍质《瑶民纪略》。
② 王增能:《客家与畬族的关系》,《武平文史资料》总第10辑。
③ 同上。

手腕上戴着银镯子,打扮起来活像个畲族妇女。"① 在衣着的颜色方面,直至几十年前,客家人还特别喜欢一种叫做"阴丹士林"的布,其颜色正是属于青、蓝色的范围。显然,客家妇女的这种衣着打扮,也是受畲族影响所致,或者简直就可以说是从畲族妇女那里学来的。

二、饮食

饮食方面,表现出山居及经济以山地农业为主的特点,其中不少事象能在畲族或其先民中找到渊源关系。

1. 稜米

《舆地纪胜》卷一〇二"梅州"云:"菱禾,不知种之所自出。植干自熟,粒粒粗粝,间有糯。亦可酿,但风味不醇。此本山客畬所种,今居民往往取其种而莳之。"杨澜《临汀汇考》卷四《物产考》载:"汀人……又有稜米,又名畲米。畲客开山种树,掘烧乱草,乘土暖种之,分粘、不粘二种,四月种,九月收。"民国《长汀县志·畲客》云:"所树艺曰稜禾,实大且长,味甘香。"说明稜米本为畲民特产,后来被梅州、汀州客家人学会,并大加推广。

2. "绿荷包饭"、"竹筒饭"

客家人有"绿荷包饭"、吃"竹筒饭"的习惯。上山干活,挑担远行,用荷叶、芋叶之类包一团煮熟了的饭团,这是"绿荷包饭";或者削一段竹筒,装上米菜,饿了时找个地方埋锅一煮②,即可充饥,这是"竹筒饭"。这种饮食方法,源自百越蛮獠,有唐代柳宗元《柳州峒氓》诗可证:

> 郡城南下接通津,异服殊音不可亲。
>
> 青箬裹盐归峒客,绿荷包饭趁虚人。

客家和畲族族源都有古百越民族的成分,继承百越古俗的"绿荷包饭"和"竹筒饭",是很自然的。

3. 汀州八干

客家人喜欢把食物晒干、风干,储藏起来慢慢吃,这大概与客家地区山林出产较丰富,而其他方面物资来源有限,物质条件艰苦的环境相关。由于常

---

① 　王增能:《客家与畲族的关系》,《武平文史资料》总第10辑。
② 　过去客家地区山路上常建有茶亭,内有锅灶供人煮饭。

常制"干"、吃"干",积累了丰富的经验,久而久之,汀州八个客家县份各自都精选出自己的名优产品,汇总起来,就形成了名闻中外的客家风味小吃"汀州八干",即长汀的豆腐干、宁化的老鼠干、连城的蕃薯干、上杭的萝卜干、武平的猪胆干、永定的菜干、清流的笋干、明溪(旧称"归化")的肉脯干。

大量制"干"、吃"干"习俗的形成,与当地环境艰苦、民风俭朴密切相关,但无可讳言的是,这样的饮食特点有的也与百越蛮獠旧俗有关。例如宁化老鼠干,食用面目狰狞的老鼠,在中原人看来是不可思议的,而古代蛮獠却以之为美味佳肴。唐代诗人刘禹锡《蛮子歌》中有"熏狸(一作'狐')掘沙鼠"一句,反映了荆湘蛮子悠久的吃鼠习惯。而唐代张鷟《朝野佥载》则记载了岭南"獠民"食鼠的癖好:

> 岭南獠民好为蜜唧,即鼠胎未瞬,通身赤蠕者,饲之以蜜,钉之筵上,嗳嗳而行,以箸夹取啖之,唧唧作声,故曰蜜唧。

"蜜唧"就是生吞尚未开眼而喂胞了蜜的小老鼠,这是被文献记载下来的古代蛮獠吃老鼠的方法之一。

在张鷟的时代,福建属于岭南道,福建的獠民也在"岭南獠民"的范围内。而当时宁化一带,正是"蛮獠"渊薮之一,其地又多田鼠,吃"蜜唧"或用其他方法吃老鼠,应该是顺理成章、不足为奇的。宁化客家人继承当地原住民"蛮獠"吃老鼠的传统,并不断改进,发展成今日的客家美食之一——宁化老鼠干,说明客家饮食文化的确融进了古蛮獠饮食文化因子。这是民族融合的佳话,而不是什么不光彩的该隐讳的事情。

4. 擂茶

擂茶既是饮料,又可充饥,历史上在客家人中很盛行,至今赣闽粤边区的客家人及移居西南、海外的客家人都保留了喜吃擂茶的习俗。

擂茶可分为米茶和香料茶两大类。米茶就是古人所谓"茗粥"。制法是将茶叶、生米、生姜等用水浸泡,然后放在内壁布满辐射状沟纹并形成细牙的陶制的擂钵里,用2~4尺长、杯口粗油茶木或山楂等可食杂木做成的擂槌,反复碾磨成糊状,复拌入韭菜、番薯丝等,倒入锅中煮成稀粥,食用时,再洒上适量的油炸碎花生米、芝麻及另行炒熟的菇、笋、肉丝等作料。

香料茶也叫"庵茶"或"盐茶",现在人们说的擂茶主要就是指这种茶。它的基本原料是茶叶、中草药和油、盐、姜等。在有些地方,如宁化,所谓茶叶的范围很广,可充当茶叶的品种很多,除老茶树叶外,许多野生植物的嫩叶,如山梨叶、大青叶、药薯(即淮山)叶等,经焖熟、发酵、晒干等工序大量制备,都当作茶叶,常年备用。[①]

但擂茶的发明权并不属于客家人。湘西的土家族、苗族等少数民族都喜欢喝擂茶。传说东汉马援率军征蛮,到达湘西乌头村(即桃花源一带)时,因天气炎热、水土不服,军士都染上瘴疠,上吐下泻,病势严重,无计可施。有一位老妈妈指导大家找来茶叶、生姜、大米,用棒棒在钵头里擂成茶末,煎汤服后睡觉发汗,治好了军士们的瘴病。后来人们就把这样制作的茶叫擂茶。[②]魏晋时期的中原有米茶,做法和用意与擂茶相近。马王堆汉墓出土的用茶叶做成的苦羹也可能是最早的茗粥。在唐人陆羽《茶经》中,更已详细介绍了庵茶即香料擂茶的配方和烹制程序。在赣闽粤地区,种茶、饮茶有悠久的历史,古代这一地区瘴疠盛行,先民们把清香解渴的茶叶配上各种驱瘴治病的草药,用适当的方法研磨调制煎饮,遂成各种形式的擂茶,用以解渴、疗饥、治病,既方便、又经济实用。不过,由于擂茶不如后起的冲茶、泡茶那样讲究茶的色、香、味,那样雅致,所以宋以后擂茶在中原地区,特别是在士大夫和文人学士清客中渐被摈弃不用,而在客家地区,由于生活艰苦、山林多瘴,客家人继承先民的饮用擂茶习俗而加以改进、丰富、发展,遂使此俗长期保存下来。

第二节　典型民居

民居形式也反映了客家人的性格和风俗,但它所反映出来的情况是丰富而复杂的,这里仅以福建客家人的几种典型民居略作剖析。

客家民居的最大特色,就是大型的生土夯筑的民宅。就福建范围来说,它主要包括闽客交界地带客家区域的方形和圆形土楼,以及客家腹地以"三堂二横式"为典型代表的府第式宅院民居。此外还有诏安县北部的客家半月楼,它是圆形土楼的变体;永定、长汀等县的五凤楼,它是府第式宅院的变体。这些土楼,都是客家人聚族而居,并用夯土墙承重的大型群体楼房住宅。

---

① 王增能:《客家饮食文化》,福建教育出版社 1995 年版。
② 参见巫瑞书:《南方民俗与楚文化》,岳麓书社 1997 年版。

一、客家土楼

汀江流域是客家人的天地,而九龙江流域是闽南人的世界。汀江最东的一条主要支流叫做黄潭河,发源于上杭县东北部的古田,流经上杭、永定二县,在永定东南角汇入汀江。九龙江西边的一条主要支流叫做船场溪,发源于南靖县境的博平岭东麓,流贯南靖县西部的梅林、书洋、船场等乡镇,汇入九龙江。黄潭河与船场溪之间,是客家人与闽南人的过渡地带,这一带西侧属客家,东侧属闽南。西侧包括永定县及漳州市所辖南靖、平和、诏安等县的西部乡镇,如南靖的梅林、书洋,平和的长乐、九峰、大溪,诏安的太平、秀篆、官陂、霞葛等,这些乡镇居民以客家人为主,基本上是客家乡镇。

这一过渡地带西有玳瑁山,东有博平岭,大山长谷,自然形势险峻,人文景观奇特。如果从漳州驱车前往龙岩,车过坂寮岭隧洞,沿着狭窄的山道前行,左弯是高山峻岭,右弯还是高山峻岭,你的眼睛难免有些疲惫。然而就在此时,转过一道山口,左边山麓一座座巨大的环形建筑物扑入你的眼帘,你一定会一扫旅途的疲累,惊讶而激动地高叫起来:"这是什么?"

这就是土楼!这就是使多少建筑学家、摄影家、画家、民俗学家、社会学家、人类学家、历史学家为之倾倒的我国东南山区传奇式的民居建筑。

这些散布在闽西南红色土壤上的奇特建筑,一座座,一群群,质朴、厚实、雄浑、奇妙。一批日本建筑学家乍见之下,心中感到无比震惊,事后他们这样形容当时的感受:"恰似大地盛长的巨大茸草一样,圆圆的土墙建筑物点点相连。或似黑色的 UFO(飞碟)自天而降一样,飘荡着好几个圆形的瓦屋顶。那真是好像拔地飞腾而上,又似从天空舞降下来的不可思议的光景。与其说是住宅,不如说是城寨,不,是不可想象的怪物,超然地横躺在我们眼前的山谷中,我们都看呆了一阵。"① 一位联合国教科文组织的顾问赞叹它是"世界上独一无二的神话般的山区建筑模式"。还有很多外国客人称赞土楼是"中国南方的山中传奇"。②

土楼是一种俗称。学者们从种种不同的角度,对它作了诸多界定。一位

---

① ［日］茂木计一郎等:《中国民居研究·关于客家的方形、环形土楼》。
② 转引自黄汉民:《客家土楼民居·引言》,福建教育出版社1995年版。

研究土楼多年的建筑学家是如此表述的："在闽粤赣三省交界地区，一座座奇特的土楼星罗棋布，它是居住在那里的客家人所创造的一种用生土夯筑的巨型的民居建筑。"[①]"生土夯筑"、"巨型"、"民居建筑"，这三点从建筑学的角度着眼，概括得完整而准确。但说到土楼的兴起背景和首创者，问题就复杂起来，还值得讨论。

这种圆形土楼和方形土楼最初兴起的地域和背景，是人们最感兴趣的问题。有人从中原建筑传统寻找客家土楼的根，认为魏晋时期中原的坞堡是客家土楼的滥觞，可惜找不到把两者联系起来的任何证据。[②]

根据调查，不但现属龙岩市的永定县有大量土楼，漳州市的南靖县、平和县、诏安县和漳浦县、华安县也有大量土楼。从现存土楼实物来看，漳州沿海一带的土楼建造年代最早可追溯到明中叶，如漳埔土楼建于明代的有五座：

绥安镇马坑村的一德楼（内方外圆楼），建于嘉靖三十七年（1558）；

霞美镇在田村的贻燕楼（方楼），建于嘉靖三十九年（1560）；

霞美镇运头村的庆云楼（方楼），建于隆庆三年（1569）；

旧镇昙子头村的晏海楼（方楼），建于万历十三年（1585）；

湖西镇赵家堡中的完璧楼（方楼），建于万历三十八年（1610）；

此外，漳州华安县也有多座土楼建于明代：

沙建镇上坪村岱山自然村的齐云楼（椭圆楼），建于明万历十八年（1590）；

沙建镇上坪村宝山自然村的昇平楼（方楼），建于明万历二十九年（1601）；

沙建镇上坪村庭安自然村的日新楼（方楼），建于明万历三十一年（1603）；

沙建镇官古村的和平楼（方楼），建于明天启六年（1626）。

而永定县有可靠年代可考的（文献记载或碑刻）土楼，最早的只能追溯到明末，那就是号称土楼之王、被誉为最早的圆楼之承启楼，建于明末崇祯年间

---

① 　黄汉民：《客家土楼民居·引言》，福建教育出版社1995年版。
② 　有人认为永定县湖雷乡下寨村的馥馨楼，始建于唐大历四年（769），这是毫无根据的臆想。唐代尚无上杭县和永定县，湖雷在当时还是一片荒山野岭，渺无人烟，绝不可能出现需要大量人力物力和高度建筑技巧并用以聚族而居的的土楼建筑。

（1628～？ ）。

但从文献记载来看,闽西土楼与闽南土楼出现的最早年代都是明代嘉靖后期。成书于明熹宗天启三年（1623）的《重修虔台志》,嘉靖四十一年七月 "秋七月剿除邻界剧贼" 条记载道：

> 福建永安县贼邓惠铨、邓兴祖、谢大髻等,于嘉靖三十八年聚党四千人,占据大小淘水陆要道,筑二土楼,凿池竖栅自固,且与龙岩贼廖选势成犄角……①

按：永安县大、小淘地处玳瑁山西麓,区位属闽中,其地紧邻连城县的姑田镇,当时应是客家人分布区域。② 则永安县大小淘水陆要道侧近兴建的这二座土楼,应可视为最早的客家土楼之一。兴建者是 "永安县贼",实即农民武装,兴建目的是 "凿池竖栅自固",军事防御的性质非常明显。在战事紧张的时刻突然兴建起二座土楼,显然是此前已有建筑土楼的事实和经验。所以嘉靖三十八年（1559）是客家土楼见于文献记载的最早年代,但并非客家土楼最早出现的绝对年代。

闽南土楼的最早文献记载,见于万历元年（1573）编撰的《漳州府志·兵防考》：

> 漳州土堡,旧时尚少,惟巡检司及人烟辏集去处设有土城。嘉靖四十年以来,各处盗贼生发,民间团筑土围、土楼日众,沿海地方尤多。

漳州沿海地方兴建的土楼,嘉靖四十年以来日众,说明此前也有,只是数量较少而已,如前引漳浦县绥安镇马坑村的一德楼,建于嘉靖三十七年,霞美镇在田村的贻燕楼,建于嘉靖三十九年,都是铁证。由此也说明,闽南土楼与闽西北土楼大致是同时兴起的。

闽南和闽西北土楼兴起的背景也大致相同,都是因应 "各处盗贼生发" 而起。当然,"盗贼" 只是官方用语,其所指的实际情况很复杂,闽南的 "盗贼" 有的是民间走私武装,有的是来自外州外府的农民武装,更多的是倭寇、海盗；闽西北的 "盗贼" 则大多是农民造反武装。

闽南土楼由原来作为公共军事防御设施的土堡、土城过渡、发展而来,而

---

① 唐世济主修、谢诏修撰《重修虔台志》卷七,第30页。
② 历史上客家人分布区域较当今广,后来由于族群间的互动,处于弱势的客家族群分布区呈不断收缩的趋势。

客家土楼的源头不止一个,一方面,它与闽南土楼有同源关系,融入了闽南土城、土堡的方法、技巧和理念;另一方面,它与江西的土围子、客家腹地(如宁化、长汀)的土寨、土围和五凤楼也有渊源关系。闽西客家人是从江西过来的,闽西客家人仿效江西的土围子,继承其聚族而居的形式、完善的防御功能,又结合当时当地的实际,加以适当的改造,变成方楼、五凤楼,进而变成圆楼,其间的轨迹,有很多线索可寻,合情合理,也合乎逻辑。

清代之后,土楼的分布状况发生了很大的变化,闽客接壤的山谷地带成为土楼最集中、数量最多的地区,其中的关键,是客家人与福佬人(即闽南人)的斗争。

在福建,明中叶以前,客家人主要分布在武夷山以东、玳瑁山以西的山区和丘陵地带,福佬人主要分布在博平岭以东直至大海的丘陵和平原地带。两个民系之间隔着一个狭长的山区和谷地,这里开发得很迟,到明中叶人烟还很稀少,处在这一带的漳平、华安、永定、南靖、平和、诏安等县,除了南靖设立于元代,其他都是明中叶以后才设立的。这样,两个民系间有一道缓冲地带,彼此间的矛盾还不激烈。

明代以后,特别是明中叶后,由于闽、客两个民系的经济社会都有长足发展,人口膨胀,耕地不足,只得向外寻找发展,于是产生了大量新移民。闽南和客家移民都有东向和西向两条路线。闽南移民向东是向大海、向海外发展,向南是把南部邻接广东的地区开发出来,次第设立了海澄、云霄、诏安等县。客家移民西向是回迁到赣南。而客家移民的东向与闽南移民的西向,都是进入玳瑁山与博平岭之间及其迤南的大山长谷。

南靖县书洋乡的情况,是汀州客家人向东、向南移殖的一个缩影。据说,最早来此开基的是两户客家人,一户姓施,一户姓杨,以人名地,称为"施杨"。后来施、杨两族搬走了,别的客家人入居此地,物是人非,才讹为同音的"书洋"两字。现居书洋的各个家族,都是明清时期从大埔、上杭、永定等客家县迁移过来的,这在各姓族谱上都有明确的记载。

现在列入世界文化遗产的田螺坑土楼群所在的书洋乡田螺坑村住的都是黄姓居民,祖先也是永定人,清中叶从永定来此放鸭子,从此定居下来,生息繁衍成一个自然村。该地盛产田螺,就把村子叫做田螺坑村。

田螺坑东南侧是上坂寨村,也姓黄;越过一个小山包为下坂寮,姓刘、姓李。现在土楼旅游必看的东倒西歪楼,就在下坂寮村。田螺坑讲客家话,也会讲福佬话;上坂寮讲福佬话,也会讲客家话;下坂寮福佬话和客家话杂用。语言的混杂和变迁,是客家人与福佬为邻后,接受福佬文化影响的结果。但他们的深层文化心理还是客家的,对此,只要看他们祭祖的情况就可了然。这几个村子,村中各有祠堂,但祖祠都在永定县湖坑,村民们都要定期回永定祭祖。书洋乡塔下村、石桥村、河坑村的情况大体也是如此。

从族谱来看,书洋乡只有少数客家宗族在明末清初已发展到相当规模,多数的客家宗族是在清朝中叶才成熟和壮大起来的。上述田螺坑、上坂寮、下坂寮等村子,都在清朝中叶发育为有一定实力的家族。其中田螺坑黄姓是一个小宗族,他们的祖宗放鸭子出身,但到嘉庆年间却建起了四角土楼 ①,足以说明该族在嘉庆年间已有成熟的组织和相当的经济实力。塔下村的张氏家族虽然在清初已成气候,但直到嘉庆年间才出举人,道光年间才有进士,说明该族发展的高峰应在清中叶。永定、上杭、平和、诏安等县的客家宗族发展情况,大体上也是如此。

客家移民东向与闽南移民西向的结果,缓冲地带基本被新移民填满了,两个民系的界面衔接乃至重叠在一起。于是彼此间争地、争水、争山林乃至争风水,矛盾、冲突、械斗日见尖锐和频繁。② 为了应付这种恶劣的环境,以血缘为纽带的宗族组织不断加强,宗族为了抵御外族的侵扰,必须聚族而居,加强防卫,加强族人互助。在防匪和抗倭斗争中兴起的土楼,对外封闭,对内开放,具有完善防御功能,自然成为宗族聚居的最佳选择。

但兴建土楼要有足够的人力、物力和财力,因而有待宗族的发展壮大。闽客交界区域的客家宗族基本上是在明末以来,特别是清中叶以来发展壮大起来的,在这样的背景下,闽客交界区域的土楼最先出现在明末,自清中叶起像雨后春笋般滋生发展起来。

客家土楼的建筑形式丰富多样。从外形看,有圆形土楼、方形土楼、椭圆形土楼、马蹄形土楼、五角楼、八卦楼、弧形楼等等。从土楼与环境的配合,以及土楼内部的空间布置、功能设计等方面来看,其形式更是千姿百态。

---

① 田螺坑土楼群中的方形土楼步云楼,当地人称为"四角楼",父老们都说,四角楼建于嘉庆年间。

② 正史和方志中关于这一时期寇乱、匪患的大量记载,大都具有闽客斗争的背景。

且让我们走进几座著名的土楼，一睹土楼建筑的高超技艺和土楼人家的生活情态。

永定县古竹乡高北村的承启楼，是三环式大型圆土楼的典型。楼的外径达62.6米，外墙高12.4米，宽大的屋檐出檐近4米。从楼外看去，一个圆形的庞然大物巨人般兀立在你面前，裸露着斑斑驳驳不加粉饰的胸膛，显得那么粗犷、雄伟，相形之下，自己则显得那么渺小，敬畏之情在心中油然升起。

进入大门，呈现在你面前的是完全不同的景象。只见三个同圆心的环形土楼环环相套，圆心部位是一座祖堂，配上回廊和半圆形天井，又组成一圈单层圆屋。四个同心圆圈由小到大，由低到高，回环往复，使人感到目晕神迷的美的律动，又仿佛是一部气势宏伟、和谐完美的四重奏乐章。

圆楼内环只有一层，20个开间；中环有两层，34个开间；外环四层，72个开间。全楼共有370多个房间，平面布局为内通廊式，各层几十个开间的房间连成一圈，楼上各层设走马廊相通，内外环走廊长达千米，三座环楼各设四部楼梯上下。其规模之巨大，使人不敢相信这是僻处闭塞山区的民居建筑。底层作厨房，二层作谷仓。底层厨房的热气，正好烘干二层的粮食。三、四层用作卧房，高爽宜人；每户各占一个开间，各开间没有明显的朝向好坏之分，房间分配没有辈分高低、贵贱等级之别，各户之间通过走廊相连，生活起居声气相通，有无相助，极利于集体精神的养成，这样一种舒适自然、和谐和睦的居住环境，使人感动而神往。

祖堂处在全楼的核心位置，是家族的公共空间，全家族祭祀、商议族中大事都在祖堂。各环楼各开间都朝向祖堂，层层环拱着祖堂，突出了祖宗的崇高地位，体现了客家人慎终追远、重视血缘伦理的传统精神。

偌大一座土楼只设一个大门、两个边门。墙体都由夯土筑成，外墙底层厚1.9米，向上逐层厚度略有收缩。一、二层不设窗户，三、四层的窗户也很小。这么高大厚实的夯土墙，这样封闭的结构，易守难攻，刀枪弓箭奈何它不得，寻常枪炮火器也很难对付它。如此完善的防卫功能，完全出于保证家族安全的需要。为了安全，不惜牺牲通风、采光等方面的需求，原因在于土楼人家所处的环境险恶。承启楼是江氏家族第15代祖所建，动工于明末，建成于清康熙年间。当时正是闽客斗争激烈、各种寇患变乱不断的时代，为了家族的安全，只有修建土楼，聚族而居，而且要最大限度地加强土楼的防卫功能。由此也可以看到,作为民居的土楼,与土城、土堡等防御性军事建筑之间,的确存在着渊源关系。

著名的客家圆楼还有许多。像南靖县梅林乡坎下村的怀远楼,是中型的内通廊式圆楼,建于清末,是简氏客家人的家族聚居房舍。整座楼只有一环,直径 38 米,高四层,外墙生土夯筑,环周 34 个开间,除了门厅、中厅和楼梯间外,每层 28 个房间,底层作厨房和餐厅,二层作谷仓,三、四层作卧房,每个卧房的结构和大小完全相同,没有长幼尊卑的差异。二、三、四层内侧设宽大的走马廊,使各个房间相通。楼内各户经济上各自独立,但顶着同一个屋顶,用着同一个院落,过着同居异财的半集体生活,集体性相当强,独立性、私密性比较弱。全楼只设一个大门。内院的中心也有一座祖堂,加上半圆形的回廊,在平面上形成与环楼同心的圆圈。祖堂也用作私塾,名为"斯是室",建筑精致,布置古雅,室门正对着环楼大门,所以一进大门,立刻可以感受到楼内的书香气息。这座土楼除了具有一般圆楼的尊崇祖宗、强调防卫的特点外,对于文教的重视给人留下深刻印象。

南靖县书洋乡石桥村的顺裕楼,是目前所见最大的客家圆楼之一。此楼只有单环,外径 74.1 米,楼高约 16 米,分四层,始建 20 纪 30 年代,取"顺时纳祐,光前裕后"之意,故名"顺裕楼"。本楼是张姓家族的住所,环周 72 个开间,现住 40 多户 200 余人。底层土墙厚 1.6 米,只设一个大门;屋顶出檐巨大,达 2.8 米,底层作厨房、餐厅,二层谷仓,不开窗;三、四层是卧房,开小窗,防御功能良好。各层都有回廊相连,内院天井开阔,是充满生活气息的公共空间,宽大的门道兼作家族聚会和休闲场所,体现了家族的凝聚力和集体性。此楼依山面水,门前有一小广场,溪水从广场边蜿蜒而过,老人们说,这是难得的好风水,因为"门前若有玉带水,高官必定容易起。出入代代读书声,荣显富贵耀门闾"。从科学的眼光看,此楼与山水的有机配合,体现了人与自然的和谐关系,反映了客家人的高度智慧和审美情趣。

方形土楼比圆形土楼的历史更久,数量更多。它在建筑形式上与圆形土楼有很大差异,但它聚族而居的方式,结构布局上对于祖宗的崇重,对于防卫功能的高度重视,都与圆形土楼毫无二致。南靖县梅林乡卦山村的和贵楼、永定县高陂乡上洋村的遗经楼,是客家方楼的典型代表。

和贵楼建于清初,从山脚下依山坡而建,外围后高前低。初建时只有四

层，1926 年失火，重修时增建一层，成为五层大楼，现住简氏一族 20 户，120
多人。楼宽 36.6 米，深 28.6 米，坐西朝东，只设一个大门。门外由单层的护
屋围成一个 11 米深的前院，叫做"厝包楼"；楼内又用围廊围成一个中心天
井，成为"楼包厝"。这种做法出于风水上的讲究，说是"厝包楼，儿孙贤，楼
包厝，儿孙富"。

　　楼内房间和附属建筑都依中轴线对称布置。进门是门厅，祖堂设在中轴
线尽端，中心天井摆在祖堂前面，使祖堂地位显得更突出，气氛更庄严。每户
从一层到五层各占一个开间，一层作厨房，不开窗；二层作谷仓，只开一条细
狭的小缝通风；三层以上住人，开小窗，宽度不过五六十厘米，呈内大外小的
梯形；各层内侧都有走马廊相通。

　　外墙墙角用卵石垒筑，高 1 米多，底层夯土墙厚 1.3 米。瓦屋顶处理成九
脊顶形式，高低错落，出檐宽达 3 米多。所有这些宗族集体生活方面的考虑
及安全方面的设计，都与圆形土楼雷同。院子用毛石铺地，整座方楼外观雄
伟，造型质朴、粗犷而又活泼。

　　遗经楼是客家陈氏的家族聚居住宅，始建于清嘉庆十一年（1806），费时
七十多年才建成。总体布局也是"厝包楼、楼包厝"形式。方楼约 45 米见
方，后楼五层，其他左、右、前三面都是四层，设一个正门、两个侧门。楼内的
中轴线对称布局及各层的功能安排与和贵楼相似，但与和贵楼不同的是，祖
堂设在内院中心，自成一个独立的四合院。祖堂与方楼之间有左右连廊相
通，前面以漏花矮墙分隔。前楼的走马廊宽大，用直棂窗分隔，处理成半封闭
的暖廊形式；后楼不设走马廊，分为三个完全隔开的独立单元，整座楼的立面
灵动，内部空间变化多致。

　　方楼中厅窗户较大，两侧房间的窗户极窄，而且越下层窗洞越窄。外墙底
层厚 1.1 米，虽不算厚，但夯土质量很好；大门板厚 20 厘米，用两个门栓，扃钥
牢固。内院建有仓库、花园、碓房，凿了两口水井，家居设施一应齐全。20 世纪
二三十年代，国民军把红军围困于此楼，双方攻防两个多月，楼内粮草充足，
门墙坚固，国民军动用了炸药，仍然攻不破防线，只得撤围。于此可见这座土
楼防御功能之完善。

　　遗经楼的另一重要特点是，大门前由两层楼房围合成前院，它的左右两侧
又各围成一个小四合院，作私塾用，分别称为"文厅"和"武厅"。最盛时楼

内居民达 700 多人,族中子弟都在私塾上学,直到 20 世纪下半叶后,楼内子弟才出楼去上新式学校。

龙岩适中镇的培德楼,也是很有特色的一座方形土楼。该楼四层,造于二三百年前,现住三十多家。楼四角屋檐下各挑出一个木构小楼。询问现在的住户,大家已经说不清当初建造这些小楼的原委,有的说是供老辈人乘凉用的,有的说是作炮楼用的,有的说那叫做"望楼"或"敌楼",是作了望敌情用的。其实,培德楼的这种构造,与江西土围子有一脉相承的关系。江西土围子中的口字围,外围土墙坚实封闭,遍布枪眼,四角或对称的两角设碉楼,高出围屋一层,构成防御的制高点。培德楼四角外挑的小楼,不过是在口字围的基础上稍加变化,保留其类似于碉楼的防御功能,而又更加美观罢了。所以把这种小楼称作望楼、敌楼或炮楼,比较接近建造它的原意,只是年埋日久后,环境改变,不再需要日夜警惕敌人的来犯,小楼才有了作老辈人乘凉之类的用途。从培德楼的今昔变迁,也可以看到数百年来闽客关系的巨大变化。[①]

圆楼和方楼以及它们的变异形式,往往互相搭配,巧妙地组合在一起。其中,南靖县书洋乡田螺坑村的土楼群,堪称最神奇的组合。

田螺坑村坐落在海拔 1100 米的山腰,在山路拐角的小台地上,顺着高低开合的地势,配合着周围的梯田树林、山光岚影,五座土楼巧妙地组合在一起,这就是传奇般的田螺坑土楼群,也是田螺坑村聚落本身。这五座土楼,居中的是方形土楼,叫做步云楼,旁边环拱着三座圆形土楼和一座椭圆形土楼。椭圆形土楼叫做文昌楼,居西;另外三座圆楼,西北边是振昌楼,东边是和昌楼,东南边是瑞云楼。步云楼俗称"四角楼",始建于清嘉庆年间。[②] 和昌楼原来也是方楼,它与步云楼都在 20 世纪 30 年代战乱中被毁。1953 年重建时,村民们感到圆楼没有令人讨厌的角间,优越性更多,就改建成圆楼。文昌楼的基址是长方形的晒谷坪,为了充分利用土地,就因势乘便建为椭圆形。客家人的智慧,客家人的审美情趣,客家人追求与自然和谐相处的天性,在田螺坑土楼群中得到充分的展现。

---

① 适中土楼内部的布局在一百多年前是内通廊式,今已改为单元式;住户现在讲龙岩福佬话,但他们的祖先来自上杭古田,至今每年还要到古田祭墓。可见,适中土楼人家是客家人被福佬同化的典型。

② 据当地父老口碑相传。

二、府第式宅院

相对于闽客交界区域的客家典型民居土楼,客家腹地的典型民居是前后三堂左右两横形式的府第式宅院。以现属连城县宣和乡的培田古民居建筑群为例。宣和乡位于连城县西部,旧属长汀县,1956 年划入连城。这里处在武夷山脉南麓,是古代著名的"河源峒"的一部分。"峒"者本指蛮獠居住的聚落,河源峒古为蛮獠窟穴,曾与南迁汉人有过长期激烈的争斗。元明以来,争斗双方互相同化,成为纯客家住区。培田村是其中一个淳朴的吴姓客家村落,背倚松毛岭,面朝笔架山,群山环抱,层林叠翠,景致幽胜。向南注入汀江的河源溪弯弯曲曲绕村而过,清澈的溪水犹如一条熠熠生辉的玉带。笔架当前,玉带缠腰,按照风水学说,这个村子的文运和官运之佳可想而知。

村子里头,山水之间,结合着地势,矗立着一长列古民居建筑群,那么古朴,那么典重,那么和谐。这群古建筑由 30 幢青砖黛瓦府第式宅院,穿插着众多的祠堂、书院、牌坊组成,连接其间的是一条千米长的古街。它们大多建于清嘉庆至光绪年间,历史在一两百年左右。

这些府第式宅院外墙是清一色的防火砖,内部结构钩心斗角、雕梁画栋。大门口一般都有门楼,中间匾额上高标着宅院的名称,诸如"大夫第"、"进士第"、"都阃府"等等,透露出屋主人的身份或曾经有过的荣耀。

其中最有气派的是吴参同家的宅院,正屋五进,两旁各有两列横屋,共有九个厅堂,十八个天井,号称"九厅十八井"。[①] 这座宅院占地六千多平方米,气势恢弘,布局合理,用料考究,工艺精湛。宅主人 3 代中出了 5 位大夫,故名"大夫第"。"大夫第"结构模仿官厅,高高的门楼,庄严的造型,时时向人宣示宅主人的不凡身份。

培田之外,连城县庙前乡芷溪村、长汀县涂坊乡等客家腹地的许多乡镇,也有此类规模巨大、气势不凡的府第式民居宅院。如果说闽客交界地带的大型土楼(包括半月楼)是族群和宗族间矛盾斗争的产物,集中反映了客家人的深刻忧患意识和集体防卫需求,那么,客家腹地的豪华府第式宅院民居(包

---

① 闽西的说法,"九厅"即门楼厅、下厅、中厅、上厅、楼下厅、楼上厅、楼背厅、左花厅、右花厅九个正向大厅;"十八井"即五进厅,共五进,横屋两直每边五井,共十井,楼背厅还有三井,一共是十八个天井。赣南也有类似的府第式宅院,称为"九井十八厅",别有一种说法。

括五凤楼）则是客家人在某地落地生根之后在耕、读两方面奋斗有成的产物,集中反映了客家人安居乐业、优游自得的心境和崇文（读书荣身）、崇正（以理学正统自任）的价值取向和人生追求。

第三节　多神崇拜

以上衣、食、住等方面,都是客家文化在物质层面的表现,接下来要谈谈客家文化在精神层面的表现。首先看看客家人的神明信仰。客家人信奉的神明多而庞杂,除了全人类普遍存在的天、地、自然物、鬼魂崇拜和汉族普遍信仰的正统佛教、道教之外,还有许多地方性的神明,其属性非佛非道非儒,而又亦佛亦道亦儒。这里举闽西客家最典型的几种神明崇拜加以分析。

一、定光佛信仰

定光佛是客家人普遍信仰的神明,是客家人在本民系酝酿时期创造出来的地方守护神。他的原型是北宋初年活动在汀州的高僧,俗姓郑,名自严,泉州同安人。青少年时期在江西学习佛法,从谱系上看,他可能是禅宗马祖道一派下的一名禅僧。但他南下经过赣南、粤东,折而入武平县南安岩修行,这些地区恰好是酝酿形成客家民系的大本营地区,走过的路线也恰好是南迁汉人中客家先民走过的路线。这样,郑自严就与客家先民同呼吸、共命运,他到武平后,入乡随俗,用当地百姓喜闻乐见的方式修道传道,取得百姓的敬信。

传说他看中了狮岩这块地方,因为它孤峰屹立在岩前盆地上,周遭平畴弥望,有"一峰狮子吼,万象尽皈依"[①]的形势,于是就在岩下坐禅静修。但这块地本是属于何仙姑家族的,何仙姑不容一个外地和尚侵占家中土地,便与定光佛斗法,定光佛便显示神通,使大蟒、猛虎盘伏皈依。何仙姑的父亲何大郎见状,就把狮岩连同一片田园房舍都布施给了定光佛。信徒们为他结庵,他为百姓们办事:浚井、治水、祈雨、造陂、御寇、捍患等等。这些百姓生活、生产中急迫的问题,他手一指、脚一顿,或挥一挥锡杖,写一道符咒,顷刻间就办好

①　《元至治自严尊者碑》中语。该碑原立于武平县南安岩中,今毁。碑文见民国《武平县志》卷二〇《古迹志·金石》。

了。他的威望和影响因此与日俱增,被百姓们奉为佛祖,声名远扬。他的草庵也逐步发展成名闻遐迩的南安岩均庆寺,由朝廷赐了寺额,最兴盛时连福州开元寺收藏的 120 幅宋太宗皇帝御书都被迎到均庆寺供奉。

古话说"地灵人杰",也可反过来说"人杰地灵",或说"山不在高,有仙则灵"。狮岩自从出了定光佛后,风光愈加幽胜,名声越发响亮,达官显贵、诗人骚客前来题咏的络绎不绝。单单宋朝一代,就有好几位汀州太守到此登临,留下了赞美的诗篇。祥符时太守胡咸秩题的是:

迎得御书归洞壑,烟霞一路馥天香。

另一位太守陈轩题的是:

南安岩近南斗旁,乾坤缔结雷电守。

云寒木老洞穴古,巨鳌露脊鲸呀口。

通判郭祥正没机会去登临,用诗表达了自己的遗憾和向往:

嗟予俗缚未能往,愿得结草倚岩松。

遂登彼岸达正觉,月落岩下松生风。

抗金名相李纲贬官时曾兼管武平税务,也作诗寄托了欣羡向往之意:

满山泉石有吾意,十里松筠生昼寒。

定光佛在世时,州里官员服膺其神通,为他在州治后正北建造了定光院,后继者对这座寺院不断维修、扩建,还奏请朝廷屡次给他加封师号;州城的老百姓则集资创建了南安廨院、定光堂等寺庙供奉定光佛,并通过编造民间故事传播其神异事迹,使他的大名家喻户晓,出现了"七闽香火,家以为祖"[①] 的盛况。定光佛于祥符八年(1015)正月六日圆寂后,每逢正月初六,更是热闹非凡,方圆数百里内的信徒香客争着前来朝拜进香,以至"诸路云集,几不可容"[②]。

这种热烈庆祝的习俗相沿不替。坐落在长汀城区的南安廨院,历代有人维修、扩建,至今庙貌庄严,香火鼎盛。而在武平县,逢年过节和各种打醮活动中,都有供奉"南安菩萨"和抬"南安菩萨"巡游的节目。定光佛信仰还远播于台湾和海外的客家移民住区。如台湾就有彰化定光庵和淡水鄞山寺

---

① (宋)苏东坡:《定光佛赞》中语,见《临汀志·仙佛》。
② 以上诗文均见《临汀志·寺观》武平县"南安岩均庆禅院"条。"路"是政区名称,范围比"州"大,有时略等于现在的省。

两处定光寺院。它们都是清代中期由移民台湾的汀州客家人建立的。桃园县大溪的漳州诏安客移民聚居区,也在俗称"大溪大庙"的福仁宫中安放了定光佛像,其地位仅次于该庙主神开漳圣王,而在玄坛元帅等其他配祀神之上。[①]

不过,客家人并不是墨守成规的信奉定光佛,他们总是按自身多元文化的面貌改造和重塑定光佛的形象。在武平乡间,定光佛有五个化身,关于这五个化身的由来,父老们说:相传某年正月,有五村同时到梁野山白云寺迎接定光古佛下山打醮,互相争得不可开交,酿成械斗,搞得定光古佛在暗地很为难。无奈中忽生妙计,随手摘下五个檀香苞子,吹口气变成五个化身,分别称作大古佛、二古佛、三古佛、四古佛、五古佛,分赴五个村庄去享受人间香火,同时满足了五村信众的愿望。从此,客家人兴建定光古佛寺庙时,除了塑定光古佛本像外,还常常选择一棵大樟树,雕刻五个化身或其中几个化身,以便分身各地,满足四邻百姓的需要。这个故事,实际上是把闽越族古老的树崇拜揉进定光佛信仰中了。而五古佛的形象,有时是五只状似猫头鹰的怪鸟,至今在武平中堡乡一类偏僻的乡村,寺庙中的五古佛塑像还保持着这种怪鸟造型。于此,我们又看到定光佛信仰掺进了百越民族鸟崇拜的文化因子。

二、猎神信仰

由于狩猎在畲民生活中占有突出的地位,信奉猎神自古以来就是畲族人民的主要信仰之一。客家人受畲族的影响,也普遍信奉猎神。如武平县永平乡"三背"村有猎射先师,南靖县塔下张姓客家人社区和永定县湖坑李姓客家人社区也都盛行猎神信仰。"三背"为猎射先师建立了坛庙,塔下则把溪岸一陡立的石壁作为猎射神的象征,"村民认为壁越陡、流越急,'猎射神'越有灵感。出猎前祭祷,猎获后用猎物祭谢。若山里田园遭野兽侵害,亦祭祷'猎射神'"。湖坑则"一半以上的村子有个'猎射先师'。'猎射先师'的象征或是溪水急流边石壁,或筑一小石坛,坛后立一石。打猎前,在猎射神前烧香祷告,猎获后用猎物祭谢,若猎获丰,再用三牲祭谢。若要猎虎、野猪,要在猎射

---

① 见蓝植铨:《大溪的诏安客——从福仁宫定公古佛谈创庙的两个家族》,载台湾"国立中央大学"客家文化研究中心编《客家文化研究通讯》1996 年第 2 期。

神前杀猪祭祷"①。这是由于客家人与畲族及其先民居住在同一区域,接触多,受影响深;而且环境又同样多野兽出没,具有注重狩猎的必要和可能所致。

三、妈祖信仰

妈祖信仰起源于五代宋初莆田湄洲岛,本是水上居民的民间信仰,带有很浓的巫术色彩。据有的学者研究,当时湄洲岛的水上居民属于疍民,妈祖是疍民创造出来的神明。由于闽粤水上交通的方便和贸易往来的频繁,妈祖信仰在宋代就迅速传遍了闽粤沿海地区,至南宋后期,经由汀江航运的媒介,妈祖信仰又由潮州传到汀州州治。至明清时期,汀州八县和龙岩、南靖等县西部山区的客家乡、社都普遍建立了妈祖庙,有的高山上也缭绕着祭拜妈祖的香烟,有些林姓家族还把妈祖信仰作为祖宗神来崇拜,成为家族精神生活的重要内容,因而妈祖信仰在闽西客家地区进入极盛时期。②

考察遍布闽西城乡为数众多的妈祖庙,就庙址的地理位置来看,可以分为两种类型。一种分布在汀江及其各支流沿岸,绝大多数建在水口、溪边、桥头等处;另一种则与河流水路无关,随宜建在村中,甚至坐落在高山上。前一种类型直接继承了沿海地区妈祖信仰的特点,建庙目的及妈祖功能都与沿海妈祖相似;后一种类型则对妈祖信仰的性质作了根本性的改造,武平县武东乡太平山的天后宫是其典型代表。

传说昔年太平山山林失火,有位仙姑自天而降奋力扑灭火灾,后来人们得知这位仙姑就是妈祖娘娘。太平山两侧袁田村和袁畲村的村民为答谢妈祖恩德而建庙,并用占卜的方法,决定庙址设在袁田一侧。太平山天后庙的建庙缘起,鲜明地反映出当地妈祖信仰的一个特点,即人们一开始就把妈祖当做山区救火的神灵来崇奉,偏离了沿海妈祖海上护航、水上拯溺救厄的本来面貌。再从选择庙址的做法看,当地妈祖信仰自始就揉进了占卜、堪舆等巫教因素。庙宇的建筑和布置也与沿海地区通常所见的妈祖庙有别,其规模不大,只是一座两进平房,简单朴素,有类于一般民居。庙内楹联曰:"德参天,保赤不须人祷、人祷如祷、随人祷、应赛高堂;慈于圣,通神能藉地灵、地灵益

---

①　郭志超:《闽客社区民俗宗教比较的调查报告》,《客家》1996 年第 2 期。

②　参见谢重光:《闽西客家地区的妈祖信仰》,《世界宗教研究》1994 年第 3 期。

灵、万古灵、昭稽上世。"显示此处妈祖主要的神通是保赤护婴,而其神通又有求于地灵的配合,即与地方特色相结合。庙中设三座神座,中间是妈祖坐像,体积最大,像前置一尊小小的观音像;左边神座是观音立像,右边神座为吉祥哥立像。这样的布置突出了妈祖的主神地位,观音、吉祥哥都处在从属地位陪享香火而已。

地位的更替还意味着神性的变换。随着妈祖成为主神,观音、吉祥哥、临水夫人、财神等神灵的众多功能,诸如救苦救难、送子保赤、保护升官发财、建屋吉利、出门平安、婚姻顺遂等等,都集中到妈祖身上。太平山妈祖显现了无所不通、无所不灵的面貌,可以"人祷如祷、随人祷"。太平山天后庙的香火因而跃居全县之冠,方圆几百里的人们,包括江西省的寻邬、会昌与广东省的蕉岭、平远诸县的善男信女都前来进香朝拜。在武平,妈祖信仰深深渗透到老百姓的日常生活中,人们在山野中突然遇到猛兽,在黑夜中遭逢"鬼物",或者碰到其他一些突如其来的意外事故,往往会下意识地呼叫"妈祖太太救命!"或"太太菩萨救命!"据说经此一呼,往往逢凶化吉、转难为祥。妈祖与山乡人民的生活,可谓达到了息息相关、水乳交融的程度。

总之,妈祖信仰传到客家山区之后,适应客家山区的生活环境和生活方式,按照客家山乡人民的生活风貌和现实愿望受到全面的改造。经过改造的妈祖,不再是传统的海神、水神,而成了客家山乡的守护神。

四、蛇崇拜

蛇是百越民族的图腾之一。东汉许慎的《说文解字》解释"闽"字曰:"闽,蛇种。"意思是说属于百越系统的闽越族,是以蛇为图腾的。赣闽粤交界区域古属百越,其中大部分地区还是闽越的范围,这里的土著民多以蛇为图腾,对蛇抱有尊崇、亲切的感情。

以汀州为例,长汀县西门外罗汉岭就有一座蛇王宫。古老相传:"没有汀州府,先有蛇王宫。"这里"汀州府"是泛指汀州州一级的行政建制,不是特指元代由州改府的制度转变;"蛇王宫"也只能理解为崇奉蛇神的一切庙宇,意思说在还没有设立汀州的时候,当地的土著居民已有崇拜蛇神的庙宇了。你看,长汀县南80里有灵蛇山;州城子城内佑圣堂左侧有灵蛇庙,长汀县平原里溪边有腾蛇寺;汀江上有蛇王滩,蛇王滩前有块大石像个香炉,称为"蛇王石炉",这些都是客家人自古崇蛇的遗迹。

现在人们常说的蛇王宫,建在长汀县城西门罗汉岭上,正殿供奉一尊蛇王菩萨,形象奇异,方脸丰颐,双目圆睁,虎牙外露,右手高举一柄石锤,左手握拳据案,威风凛凛地端坐于一方岩石上。岩石正面浮雕一只大蟒蛇,仿佛刚从洞中窜出,屈曲盘绕,张口吐舌。两旁分立两位护卫神,披发跣足,手握石刀、石斧,酷肖远古时期闽越族先民的打扮。

客家人继承了闽越族先民崇拜蛇的习俗。对于客家人民来说,威猛的蛇王是正义的象征。它总是那么清明公正,为老百姓主持公道,排忧解难。人们遇到争执纠纷,在官府无法得到公正解决,就到蛇王庙赌咒发誓,蛇王都会一一为之判断分明。故蛇王宫大殿前有联云:"自古正邪同水火,于今是非辨分明。"

据说,奸邪之人慑于蛇王的威名,做了亏心事不敢到蛇王宫去,因为见到蛇王就心惊胆战,魂飞魄散。所以客家人遇到争执时,一方提议:"你敢到蛇王宫去发誓吗?"或者说:"你敢去找蛇郎君吗?"另一方若不敢去,自然就输了。

"蛇郎君"是一种亲切的称呼,在善良的百姓看来,蛇神与他们一样善良、勤劳、勇敢、富于同情心,所以亲切地以"郎君"相称。汀州古老传说,蛇郎君是位勤劳、善良的田舍郎,辛勤地耕种着一片山园,赢得了邻村猪屎公善良美丽的三姑娘的爱情,战胜了邪恶的大姐、二姐的破坏,建立了美满幸福的生活。[①] 在这里,蛇神成了客家人理想人格的化身,蛇和人相恋相爱,彼此完全融为一体了。

客家人敬畏和喜爱蛇神的习俗保存了很久很久。20 世纪 50 年代初,蛇王宫被毁,蛇王塑像被移到厦门大学人类博物馆去了,但客家人崇蛇的习俗还在不少场合若隐若现地反映出来。你看客家妇女头上插的蛇形簪,不就是客家人与蛇密切关系的一种反映吗?

五、石崇拜和树崇拜

文化人类学的研究表明,石的崇拜遍布于全世界,且自古至今都无间断。

---

① 蔡铁民、陈育伦:《蛇郎君和莲子脸》,载《福建六十年民间故事选评》,海峡文艺出版社1990 年版。

崇拜的理由很多,有的以为石有生命,有的相信石有魔力,如此等等,不一而足。客家人也有很深、很普遍的石崇拜心理,前面谈猎射神信仰时,已稍有涉及,这里再引述一些资料作进一步的说明。

先看几则实例。

直接认为石有神灵的情况,如宁化县有"观音石",其石在龙源顶之左,"尊者称曰大士,立者字曰善才,里人贸贸奔走之,祷祀无虚岁"①。又有石佛庵,乃是村民在山涧中见到三块石头,"若跏趺状,背水而坐",以为神灵,特地为之搭建庵庙加以供养,"远近村郭,凡水旱灾疫,奔走祈望者,感应如响。以故历宋、元而明,数百年香火不辍"②。上杭县紫金山麒麟殿有"摸子石",因为呈圆柱形,状似男性生殖器,人们想象其有佑助生殖的神通,"当地不孕妇女往往在暮色苍茫时刻,悄悄地来到'摸子石'边,解开上衣,把肚皮贴在'摸子石'上摩擦数下,而后扣好衣服,赧然地匆匆离去。他们相信,这样就会生出一个白胖胖的娃娃来"③。武平中山三圣堂有块"出米石",高约一米,围约数米,石中有一洞口。相传古时洞口每天按香客人数流出大米,后来有一贪心的斋公用凿子凿大了洞口,从此不再出米。清流县狐狸洞东南的白龙岩神庙后也有一处"出米石",也有贪心和尚凿大出米孔而失灵的传说。④

还有以石为某一神灵象征的情况,如长汀县所谓的"石猛大王",实际上只是一块顺流而下的石头。乡民们认为它与"石固大王"(原是一位死节的将军)一样,很灵验,能满足人们种种祈福怯灾的要求,从北宋元丰间就特为创立庙宇,奉祀不懈。上杭县崇奉的黄仙师,也以一块石壁作为化身,"旧传,未县前,有妖怪虎狼为民害,觋者黄七翁父子三人往治之,因入石隐身,群怪遂息。风雨时,石中隐隐有金鼓声。民敬畏之,立祠香炉下,且家绘其像以奉之"⑤。

又有以石为伯公(客家人称土地神为伯公)、定光佛化身的情况,如上杭官庄树人村的蓝姓居住区,据调查:

> 很多田边地头都有伯公坛。在大石头上,在大树底下,用三块石头垒

---

① 康熙《宁化县志》卷一《山川志》下。
② 康熙《宁化县志》卷二《寺观志·石佛庵》。
③ 林国平、彭文宇:《福建民间信仰》,福建人民出版社 1993 年版,第 73 页。
④ 汪毅夫:《客家民间信仰》,福建教育出版社 1995 年版,第 53~54 页。
⑤ 两例俱见《临汀志·祠庙》,第 65 页。

起来,就成了人们烧香祈拜的场所。……与公王、伯公相联系,当地人对石头的崇拜尤为热诚。在官庄霸的镇龙庵里,供奉着一个大石头,据说它是定光佛的化身,用它来求雨甚灵。当地老百姓还传说,这个石头菩萨原来是放在回龙的龙山上的,清末有个疯子把它推了下来,后来被官庄人(一说朱堡人)找到了,就把它供奉在镇龙庵里。每逢天旱无雨,当地老百姓就要把它抬出来打醮,有时放在太阳底下曝晒,有时放到河里浸泡,很快就会下雨。据说以前共有三个石头菩萨都很灵验,其中一个在官庄霸,是用来求雨的;另一个在朱堡村,是求晴的;还有一个在江西,是求风的。后来,其余两个都菩萨不见了,只有官庄这个在"文化大革命"期间被人保护下来,因而流传至今。[①]

有的则以石为风水所系,或以石为保护神、为猎射先师,自认是它的契子。如南靖县书洋乡塔下张姓客家人社区与永定县湖坑李姓客家人社区:

> 有拜神为父的塔下小孩中,拜溪中或溪边石头为其子者甚多,拜古树也不少,个别的拜太阳为其子。……塔下张姓村民自认为他们精于相灵石。自传云,溪流上方的下版(坂)村有一块"水动石",水涨流急时,石头晃动而发出隆隆声响,妒之,就劝下版(坂)村人将石移置,免发声响。下版(坂)人从之,结果下版(坂)水动石的"活石"成为"死石"。此说反映了塔下(人)比下版(坂)人精于相石之道。

> (湖坑李姓客家人社区)每个村子至少有一个不到半米高的伯公庙(土地公),有的伯公居所只是一块岩石或一棵树,放个香炉或插上香即是。

> 一半以上的村子有个"猎射先师"。"猎射先师"的象征或是溪水急流边石壁,或筑一小石坛,坛后立一石。……

> 拜神为之契子的湖坑李姓小孩中,或拜保生大帝、民主公王、刘汉公王为(其)契子,或拜"石伯公"(以岩石为象征的土地公)、"大树公"等为(其)契子。通常是:缺金拜石为子,缺木拜树为子,缺水只要取个带水旁的名字,缺火自认为("自认为"应为"拜")太阳为子,缺土拜土地

---

① 杨彦杰:《闽西客家地区的畲族——以上杭官庄蓝姓为例》,国际客家学会、海外华人研究社、法国远东学院,1996年。

公（为）子。①

此外，发源于粤东，传播及闽西、闽南的三山国王信仰，也是以一块界石作为三山国王的象征。② 凡此种种，都是客家人石崇拜的不同表现而已。

关于客家人与汉族其他民系共同崇拜的内容，这里不可能一一列举，仅特别指出一点，即崇拜的内容虽然相同，仍存在各自不同的特色。例如祖宗崇拜，是汉族各民系乃至许多少数民族都很重视的，但客家人的祖宗崇拜与闽南人的祖宗崇拜就有若干不同的特点。客家人的商品经济不发达，其大家族组织保存较好，而闽南人商品经济较发达，其家族组织则以小家族乃至小家庭为主。这样的差别，反映在祭祖形式上，诚如人类学家庄英章指出的，"闽人祖先牌位在分家时便分开崇拜"，而客家人"兄弟分家不单门独户设立祖先牌位。大多数历代祖先牌位都一起在团体或社区庙堂受到崇拜"。③ 或如汪毅夫指出的，闽南人崇拜祖先时有重视"分支、辨异的倾向"，而客家人在祭祖认亲的活动中，"表现出了另外一种倾向：融合、认同的倾向"④。

由于价值取向的不同，闽、客之间在所崇拜神明的类型和比重上亦有明显的差异。例如对于财神，客家人与闽南人就有畸轻畸重的表现："在闽南地区，民间除了以赵玄坛为财神外，还常以关帝与比干（或关帝与药王）为'文武财神'。直言之，在闽南香火特盛的关帝常被用如财神。客家住区也有关帝庙，民间也'追慕其忠义'……却罕见有将关帝用如财神的做法。"⑤

第四节　奇特民俗

客家人的风俗习惯，有的是对中华传统习俗的继承，表现出与中原汉族

---

①　郭志超：《闽客社区民俗宗教比较的调查报告》，《客家》1996年第2期。

②　参见谢重光：《三山国王信仰考略》，《世界宗教研究》1996年第2期。

③　庄英章著、刘艾平译：《闽客祖先崇拜之比较》，《客家》1994年第1期。

④　汪毅夫：《客家民间信仰》，福建教育出版社1995年版，第12~13页。

⑤　同上书，第16页。此外，粤东客家地区的财神庙也特少，与其他类型的神明坛庙不成比例，可供参考。据人类学家谢剑对清代嘉应州122座9项特殊性坛庙所作的分类统计，结果是"涉及'贵'的名宦贤吏、艺文功名及武德军功三项高达96座，占全部'群祀'的78.05%，而涉及'富'的财神宫等则只有1座，实在不成比例"。参见王增能：《客家与尊师重教》（续），《客家》1994年第3期。

习俗的雷同;有的却是受南方少数民族的影响,在中原汉人看来是奇风异俗。后者这类习俗较具特色,兹举典型的几例,溯其渊源,以见汉族与少数民族文化交流对于客家风俗的重要影响。

一、买水浴尸

客家人有"买水浴尸"的送终风俗。其具体做法如《梅州客家风俗》所载:"死者家属,在未正式成服以前,孝子、孝女、媳妇、儿孙们,将上衣反穿,腰束麻皮,持壶或碗哀哭着去河溪中间向河神买水,先在河岸上插上未点燃的香纸,再丢几文钱于河中,顺水舀水,舀水多少均不能重舀。回来时不能哀哭,至堂上为死者抹脸,俗称'沐浴'。"[1]

此俗有中原礼俗的根据,儒家经典《礼记》就有送终"掘中霤而浴"、"浴于中霤"的记载,所以论者以为客家人浴尸之俗"犹浴以中霤之义也"。但古越族也有"买水浴尸"之俗,如南宋·范成大《桂海虞衡志》曰:

西原蛮"亲始死,披发持瓶瓮,痛哭水滨,掷铜钱纸币于水,汲归浴尸,谓之买水。否则,邻里以为不孝"。

南宋·周去非《岭外代答》卷六《食用》"买水沽水"条亦载:

钦人始死,孝子披发,顶竹笠,携瓶瓮,持纸钱,往水滨,号恸,掷钱于水,而汲归浴尸,谓之买水。否则,邻里以为不孝。

以上两则所记都是古越人后裔之一僮人之俗。直接记客家人遵行此俗的有清·吴震方《岭南杂记》卷上:"惠州人死未敛,亲人至江浒,望水号哭,投钱于水,汲而归浴,以敛。此亦蛮风也。"

清代惠州已是客家人的地盘,故这里所记无疑是客家人的风俗。按:"霤"指屋檐滴水之处,亦借指承檐霤之器。"掘中霤而浴"或"浴于中霤"当指在中厅的屋檐下承水浴尸。客家人的"买水浴尸"却是到江滨投钱取水,归而浴尸,做法与古越俗更接近。所以即使客家人此俗有取义于《礼记》之处,更多的还是受古越俗的影响。刘佐泉以为客家此俗"是中原之俗吸收古越之俗的结果"[2],立论是允当的。

---

[1]　黄玉钊等编著:《梅州客家风俗》,暨南大学出版社1992年版,第48页。

[2]　刘佐泉:《客家文化中的南方土著民族习俗因素举隅》,《客家》1994年第1期。

二、检骨葬

客家人又有所谓"检骨葬"的风俗,其俗在汀州、梅州、赣南、闽南、潮汕地区都很盛行,其要点是:"每至大寒前后,携锄执篓,齐诣坟头,自行开视,如骨少好,则仍安葬原所;否则,检骨瓦罂,挑往他处,明岁此时,又复开看。"① 因为重在检骨再葬,所以"有数十年不葬者"②,"始葬者不必择地,俟五六年或七八年后,乃发圹启棺,检取骸骨贮之罐中而改葬焉"③。因其葬至少二次,又名"二次葬";又因检骨改葬时必须用干布把骸骨擦干净,称为洗骸,故又称"洗骨葬"。

有些论者认为此俗是客家的特殊葬俗,并将其起源归之于客家人浓厚的敬祖观念和多次迁徙的历史原因,或归之于争风水。其实这种风俗也是古代荆楚蛮、五溪蛮和百越民族的旧俗,晋·张华《博物志》、《南史·顾宪之传》、《隋书·地理志下》、宋·朱辅《溪蛮丛笑》等书都有相关记载。客家人接受了蛮俗和古越俗形式,而注入华夏民族尊祖敬宗的文化意蕴,演变形成具有客家特色的"检骨葬"或"二此葬"习俗。这样理解,庶几符合历史实际。

三、尊崇婆太

在畲族和客家人社区,往往有一位女性老祖宗受到全社区人的特别尊崇,大家既亲切又崇敬地称之为"婆太"。如上杭官庄蓝姓大一郎房支的婆太为刘氏,关于她的故事,《蓝氏家谱》记载道:

> 大一郎公……随父迁居水口。初娶武平桃李乡刘二郎公之女,名曰三娘,年方十六岁,未及生育,因归宁母家,途经大坪冈(即今迎龙冈),忽遭风雨交加,雷电暴至。轿夫放下轿,从人均逃避暴雨。三娘惊昏,顷刻雨息,从人回至原处,则垒然成坟墓矣。三娘生时,肌骨珊然玉立,有翩翩登仙之状,今果乘风雨而葬他乡,人莫不以为登仙云。(坟)坐西向东,形为醉翁卧地,相传为天葬地。④

---

① (明)黎愧曾:《托素斋文集》。
② 乾隆《嘉应州志》卷一《舆地部·风俗》。
③ 同治《赣州府志》卷六三《艺文·改葬论》。
④ 树人村:《蓝氏家谱·迁徙纪年》。转引自杨彦杰《闽西客家地区的畲族——以上杭官庄蓝姓为例》。

该族四九郎公派下另有一位备受尊崇的婆太徐氏,她的故事与刘氏婆太相仿,《家谱》记载道:

> 四九郎公,娶林氏,恭俭慈惠。又娶徐氏……因(与林氏)太婆六不合,公与徐氏大婆寄庄往于曾四坑。洪武十五年(1382)壬戌五月内,大婆至屋右田坎沃苎,忽遭徒雨恶风,蹶死其处。及风停雨息,公看尸以草掩之,夜已黑暗,候次日早棺殓埋殡。神将尸骸埋讫,只见一堆坟墓。①

这两则故事都强调婆太得到天葬,风水特别好,荫及子孙,因而受到特别的尊崇。但"这些故事都发生在开基始祖前后,人们对于女性的崇拜超过男性,这似乎说明蓝姓早期的社会思想观念(按:应指母系社会女性为尊的观念)对后来仍有一定程度的影响"②。这种影响在客家地区也有遗存。如武平永平乡帽村方氏宗族有"婆太会"的民间信仰组织③,梅县一些客家社区也有特别尊崇婆太之俗。据房学嘉报道,梅县丙村镇有相当浓厚的祖婆太崇拜情结:

> 族人"每逢年节都要在(祖祠仁厚祠)堂屋即厅下集中,举行集体祭祖活动。除了统一祭拜列祖列宗外,还统一祭拜某一位祖宗。如正月初一是其11世祖婆太生日,所以族人除了除夕要共同祭拜列祖列宗外,还规定年初一全族(共祖婆太的)统一到祖堂祭拜祖婆太。而且还规定,是日族人必须吃斋。11世祖斋婆太为杨氏,其坟"葬于大坑方,形名猿猴采果"。该坟在"文化大革命"期间被挖毁,掘者发现金埕内仅有银牌。④

就是这样一座仅葬银牌的祖坟,被族人传得神乎其神。报道人介绍说,族中流传,"食(喝)斋婆太的尿可治百病"。现祖坟之下方有一暗洞,洞内流出一股清泉,终年不枯。报道人说,此泉即是斋婆太厕的尿,是神水,凡有灾疾,往坟前烧香,磕个响头,说明病因,然后饮服泉水,其疾自除。温氏斋

---

① 树人村:《蓝氏家谱·迁徙纪年》。转引自杨彦杰《闽西客家地区的畲族——以上杭官庄蓝姓为例》。

② 杨彦杰:《闽西客家地区的畲族——以上杭官庄蓝姓为例》,收录于该氏所著《闽西客家宗族社会研究》,国际客家学会、海外华人研究社、法国远东学院,1996年。

③ 杨彦杰:《永平帽村的方氏宗族》,收录于该氏所著《闽西客家宗族社会研究》,第113页。

④ 原注:报导人 W.J.L 说,他是据大雅支部书记介绍的。

婆太^①不但在族中受到崇拜,在族外也有崇拜者,主要是该坟周围村子的蓝姓、邓姓等村民。^②

闽西客家地区把妈祖信仰改造为山区守护神,称妈祖为"姑婆"、"妈祖嫏娌"、"妈祖嫏太",也有尊崇婆太习俗的影子,或说是尊崇婆太习俗的转化形式。这一切,都可见到客家习俗受古代南方少数民族习俗影响的史影。

四、女劳男逸与妇女不缠足

客家妇女多不缠足,善劳作,有"健妇把锄犁"、"挑担如飞"之誉。过去论者常把这归因于客家先民常处在辗转迁徙中,不能没有一双大脚。其实这只是主观的臆断,并无历史根据。客家妇女不缠足实系受蛮獠风俗影响所致,与之相联系的是客家妇女承担大部分生产事务,或所谓客家人"女劳男逸"的问题。清·屈大均《广东新语》卷八"长乐、兴宁妇女"条载:

> 其男即力于农,然女作乃登于男。厥夫淄,厥妇播而获之。农之隙,昼则薪蒸,夜则纺绩,竭筋力以穷其岁年。盖有余粟,则其夫辄求之酤家矣。故论女功者,以是为首。增城绥福都亦然。妇不耕锄即采葛,其夫在室中哺子而已。夫反为妇,妇之事夫尽任之。谓夫逸妇劳,乃为风俗之善云。

清·吴震方《岭南杂记》卷上亦载:

> 至于惠州水城门外妇女,日日汲江水而卖,大埔石上丰市妇女,挑盐肩木,往来如织。雇夫过山,辄以女应。红颜落此,真在屬提劫中矣。

此外,乾隆《大埔县志·风俗篇》、《清稗类钞·风俗类·大埔妇女之勤劳》等论著,亦有类似记载,都反映了客家妇女内主家事、外承劳务之风俗。此俗成因为何? 吴永章指出,"此俗当是接受本地蛮风所致"^③;刘佐泉赞同此说,并进而作了发挥,他引南宋·周去非《岭外代答》卷一〇《蛮俗》"十妻"条所载:

> 余观深广之女,何其多且盛也。男子身形卑小,颜色黯惨;妇人则黑

---

① 笔者按:此处温氏斋婆太即杨氏斋婆太。杨是婆太娘家的姓,温是其夫家的姓。

② 房学嘉:《丰顺县罗氏祖祠与梅县温氏仁厚祠民俗比较》,嘉应大学客家研究所《客家研究辑刊》1998 年第 1、2 期。

③ 吴永章:《中国南方民族文化源流史》,广西教育出版社 1991 年版。

理充肥,少疾多力。城郭墟市,负贩逐利,率妇人也。而钦之小民,皆一夫而数妻,妻各自负贩逐市,以赡一夫,徒得有夫之名,则人不谓之无所归耳。为之夫者,终日抱子而游,无子则袖手安居。群妇各结茅散处,任夫往来,曾不之较。

又引同书卷三"惰农"条曰:

深广旷土弥望,田家……既获则束手就食以卒岁。(刘文未引此数句,笔者补引)其妻乃负贩以赡之,己则抱子嬉游,慵惰莫甚焉。彼广人皆半羸长病,一日力作,明日必病,或至死耳。

进而论曰:"上文所引'深广'之民,指以今壮族为主的岭南诸族。""他如高山、黎、布依、傣、彝诸族均有'女劳男逸'之俗。客家先民南迁至岭南,与百越民族及其后裔为邻,亦不免受其影响。"吴、刘两位所论很有启发意义,我们要补正的是,"惰农"条把男子慵惰的原因归于身体有病未必是事实,这种"女劳男逸"的现象很可能是百越民族母系社会的遗存,而百越民族及其后裔有一部分汇入了客家民系中,他们本身就是客家先民,所以客家人受此俗影响还不只是与百越为邻的问题。另外,两位所引材料都属于深广一带,即今粤桂交界处,实际上粤东、粤北也有此类材料。如《太平寰宇记》卷二五九《循州·风俗》载:

织竹为布,人多獠蛮,妇市,男子坐家。

循州在粤东,长乐、兴宁、龙川等县都在宋代循州境内。循州"獠蛮"应即今日粤东畲族、瑶族之先民,有一部分也是客家的先民。粤东客家妇女之特别勤劳,应是其先民受当地蛮獠风俗影响所致。

粤北的情况,唐代刘禹锡《连州竹枝词》"银钏金钗来负水,长刀短笠去烧畲"之句就是明证,它极生动地反映了粤北獠蛮妇女既做家务又干农活的生活风貌。由此足见无论粤东、粤北,客家妇女之勤劳能干,都是历史上受"獠蛮"风俗影响所致。

闽西、赣南也有相似情况,其原因亦复相似。如宋·范致明《岳阳风土记》载:

江西妇人皆习男事,采薪负重,往往力胜男子。设或不能,则阴相诋诮。衣服之上,以帛为带,交结胸前。后富者至用锦绣,其实便操作也。而自以为礼服,其事甚著,皆云武侯擒纵时所结,人畏其威,不敢辄去,因以成俗。巴陵、江西、华容之民犹间如此,鼎澧亦然。①

客家妇女继承这样的传统,无怪乎"女劳男逸",在生产和生活中挑起了重担,也因此不能做小脚女人,只能做大脚"蛮婆"。

五、尚鬼信巫

尚鬼信巫是百越民族的共同习俗,《汉书》说江南"信巫鬼,重淫祀"②,它用的是广义的江南,包括了部分的岭南地区,这一带正是百越民族的分布范围。《新唐书》说汀州"多山鬼淫祠"③,其时客家民系尚未成立,所指仍是百越民族,即畲族的一部分先民,也是客家的一部分先民。

客家民系成立后,承袭了其分布地的文化传统,百姓信巫鬼习俗依然不变。如汀州,南宋成书的《临汀志》仍记载其"俗尚鬼信巫"④。具体的例子很多,前文提到的石崇拜诸形态就很典型,此外还有种种表现,如在宁化,有"富民与祝史之奸者,托五显神为奸利,诬民惑众,侈立庙宇,至有妇人以裙襦畚土者","民有疾,率舍医而委命于巫,多致夭折"。⑤

客家人的邻居福佬人的"尚鬼信巫"之俗不亚于客家人。明代嘉靖《广东通志》记载,潮州"疾病不事医药,多用巫觋"。清人蓝鼎元在普宁、潮阳任县令,了解的情况更清楚,记载得更具体,他说:

> 信巫觋,不重医药,风寒湿暑,动云命运衰低,冲犯鬼物,三牲酒果,鼓角喧天,富者连日,贫者半晡,士大夫家亦然。⑥

客家、福佬的分布范围都是古百越的领域,其尚鬼信巫之俗显然受到了百越旧俗的深刻影响。

---

① 《四库全书》,第589册,上海古籍出版社重印本。

② 《汉书》卷二八《地理志第八下》谓:"江南地广……信巫鬼,重淫祀。"按:书中所谓江南的范围很广,包括了岭南各地在内。

③ 《新唐书》卷二〇〇《林蕴附父披传》,此亦一例。

④ 《临汀志·名宦·陈晔》,此为一例。本书所用《临汀志》均为长汀县地方志编纂委员会辑校本,福建人民出版社1990年版。

⑤ 《临汀志·名宦·陈晔》,第143页。

⑥ (清)蓝鼎元:《鹿洲初集》卷一四《潮州风俗考》,见蒋炳钊、王钿点校《鹿洲全集》上。

第五节　山歌与船灯戏

客家文艺丰富多彩,这里不能备举,仅就在闽西客家地区最为流行且颇具特色,而又与少数民族文化有密切渊源关系的山歌与船灯戏略作分析。

一、山歌

山歌是客家人表达心声的最好形式,也是大众化的客家文艺。在闽西客家地区,无论男女,一般都爱唱山歌,善唱山歌,"冈头溪尾,肩挑一担,竟日往复,歌声不歇"[①],信口而出,有如天籁。旧时汀州有"山歌之乡"的美称,一提到唱山歌,大家就来劲了,你听:

> 要唱山歌只管来,拿条凳子坐下来。
>
> 唱到鸡毛沉落海,唱到石头浮起来。
>
> 要唱山歌就来唱,唱到日头对月光。
>
> 唱到麒麟对狮子,唱到金鸡对凤凰。

客家男女都爱唱山歌,而妇女与山歌的关系更加密不可分,有道是,"客家山歌最出名,首首山歌有妹名。首首山歌有妹份,一首冇[②]妹唱唔成",离开了妇人女子,也就没有客家山歌了。

客家山歌中最大量、最精彩的是爱情山歌,它用生动朴素的语言,巧妙的取譬设喻,以及贯穿歌中的真挚热烈的感情,抒发男女间的爱慕和相思,表现爱情上的悲欢离合,可以与《诗经》十五《国风》、南朝子夜歌媲美。

例如,一对男女初次相识,互相有了好感,男方就用山歌试探对方的心意:

> 十八老妹嘀嘀亲,浑水过河不知深。
>
> 丢个石子试深浅,唱支山歌试妹心。

女方出于慎重,同时因为娇羞,迟迟没有开口。男方急了,再送过一首山歌,把女方的嘴巴比作铁打的荷包,盼望有一把利刀去破开它:

---

① 黄遵宪手写本《山歌》诗后题记之一。

② 读"mao",客家方言,意思是"无"、"没有"。

心想上天天咁高,心想恋妹妹咁刁。

铁打荷包难开口,石头破鱼唔似刀。

于是女方终于开口了,也用巧妙的比喻,婉转地道出了自己心中喜悦却不敢贸然表示的心情:

刀子斫柴艳子艳,老妹有事藏心下。

老妹唔曾同郎讲,好比杨梅暗开花。

等到了解了对方,心中主意已定的时候,姑娘便敞开了心扉,用最美好的语言赞美情郎:

十八亲哥笑融融,肉色笑起石榴红。

牙齿赛过高山雪,眉毛赛过两只龙。

于是双方互表心迹,男方唱道:

郎有心来妹有心,唔怕山高水又深。

山高自有人行路,水深自有摆渡人。

女方唱道:

六月食冰冷津津,老妹喊哥放下心。

亲哥好比杨宗保,老妹好比穆桂英。

进而是双方互赠定情礼物,也用山歌表达。女方送的是亲手编织的草鞋,新颖的式样,绵密的针脚,蕴涵着姑娘的浓情蜜意:

郎有心来妹有心,做双草鞋打钩针。

鞋面斜起胡椒眼,鞋底打起鲤鱼鳞。

男方送的是特意去新买的凉笠,寄托着小伙子对姑娘真切的关心:

新买凉笠四块绸,送给老妹抵日头。

遮得日头挡得雨,唔怕大风吹烂绸。

情人眼里出西施,情人之间总是希望长相守,一刻也不分离,对于这样的道理,客家人喜欢用人们常见的事物来打比方。有一首上杭客家山歌唱道:

春天里来插菜秧,妹妹好比月光光。

阿哥好比星子样,夜夜陪妹到天光。

客家妹子大多是直性子,她们主张追求爱情要直爽、热烈,不喜欢畏怯迟疑、遮遮掩掩。你听,汀江岸边浣衣的客家妹子唱得多么豪爽大方:

你要莲花快向前,你要恋妹莫挨延。

世间只有船泊岸,盲曾见有岸泊船。

正在汀江中弄潮的客家小伙子同样是快性子。你看,他竹篙一点,船儿箭一般朝岸边驶来,汀江上立即回响起他热情幽默的歌声:

撑船撑到大路边,唔晓老妹要搭船。

妹要搭船开句口,㑩^①哥立即就泊船。

客家妹子认准了心上人,就全副身心地投入到爱情中,爱得缠绵、执著、死去活来。你听这首长汀山歌:

郎是岭中长年树,妹是岭中百年藤哎,树死藤生缠到死嘿,树生藤死死也缠,唎嗨哟。郎是岭中长年树,妹是树边长生藤哎,树生藤死永唔离嘿,藤长树生万万年,唎嗨哟。

这首歌热烈、朴实,甚至带点野性,表达了对生死不渝爱情的信守和追求。爱情山歌之外,客家妇女还爱唱劳动山歌、生活山歌、革命山歌,多种多样的形式,样样精彩纷呈,展示了客家妇女丰富的内心世界。

关于客家山歌的渊源,有的论者把它追溯到《诗经》,由此证明客家文化继承了中原正统文化的精华。但较早客家山歌的内容主要是大胆表达男女情爱,演唱的基本形式是溪头岗尾或隔着山梁即兴对唱,大多是不假思索出口成章。有些地区还把唱山歌与迎神娱神的醮会结合起来,发展成独特的山歌醮。^② 客家山歌的这些基本特征与讲究温柔敦厚的诗教之旨大相径庭,却与受礼教束缚较少的少数民族山歌有许多相似之处,难怪封建卫道者诬其"伤风败俗"。

从音乐形式上来看,也可以找到客家山歌受畲族音乐影响的痕迹。据畲族音乐学者蓝雪霏的研究,畲族民歌与客家山歌在歌唱的场合与方式、歌词形式、音乐形态等方面,虽然有各自的特点,又都可以找到相同或相似之

---

① 客家方言,"我"的意思。

② 魏东海、李宗英的《粤东五华庙会概况》有云:"打山歌醮又是青年男女谈情说爱的理想场合。这与我国西南地区少数民族举办'三月三'节日活动一样。据横陂秀才魏化吾《海隅剩珠》诗集竹枝词:'无数佳人拥塔冈,每逢醮建托烧香。多情别自饶风趣,撩动诗情赋一章。'在注释中说:'闻塔冈建醮,士女如云,采兰赠芍,不相禁止。去岁舟过其下,偕数友一观,始信所闻之不缪也。'可见以唱山歌为由,获得自由谈爱之机……"见房学嘉主编:《梅州地区的庙会与宗族》,国际客家学会、海外华人研究社、法国远东学院,1996年。

处。例如,客家山歌有"do、la、sol、mi、re"五声商调式基本音调。"此调是闽浙边界畬族最有代表性的音调,但却见于粤北英德、连平、和平、乐昌等客家县。"① "粤北客家的这一音调从何而来,一可能于宋、元或明、清畬族未举族迁离粤东时受畬族影响,二可能后来受其西南部其他少数民族之影响。"② 另外,客家腹地长汀县"有一种变'sol、la、do、re'徵调式民歌的宫音为变宫音,以变宫音为角,以与原徵调式民歌形成同主音,但不同调式色彩或不同调式对置的宫调式民歌,这种民歌亦疑为闽东福州、罗源、连江畬歌之遗音"③,"此外,在广东纯客县英德、连平、始兴以及非纯客县曲江等地,我们也发现了与长汀山歌相似的曲例……这可能是客家后来从闽西长汀往粤东、粤北迁徙时所传播。"④ 这一看法很有见地,我们可以加以补充的是,上述粤北客家县大致在唐代连州的范围,它是五溪蛮或武陵蛮南迁粤、桂、闽途中的一个重要集结地。从刘禹锡的诗歌中,我们看到当地土著居民在唐代已经有烧山种畬和善于歌舞的风俗。闽、浙畬族和粤北客家传唱这种畬族最有代表性的五声商调式基本音调,其渊源应共同追溯到唐代连州畬民的音乐传统。具体地说,客家在与连州畬民的文化涵化过程中,接受了畬民的音乐文化因子。所以笔者以为,客家山歌虽然部分继承了中原民歌和南朝吴歌的传统,但也受到南方少数民族善歌、以歌谈情求偶传统的影响。

二、船灯戏

船灯戏是客家地区节日和其他喜庆活动中常见的歌舞表演,用一具纸扎的小船为道具,一位男演员在船头扮艄公,一位女演员在船尾扮艄婆,作摇船状边绕场行进边演唱,所唱无非是打情骂俏的所谓淫词小调。为什么地处山区的客家民众与船发生如此紧密的关系?究其渊源,应与客家人中的疍民成分有关。疍民是水上人家,生老病死都在船上。疍民在男女关系上比较开放,明清时期韩江上的六蓬船,就是疍家女卖春的去处。郑昌时《韩江竹枝词》云:"东西弦管暮纷纷,闽粤新腔取次闻。不隔城根衣带水,马头高调送

---

① 　蓝雪霏:《畬族音乐文化》,福建人民出版社 2002 年版,第 287 页。
② 　同上书,第 287 页。
③ 　同上书,第 44 页。
④ 　同上书,第 46 页。

行云。"①所咏就是疍家女在六篷船上歌舞赂客的情景。船灯应是取材于疍民生活，并为疍民所喜爱的文艺形式。疍民融入客家之后，生活环境变了，而原先作水上居民时喜闻乐见的文艺形式船灯戏却流传了下来，并为全体客家人所接受和喜爱。

第六节　宗族形态

　　宗族社会是指人们以血缘为纽带，血缘关系与地缘关系合一发展起来的一种家族共同体。它的基本形态是大家族小家庭制的结合，即生产生活以夫妻和子女构成的小家庭"户"为单位，居住方面则由一群有血缘关系的小家庭（他们之间有着祖父母、父母、兄弟、堂叔伯、堂兄弟等关系）聚居在一座大屋或一个聚落、一个村子。这样就形成一个以父系血缘为纽带的具有很强内聚力的社会组织形式。在这个社会组织的内部有家庭、房族和宗族三个不同的层次，有族长、族老高居于权利结构的顶端，有辈分、亲疏的等级区分，有宗祠、支祠、族产、族谱、族学、族规等宗族的外化形式，发挥着尊祖敬宗、团结互助、捍患御侮、教育子孙、维护封建伦理等多方面的功能。

　　但本节所要研究的不是上述宗族社会的一般形态，因为宗族社会不是客家地区特有的现象，而是封建社会中国广大地区的普遍现象。我们在这里所要指出的是客家宗族社会一些有特色的内容，包括客家宗族社会形成的时间、过程、基本形态、盛衰规律等。

　　福建客家多数在明、清两代才形成宗族组织和宗族制度，从而建立起健全的宗族社会，其基本形态有两种：一种以单姓宗族为主，另一种则是多姓宗族聚居而共同形成的宗族社会。但不管哪一种形态，其发展的历程一般都可以"分为四个阶段：即隐而不显、形成和兴起、扩张及结成网络，而每一个阶段又有各自的特色"②。这里首先介绍客家两种宗族组织形态的基本情况，然后寻找两种不同形态客家宗族社会发展中某些共同的规律。

---

　　①　郑昌时著、吴二持校注：《韩江闻见录》卷九，上海古籍出版社1995年版。
　　②　见劳格文（John Lagerwey）：《湖坑李氏宗族研究·摘要》，收录于刘义章编的《客家宗族与民间文化》，香港中文大学1996年版。

关于单姓为主的福建客家宗族社会,我们可以武平县永平乡帽村方氏宗族作为一个典型来加以认识。帽村是汀江支流帽村溪畔的一个自然村落,位于永平乡中部,是这个乡的政治、经济、文化中心。该村现有人口约二千余人,除了十几户姓刘、钟外,其余居民都姓方。据研究,方氏约于明初自江苏经江西迁来,至第 7 世方秉德始定居于湖丘(今址),从此"人财叠发,人文蔚起,科甲蝉联"①。10 世祖以后族内人口快速增长。13 世祖以后经济实力也有很大增强,科举上也有族人取得了成功,从此走上了宗族迅速发展的道路,其时间大约在明末开始。至清乾隆年间,帽村方氏宗族达到了鼎盛阶段,宗族社会地位提高,在地方上的影响力日益增大,最终成为享誉一方的巨姓大族。其主要标志是:在帽村设立了墟市;方氏婚姻网络广泛而稳固,通婚对象多为邻近大族;科举成就为一方之最,15 世祖方连涧于乾隆四年(1739)进士及第,是清代整个武北地区唯一的进士。此外还积极捐资参加邻近村落的公共工程的修建,借此提高在地方上的影响力。但在信仰活动方面,方氏宗族比较保守内向,他们自建了两座庙宇,一为天后宫,建在墟市上,一为复兴庵,建在坝里,都只供本宗族人敬奉、打醮之用。②

关于多姓聚居的福建客家宗族社会的情况,邻近帽村的永平"三背"可作为一个典型。

"三背"是田背、杭背、岗背三个"背"的总称,距离帽村仅 10 里,地势平坦。南宋以来其地设永平巡检司,俗称永平寨,历史上地位重要,因而开发较早。现有人口约 4200 多人,分属 3 个行政村、有二三十个自然村落。有廖、刘、钟、蓝、李、林等姓,各姓居民相互插居,但彼此有明显的界线。其中廖姓人口最多,约 2200 人,集中居住在田背、杭背两个行政村内;刘姓次之,约 1300 人,主要居住在岗背;钟姓约 300 人,分散在田背和杭背;蓝姓 100 多人,李姓和林姓各数十人,都散居在岗背。廖、刘两姓占"三背"总人口的 80% 以上,是当地的大姓。

"三背"大概自南宋起就有移民迁入,但多数居民是元代移入的,因而"三背"在元朝就有初步的发展。其中廖氏南宋末年自上杭迁来,至 8 世祖分为永昌和永隆两房。永昌房现有后裔约 900 人,住杭背,分属上下两个祠

---

① 方兴佳等:《帽村方氏族谱》,1989 年。

② 关于帽村方氏宗族特点的论述,资料来源于杨彦杰的《永平帽村的方氏宗族》,收录于该氏所著《闽西客家宗族社会研究》,国际客家学会、海外华人研究社、法国远东学院,1996 年。

堂,上祠堂是永昌这一房的总祠,下祠堂是16世祖日章为他的曾祖父顺吾公建造的,是顺吾这一支的分祠。永隆房现有后裔1000多人,住田背,后来又分三房,各有各的居住范围,并在各自的房支祖公居地建有祠堂。

田背廖氏的大发展始于永隆,他于明宣德四年(1429)考取拔贡,正统六年(1441)中举人,选授湖南桃源县教谕,后任职广东、浙江等地。①从此廖氏族人科甲鼎盛,第8~12世都有人获得庠生、贡生、太学生之类的功名,家业大兴,社会地位大大提高。廖氏祠堂外特为永隆立了一根桅杆,至今存有残件,正是永隆本人在宗族中崇高地位及廖氏在地方上崇高地位的标志。

刘氏是岗背的巨族,开基在元朝初年,自明末开始逐渐发展,至清乾隆间达到鼎盛阶段。至今宗族总祠门口存有三件桅杆残件,分别为乾隆后取得贡生功名的三位族人而立,是当时刘氏经济、文化和社会地位的见证。

廖氏和刘氏在宗族发展后都积极参加地方上的公益活动,如修祠、建庙、造桥、打醮等等,有的是宗族内的活动,有的是跨宗族的活动。在廖、刘两大族的绅士首倡和主持下,"三背"各姓合作,共同兴办了一些重要的公共工程,共同开展祭神打醮等民间信仰活动。清末重修水口桥便是其中一次典型的事例。"三背"的水口桥原有两座,一为"顿风",一为"礤角",均造于明万历年间,清乾隆间重建,道光末年被洪水冲毁,光绪间又重修。光绪五年(1879)《修造顿风礤角二桥亭宇碑记》云:

> 平乡之水口有二桥也,上曰顿风,下曰礤角。顿风桥造于万历癸巳年(1593),礤角桥造于万历庚戌岁(1610),前人之创建美举,炳如也。至大清道光壬寅年(1842),礤角桥涝水冲破,暂为板桥,虽通往来,究非久计。迨光绪四年(1878)春月,刘鳌、廖碎然等倡首题捐,乡中乐题者众,遂鸠工砌石,徒下数丈,踊跃修造。功竣仍剩余银,再议加题,于顿风桥面上架造亭宇,以安神灵,为一乡保障。预卜人文蔚起,民物康阜,科甲蝉联,风俗茂美,则二桥之修而兼造,讵非平乡之厚幸哉。是为引。

通过此类公共工程和民间信仰的合作,加上彼此间密切的经济交往和婚

---

① 据"三背"廖氏《族谱》残件和廖氏宗祠的"书香匾"立于民国三十五年(1946),廖永隆任职桃源县教谕之后,"调升广东肇庆府训导、特授浙江宁波府正堂",做到知府,官位不小;但据民国《武平县志》,只载廖永隆"正统以后,举官教谕",没提到他任府学训导和知府的事,故疑"书香匾"所载有不实之处。

姻网络的联结,"三背"便形成"一个相当完整且富有层次性的宗族社会。那里聚居着各姓居民,每个姓氏都有自己的住地,并建有自己的祠堂、庙宇或神坛。而几个相邻的姓氏又连在一起,建有大家共有的坛、庙,并举行集体的祭祀活动。再往上,三个'背'又相互联系在一起,拥有共同的水口和共同神庙,并举行更大规模的建醮等等,形成了一个既分散又统一,既相对独立又紧密相连的聚落群体"①。

　　显然,帽村的单姓宗族社会与"三背"的多姓聚居宗族社会有着各自不同的特点,但它们也有不少共同之处,那就是都在开基若干世(一般是六七世或七八世不等)之后,由于人丁的兴旺、经济的发达(常常是由经商致富)而开始有族人读书中举,而族人科举的成功迅速提升了本宗族的社会地位,带动宗族参与地方上的各项公共活动,从而奠定了本族成为当地的巨姓大族。但这些宗族达到鼎盛之后,都不可避免地走上了盛极而衰的道路。其重要的标志是:通过读书考取功名的人数减少,靠捐纳取得监生虚衔的人数大增。如帽村方氏历史上取得功名的人,15世以前以生员为主,监生人数很少,15世以后,生员人数下降,监生却大大增加,远远超过生员的人数。"三背"廖氏、刘氏也有相近的情况。原因很简单,在这些宗族发展的早期,族人只有努力奋斗,通过寒窗苦读获取功名,跻身士绅行列,因此这时读书的人很多。当宗族进入强盛阶段,生活上富足之后,族人可以花钱捐到监生之类的功名,愿意靠苦读获得升迁机会的人就越来越少了。在这种惰性的作用下,上述方氏、廖氏、刘氏等宗族,在一度出现了举人甚至进士走向鼎盛之后,再过几代就没有高层次的人才出现了。这样由盛而衰的封建社会内在的规律性,一再在各个不同宗族的发展过程中表现出来。

第七节　劲健质朴的民性

　　这里说的民性,是指能够反映一个区域、一个民系或一个族群独特精神特

---

　　①　杨彦杰:《永平"三背"多姓聚居区的形成与发展》,收录于《闽西客家宗族社会研究》,国际客家学会、海外华人研究社、法国远东学院,1996年。按:本文关于"三背"宗族社会的论述,俱根据杨彦杰此文提供的资料。

质的重要指标,通常包括该区域、该族群人们普遍的性格、行为特征,或曰该区域、该族群共通的社会心理。这样的民性还可分为"雅"和"俗"两个层面,"雅"的方面是士绅阶层的习尚,史志称为"士习";"俗"的方面是平民百姓、下里巴人的习尚,史志称为"民风"。本文大体把史志中"士习"、"民风"两项都纳入"民性"概念加以论述。

古人很重视对某一区域、某一族群民性的认识和把握,朝廷常派人到各地去振铎采风,地方官下车伊始即着手观风问俗,史志中也常有关于当地民性的专门记载。综观古代赣南、闽西、粤东各府、县志的民俗资料,"客家大本营"地区各府、县的民性都有劲健、质朴的特点。试看如下记载:

汀州　"汀,山峻水急,习气劲毅而狷介","其小人则质直果毅,不以侈靡崇饰相高","服用无华","轻生尚武"。"其君子则安分,义励廉隅,耻为浮侠。"[①]"君子质直好义,而恬于进取,小人愿悫少文,而安于勤劳。""民庶安稼穑,勤劳少营商贾,岁时宴享不废,亦鲜竞于汰奢,少长服饰尚新,未尝流乎侈僭,富家专守禾税,贫夫力治山畲……官府教唆习泼之风罕闻,村落朋党斗狠之事稀见。……从科第列津要者恒持节操、安遗逸。"[②]

宁化　"人物富庶,气性刚愎,男不逐末而事农功,妇不蚕丝而专绩纺。其余大概与长汀同。""仕宦不谒公门,儒生耻于奔竞。"[③]

上杭　"士能勤学问而擢科名,女或守贞烈而膺旌表。衣冠文物颇类大邦,礼乐诗书实多济美。"

武平　"山峻地僻,俗梗民强,尚武勇足以御敌,力本业之以营生,问学英豪时中科第,子弟俊秀多入学庠。"

清流　"山水俊秀,人物颇清。士励诗书而科甲有人,民务耕种而言动知谨。"

连城　"土壤瘠硗,人民贫啬;士知读书尚礼,俗重登科取名;工务勤劳,女安俭朴。"

归化　"质直好俭,不务浮靡;男力耕种而重于迁移,女勤织纴而资以交易;子女不忍鬻于他乡,贫绥不敢作夫非为。"

①　《临汀志·风俗形势》。
②　这里列举的汀州府及所属各县风俗,除了特别注明者,均见《嘉靖汀州府志》卷一《风俗》。
③　康熙《宁化县志》卷一《风俗》。

永定　"山高水驶，土爽地腴，民性质直，气习劲毅。男勤生业，在市者无赌博之戏；女务织纫，居乡者服耘馌之劳。取仕登科者不乏，入学接踵者恒多。"

赣州　"悍劲忧健，犷讦好斗喜争"，"民间绝无四方奇伪之物。男子布袍，女子椎髻。冠婚仅取成礼，燕会止列数肴，即贵家大族亦无所芬华。""青衿之士，不窥市门，不干公府；见长者于学宫，逡巡诺趋唯谨，遭于道，肃揖拱立……质直退让之风何如哉！"①

赣南瑞金　"阻山带川，地广人稀，民性多悍勇尚气。宋元丰间有登第显名者，士因之知文学，亦崇尚气节；民务农业，不事商贾；疾病丧葬信巫佛。"②

赣南安远　"敦崇质朴，矜尚名节，缙绅以义礼相高，韦布亦廉隅自饰。""人安耕凿，户乐恬熙，尚古朴而黜浮华，敦信义而重然诺。"③

粤东　"若饶平之俭勤，程乡之质实，大埔之简朴，犹有古风。"④

对比上述各项记载，可知闽西客家地区的民性与赣南、粤东相近，都有淳朴、质直、俭啬、勇悍、偏激、尚气节、重信义的特点。

如果与周围不同民系的民性比较，其特点更加鲜明突出。例如江西洪州（今南昌一带），其风俗大致是："地方千里，水路四通，风土爽垲，山川特秀，奇异珍货，此焉自出。奥区神皋，处处有之，嘉蔬精稻，擅味于八方，金铁筱荡，资给于四境。沃野垦辟，家给人足，蓄藏无缺，故穰岁则供商旅之求，饥年不告臧孙之籴。人食鱼稻，多尚黄老清净之教，重于隐遁。"⑤由于自然条件较优越，生活富足，所以表现出一种满足现状、不求进取的社会风尚。

又如福州，其风俗为："得天之气和平而无螫，燠不为瘅，寒不至冱；得地之形，由建、剑溪湍而下，泉、莆潮涨而上，适至是而平。民生其间，故其性纾缓而能强力，善治可以久安……其君子外鲁而内文，而小民谨事畏法。"⑥福建中部的仙游县，宋时风俗则是："生其间者，人性敦朴，嗜好简静。始也，士未

① 《古今图书集成·赣州府风俗考》。
② 嘉靖《瑞金县志》卷一《风俗》。
③ 同治《安远县志》卷一《风俗》。
④ 顺治《潮州府志》卷一《风俗考》。
⑤ 《太平寰宇记》卷一〇六《洪州》引《豫章记》。
⑥ 淳熙《三山志》卷三九。

知有科举之利,民未识有纷华之悦,承平日久,始多儒雅。多世家宦族,而习俗渐趋于文。然儒者力于修饰,而不苟进取;仕者乐于清贫,而不急富贵……隶民伍者,耕农多而商贾少。婚姻不愆于礼,丧葬不俭其亲。有无缓急相通融,岁时往来相问劳,犹有古之遗风焉。"① 总的说来,福州和莆仙之人,性情比较平和纾缓,士习儒雅尚文,民风谨慎畏法,好修饰,重礼仪。

只要略加比较,便可清楚看到,客家人的好勇敢争,不同于洪州人的知足尚隐;客家人的劲健尚武、质直淳朴,不同于福州和莆仙人的儒雅尚文、缘饰重礼。细比较下去,还有诸多不同。毫无疑问,闽粤赣边区客家人很早就形成了自己独特的社会心理和族群性格。

这种独特的社会心理和族群性格,与自然环境和经济特点有密切的关系。《临汀志》说:"广谷大川异制,民生其间异俗,曹奢魏褊,楚急齐舒,从古而然。"《古今图书集成》说:"得天地阳偏之气,不可以刑威慑,而可以义理动,是或一道也。"两者都试图以自然环境来解释当地特殊的社会心理素质,反映了古人对自然环境与区域文化性格或族群性格关系的认识。这样的认识有相当的道理,客家人的质朴少文、俭啬使气、劲毅狷介、好勇喜争等性格,确实与闽粤赣边山川阻塞、商贾罕通、维生困难及常常面临周遭不同种族或不同民系的挑战和争斗相关,但还有一个重要因素,那就是因开发进展带来的文化进步,特别是中原文化影响的扩大。

以赣州来说,隋唐以前,其地"壤接百粤,开设之初,封域东包揭阳,土风相近,火耕水耨,习拳勇,渔猎、信鬼、淫祀,其渐靡使然也。"但自隋唐以降,"疆域日辟,声教浸远,人皆抗志励节。故唐书宰相世系有赣人。嗣是而文人学士,愈益彬彬,赣、宁、于、兴,遂有闻于天下,而各邑亦时有闻者。振缨緌于一门,流芬芳于奕世,载之谱牒,可考而知也。"② 以汀州来说,宋以前"荒陋、轻生、尚武"③,"俗尚鬼信巫"④。及至明代,一变而为"士夫知读书进取,间有魁元";"教子读书,比屋皆是,挟货生殖,间处有人,学校少高年之生徒,家庭多笃孝之嗣续;由贡途居胄监者每精问学、选美官,从科第列津要者恒持节

---

① 宝祐《仙溪志》卷一《风俗》。
② 《古今图书集成·赣州府部》。
③ 《临汀志·风俗形势》,第20页。
④ 《临汀志·名宦》,第143页。

操、安遗逸；婚姻渐遵乎古礼，疾病亦用夫名医；仆隶下人，彼此各安生理，深山穷谷，远近丕从王化。"[1] 同一个赣南，同一个汀州，其所得天地之气也好，所具有的山川条件也好，在不同的历史时期并没有多大的差异，但随着接受中原文化影响的加深，都由蛮荒落后进化成重文教、尚礼仪，风习丕变，这就是所谓"疆域日辟，声教浸远"。

不过，客家地区的民性，尽管在开发前后或开发由浅至深的过程中起了不小的变化，但其劲健、质朴的根本特点却是古今一贯的。例如在服饰方面，直到 20 世纪六七十年代，客家人还比较偏好粗布蓝衫；在饮食方面，则至今仍有"吃粗"的特点，即粮食以稻米为主，辅以大量的杂粮；菜肴重山珍、轻海味，重内容、轻形式，重原味、轻浑浊，重蒸煮，轻炸煎。[2] 客家人即使富裕起来了，勤俭节约的本色也不会改变。这些都体现了客家人的质朴。

客家人素有的劲毅、狷介、好勇、喜争的品格，也并未随时间的推移而失落，而是在不同的历史条件、不同的场合下出现不同的表现形式。古往今来的农民起义、民变，宋末的抗元、明末的抗清，近代以来的太平天国运动、辛亥革命、土地革命等大规模的群众斗争，客家人都是弄潮儿、急先锋，这是表现其劲毅、狷介、好勇、喜争品格的形式之一；在和平年代的科场拼搏、仕途奋进，以及日常生活中对事业的执著，与人相处时的耿直、敢言、刚正不阿，又是另一种表现形式。总而言之，质朴劲健确实是客家民风中最具族群性格特征的东西。

第八节　耕读传家

客家地区的自然环境和低下生产力水平决定了客家人的生计方式，这种环境和生计方式决定了客家人的宗族形态，而这样的环境、生产力水平和宗族形态则衍生出客家人"耕读传家"的文化传统。道理很简单，在上述既定的自然和社会条件下，客家人要生存，只有勤于耕稼，要发展，只有读书仕进，舍此别无他途。

---

① 　嘉靖《汀州府志》卷一《风俗》。
② 　参见王增能：《客家饮食文化》，福建教育出版社 1995 年版，第 16～17 页。

"朝为田舍郎,暮登天子堂","书中自有千钟粟,书中自有黄金屋,书中自有颜如玉",这是旧时代全中国平民百姓的理想和训条,同时也说明那时候"读"确实是把山野耕夫与朝堂士绅联系起来的桥梁。正是由于有了这么一座桥梁、一条途径,中国旧时农业社会"耕读传家"的传统才得以广泛形成。这样的理想和训条,在客家地区得到更为通俗的理解和诠释,集中反映在清康熙间武平县举人林光阶写的《一年使用杂字》里,其中有几段对于客家人读书仕进的欲望和动力作了生动的描摹:

> 世间第一读书篇,打扮学堂安圣贤……宗师月课府县考,头名案首志昂昂。学院场中取了卷,新入黉宫秀才郎。父母伯叔同兄弟,家中日日接报房。岁考复试加补廪,高升拔贡姓名扬。门前一对桅杆竖,表旌门第是书香。再加中举又中进,出入跟随衙轿扛。状元榜眼探花第,翰林学士近帝王。此是读书为第一,犹如平步上天堂。

这里描绘的读书中举、挤身上层社会、出人头地、光宗耀祖的美妙图景,在客家社会具有真实的样板,南靖书洋塔下客家张氏宗族的发展史,为我们提供了生动的例证。

塔下村是九龙江支流船场溪源头幽深河谷盆地上的一个小山村,它的宗祠"德远堂"建得规模巨大,气派非凡,特别是环绕宗祠昂然矗立的一排石旗杆,名闻遐迩。塔下村的男性居民全姓张,"德远堂"是张氏家庙,始建于清朝康熙年间,石旗杆却是清嘉庆之后逐渐树立起来的。塔下开基祖小一郎于明宣德元年(1426)来此肇基,头两百年埋头苦干,艰苦创业,虽有发展,尚未成大气候,直到清康熙年间,宗族人口稍盛,经济上也有了一定基础,这才创建了宗族祠堂。从此开始,在宗族的鼓励下,族中一部分殷实人家开始注重文教,着力培养子弟读书进取。如此又经过将近两百年的努力,至清嘉庆间,族人首次叩开了科举的大门,给祖宗带来无上的荣光,也使宗族顿时提高了社会地位。

这位在张氏宗族史上值得大书一笔的族人,就是小一郎的15代裔孙张金拔。他于嘉庆十五年(1810)庚午科五经中式,取为第五名举人。后来又于道光六年(1826)科高中进士。以后历任府学教谕、书院山长。德远堂外石柱的楹联,就是他在中举两年后撰写的。在德远堂外半月池边的石旗杆林中,他立的那一根处在特别显目的位置。但他并不是族中第一个立石旗杆的人。在他之前,14 代孙张文采已先立一根。张文采于乾隆十七年（1752）恩授直隶州司马。或许他的官职非由科举而得,可能属于捐纳之类,所以张文采在族中影响反不如张金拔。张金拔之后,张氏 14 代孙张光邦于嘉庆十六年（1811）恩授岁进士（即贡生）,例封文林郎;16 代孙张克忠于嘉庆十七年（1812）选拔进士。张氏子孙接二连三金榜题名,真可谓世代簪缨,富贵绵延了。

在封建时代,石旗杆是身份的象征,只有品官和有科名的人才有资格竖立。塔下张氏族中,每位中举或做官的族人都在祠堂门外立一根石旗杆,积累下来,德远堂外面的石旗杆已有 19 根之多,它们昂然挺立,直刺青天,骄傲地向人们炫示张氏在科第和仕途上的荣耀。

"德远堂"像一面镜子,清楚地显示客家人的基本价值观是贵重于富,万般皆下品,唯有读书高。只有读书中举,入流做官,才算得上人上人,才能光宗耀祖,最少也得捐个出身,求副顶戴,才能厕身上流社会。要不然,任你腰缠万贯,只不过是个见不得大场面的土财主,在读书人面前逞不了强,在宗祠族祠里摆不得谱,立石旗杆肯定没份。

与塔下张氏类似的家族,在闽西客家地区可以举出许多。因为出了胡文虎而著名的永定县下洋中川胡氏就是其中之一。胡氏于明初从长汀县迁来下洋中川肇基,子孙以打铁、做木材和烟丝生意为业,发家较快,一些宗支在明代已成为富户。后来有的子孙读书仕进,有的以富求贵,靠斥巨资捐助朝廷,换来尚书、大夫头衔。这些有功名和官位的子孙,也在家庙前立起石旗杆,中川胡氏家庙前的石旗杆曾达 15 根之多。

科举功名在客家人心中的崇高地位,反映在客家人生活的方方面面。著名画家宁化人黄慎的心态就很能说明问题。黄慎号瘿瓢,是清代驰骋画坛名满天下的扬州八怪之一,绘画之外,也工诗善书法,有《蛟湖诗钞》传世。不过,他在诗和书法方面的成就毕竟逊于绘画,一般人只知他是杰出画家,并不知他同时还是个造诣蛮高的诗人。而黄慎本人却"漫不重惜其画,而常自矜其字与诗"[1],喜欢把自己的诗作让人欣赏,而诉说自己家境贫寒,学画是为生

---

① 许其卓:《瘿瓢山人小传》。

活所迫,出于不得已。[①] 这种心态,与唐代大画家阎立本如出一辙。阎立本做到宰相之尊,却因为画艺高,还要常常奉命为唐太宗作画。当时艺人的地位很低贱,替皇帝作画必须跪着,虽然贵为宰相,也不能打破这一规矩。阎立本的自尊心因此受到极大伤害,告诫子孙无论如何不能再学画。黄慎的内心深处,同样也有自尊心受压抑的问题。因为画家成就再高,也只是画匠,是艺人,在社会上是没有地位的;而诗作得好,字写得好,却说明读过很多书,是圣人之徒,是高尚的人才做得到的。因此,黄慎对自己的画和诗、书的一抑一扬,显然是唯有读书高的社会心理及客家人特别重视读书仕进的心理的折射。

由于耕读传家,连带着决定了客家人具有"重贵轻富"的人生价值取向和尊师重教的社会风尚。

"重贵轻富"的观念,渗透到客家人生活的方方面面,族祠堂联以及神明信仰的倾向都有所反映,已见前述。在家居门联和日常生活如酒令中也有反映,略述如下。

客家人的门联,常常用以宣示人生价值,寄托理想的追求。以土楼楹联为例,如著名的"振成楼"二厅、中厅有几副门联写的是:

其一　干国家事,读圣贤书。

其二　言法行则,福果善根。

其三　从来人品恭能寿,自古文章正乃奇。

院内石柱上的另两对楹联是:

其一　能不为息患挫志,自不为安乐肆志。

其二　在官无惱来一金,居家无浪费一金。

这些门联、楹联的涉及面很广,其中教人读书上进是必不可缺的内容,各类土楼如此,"五凤楼"、"大夫第"的情况概莫能外。如连城县培田村的"大夫第",门楼的对联横批是"三台拱瑞",右联"水如环带山如笔",左联"家有藏书陇有田",除了表白主人身份外,主要是宣示以耕致富、以读求贵的精神境界。正厅楹联"草庐传正学,绮里著清声",再次强调了对"学"的重视,同时也是明清时期理学(即所谓正学)统治人心的反映。

长汀县涂坊乡的"五凤楼",其外围屋侧墙的楹联写的是:"冬窗伴读笔

---

①　王步青:《题黄山人画册》。

生春,碧树花开并蒂莲。"显然是把夫妇同心协力努力读书进取作为美满婚姻的极致而加以憧憬或祝贺。

酒令是玩乐小道,但客家酒令却在不经意中透露了客家人重贵轻富的人生价值取向。客家人常用的一套酒令为:

> 一品当朝,双生贵子,三元及第,四季发财,五子登科,六(禄)位高升,七星伴月,八仙庆寿,九九长生,全家福禄。

其中讲富的只有"四季发财"一句,其余都讲贵和长寿,而直接讲读书仕进的就有"三元及第"、"五子登科"两句。其对于贵与富的畸轻畸重不是昭然若揭吗?

读书进取离不开老师的教导,所以尊师重教是耕读传家传统的题中应有之义。汀州流传的一则"杀老婆"款待先生的故事,为汀州客家人的尊师风气提供了更为生动的例证。

故事说,某日黄昏,有一教书先生进京赴考,途径客家某山野谷地,正值朔风呼啸,大雨倾盆。先生一身泥泞,饥寒交迫,正愁没处安身,忽然发现不远山坡上有茅屋两间。于是急忙奔去,茅屋里仅母子二人。先生说明来意后,母子俩笑容满面,先打热水给先生洗澡,接着泡擂茶给先生充饥御寒,既而给先生烘烤衣裳,然后让先生在儿子床上休息。这些事都在顷刻间愉快地办好了,接下来要置办酒菜款待先生,却让母子俩搜肠刮肚,伤透了脑筋:米缸早已罄尽,银两更无分文,锅里只有红薯野菜,这能给先生吃吗? 不,绝对不行! 这太不成体统了! 母子俩商量了半天,想起家中还有一只小母鸡,咬咬牙,决定杀鸡款待先生。于是,儿子噙着眼泪,一边拔毛,一边喃喃自语道:"杀老婆了! 杀老婆了!"先生在隔壁听见,又吃惊,又纳闷,连忙去问大娘,大娘只得实话告诉先生:"我们是穷得帽子开花裤打结,一日三餐无米煮呀! 儿子二十来岁了,还没钱讨老婆,全指望这只小母鸡下蛋,卖了蛋就买兔来养,卖了兔就买狗来养,卖了狗就买羊来养,卖了羊就买猪来养,卖了猪就买牛来养,卖了牛就有钱给儿子讨个穷家女子做老婆了。这个傻儿子,想到这层打算,所以咕哝着杀老婆呢!"当晚,先生睡在那儿子床上,盖着一床破棉絮;而那儿子则在灶前铺捆稻草,钻进稻草堆里栖身。先生感动得涕泪涟涟。翌日晨,先生跪在大娘面前,纳头便拜,认大娘做了干妈,大娘的儿子成了他的义弟。不久,先生中了进士,官拜太守。上任后,先生即来探望干妈,拿银子给义弟讨了房好老婆。干妈死后,那先生还亲自去守灵尽孝。日后,义弟一家也粮丁兴旺,富贵绵延。人们说:这都是尊师的结果,天理昭彰,善有善报啊!①

这则民间故事的细节是否真实无关紧要,重要的是,它让我们看到,客家人尊师的传统,已积淀为整个民系的集体意识,无论是再穷的普通百姓,无论他们与读书做官是多么的不相干,他们还是打内心深处尊敬老师,尊敬读书人。

第九节　几种比较重要的思想观念

一、门第观念

门第观念是士族制度的产物。唐末士族退出历史舞台,但士族重门第的观念却顽固地保存了下来,长期支配着人们的思想,特别是支配着官宦士大夫阶层的思想。

在客家先民中,官宦士大夫家庭只占少数,但这部分人有文化,有社会地位,他们的思想观念很自然地成为客家社会占支配地位的思想观念。以此之故,门第观念在客家社会特别盛行,主要表现在以郡望自矜和攀附官宦权贵为祖宗两个方面。以姓氏源流而论,本来每一个姓氏都有多种来源,象刘氏,有彭城刘、中山刘,还有虏姓的洛阳刘;像谢氏,有陈郡谢、会稽谢,还有西南蛮姓之谢;李氏则有陇西李和赵郡李两大系,还有虏姓契丹之李;其他各姓率多如此。但出现在客家族谱和堂号上的,却几乎一律是著名望族。兹摘录武平县若干家族的姓氏源流、郡望、堂号、堂联,以见客家人浓厚门第观念之一斑。②

卜氏　自称望出西河,溯源于春秋孔子弟子子夏(卜商)和西汉名臣卜式。堂号为"西河堂",堂联云:

钜野振家声,续署乌罗,文学渊源东鲁重;

杭川为牧守,疆开太古,风规道理西河传。

---

①　王增能:《客家与尊师重教》,《客家》1994 年第 1 期。本文引述时个别文字略有改动。

②　以下摘录的内容,资料来源于林善珂主编的《客家百姓源流郡望堂联汇考》,中国文联出版社 2000 年版。

马氏　自称望出扶风,把马融、马援、马周、马燧等历史名人列为祖宗。堂号是"扶风堂",堂联云:

绛帐家声远,(马融设帐授徒)

铜标世泽长。(马援平交趾立铜柱表功)

王氏　王氏有琅琊、太原二望,武平县王氏称望出太原,但却把属于琅琊王的两晋名臣王祥、王导、王羲之等,以及宋代名相王旦、王安石等都列为祖宗,故堂号有"太原堂"、"三槐堂"两种。堂联云:

其一

两晋家声远,(王祥、王导、王羲之等俱为两晋名人,晋代世家首推王谢)

三槐世泽长。(三槐为三公象征,宋王祐在庭院手植三槐,王旦即王祐之子)

其二

三公槐树,(用王祐种槐典故)

一甲梅花。(王安石考中进士甲第,有咏梅诗)

丘氏　自称望出河南,历史名人有兴周八百年的姜子牙、南朝文学家丘迟、元代帝师丘处机、明代名臣丘浚、清代台湾名士丘逢甲等。堂号"河南堂",堂联云:

其一

渭水家声远,(姜子牙垂钓于渭滨)

河南世泽长。(姜子牙第三子穆居河南封丘县,为丘氏得姓之祖)

其二

渭水家声远,

琼山世泽长。(丘浚海南琼山人)

朱氏　以沛国(今安徽濉溪县一带)为郡望,但堂号却有吴郡、平陵、昌平、婺源、句容等多种,说明其来源的复杂。堂联云:

其一

紫阳门第,(朱熹号紫阳,为南宋理学大师)

沛国家声。(标示郡望所在)

其二

汉代名臣第,(西汉朱买臣)

宋朝理学家。(指朱熹)

李氏　自称望出陇西,把汉飞将军李广、唐代大诗人李白、大书法家李邕、名相李泌、名将李晟、宋名臣李纲、理学名儒李侗等都列入祖宗谱系。堂联较多,择录几则如下:

其一

西平世第,(李晟封西平王)

北海名家。(李邕任北海太守)

其二

万轴邺侯世泽,(李泌封邺侯,家富藏书)

百篇学士家风。(李白拜翰林学士,有斗酒诗百篇之才)

其三

延平道脉,(李侗剑浦人,号延平先生)

忠定官声。(李纲力主抗金,肩负社稷安危,官声卓著)

陈氏　自称望出颍川,遂为堂号。堂联云:

沩水源流远,(远始祖舜,建都沩水之滨)

太丘世泽长。(上祖陈实,西汉人,任太丘长)

张氏　远源追溯到黄帝之子或孙张挥,汉张良、唐张九龄等历史名人都被纳入祖宗谱系,而以南宋张化孙为客家张氏共祖。望出清河,堂号"清河堂",堂联很多,有一幅写得很妙,把"一二三四五六七八九十百千万亿"嵌入联内,每一数字均寓一张姓历史名人,联云:

赐姓自轩辕,大儒一人,铭垂两篇,辅汉三杰,功高四相,将封五虎,博物六史,貂蝉七叶,悉是清河族派;

扬名昭世德,位列八仙,鼎甲九成,平戎十策,书忍百字,金鉴千秋,青钱万选,道隆亿尊,依然文献宗支。

其中,"大儒一人"指周朝张仲,《诗经》表扬其为孝友的典型,符合儒家思想,宋代被追封为文昌帝君,故云;"铭垂两篇"指宋代理学家张载,著有《西铭》《东铭》;"辅汉三杰"指汉代张良,与萧何、韩信合称"辅汉三杰";"功高四相"指唐代张说,曾任睿宗、玄宗两朝宰相,有平定太平公主之乱和朔方叛乱之功,居于同列四位宰相之首;"将封五虎"指三国张飞,乃蜀汉五虎上将之一;"博物六史"指晋张华,博学多才,著有《博物志》,书分六篇;"貂蝉七叶"指西汉张安世及其子孙,连续七代封侯,头戴表示荣耀的貂蝉冠;"位列八仙"指神话八仙之一张果老,或唐代隐中八仙之一张旭;"鼎甲九成"指宋代张九成殿试第一,名列鼎甲;"平戎十策"指宋代张方平,奏对付西夏的十条计策;"书忍百字"指唐代张公艺,九世同居,唐高宗驾幸其家,问穆族之道,公艺书百个忍字以进;"金鉴千秋"即指张九龄,是开元名相,著有《金鉴千秋录》;"青钱万选"指唐代张鷟,善文辞,被誉为"犹青铜钱,万选万中",时号"青钱学士";"道隆亿尊"指东汉张道陵,道教之祖,世称张天师。

此联充分表达了张姓人氏的荣耀和自豪,因而不胫而走,被各地张氏普遍援用,此外,各地还有各自的堂联,武平张氏堂联云:"金鉴千秋第,青钱万选家。"用张九龄、张鷟典故,只把祖宗追溯到唐代名人,还算是比较实在一些的。

郑氏 自称望出荥阳,堂号"荥阳堂",属郡望总堂号。攀附的历史名人也很多,如东汉经学大师郑玄、宋代史学家郑樵、明末民族英雄郑成功等。武平郑氏堂联云:"诗礼家声远,荥阳世泽长。"这是泛指郑氏历史上人物出众,门第显赫,是北朝隋唐时期崔、卢、李、郑、王七大族姓之一。(李有陇西李和赵郡李,王有太原王和琅琊王)

赵氏 自称望出天水,即以为堂号。历史上也是名人众多,而使族人最引以为自豪的是赵氏为宋代皇族,故常见堂联如"汴京世系,天水名家","天潢衍派,清节传家",自夸是赵宋皇室子孙,"清节传家",则指北宋赵抃,任御史,弹劾不避权贵,以清节著称。

黄氏 自称望出江夏,客家黄氏都自认为唐末五代黄峭山公裔孙,开基祖是黄峭山第九子黄化,但远祖则追溯到西汉黄霸、东汉黄香。堂号"江夏堂",堂联如"江夏源流远,颍川世泽长","孝友无双,教化第一","颍川德政,江夏贤声",都寓有望出江夏,祖先中有黄霸、黄香这样的荣耀人物的意思。黄霸曾任颍川太守,以能干著称,是汉代循吏的典型;黄香以孝著称,名列二十四孝之一,被汉章帝誉为天下无双。

谢氏 远源追溯到周宣王时申伯受封于谢,以封地为姓。因申伯卜居于陈留,故以陈留为郡望,陈留旧属陈郡,所以史书则以陈郡为谢氏郡望。东晋南朝时谢氏与王氏为第一高门,并称"王谢"。族人最引以为自豪的是谢安指挥淝水之战得胜,保全了东晋政权和江南人民的安定生活。因谢安未仕前高卧东山（今浙江上虞县境）,故堂号有"陈留堂"和"东山堂"两种。常见堂联云：

其一　陈留世德,东晋名家。

其二　功彪淝水,绩著建康。

其三　乌衣称旧巷,玉树发新枝。

这些都包含着望出陈留,并称颂谢安等祖先功业彪炳千秋的意思。其中第三联"乌衣"指东晋建康乌衣巷,在今南京市东南,当时王、谢诸望族居此；"玉树"典出谢安之侄谢玄,玄幼受庭训,安曰："子弟何预人事,正欲使其佳？"玄答："譬如芝兰玉树,欲使其生于庭阶。"后来谢玄为北府兵名将,在淝水之战中于八公山大败苻坚,果然成为谢家引为骄傲的一棵"玉树"。

如此等等,不一而足。这些郡望、堂联、堂号,当然都有各姓的族谱记载为依据,但族谱所载往往真伪参半,其中有真实的合理的内容,而攀附、造假的现象也普遍存在,有如前贤所批评的那样："氏族之谱……大抵子孙粗读书者为之,掇拾讹传,不知考究,抵牾正史,徒诒嗤笑。"[①] 或曰："天下最不可信之文籍,厥为谱牒",而"谱牒之不可靠者,官阶也,爵秩也,帝皇作之祖,名人作之宗也。"[②] 根据族谱,现在客家人都是帝王名人的子孙,那么,属于普通百姓的客家先民岂不是都没有子孙了？ 其为不合史实、不合情理,凡有常识的人都一目了然。但由于门第观念作怪,那些编族谱、家谱的人偏偏执迷不悟,仍在那里起劲地传讹和造假。下面略举几例,以见其概。

刘氏　自称蜀汉皇室后裔。《刘氏姓族源流》云：

自五胡乱华,永嘉沦复,晋祚播迁,衣冠南徙,永公（刘备次子刘永）之裔,亦迁居于江南……唐僖宗乾符间……天锡公弃官,奉父祥公避居福建汀州府宁化县之石壁洞。后世遂以祥公为宁化始迁之祖。[③]

这段记载旨在说明客家刘氏是帝室后裔。但考《三国志·蜀书·二主妃子传》注引晋人孙盛《蜀世谱》,明白记载蜀亡时被迁至洛阳的刘备子孙,至永嘉大乱时,"子孙绝灭,唯永孙玄奔蜀,李雄伪署安乐公以嗣禅后。永和三年（347）

①　（清）黄宗羲：《南雷文定》卷一《淮安戴氏家谱序》。

②　谭其骧：《湖南人由来考》下篇,《长水集》上,人民出版社1987版。

③　见兴宁《刘氏族谱》。

讨李势,盛参戎行,见玄于成都也"。也就是说,永嘉之乱时,刘备的子孙基本上死光了,只有刘永的孙子刘玄一人自洛阳逃到成都。孙盛曾在成都亲自见到刘玄,其所记应是最真实可靠的。南宋大史学家郑樵所作《通志》,在《刘永传》中便完全沿用了孙盛《蜀世谱》的说法,可见孙盛此条记事的可靠性至南宋迄无人提出异议。那么,客家刘氏谱牒所记刘永之裔永嘉之乱迁居江南,其后裔再迁宁化之说,自然是向壁虚构。

郭氏　自称郭子仪后裔,望出汾阳。《崇正同人系谱·氏族篇·郭氏条》有云:

> 至唐中叶,有郭子仪……有八子、七十二孙。其第七子暄,出守福建汀州。年近六旬,纳妾刘氏,生子福安,进士擢第,任福建泉州太守,袭职承事郎。以官福建故,遂家于汀州郭坊村。此为郭氏南来播族之始。

按:《旧唐书》、《新唐书》,郭子仪确实有8个儿子,第七个儿子名郭曙,"以才显",在《郭子仪传》后有附传,其事迹斑斑可考:代宗朝累官司农卿,朱泚作乱时扈从唐德宗幸奉天(今陕西乾县),事后以功升左金吾卫大将军,又封祁国公,贞元末年卒。有关郭子仪第七子郭曙的历官和行事,史传记载如此明白,上述郭氏族谱竟置之不顾,杜撰出郭暄其人,编造出其出守汀州、纳妾生子、家于汀州、为客家郭氏始迁祖的神话。其所杜撰编造,不但直接与史传所载冲突,也与当时制度相抵牾。例如,金吾卫大将军为正三品武职,祁国公为正二品爵,汀州刺史则仅仅是正四品下的边远外官。若说郭暄乃郭曙传写之误,那么官高爵显的盖世功臣之子,又怎能出任职位卑微的边远下州刺史呢?再如,承事郎是宋代文散官,官阶仅正八品。让已任唐代从三品衔泉州太守(唐代无太守,应是刺史)的郭福安,去承袭只有正八品的宋代文散官,岂非如关公战秦琼一样,漏洞百出,荒诞无稽!

林氏　自称五代后周柴世宗后裔,望出济南。《汀杭武永济南林氏宗谱》有云:

> 恭皇帝,名宗训,年七岁,由太皇后柴氏命立之,太后垂帘听政……恭帝见事不顺,传诏禅位匡胤即位,是为大宋太祖高皇帝,诏封恭帝为陈王,安置于房州,以辛文悦为是郡守而掌之……时柴太后尚存,甚忧恐不安。至宋建隆辛酉年(961),宗训等生谋避患,乃默脱身,挈家逃出,流于闽之福州济南山而隐。始学农圃,即以此山名郡,以"柴"字拆之,去"此"

添"木",遂改为林氏。

按旧、新《五代史·恭帝纪》和《宋史》卷四三一《辛文悦传》,柴宗训于显德六年（959）六月继位,时年才6岁,显德七年（906）一月被迫禅位于赵匡胤,当傀儡皇帝仅半年。赵匡胤登基后虽然名义上封柴宗训为郑王（《汀杭武永济南林氏宗谱》误作陈王）,居房州,同时却派自己的故人辛文悦出知房州,意在严加监管。柴宗训在形同软禁的环境下郁郁不乐地过了13年,于宋开宝六年（973）去世,朝廷"寻遣中使监护其丧",实即含有察看真相严防有诈的意思。

试想,柴宗训刚到房州时,是一个才七八岁的小孩,在朝廷统治网络的严密控制下,岂能挈家逃隐?更如何能够在逃走之后弄一个替身在房州装假13年之久,然后诈死弄一个替死鬼糊弄朝廷,还居然能瞒过专程前来护丧的宦官?凡此种种,都说明柴宗训于建隆二年（961）脱身逃隐是绝不可能发生的,《旧五代史》关于柴宗训开宝六年（973）去世"归葬于世宗庆陵之侧"的记载也是假不了的。

再说,上述林氏族谱关于林姓济南郡望由来的说法也是很荒谬的。该族谱说,客家林氏的济南郡望是因为柴宗训挈家出逃始隐于福州济南山,因而把本姓郡望定为济南。按:郡望是某姓发祥、发达的地域,是一个郡,不是一座山。事实上,早在唐代,著名谱书《元和姓纂》就已记载林姓有济南、广陵、魏郡、晋安、河南五个郡望。关于济南望,《元和姓纂》记载道:"《风俗通》云:林放之后至林玉为相……子孙秦末居齐郡邹县,汉分齐郡置济南,遂为郡人。"可见林姓济南望是由于秦末以来有林姓名人居于汉之济南郡,根本与"福州济南山"无涉。唐代莆田林姓著名人物林藻、林蕴都属于济南望。武平中堡上济村林氏祠堂的一副楹联写道:

> 东鲁衍宗支,始莆田,继濯田,礼乐衣冠,且沐武城之化;
>
> 南闽绵世泽,迁中堡,依下堡,桑麻鸡犬,别开上洞之风。

暗寓其宗族上世迁自山东济南（东鲁）,中经莆田、濯田,最后定居于武平（武城）繁衍发展的意思,倒是比较符合史实。据此也可证明所谓闽西林氏属柴宗训后裔,由一度隐居福州济南山而定为济南望的说法,纯属向壁虚构、子虚乌有。事实上,福州也没有济南山。

类似的例子还有很多,毋庸一一举证。这里需要特别指出的是,历史上编纂族谱的人大量攀附造假,现在还有许多续谱、论史的人仍然沿用族谱上的不实资料,千方百计维持其"帝王名人子孙"的"荣耀",正说明门第观念在客家人中普遍存在、根深蒂固,至今仍在一定程度上起作用。门第观念是一种封建等级观念,在我们迈向现代化的进程中它是一个消极的因素,会产生不少副作用,必须努力加以清理。

二、中原正统观念

客家社会流行的另一种重要思想意识是中原正统观念,以来自中原为荣,以南蛮出身和中原之外其他地区出身为耻。这也是官宦士大夫阶层因长期受封建正统教育而产生的观念,又由士大夫阶层影响至一般平民百姓,进而影响至土著民族。客家各家族都自认中原郡望(广义的中原概念,把范阳、陇西、江夏、彭城等都包括在内),并都声称由中原辗转经宁化石壁迁来,甚至连与客家融合极深的畲族族谱,也总要认同于某一中原郡望,还要将先世的迁徙路线说得曲曲折折,无论从哪儿来到哪里去都经过了宁化县。例如前引《松口钟氏谱抄》,除了附会上颍川郡望外,还要牵强地叙上一笔"后流在福建宁化县白虎村,安家乐业",以此证明自己祖宗乃中原望族。这种凡客家在迁徙过程中都经过了宁化石壁的说法,正是其中原正统观念的主要标志,有必要拿来细细分析一番。

首先,应考察客家先民的迁徙是否非得经由宁化石壁不可。

客家先民中的汉族移民部分,一般是由黄河流域、淮河流域、长江流域南迁,渡过鄱阳湖后进入赣中、赣南,再由赣入闽,辗转至闽西定居,与土著民族融合、同化形成客家。粤东的客家人大都是由闽西迁去的。因此,研究客家先民的迁徙是否一定要经由宁化石壁的问题,关键是看先民们由赣入闽是否一定要走宁化石壁西面的站岭隘路。

从地理形势来看,赣闽之间,自北而南纵贯着高峻的武夷山脉。其中比较低平的隘口,是古代赣闽人民往来的路径。这样的隘口很多,根据历史文献的记载,在武夷山的北段,作为闽赣通道的隘口主要有:①今江西广丰与福建武夷山市之间枫岭关;②江西铅山与福建武夷山市之间的分水岭(又称分水关);③今江西广昌与福建建宁之间的甘家隘;④今江西黎川与福建光泽之间的杉关。自汉至唐,赣闽之间人民及军队的来往走的大多是这几条通道。

例如,汉武帝发兵消灭闽越国之役,汉兵四路进军,两路取海道,两路由陆地。其中一支陆路由江西鄱阳县出发,从今武夷山市的分水岭入闽。[①] 另一支陆路由今江西宁都县与南丰县之间的梅岭出发,取东北方向入闽,所逾越的隘口要么是甘家隘,要么是杉关。[②] 分水岭路、甘家隘路和杉关路,显然是汉代由赣入闽的重要通道。

南朝时期,闽赣之间有所谓"建安南道"。当时江西土豪周迪和福建士豪陈宝应之间来来往往,走的都是这条路。后来陈朝命章昭达加以讨伐,诏书命他"率缇骑五千,组甲二万,直渡邵武"。昭达奉诏"由建安南道渡岭","既克周迪,逾东兴岭,顿于建安"[③]。可见所谓"建安南道",就是南城与邵武之间的东兴岭路,也就是现在的杉关。

部分客籍族谱载其先人先从江西到闽北各县,再从闽北迁入闽西,如丁氏的入闽路线是南宋末由江西洪州野鸭池迁入邵武禾坪黄家山,再分迁各地;谢氏的入闽则以谢琚于宋理宗时任邵武太守,由邵武分迁黄连、武平等地。[④] 这部分客家先民大抵是从上述分水岭路、甘家隘路和杉关路诸隘口越武夷山入闽的。

至于武夷山的南段,赣闽之间的隘口也有多处。在宋代,这些隘口主要有如下几条:从长汀西至赣州瑞金县有新路岭,北至赣州瑞金县有黄竹岭,西北至赣州瑞金县有石脑岭;从宁化西至赣州石城县有张坑,西北至建昌军南丰县有车桥岭;从武平西至赣州安远县有大中山,西北至赣州会昌县有南瀑口北岭。[⑤] 到了明清时期,武夷山南段赣闽之间的主要交通路径自南而北为:武平与会昌之间的火星崬,长汀与瑞金之间的桃源崬,宁化与石城之间的站岭隘。[⑥] 与宋代比较,最常用的交通路径由分散趋于集中,隘口名称也有所变化,但有一个基本事实是不变的,即站岭隘并非武夷山南段沟通闽赣的唯一路

---

①　《史记》卷一一四《东越列传》。

②　梅岭的地望有多种说法,今取朱维幹干引《括地志》之说。见朱维幹:《福建史稿》,福建教育出版社 1985 年版,第 38 页。

③　《陈书》卷三五《周迪传》、《陈宝应传》。

④　分见林善珂主编:《客家百姓源流郡望堂联汇考》,第 2、297 页。

⑤　见长汀县地方志编纂委员会据《永乐大典》辑录整理的《临汀志·至到》,福建人民出版社1990 年版。以下所引《临汀志》均据此书。

⑥　见康熙《宁化县志·山川志》,福建人民出版社 1989 年版。

径,它只是诸多隘口之一。

现在让我们把注意力集中到客家民系形成的关键时期唐、宋,考察有关史实,探讨当时移民由赣入闽的途径。

首先看看汀州州县建置情况透露的信息。

汀州旧领八县中,宁化县最先设立。史料显示,宁化建县的基础是唐玄宗开元十三年(725),福州长史唐循忠于潮州北界、福州西界检括到三千多户避役百姓,因而把唐初设置的黄连峒升格为县。[①] 这三千多户避役百姓,应是此前很长时期陆续迁徙来的移民的总和。

按:南朝自梁末侯景之乱,各地土豪并举,朝廷的统治力量大减。其中割据东阳郡(治今浙江金华)的留异,割据临川郡(治今江西抚州)的周迪,割据晋安郡(治今福建福州)和建安郡(治今福建建瓯)的陈宝应,互相结援,与新起的陈朝进行了长期的斗争。他们与官军拉锯作战的主要范围在今江西南城至福建光泽、邵武、建宁及其迤南一带,正是唐开元时所谓"潮州北界、福州西界"。他们都有一套笼络人心的办法,加上他们对百姓的征敛也可能比朝廷的横征暴敛轻一些,所以颇能得到百姓的拥护。例如周迪,史载自侯景之乱,"百姓皆弃本业,群聚为盗,唯迪所部,独不侵扰,并分给田畴,督其耕作。民下肄业,各有赢储,政教严明,征敛必至,余郡乏绝者,皆仰以取给……临川人皆德之"。所以周迪为官军打败后,脱身逃至晋安,"明年秋,复越东兴岭,东兴、南城、永城县民,皆迪故人,复共应之"[②]。就是在周迪被彻底打败,走投无路,逃匿于山穴中时,也还有十几人追随着他。陈宝应等也有相似情况。所以当这些"郡邑岩穴之长、村屯坞壁之豪"相继败亡之后,原来依附他们的百姓,必有一部分人不愿当朝廷顺民而逃窜于僻远山谷间。至于在侯景之乱初起时就"皆弃本业,群聚为盗"的百姓,当然也还有相当一部分聚居于山洞之中,逃避新朝的征敛。宁化建县时检括到的三千多户避役百姓,有一部分应是上述两种人的后裔。

陈隋之际和隋唐之际,东南一带的土豪割据和农民反抗斗争风起云涌。其中隋末建安郡爆发了福建历史上第一次大规模的农民起义。农民军众至3

---

① 宋·王象之:《舆地纪胜》卷一三二《福建路·汀州·县沿革》"宁化县"条引旧《图经》。
② 《陈书》卷三五《周迪传》。

万人,攻入邵武县城,杀了建安郡守。① 而在江西方面,有林士弘领导的大规模农民起义,以虔州为根据地,攻占临川、庐陵、南康、宜春等郡,后来又占有循、潮等州之地。② 隋朝时宁化境域属于邵武,而邵武隶于抚州(即庐陵郡);唐初先后属邵武、将乐,隶于福州 ③,所以恰好处在上述两次大起义的范围内,深受大起义的影响。起义失败后,一部分参加起义的群众逃亡到朝廷统治势力薄弱、日后被划为宁化境域的长山荒谷中,自是情理中事。他们在山谷中耕垦繁殖,其子孙应有一部分成为开元间在黄连峒被检括到的避役百姓。

如果上述推测大致不错,那么宁化赖以建县的三千多户避役百姓来自四面八方,仅就江西方面的来源而言,有赣东的临川等郡,也有赣南的南康等郡。他们由赣入闽的路径,来自赣东者应以著名的东兴岭路即杉关为主,同时也应有一部分人选择甘家隘路;只有来自赣南者可能以站岭隘路为主。

长汀县与汀州同时设立于唐开元二十四年(736),其基础是从长汀光龙峒检责到数千避役百姓。这批避役百姓当然也有很多来自江西。那么,他们自赣入闽的路线是否可能与上述逃至黄连峒者那样,先进入宁化,再折而南进至长汀呢? 答案是否定的。因为古时移民多半顺河谷而行。宁化境内有九龙溪(唐时旧名),自西往东南迤逦流经今清流至永安。如果宁化建县之后又有大批移民进入宁化境内,以至本县难以容纳,需要继续迁移拓殖,那么在一般情况下应按九龙溪的走向前行,由此新设的州县也应是在九龙溪沿岸。而事实却是在另一水系的长汀溪沿岸置县设州,其时间又与设立宁化县极为接近,因而光龙峒的避役百姓由宁化转来的可能性极小极小。按:长汀西接江西于都、瑞金,长汀境内的桃源峒与于都、瑞金之间有章水相连。如前所述,桃源峒正是长汀通往江西的常走路径之一,故此可以推断由江西逃至光龙峒的百姓大多应是溯章水越桃源峒进入长汀的。

武平是汀州第三批设立县份之一,其地理位置既不在九龙溪流域,也不在长汀溪流域,而是在近邻赣南,紧挨着火星峒的汀州西南隅立县。据《临汀志》和康熙《宁化县志》,火星峒是武平通江西的主要途径。与长汀建县之移民主要不可能由宁化迁来同理,支持武平立县的移民之主体部分,也应是

---

① 《隋书》卷四《帝纪下》。
② 《旧唐书》卷五六《林士弘传》。
③ 康熙《宁化县志·建邑志》。

直接从赣南越火星岽迁来,而不可能是先进入宁化,再辗转迁至武平来的。

下面我们以史书和族谱记载的实例来检视唐宋时期赣闽人员往来的途径。

五代时汀州属于王闽政权,王闽政权与南唐政权时有战争。据《舆地纪胜》卷一三二《汀州》"古迹"条载:"古城,五代王延政时于州西五十里筑城以防江南兵,今号古城。"可见南唐进攻王闽,是由长汀县西边的古城隘口进军汀州的。

南宋初年发生赣卒叛乱事件,为防叛卒进犯汀州,先后任郡守的黄公武、吴南老一再增修郡城正西秋成门①,说明江西军队向汀州进军,一般是由长汀正西的通路直接过来的。

南宋嘉定年间,江西有峒寇李元砺起兵造反,威胁到汀州的安全,于是郡守邹非熊修隘以备赣寇,名"罗坑隘"。据《临汀志·山川》所载,罗坑隘在新路岭上,位于"长汀县西六十里,抵瑞金县,乃汀赣分界之所"。这新路岭,"峭险壁立,砂砾崎岖,行者病焉"。"岭背即隶江西,此乃天所以限闽中也。"而新路岭东偏的古城是汀州用以遏阻赣寇的要塞。②可见新路岭虽然艰险难行,却是汀赣往来必经之路,李元砺领导的江西峒寇攻打汀州走的是这条路,普通行者包括络绎不绝的移民走的也是这条路。罗坑隘、古城关之设,正说明从州城西行越新路岭通江西的路,是自古以来汀赣往来最常用最重要的路径。

南宋绍定三年(1230),赣闽之交的汀州、赣州、吉州和建昌军等州军"蛮獠窃发",起义军领袖为晏彪,人称"晏头陀",以宁化潭飞磜为"巢穴",实即根据地。③根据这一条资料,略可推断义军往来赣闽主要走宁化正西邻接赣州石城县界的站岭隘路。④但是义军营寨分布甚广,如在连城就有72寨。沙县、顺昌、将乐、邵武等地也有义军的活动。⑤所以,义军往来赣闽还是可以走其他

① 《临汀志·城池》,第11页。
② 见民国《长汀县志·大事志》引《旧志·武功》和《宋史·赵希馆传》。
③ 综见《宋史》卷四一《理宗纪一》、《宋史》卷四一九《陈铧传》。
④ "站岭"宋时称为"崭岭",《临汀志·山川》"宁化县"条载:"县之溪,在宁化县。发源有六:其正西抵赣州石城界,自崭岭九十里至县与大溪合。"
⑤ 民国《长汀县志》卷二《大事志》。据长汀县博物馆等单位1983年整理重刊本,下同。又见康熙《宁化县志》卷七《寇变志》。

路径,站岭隘路仍然不是义军由赣入闽的唯一通途。

南宋末年文天祥在江西起兵勤王,收兵入汀州;其部将一军取宁都,一军取于都,分别自江西起兵至汀州与文天祥会合。[①] 宁都在石城之西偏北,此军入汀州或许可取站岭隘道,再折而南趋州城;而于都在瑞金之西,这一军入汀自然以取长汀新路岭道为便捷。故而文天祥所部江西勤王兵入汀州也是多途并举的。

族谱方面的资料也证实此时移民由赣入闽并非都出自宁化石壁一途。如刘氏的一支是由瑞金塘背迁上杭来苏、官庄等地,再分迁闽西各县。[②]

元明时期由赣入闽的移民也是闽西客家的重要组成部分。这时由赣入闽仍是多途并举。

总之,自古以来,由江西越过武夷山通福建的隘口有多处,我们从不同角度考察古代赣闽交往的具体史实,可以明确历史上赣闽之间的人员往来是多途并进的。那种认为由赣入闽的移民都要(或绝大部分要)经由宁化石壁的看法,经不起史实的检验,是不客观的。

总而言之,客家人并非都来自宁化石壁。但是,客家人的族谱普遍记载本宗本族曾居住过宁化石壁,后来才播迁各地,却又是无可回避的现象。这种有悖史实的现象,可姑名之为"石壁现象"。

类似的情况不少,如福佬人都说来自光州固始,广府人皆言上世曾避居南雄珠玑巷,北方人喜谈源于山西洪洞大槐树。虽然出于后人的编造,不能将此作为信史看待,但这些为各该民系普遍认同的家族渊源传说,实有甚深的社会原因,蕴含着很复杂的文化意义。要解释这个问题,不能用历史学的方法,而要用文化学的方法。

首先必须看到,一种新民系的酝酿、形成,实质上是一种新文化的酝酿、形成。在这个过程中,错居杂处在一起的多种族群、多种文化,彼此间进行了长期的饱含血泪的斗争。在斗争中,汉族是强势族群,汉族所代表的华夏文化(即中原文化)是强势文化。闽越土著也好,南迁的盘瓠蛮也好,分布各地的其他少数民族也好,都是弱势族群,它们的文化都是弱势文化。斗争的结果,

---

① 民国《长汀县志》卷二《大事志》。

② 林善珂主编:《客家百姓源流郡望堂联汇考》,武平县客家学会,1997年,第85页。

从主流方面来看,自然是南迁汉族同化了各地土著种族,强势的文化同化了弱势的文化。

这种斗争有力气之争,更重要的还在于文化之争。由于中国长期的门第观念和中原正统观念的作用,居住中原而又出身名门大族的人,社会公认他们身份最高贵,地位最崇高,他们可以凭身份地位取得许多政治上和经济上的好处。以客家民系为例,在客家先民中,确实有一批中原大族移民经由宁化石壁入闽,后来成了客家人。他们首先凭郡望、门第奠定了优势地位,成为令人钦羡和敬畏的大家族。其后,别的汉人家族为了抬高身价,在社会竞争中取得有利地位,不管先人是否来自中原,也不管先人是否经由宁化站岭隘入闽,纷纷宣称本宗本族是经由宁化石壁入闽的中原大族。他们的办法是通过修谱、联谱来伪造假托,攀附名门。① 久而久之,客家人中造成了中原移民入闽必定经由宁化石壁,不经宁化石壁者就不是来自中原的思维定势,并形成一种区域性的社会共识。最后,就连闽粤赣区域汉化较深的畲民,为了免遭社会歧视和压迫,也不得不认同这一共识,声称本宗本族也是经由宁化石壁而来的中原移民后裔,并煞有介事地写进族谱中。

归根一句话,客家民系的形成实际上是一种文化理念的建构的过程。在这个过程中,中原文化起了主导作用和催化作用,其中中原正统观念、门第观念又是中原文化的核心。在这种文化理念建构起来之后,各个宗族为了继续保持或争取本宗族在地方上和社区中的优势地位,仍须始终不懈地坚持祖宗来自中原高门望族之说,故中原正统观念和门第观念得以世代传承乃至强化。于此也可见,中原正统观念与门第观念关系密切,这两种观念可说是互为表里的。

三、封建礼教观念

客家先民中包含着闽越土著和南迁的武陵蛮,他们在唐宋时刚刚跨过氏族部落制的社会发展阶段,尚未受到封建礼教的浸染,在人际关系上没有汉族三纲五常那一套,男女之间的关系也比较开放自由。但在汉化过程中,由

---

① 在修谱中伪造宗族渊源,达到攀附名门望族目的的做法,在我国有悠久的历史,古代学者如郑樵、方大琮、黄宗羲等都有论述。

于客家先民中官宦士大夫阶层之社会意识的影响,都或先或后不同程度接受了汉族的封建礼教观念。试看下面的一则实例,据《庆源王氏源流及分迁录》所载:

> 五十三世益,字舜良,宋仁宗时,登进士第……出知韶州。岭南习于蛮恶,男女无别,益首严治之。未几,男女之行者别途,胡安定采入《政范》。①

习于"蛮恶"的粤北土著居民,经过重视封建礼教的州官治理,能做到"男女之行者别途",的确有点彬彬乎君子国之气象了。这是土著民族汉化过程中受封建礼教观念影响显著的一例。

闽粤赣边"客家大本营"各个片区的土著民和其他少数民族,先后都走上了汉化的道路,表现在风俗和社会心理上都有一个由野变文的过程。如前文所述,自唐宋到明清,由于受到"政教甄陶",汀、赣风俗都由荒陋、尚武、悍勇一变而为"稍识礼度,趋正休风","远近丕从王化"。用今天的话来说,就是封建礼教观念普及并深入人心,因而使客家变成一个特别重礼教的民系。重视礼教的表现多端,这里仅举特别显著的两种事象为证。

1. 婚姻丧葬特别讲礼俗

客家聘娶婚(又称"嫁娶婚")重"六礼"俱全。"六礼"即《礼记》规定的"纳彩、问名、纳吉、纳征、请期"加上"亲迎"。民间因"六礼"过繁,往往加以简化,将"问名"与"纳彩"合并,"请期"与"纳征"合并,成为"四礼",或仅存"纳彩"、"亲迎",外加"铺房",成为"三礼"。但整个婚礼仍贯穿着"六礼"的精神。②

2. 特别重视贞节观念

妇女贞节观是封建礼教观念的另一重要表现。在这方面,客家人受到的影响极深,所以时代越后"节妇"、"烈妇"越多。例如在南宋修成的《临汀志》中,在"贞节"条目下只著录叶氏一人。可是到了明代以降,据所见闽西各县明、清及民国年间修纂的多种县志,普遍都有"节妇"、"贞节"、"贞烈"、"女贞"、"烈妇"、"节烈"之类的节目,每县表彰的"节烈"妇女少则数十人、

---

① 转引自罗香林:《客家史料汇篇》,中国学社 1965 年版。
② 参见刘尚群:《客家礼俗》,福建教育出版社 1995 年版,第 52 页。

数百人,多的竟高达一千多人!而且随着时间的推移,各县"节烈"妇女基本呈直线上升的态势。如长汀县,民国《长汀县志》设立《列女》专卷,其中"节"、"烈"两门所载妇女,宋代 2 人,元代 1 人,明代 72 人,清代 1200 多人!① 清流县的情况也很典型,嘉靖版《清流县志》在《节义》卷下列"节妇"一目,著录的"节妇"仅 5 人;而道光版《清流县志》在《人物志》下立"贞节"、"贞烈续志"两目,著录的节烈妇女数达 80 多人。② 这些"节妇",无非是夫死之后誓不再嫁,孝顺舅姑,抚育儿女或遗孤,一辈子过着贫穷艰苦的生活;"烈妇"则多半为遇到强暴以身殉节,或夫死之后自尽殉节,他们都是宋明理学"存天理、灭人欲"教条的实践者,也是这种教条的受害者、牺牲品。

---

① 民国《长汀县志》卷三四。

② 分见清流县地方志编纂委员会整理本:嘉靖《清流县志》卷四,第 111～112 页;道光《清流县志》卷七,福建人民出版社 1992 年版,第 318～329 页。

第七章　客家文化在台湾的传承与变迁

第一节　客家文化的传承

客家人从祖国大陆原乡迁居台湾,一方面由于文化固有的惯性,一方面由于客家人"宁卖祖宗田,不卖祖宗言"这样对于族群文化的热爱、执著和保守,更由于迁居到台湾的客家人多数仍然处在山区或半山区聚族而居,生活状态与在祖国大陆时相似,所以客家人的种种文化传统,从民系特有的性格,到岁时习俗、神明信仰、宗族形态,到流行和偏好的文艺形式,以及作为民系文化载体的方言等等,在台湾客家人中都得到全面的传承。

一、衣、食、住

先从形象直观、看得见、摸得着的衣食住谈起。吃的方面,台湾客家人重大米干饭,为了节省才吃粥[①];米饭常常要掺些番薯混合着吃,目的也是节省粮食。菜肴的烹饪"不讲究佐料,不讲究色、香、味,技术颇差"[②],正好符合论者所谓客家菜肴比较"粗",有"菜名不够文学化,菜形不够艺术化,菜料不够'贵族化',菜款不够复杂化"的特点。[③] 客家人喜欢用米磨成粉做成各种

---

① 台湾客家出身、祖籍嘉应州的旅日台胞林彩美在《言语》杂志第9卷第3期(1980)撰文说,台湾客家人不吃粥,并认为这与客家人劳动强度大、先人南迁时辗转迁徙干饭便于携带等因素有关;而台湾客家学者陈运栋则说,台湾客家人"一日三餐之中,中上层的家庭,早、中两次吃干饭,晚上吃粥。或者,早晚两次吃粥,中午吃干饭……但是,客家人吃的是馇粥,不是稀饭"(见《客家人》,台湾联亚出版社1978年版)。其实,林彩美讲的是客家人的老传统,陈运栋讲的是台湾客家人的新习尚,两者各有道理。

② 钟壬寿编著:《六堆客家乡土志》第九篇《六堆民情风俗》,台湾常青出版社1999年再版,第306页。

③ 王增能:《客家饮食文化》第一章第二节,福建教育出版社1995年版,第17页。

"粄",这在台湾各客家住区也仍相沿不替,如新年的甜粄、红粄、龟粄,五月节的粽子、白头公(一种野菜)粄,七月半的芋粄,冬至的圆粄仔等。此外还有平日喜吃的面帕粄(闽西叫簸箕粄)、禾米粄、老鼠粄等。①

祖国大陆客家名菜"酿豆腐",在台湾也仍是客家名菜。此外,像煲狗肉、红烧猪肉等,仍深受不少台湾客家人的喜爱。另一客家名菜"盐焗鸡",在台湾稍加变化,成为"蒜拌鸡丝",亦列入"传统客家菜系列"。② 由于客家住区离海较远,海味难得,所以养成了客家宴席山珍多于海味的特点,有些客家人在嗜好上也偏爱禽、肉,不太喜欢海味,这样的现象在台湾客家人中也仍然存在。

在服饰方面,台湾光复前,台湾一般客家百姓与祖国大陆客家原乡的百姓服饰基本一致,"男人穿的是无领布扣衫(唐装),白色或灰色,同色的唐式裤褂。女人则多是蓝布长衫(大襟衫)或短衫,黑唐式裤褂。概以蓝色为主……蓝布大襟衫绣有朱花边的则是少女、少妇的盛装。头挽高髻,足踏绣花鞋,穿朱边大襟衫,就是最漂亮的打扮"③。其中妇女的蓝色大襟衫作为客家传统服饰的标志,进而升华为客家庄的标志。美浓人就自豪地声称蓝衫为美浓的色彩,他们认为台湾客家人保持原乡的蓝衫传统有环境和经济两方面的原因,而蓝衫也体现了客家人的种种美德,因而极富感情地向子弟们和外来朋友们介绍道:

> 六堆客家祖先在开垦初期,因住地交通不便封闭保守,因此生活习惯大多维持原籍远祖的文化传统,服式方面也自然承袭了先人的习性。服装材料在早期使用本地或原乡运来的棉质布料及葛麻等,均结实耐用,种类不多,颜色以蓝、黑、暗红、白灰为主,并以素面为多。质料适合气候环境使用,实用价值颇高,且合乎经济原则。……男女的衫裤,均系直线裁剪,亦即现今所谓的平面构成,各种衣襟为全开式形态,衣服均为宽大的形式,因其平面而且宽松所形成对体形的隐蔽性,致使对各种体型及各类活动的高度适应力。必要时,还可供家人共同穿用。又如收藏得当,亦能留给后代穿着。如此一衣多穿的效用,既合乎经济原则,又不失为纪念传统精神的实际做法。衣服的颜色及图纹等装饰,样式简单,色彩纯朴,表

---

① 参见钟永发:《六堆客家民风》,《六堆杂志》2000 年第 78 期。
② 台湾《六堆杂志》2000 年第 77 期。
③ 钟壬寿编著:《六堆客家乡土志》第九篇《六堆民情风俗》,台湾常青出版社 1999 年再版,第 307 页。

现外观的单纯与洗练。男、女衣裤的使用均上衫下裤,视需要可任意调节其长短,又腰带兼用钱包,及衫裤被遮盖处使用较差的布料等,均表现了节俭美德。又依季节变化换衣,调节幅度较小,如棉质布衣,四季均用。[1]

现在,台湾客家人也如同祖国大陆原乡客家人一样,改穿西式服装、新潮服装了,但蓝衫作为客家人的传统服饰,被不少客地学校作为对孩子们进行传统文化教育的重要内容,纷纷办起"蓝衫乐舞团","以舞蹈教学的方式将客家的文化融入其中,并透过客家音乐的教唱,寓乡土教学于艺术文化传承中。"[2]

在住的方面,无论祖国大陆还是台湾,早年客家人的民居都是比较简单甚至是简陋的。台湾客家庄在 20 世纪 60 年代以前还随处可见的"穿凿屋",是选择近水源而高燥的地方,就地取材用竹和茅草搭寮居住。[3] 这实际上就是粤东畲族在"山林中结竹木障覆居息"的遗意,过去闽粤赣边贫穷的客家人也常如此编竹架茅为居。

至于大户人家,祖国大陆客地有土楼、围屋、围拢屋、五凤楼、大夫第,取意都在于安全防卫和聚族而居。台湾客家庄也有类似的民居建筑,大都是刻意仿效原乡建筑而建造的。如六堆内埔曾屋,被认为"是台湾客家人的建筑中,规模最大也最具'原乡'味的'围拢屋'"。据研究,这座宅院的主人曾任六堆第六任大总理,家世显赫,地理位置又居于六堆的中心,建造时应是想模仿原乡建成多达三圈的围拢屋,但三圈圆弧都没有像原乡那样围完整,原因是匠人"忘了"原乡的建筑型制。此外还有内埔黄屋,六堆高树简屋,台中西屯体源堂廖屋,东势地区围拢屋群、花莲钟屋等大型民居,都是仿照原乡围拢屋而建造的,只是由于种种原因,有的造得像一些,有的造得不完全像罢了。其中台中西屯体源堂廖屋,"大概是现存台湾型制最为完整的一间围拢屋。据现在的主人表示,当年的主人(也是现任主人的祖父)曾为了盖这栋房子特意回到祖国大陆去'画图回来'"。研究者认为:"这么完整的'原乡'式建筑,如果不是异乎寻常的刻意,是极不容易在他乡重现的。"[4]

---

① 见 1999 年高雄县文化节成果专辑:《恋恋客乡·情在美浓》,高雄县文化中心编印,第 34 页。

② 同上。

③ 钟壬寿编著:《六堆客家乡土志》第九篇《六堆民情风俗》,台湾常青出版社 1999 年版,第 307 页。

④ 陈板、李允斐:《日久他乡是故乡——台湾客家建筑初探》,收录于徐正光主编的《徘徊于族群与现实之间:客家社会与文化》,台湾正中书局 1995 年版,第 46~47 页。

此外,建筑中对风水的讲究,建筑内部空间结构安排上的祖宗崇拜意识,利用门联、栋对进行伦理和人生价值观的教育,以及正厅香桌下安龙神、屋后化胎屋前半月池一类希冀吉利的设置,都仿照原乡,样样齐备,客家味十足。

二、宗教信仰

客家人的宗教信仰,除了具有汉民族一般宗教信仰的共性之外,比较具有民系特色的内容,一是属于宗法性传统宗教的敬天尊祖观念和行事,一是属于土地神的伯公信仰,还有就是富有地方特色的三山国王、定光佛、惭愧祖师等民间信仰,以及沾染宗教色彩的各类巫术信仰,凡此种种,在台湾客家人中都得到很好的传承。

仍以六堆地区为例,关于敬天尊祖和伯公信仰,《六堆客家乡土志》记载道:

> 六堆村落,最基本也最普遍的就是敬天尊祖的观念。家家户户都有祖牌神位。大厅前的天井必有天神(天公)神位。厨房则有灶君神位,逢年过节,或家有喜庆,祭祖同时必不忘天神灶君神位的花果,上香和敬茶。正月初九是天公生日,一般习俗,这天晒衣不能露天。

> 六堆村落的庄头或庄尾必有伯公,是村里的守护神,开庄同时便有伯公坛的恭设,其后随着村落的扩展,东西南北角落空地更可增祀伯公。虔诚的老人,晨昏打扫,奉香敬茶。婚嫁时男方必于结婚前一日敬伯公。阴历二月初三、八月初二为其生日。

三山国王本是广东潮州境内巾山、明山、独山之神,原来它是包括客家、福佬和畲族在内粤东各族群共同的民间信仰[①],但由于三山国王的祖庙在揭阳(今析为揭西县)河婆,是客家人聚居区,加上早期从粤东渡台的移民多为客家人,故在台湾一般视三山国王为客家人的保护神,凡客庄基本都有三山国王庙。不少客庄福佬化之后,一般学者乃以三山国王庙或其遗址作为辨识客家人早期活动范围的标志。

定光佛是闽西客家人共同的保护神,伴随着闽西客家人移民台湾,定光佛信仰也在台湾扎根,成为迁台汀州客的保护神。由于台湾的汀州客数量较少,所以台湾的定光寺院,目前所知仅有彰化定光庵和淡水鄞山寺两处。彰

---

① 这一观点是笔者的研究结论,见所撰《三山国王信仰考略》,《世界宗教研究》1996 年第 2 期。

化定光庵建于县城内西北角,清乾隆二十六年（1761）由永定县士民鸠金公建,道光十年（1830）贡生吕彰定等捐修。现殿内尚存乾隆、嘉庆及道光古匾等文物,其中有乾隆三十八年（1773）所立之"济汀度海"匾,殿中两幅楹联题曰:"活百万生灵迹托鄞江留一梦,觑三千世界汗挥线地有全人。""古迹溯鄞江换骨脱身空色相乎园光以外,佛恩施台岛灵签妙语示吉凶于前定之光。"① 二者均表达了定光佛信仰在闽西客家人移民台湾艰苦创业过程中的巨大作用以及闽西客家移民对定光佛的由衷感激之情。

淡水鄞山寺始建于道光二年（1822）,为"汀郡众姓同立",主要捐建者为永定人,为建寺出钱出力者还包括武平、粤东及江西龙冈人士。② 这些情况表明,这座定光寺所团结、激励的除全体汀郡客家移民外,影响还广及于粤东及赣南客家人。

彰化定光庵和淡水鄞山寺都充当了当地的汀州会馆。会馆是一种以地缘为纽带的社团组织。联系到乾嘉以来台湾北部汀籍客家移民持续增多,以及自道光以降北部连续发生惨烈的闽粤分类械斗,笔者认为鄞山寺在当时一定发挥了团结同乡、捍卫族群利益的作用。有一则古老的传说,叙述淡水鄞山寺建立时闽西客家人与邻近的草厝尾街居民发生的冲突,大意说:鄞山寺选址在一处水蛙穴上,这种风水有利于建庙的人,却会使邻近草厝尾街的居民利益受损。结果酿成双方一场械斗,水蛙穴的一只眼睛被破坏,汀州人赶紧举行盛大的祭典,才保住水蛙的另一只眼睛。③ 这则传说曲折地反映了鄞山寺对汀籍客家人利益的卫护作用,实际上也就是定光佛信仰对汀籍客家人的团结、凝聚作用。

当然,台湾闽西客家人对定光佛的信奉,并不囿于上述两座寺庙,实际上,在台北一带的闽西客家人聚落,家家户户均供有定光古佛。④ 而光复后新迁到台湾定居的汀籍客家人,特别是武平人,亦以定光佛作为精神慰藉和族群凝聚的依托,故屏东、高雄一带的闽西新客家移民家庭,往往把定光佛供奉于家中,一些来自汀郡的县级同乡会,如台北市福建武平同乡会,也供奉定光佛,

①　李乾朗:《鄞山寺调查研究》,台北李乾朗古建筑研究室 1988 年版。
②　同上。
③　见高贤治、冯作民编译:《台湾旧贯习俗信仰》,台湾众文图书公司 1989 年版,第 301 页。
④　见高峻、俞如先:《清代福建汀州人入台垦殖及文化拓展》,《福建师大学报》(哲社版) 1994 年第 1 期。

把它作为缅怀桑梓、增进乡谊的象征。

惭愧祖师信仰亦起源于粤东。惭愧祖师俗姓潘,名了拳,福建沙县夏茂镇洋元村人。传说于唐元和间苦修悟道,17岁离闽赴粤弘法,为阴那山（界于梅县和大埔县之间）灵光寺开山祖师,寂灭前自号惭愧,遂以惭愧祖师名世。粤东客家人移民台湾时,有人把家乡惭愧祖师的香火带着同行,于是惭愧祖师信仰便在台湾的粤东客家移民中广泛传播,特别是中部南投县山区,有不少惭愧祖师庙。

关于巫术信仰,台湾客家人的情况亦与祖国大陆原乡大同小异。陈梦林《诸罗县志》[①]记述清代台湾中、北部的"信巫尚鬼"之俗曰:

> （民间）尚巫,疾病辄令禳之。又有非僧、非道,名客仔师。携一撮米,往占病者,谓之米卦。称说鬼神,乡人为其所愚,倩贴符行法而祷于神。鼓角喧天,竟夜而罢。

台湾中、北部民杂客家、福佬二系,福佬人称客家人为"客仔",称客家巫师为"客仔师",又称"客师"。所以上述记载中"客仔师"用"米卦"为人治病,正说明信鬼尚巫、以米卦占病之俗随着客家人的迁台而流行于台湾中北部。

三、客家文艺

客家文艺最有代表性的样式,声乐方面是客家山歌,器乐方面是八音,戏曲方面是采茶戏。这些文艺形式在台湾都得到很好的传承。

台湾客家山歌又细分为老山歌、山歌仔、平板,主要从广东梅县及其周围的镇平（今蕉岭）、兴宁、长乐（今五华）、平远等县（台湾俗称"四县"）传入,故"以四县的声调（包括阴平、阳平、上声、去声、阴入、阳入等六个声调）,在客家独有的传统旋律型（melody-typs）,做高低、长短、升降的变化"。由于其音乐表现形式及音乐性格与客家人的生活环境和民系性格息息相关,表达了客家人的思想、生活和感情,反映了客家的民性,所以在台湾客家人中极受欢迎。"民间的山歌演唱、比赛等活动,有愈来愈盛的趋势。""参加这项活动的人之中,有年愈百岁的人瑞,也有五六岁的儿童;有政府的官员,也有地方的代表;有企业的董事长、总经理,也有工厂的厂长、员工;有学校的教师,也有

---

① 清代诸罗县辖新港溪以北台湾中、北部广大地区。

种田的农夫、农妇，它可以说是客家全民的民间音乐活动。而其参与的盛况，不仅是当今的中国，即使在世界上亦是少有的现象。"①

当然，在某些地方，在某个时期，山歌的流行和发展也曾遇到阻力，特别是爱情山歌一度受到保守的老人和社会舆论的限制。②但由于"客家山歌的趣味，是置重点于男女之间的因问作答与即兴创作"，而客家情歌自由、热烈地表达爱情，正契合客家人的气质和性格，故父老禁制等某些不利条件只能在有限的范围有限的时间内起作用，并不能长期阻挠客家山歌的正常发展。根据学者的调查，无论是台湾和祖国大陆，客家山歌中都是"'情歌类'包括的分类和数目最多，歌曲的内容最丰富"③。

客家八音是指用八种乐器演奏的器乐合奏。八种乐器是从金类的钟、铙、铎等，石类的磬，丝类的琴、筝，竹类的管、箫，匏类的笙、竽，土类的埙、缶，革类的鼓，木类的柷等乐器中各选取适宜的一种，在汉剧的过门中运用，也常在结婚喜庆中或寺庙里演奏。关于八音在台湾客家人聚落中的流传，陈运栋有如下的记载：

> 清初开始，广东客家人（少数福建客家人）先后迁居台湾……客家八音也随着客家人的风俗习惯及生活需要而流传下来，无论是庙会、结婚喜庆宴客的场合，没有八音就显得寂寞无声，不够热闹。
>
> （20世纪）20年代的童年时代，我在客家村庄里，常站在一大群人中欣赏以唢呐（当时叫吹笛）为主，以锣、鼓、弦索为辅的"闹八音"。④

目前，由于时代环境的变迁及观众欣赏趣味的改变，八音逐渐没落，但不少客庄仍有八音团，并努力辅以先进的技术设备，力图使其振兴。如美浓镇的八

---

① 谢俊逢：《客家的音乐与文化》，收录于徐正光主编的《徘徊于族群与现实之间：客家社会与文化》，台湾正中书局1995年版，第46～47页。

② 据介绍，六堆地区"民谣和山歌多是传自梅县、蕉岭等原乡，调子很高，不容易唱，但也有不少人会唱。尤以牧童在牛埔（牧场）放牧牛只时，常引吭高歌。莳禾、割禾尤其于莳草时（昔时客家村多由妇女耘草，不是像现在那种跪在田里双手搔草，而是一只手撑着伞，一只手依着竹杖，站着用脚踏草的方式），也有很多人唱。男女对唱情歌的也有，只是由于六堆父老对于男女自由恋爱禁制得相当严格，所以唱的较少"（见钟壬寿编著：《六堆客家乡土志》第十篇《故事、笑话、山歌、民谣》，台湾常青出版社1999年版，第356页）。另外，六堆流行"家有书声必兴，家有歌声必败"，受此影响，"六堆客家地区，少山歌，无舞蹈"。见钟永发：《六堆客家民风》，《六堆杂志》2004第78期。

③ 郑瑞贞：《客家山歌歌词的内涵、艺术表现手法和音乐特性》，收录于徐正光主编的《宗教、语言与音乐——第四届国际客家学研讨会论文集》，"中央"研究院民族学研究所2000年版。

④ 陈运栋：《客家八音》，《六堆杂志》1999年第76期。

音团在演奏小调时就使用投影片加以解说。[1]

台湾客家采茶戏主要流行于苗栗、新竹及桃园的中坜、平镇一带,"以平板(即采茶调)为主要唱腔,山歌仔是次要唱腔,其余九腔十八调则是点缀性唱腔。平板、山歌仔的曲调,随着歌词的变化而略作改变,能表现愉快、欢乐、悲伤、愤怒等不同的情绪。其伴奏乐器以二弦、胖胡(椰胡)为主,另加锣、通鼓、梆鼓、小锣、三弦、铁弦、大广弦、洞箫、唢呐、扬琴、钹、拍板等"[2]。其渊源可以追溯到粤北的采茶戏,是由粤东移民带到台湾的。据载,清末台南民间演唱活动中已有"采茶唱"戏曲[3],及至民国初年,台湾采茶戏达到鼎盛期,各地相继成立戏班,自编新剧目。有的则在山歌曲调中填入新唱词,加上对白,表演简单故事情节;有的则以小调对唱加对白、表演。这两种形式都以丑、旦戏谑对唱为主,故被称为"相褒戏"。日治时期,在"皇民化"运动中民间文艺大受压抑、摧残,采茶戏也受到沉重打击,只在民歌演唱的形式下保留了《卖茶郎故事》的片段。台湾光复后采茶戏与其他戏剧一样得到复兴,而在20世纪60年代后,受到电影、电视、激光唱盘等新的文艺形式的冲击,重又走向衰落。

四、客家人的性格和气质

以民系性格而言,客家人的劲毅、耿直、尚气、忠义、勤劳、俭朴、爱国家、爱民族的禀性,在台湾客家人中都得到很好的继承和发扬光大。这样的民系性格,大部分在日常生活的一言一行、一举一动中就可以观察到。例如艰苦朴素、勤俭节约、劲毅直爽等品质,我们透过老一辈的台湾客籍作家钟理和、钟肇政等人的作品,有很深切的感受。在现实中,也常能遇到这样的人和这样的事。笔者在一次访台期间,就有过一次亲身的体验。

那是在1994年,我在定居高雄市的族兄陪同下,专程前往美浓镇去拜访钟理和先生的长公子钟铁民。相见时,族兄的一位老同事、原乡在广东梅县

---

[1]　高雄县文化节成果专辑:《恋恋客乡·情在美浓》,高雄县文化中心1999年编印,第56页。

[2]　王耀华:《客家艺能文化》,福建教育出版社1995年版,第28页。

[3]　光绪年间成书的《安平县杂记·风俗现况篇》载:"酬神唱傀儡班,台庆、喜庆、普度唱官音班、四平班、福路班、掌中班、采茶唱、艺姐等戏。"转引自陈雨璋:《台湾客家三脚采茶戏——卖茶郎故事的研究》,台湾师范大学音乐研究所1984年硕士学位论文。本节关于台湾采茶戏的论述,主要参考此文。

的乡亲也来了,钟先生便在镇上一家客家小餐馆请我们吃饭。按现时祖国大陆的规矩,对于难得远道而来的稀客,怎么也得弄几样美味佳肴加以款待,以显示主人的热情好客。但钟先生并没有这样的浮华客套,而是很实在地请我们吃当地特产客家粉粄,一人一碗,边吃边谈,气氛自然而亲切。席间,钟铁民先生还讲了一个故事,说他有一次与一位友人上馆店吃饭,叫了两三样菜,菜没有吃完,钟先生感到饱了,想要停箸不吃。那位友人说:"这怎么行!叫来了的饭菜不吃完,岂不是暴殄天物吗?"听了这话,钟先生深感内疚,连忙举箸勉力再吃,直到把叫来的饭菜都吃完了,才离店而去。

这次吃饭入席之时,钟先生的女儿也在场,所以叫了五碗粉粄,不巧钟小姐临时有事先走了,剩下一碗粉粄,大家又吃饱了,无法把它分吃掉。钟先生请族兄的那位老同事把它打包带走,那位乡亲也不推让,爽快地说:"好,我带回去给老伴吃。"

钟先生和那位乡亲的言行,使笔者受到深深的震撼和感动。对比祖国大陆的时尚,许多人,包括一些客家人,动辄大吃大喝,宴客时争面子,讲排场,山珍海味,十盘八碗,吃不完一推碗筷就走,以此显示阔绰和大方。相形之下,不能不承认,台湾客家人朴实、爽快,富而不忘勤俭本色,的确做得比祖国大陆客家人还好。

至于忠义、爱国家、爱民族这类高尚品质,往往在重大的历史关头才能得到突出的表现,迸发出耀眼的光芒。前述乙未(1895)反割台斗争中客家义勇给予日本侵略者沉重的打击,涌现出像姜绍祖、吴汤兴、徐骧、胡嘉猷等一大批义薄云天的英雄,甚至连义军统帅丘逢甲和在南部主持抗日战事的黑旗军统帅刘永福也是客家人,就是有力的证明。

客家民系性格的另一核心内容耕读传家、崇文重教,在台湾也被客家人保持得很好。台湾学者曾就客家与闽南两个族群的行业和职业分布、受教育的状况,以及教育程度对择业的影响做过调查研究,得到了如下的结论:细究闽、客的行业分布之不同,仍有一些有意义的发现。例如客家人行业为农牧猎业、林业、矿业的百分比高于闽南人,而闽南人在渔业、商业的百分比高于客家人,而且这些不同并没随着时间的演变而缩减,也没有日趋同质或同化的现象。在职业方面,细究闽、客的初职业分布,仍存在一些有意义的不同。例如客家人职业为农林牧工作的百分比高于闽南人,而闽南人在买卖工作的百分比高于客家人。这与在行业分布上,客家人在农牧猎业、林业的百分比较高,闽南人在商业的百分比较高,显得相当一致。而且两个族群在这些职业方面的不同,也是没随着时间的演变而缩减。在教育状况及其对择业的影响方面,社会学一向认为教育对于职业有重大的影响,正巧客家族群的平均教育年数,一直都高于闽南族群。在控制出生地、父亲职业及教育、母亲教育等背景变项后,客家族群的平均教育年数仍一直高于闽南族群。但是理论上受教育因素影响大的,平均职业声望却占不到优势,在控制教育因素后,客家人的职业取得也就低于闽南人。也就是说闽南人重商,客家人重农,即使教育程度一样,闽南人倾向于选择职业声望较高的买卖工作,客家人倾向于选择职业声望较低的农林渔牧。[①] 用通俗的话讲,客家人普遍受教育时间较长、程度较高,却大多选择从事社会上并不太吃香的农林渔牧工作,闽南人普遍受教育的时间和程度不如客家人,却大多选择从事社会上吃香的商业工作。对于这一现象的合理解释,只能在文化传统中去寻找:客家人的耕读传家传统,决定了他们读书多,但仍倾向于做与农耕有关的工作;闽南人重商的文化传统,决定了他们偏爱商业及与商业有关的工作。

关于台湾客家人坚持耕读传家传统、崇文重教,有一个非常典型的实例,那就是著名的客家文化镇美浓。这是一个几乎纯客家移民的乡镇,其他籍人士鲜少,故民情、习俗、日常生活等迄今延续三百多年,既不为闽南籍所同化,亦不因日人统治所感染,鲜明地体现了原乡客家人的精神习尚。镇民多务农业,纯朴、勤俭、耐劳、笃实,绝少奢靡风气。男女老幼均日出而作,日落而息。镇民对子女教育事业最为热心,文盲比例极低。据 20 世纪 70 年代初的统计,全镇有国民小学 8 所,初中 1 所,在学学生逾 13000 人,负笈他乡就读者不下 4000 人。下面两表反映了镇民所从事的行业和职业的特点,以及高度重视教育的情况[②]:

---

① 张维安、黄毅志:《台湾客家族群的社会与经济分析》,收录于徐正光主编之《历史与社会经济——第四届国际客家学研讨会论文集》,台湾"中央"研究院民族学研究所 2000 年版,第 186 ~ 187 页。

② 资料来源于钟壬寿编著:《六堆客家乡土志·美浓镇概况》,台湾常青出版社 1999 年版,第 434 ~ 436 页。表一为该志原表,表二据该志之表改制。

表一、20 世纪 70 年代初美浓镇现住人口职业别统计

职业\性别	农业	商业	工业	人事服务	交通业	公教人员及自由业	矿业	渔业盐业	其他	家庭管理	学生	12岁以下者
男	8420	413	352	1157	184	517	6	5	85	78	4054	10285
女	10093	116	5	891	5	143	0	0	18	2063	2813	9949
合计	18513	529	357	2048	189	660	6	5	103	2141	6867	20234

表二、20 世纪 70 年代初美浓镇现住人口教育程度统计（满 13 岁以上者）

教育\性别	高等教育毕业、肄业	高中毕业、肄业	初中毕业、肄业	国民学校毕业、肄业	私塾	不识字
男	150 180	1000 703	1595 2520	7227 2075	565	862
女	13 30	270 259	538 1549	6450 3182	237	4405
合计	163 210	1270 962	2133 4069	13677 5257	802	5267
占13岁以上人口的百分比	1.1%	6.6%	18.3%	56.0%	2.4%	15.6%

　　两表所反映的美浓人耕读传家的情况及读书人比例之高，比祖国大陆客家原乡著名的文化县梅县的情况有过之无不及。而这还是四十多年前的事，这些年来，美浓人受教育的普及程度和学历层次又有了更大的提高，仅取得博士学位服务于世界各地的就有三百多人，恐怕梅县全县出的博士也达不到这样高的数量，更不用说其他县份了！

　　台湾客家住区的许多文化遗迹也见证了台湾客家人耕读传家、崇文重教的族群性格。高屏平原六堆地区内埔乡的昌黎祠，是台湾地区唯一一座奉祀韩愈的庙宇，始建于清嘉庆八年（1803），是内埔乡人昭武都尉钟麟江为了推展文教，发扬客家人尊崇文士的观念而倡建的。当时，昌黎祠还聘有老师授课，教导客家子弟读书习艺，因而这里也就成了六堆的文教中心。① 另外，台湾

---

① 参见刘还月：《台湾的客家人》，台湾常民文化事业股份有限公司 2000 年版，第 113 页。

的客家分布区如桃园、新竹、苗栗、屏东、高雄等地,还保留了不少惜字亭,老人们仍虔敬地把有字的废纸集中到惜字亭里焚化,生动地反映了客家人深厚的崇文文化心理,而在祖国大陆,这样的惜字亭已经绝迹了!

崇文重教,读书求贵的人生价值观,还反映在台湾民间歌谣里。有一首民谣唱道:

> 高山顶上起学堂,两边开窗好透凉;
> 阿哥读书望高中,阿妹读书望恋郎。

台湾客家学者涂克韶对这首民谣作了这样的诠释:"这首山歌透露出两个信息:一是在山区兴办学校,二是男女都接受教育。前者显示是在客家人居住地区,后者则表示男女地位比较平等与教育普及。……这显示客家族群重视教育,同时也显示客家人的读书观是建立在功利主义求取功名、社会地位的出发点上,也就是'望高中'荣登金榜。"[①]

第二节　客家文化的变迁

台湾客家文化承传了原乡的文化传统,但并不是原封不动地照搬原乡文化。台湾客家人的原乡本自多样,有来自嘉应州的,有来自潮州、惠州、汀州的,还有来自漳州的,来到台湾后,客家人与原住民、福佬人之间,以及不同祖籍的客家与客家之间,发生了错综复杂的关系,族群间的文化交流和融合,加上对所在地区环境和其他物质条件的适应,不同地区的客家文化都形成了鲜明的区域特色。对于不同地区客家文化形成区域特色的过程,台湾学者称之为"台湾客家在地化",实际上就是我们所说的客家文化在台湾的变迁。

文化交流和融合的因素,文化对环境适应的因素,加上文化随时代演进而演进的因素,客家文化在台湾发生的变迁是巨大而深刻的,而且至今还在继续演变之中。这里我们不能全面地详尽地说明其变迁,只能择要做一些简略的介绍。

---

① 台湾《六堆杂志》1999 年第 76 期。

一、语言

语言是文化的载体，也是文化交流的工具。所以，由于文化交流引起的台湾客家文化的变迁，在语言的演变上得到最直接、最鲜明的表现。

在台湾，与客家关系最密切的族群是福佬人，因此，客语受闽南语的影响最大。下面据学者的研究成果[①]，列举客语受闽南语影响的有代表性词汇如下（词汇的读音不一定与同形的普通话相同，不一一注明）：

普通话	大陆客语通常说法	闽南语通常说法	台湾客语特殊说法	特殊说法通行地区	备　注
月亮	月光	月娘	月娘	云林二仑诏安客话区	
北部（指台湾本岛的北部）	上背	顶港	上港	台中东势及云林诏安客语	
南部（指台湾本岛的南部）	下背	下港	下港	台中东势及云林诏安客语	
山脚下	山下	山骹	山骹	美浓竹头背一带	"山骹"音标为 san^1 k'a^1
时候	时节	时阵	时阵	屏东高树市街一带	"阵"的发音亦同闽南语
十几年	十过年	十外年	十外年	云林二仑、东势话、卓兰老庄饶平话	
二十几年	二十零年	二十外年	二十外年	云林二仑、东势话、卓兰老庄饶平话	
菠菜	角菜角子菜	菠稜菜	菠稜（读如 pue^1 ling^5）	台湾客语优势腔	潮州闽南语读 pue^1 leng^5）
茭白笋	禾笋	茭白笋茭白	茭白笋茭白	东势话云林二仑	
萝卜	萝卜	菜头	菜头	台湾客语区普遍通行	同时也叫"萝卜"
鸽子	月鸽子	粉鸟仔	粉鸟仔	云林二仑屏东高树	

---

① 本节关于台湾客语受闽南语影响的材料和观点，主要参考吴中杰的已经成果，见其 1999 年硕士学位论文《台湾福佬客分布及其语言研究》（台湾师范大学华语文教学研究所）。

续表

普通话	大陆客语通常说法	闽南语通常说法	台湾客语特殊说法	特殊说法通行地区	备 注
麻雀	禾哗仔	厝鸟	屋鸟 厝鸟	云林二仑 卓兰苗丰	用"屋"代"厝"符合客语习惯
调羹	调羹	汤匙	汤匙	云林二仑	
东西	东西	物件	物件	云林二仑	
儿子	赖仔 仔里	囝	囝子	云林二仑	
右手	右手	正手	正手	海陆话 二仑诏安客	
生病	发病	破病	破病	东势二仑诏安客	
癫痫头	癫痫头	臭头	臭头	二仑诏安客	
猪脚	猪脚	猪骹	猪骹	高屏六堆	
稀饭	粥	糜	糜	海陆话、台湾饶平话、东势话、基隆丰顺话	
便宜	便宜	俗	俗	美浓、佳冬、东势	
信	信	批	批	二仑诏安客 基隆丰顺话	
下棋	著棋	弈棋 行棋	弈棋 行棋	佳冬海陆	
帮忙	腾手	逗相共	逗相共	二仑诏安客	
拿	拿	提（t'ei^7）	提（t'e^1）	卓兰苗丰诏安客	
对不起	对唔住	歹势 （p'ai^2 se^3）	歹势 坏势	台湾客语几乎都这样说	
他	渠	伊	伊	美浓、杉林、佳冬、新埤	
能干	强 尽会	gau^5	鳌,读如（neu^2）	美浓	与闽南话对应,而读音微有不同
肚子饿	肚饥	枵（iau^1）	枵（ziau^1）	海陆话、东势话饶平话、诏安话	
努力	煞猛、勤	骨力	骨力	卓兰老庄	
全都	做下、一下 总下等	拢总	拢总 拢系	六龟、宜兰、南澳美浓、麟洛	同于或接近闽南话
刚刚好	正好	拄好 都都好	拄好 都都好	台湾客语普遍行用	

还有一种情况,客家话与闽南话接触后,虽然受到闽南话的影响,词汇上吸收闽南语成分,而客语成分尚未完全消失,这是客语词被闽南语词完全取代之前的一个过渡阶段,学者们把它称为"闽客合璧词"。下面略举几例,以见台湾客语中"闽客合璧词"的概貌。

"一样",客语多说"共样",闽南语说"同款"（kang⁷ k'uan²）,而东势、饶平话（老庄）、卓兰（内湾）客话说"共款"（k'iung³ k'uan²）,"共"为客语成分,"款"来自闽南语。

"男人",客语多说"男仔人",闽南语说"查晡",而海陆话说"男晡人",其"晡"当来自闽南语,"男……人"的词型来自客语。

"邻居",客语多说"邻舍",闽南语说"厝边",而云林二崙诏安客话说"屋边",应是"厝边"一词的硬译,即把代表房屋的"厝"改为符合客语习惯的"屋"罢了,故"屋边"一词也兼有闽客语言的特色。

"抽烟",客语多说"食烟",闽南语说"吃薰"（tsiah⁴ hun¹）,而台湾诏安话（二崙）、饶平话、永定话都说"食薰"（shet⁸ fun¹）,其中"食"是客语词,"薰"是闽语词,"薰"字的读音演变 h—> f 符合客语的规律。

总的说来,台湾客语受闽南语影响最深的是诏安客语,其次是饶平、东势话,海陆和南部四县话也有一部分,北部四县话受闽南语影响最浅。方言学者认为,台湾找不到完全未受闽南语词习染的客方言点,只有影响程度深浅之别。客语的闽南语化,有的在祖国大陆原乡时已经出现,有些却是在台湾才产生的变化。当然,除了词汇的演变之外,语音方面（包括声母、韵母）,客语同样在闽南语的影响下产生了若干变化,只是这方面的问题太过专业化,这里就略而不论了。

由于文化交流而使台湾客语发生变迁,还表现在台湾客语各次方言之间的融合,特别是"四县话"与"海陆话"（"海陆客"包括海丰、陆丰、惠东）、"饶平话"（"饶平客"包括饶平、大埔、丰顺、揭阳）的融合。语言学者罗肇锦指出:"有些地方由于四县、海陆、饶平混居,慢慢形成了四县与海陆混合的新客家话,我称之为'四海话'。'四海话'的特色是以四县声调为声调,以海陆声韵为声韵,分布在杨梅、关西、峨眉、南庄、卓兰等四县、海陆融合的地方。这种四县与海陆融合所产生的'四海话'极可能就是未来的台湾客家话主流。""由于台湾目前的客家话,以乾隆年间蕉岭（旧称镇平）来台的四县话占优势,所以'四海话'也以讲海陆话的人说四县话时所形成的腔调为主轴,而海陆人说四县话,基本上是以四县声调为基础,然后声母韵母保有海陆特征,这种四海话成了今天最普遍的混合型客家话,也将是未来台湾客家话的优势语言。"①

"闽西客话"的消失是台湾客语各次方言融合的特例。其原因主要是"闽西客"(包括永定、上杭、长汀、武平、宁化)人少,大多消失在同为客家区的台中、苗栗、新竹、桃园一带,也有部分消失在闽南语系统之中(如台北县市)。②"漳州客话"的消失,是不同方言之间融合的特例,其表现对象主要是"漳州客"(包括来自南靖、诏安、平和、云霄的客家人)③。罗肇锦认为,"漳州客话"消失的原因,是"漳州客"来自漳州,以为自己所说的漳州话是闽南话的一种,所以自动改说较多人使用的闽南话,久而久之,漳州的客家话便消失得无影无踪了。④其实原因未必这么简单,从漳州地区闽客交界地带客语消失的情况来看,客家人与闽南人错居杂处,起先彼此的语言和族群认同倒是泾渭分明的,但由于闽南人拥有政治、经济和文化上的优势,在社会地位上也拥有优势,客家人多少有些自卑心理,为了在与闽南人打交道(交易、通婚等)时免遭或少遭歧视,不得不学习闽南话,在与闽南人交往的场合用闽南话进行交际,只在客家人相处时说客话,进而只在家中说客话。久而久之,连在家中也说闽南话了,最后竟忘记了自己的母语,"漳州客话"就在这样的过程中变异乃至消失了。台湾"漳州客话"消失的原因,或许与此有相同之处。

台湾客语的变迁,还有与平埔族互相影响及受国语、外来语影响的因素。以受国语影响为例,台湾客家人在学国语、用国语的过程中,客语的词汇和语

---

① 罗肇锦:《台湾"漳州话"的失落和"四海话"的重构》,收录于收录于徐正光主编的《宗教、语言与音乐——第四届国际客家学研讨会论文集》,台湾"中央"研究院民族学研究所2000年版,第268、277页。对于罗肇锦定义的"四海话",有人认为那只是"从苗栗四县腔的立场观察到新竹四县腔的海陆化现象",别的地方的四县话与海陆话融合可能有另样的情形。(陈板:《族群与地域:台湾客家在地化的文化观察》,见徐正光主编的《聚落、宗族与族群关系——第四届国际客家学研讨会论文集》,第322页)。但不管融合之情形如何,台湾客语各次方言的相互融合却是不争的事实。

② 罗肇锦:《台湾"漳州话"的失落和"四海话"的重构》,见徐正光主编的《宗教、语言与音乐——第四届国际客家学研讨会论文集》,第281页。

③ 同上。

④ 台湾学者普遍认为"漳州客"中有来自漳浦的客家人,但据我们所知,漳浦历史上和当今都没有客家人。

法结构都打上了国语的烙印,有一个"客家国语"和"国语客家"的例子颇能说明问题:

　　四十年前客家人说国语不标准,我们称之为"客家国语",四十年后客家人说客家话都是国语翻译过来的,我们称之为"国语客家"。举例来说:

　　客家国语:我不是挑挑的,是他拿石头 tep 我,我一估下去,就把镜子 tep 烂了。

　　国语客家:俺毋係故意介,係佢拿石头丢我,俺一蹲下去,就把玻璃丢破了。①

以上是一个极典型的例子,把客家的词汇、语法与国语的词汇、语法强扭在一起,造出非驴非马的"国语化客话",看了使人发笑。其实由于习染国语,大量借入国语词汇,包括名词、形容词、副词、甚至虚词,诸如"难道"、"有时……有时……"、"忽然"、"聪明"、"懒惰"、"自助餐"、"西装"、"收音机"、"马路"等等②,用惯了,成了男女老少通用的现代客语,也就不觉得好笑了。

　　除了向国语借入外,客语还向英语、日语借入了若干词汇,在此不具体论述。另一方面,有借入,也有丢失,早期农业社会的一些语言,例如生活上的语言,像"犁耙碌碡"、"镬头铁"、"墨盘"、"字簿仔"、"秧铲"、"灯盏"等等,由于时代的进步,生活内容的改变,现实中用不上了,逐渐退出了客家语言的舞台。③

二、建筑

　　台湾客家人的建筑,除了力求继承原乡的建筑传统外,又因适应地域环境和特殊物质条件的关系,而呈现出鲜明的地域性。无论从大环境、房屋配置、建筑细部(屋顶形式、屋脊、斗拱、屋架、墙面、山墙、墙基、地板铺面)、室内外空间格局(正厅的安排、内外廊的选择)、信仰形式(伯公信仰、祖先崇拜、龙神、天神)、风水认知、建筑附加物(竹帘的使用)等等,都可以观察到在一个

---

　　①　罗肇锦:《台湾"漳州话"的失落和"四海话"的重构》,见徐正光主编的《宗教、语言与音乐——第四届国际客家学研讨会论文集》,第277～278页。

　　②　罗肇锦:《客家的语言——台湾客家话的本质和变异》,收录于徐正光主编的《徘徊于族群与现实之间:客家社会与文化》,第28页。

　　③　同上书,第26～27页。

约略相同的格局之下的地域变貌。改变也有原则,不过这个原则的地域性作用似乎比族群性作用更大些。比如祖先牌位的摆设位置,会因为所请的专业先生的族群认知而改变形式,在(桃园县)杨梅就有一个案例:某一个客家家族因为诸事不利,找来一位福佬看风水的先生,据福佬风水先生的判断,认为这个家族之所以出问题,是因为祖先牌位摆错了位置,结果主人接受风水先生的建议,将祖先牌位由正中央移到右手边。就在这个过程中,杨梅客家家族已经改变了传统的空间文化形式。[①] 我们知道,传统上客家人与福佬人摆设祖先牌位的方式不一样,客家人正厅中央不摆神明牌位,故祖先牌位摆在正中,福佬人正厅中央摆神明牌位,故祖先牌位摆在右手边。上述杨梅客家家族根据风水先生的意见,把祖先牌位移到了右手边,实际上是接受了福佬族群的部分建筑文化观念,是台湾客家建筑因福佬文化影响而变迁的一个实例。

台湾南部六堆的客家建筑,一向被认为"在台湾客家人的建筑里是占着较正统的地位"的,但它的几个重要特征,如屋顶的"转沟"构造方式的坚持,对"廊"空间的重视等,却为祖国大陆客家地区所无。[②] 这也应是南台湾客家人适应区域特点而在建筑形式上有所创新的表现,是台湾客家人建筑富有区域性的又一实例。

三、山歌

客家山歌从祖国大陆原乡到台湾的变迁,首先表现在内容及分类方面。两三百年来,特别是最近半个世纪以来,海峡两岸的生活内容有较大的差异,如 20 世纪二三十年代祖国大陆的土地革命战争、国民军与红军的作战,1949年政权的转换及其后的社会剧变,80 年代的改革开放,都是台湾所没有的。因此,祖国大陆客家山歌中"歌颂人民翻身、红军起义、改革开放的时政歌在台湾并不存在",而这又影响到两岸客家山歌在分类上也不尽相同。例如,台湾北部的客家山歌,有人依歌词内容把它"分成十五类:爱情、劳动、消遣、家庭、劝善、故事、嗟叹、相骂、爱国、饮酒、祭祀、催眠、戏谑、歌颂、生活类。而闽

---

① 陈板:《族群与地域:台湾客家在地化的文化观察》,见徐正光主编的《聚落、宗族与族群关系——第四届国际客家学研讨会论文集》,第 323 页。
② 陈板、李允斐:《日久他乡是故乡——台湾客家建筑初探》,收录于徐正光主编的《徘徊于族群与现实之间:客家社会与文化》,第 35~36 页。

西的连城、长汀、武平的《歌谣集成》均把当地的歌谣分成八大类:劳动歌、时政类、仪式歌、情歌、生活歌、历史传说、儿歌及其他歌谣",“可见山歌的内容分类是有地区性,台湾北部地区的分类法未必能适用到祖国大陆客家地区,反之亦然"①。

在音乐形式方面,台湾讲四县腔客家方言区与海陆腔客家方言区的山歌,在音调方面各有特点。四县腔客家山歌是台湾客家山歌的主流,由于台湾讲四县话的客家人主要来自粤东蕉岭,故其客家山歌以具有蕉岭山歌特点的“老山歌”为代表,其旋律音调、旋法、音列,均与粤东蕉岭山歌有紧密联系,而又略有变化。学者比较蕉岭山歌与台湾“老山歌”的旋律特征后得出结论说:“蕉岭山歌与台湾‘老山歌’,在曲体结构方面,均由四个乐句组成,并且各乐句的骨干音、旋律动向、乐句结束音都基本相同。音列为 mi（3）、$^{\#}$sol（$^{\#}$5）、la（6）、do（i）、re（2高八度）、mi（3高八度）,只是蕉岭山歌还有高音 sol（5高八度）。旋律音调中突出运用 mi（3）、la（6）、do（i）、mi（3高八度）,为羽调式。”更显著的变化是,台湾客家山歌中新兴的“山歌仔”和“平板调”两个品种,“‘山歌仔’为‘老山歌’的变化,‘平板调’则是山歌由田野山地往家庭、戏院的产物,已成为采茶戏的主要唱腔,因此,已失去了山歌所应有的特性。”②

四、信仰

台湾客家信仰中最具创新意义的内容莫过于义民信仰。如前所述,义民是清代一系列民变中协助朝廷平定乱事有功而受到朝廷表彰的民众,义民不限于客家人,但以客家人为多。客家人为了纪念在平乱中死难的义民,兴建忠义祠予以奉祀,从而逐渐形成了义民信仰。

最早的忠义祠是为康熙六十年（1721）平定“朱一贵事件”中死难的客家义勇而兴建的六堆忠义祠,位于屏东县竹田乡西势村,原名“西势忠义亭”。建亭缘起是“朱一贵事件”中六堆客家人组织民团,主动协助朝廷作战,在下淡水一役中挫败了南下来犯的朱一贵部众,加速了朱一贵的全面崩溃。为

---

① 郑瑞贞:《客家山歌歌词的内涵、艺术表现手法和音乐特性》,见徐正光主编的《宗教、语言与音乐——第四届国际客家学研讨会论文集》,第 406～407 页。

② 王耀华:《客家艺能文化》,福建教育出版社 1995 年版,第 172 页。

了表彰六堆民团死难者的忠勇义烈,清廷诏拨内帑建了这座"忠义亭"。

后来在雍正年间吴福生事件和乾隆年间林爽文事件中,六堆客家人又一再充当义民,组织民团武装,协助朝廷,抗御变乱者,当然也有不少人死难。客家人的"忠勇"表现,他们在平乱中立下的功劳,当然一再受到清廷的褒奖,许多义民受到封赏,六堆客家庄则被御赐为"褒忠里",御书的"褒忠"二字匾额,准予悬挂在庄口,以宣扬客家人的"忠义"精神。

毋庸讳言,清廷大肆宣扬的"忠义"精神带有很浓厚的封建色彩。他们所希望的是子民们对于君主的愚忠,他们格外褒扬客家人,也含有利用族群矛盾分化瓦解台湾人民反抗运动的目的。但客家人心目中的"忠义",与朝廷的主观愿望并不完全一致,它的主要内涵是为保卫国家、保卫乡里而勇往直前、奋不顾身、患难与共、视死如归,其精神实质更接近于古往今来志士仁人所身体力行的"舍生取义"。平时,客家人把这种"忠义"思想作为不断增强族群凝聚力、同心协力谋取族群生存和发展的精神支柱,一旦国家有难,这种"忠义"思想则化为客家人共赴国难,为国捐躯的巨大精神力量,清光绪二十一年(1895)日军侵台时,六堆义民群起抗敌,在佳冬乡步月楼和长治乡火烧庄与日军血战,就是突出的一例。

六堆忠义亭在康熙末年建立后,直至道光朝,官府一再予以修缮,道光以后则由民间筹资维修。亭里供奉死难义民牌位,受到客家人民的恪诚敬祀。从忠义亭始建到光绪二十一年(1895)的一百七十多年间,南台湾所发生的大大小小的民变,"六堆居民都会在忠义亭誓师,为了保卫家乡,协助清廷平乱而起,而每一次不幸为乡土捐躯的勇士英灵,也都会安奉在忠义亭内,慢慢地,六堆忠义亭不仅是死难忠骨的葬身之所,更累积成为客家人的精神象征与信仰中心"[①]。显然,客家人世代奉祀死难义民的行事已升华为一种宗教信仰,这就是台湾客家人特有的义民爷信仰。

1945年台湾光复后,经过乡贤多年的努力,六堆人民捐资重修忠义亭,于1957年竣工,次年更名为"忠义祠"。祠中除重新奉祀以前的先烈牌位外,另入祀"台民救台抗日六堆参战烈士"及"台湾光复后台民历参抗日烈士"

---

①　刘还月:《台湾的客家人》,常民文化事业股份有限公司2000年版,第95页。按:引文中"安奉"一词,原文作"奉安",用法有误,据文句意义作此改动。

二面神牌,忠义祠作为六堆客家人的信仰中心,在新的时代注入了新的内容。

在台湾北部和中部的客家住区,历史上同样有义民,同样建立了各种名目的义民庙,形成了义民爷信仰。新埔、头份、平镇、苗栗四地的义民庙是北台湾义民信仰的重镇,中部则以嘉义的镇南祠(又称"护国义民庙")、云林义民庙较为知名。

关于义民信仰的宗教性,各义民庙都有相应的祭祀组织、祭祀尝业、祭典仪式。以北台湾为例,新埔、头份、平镇、苗栗四地的义民庙形成四个大信仰核心①,其祭祀圈涵盖了北台湾人口密集、交通便利的大部分客家地区,这些庙宇举行的义民节中元祭典,有完整、健全的祭典组织,有隆重严密、宗教味十足的祭祀仪式,包括恭迎义民爷至祭典区,有关各宫庙奉饭,义民庙庆赞中元仪式之"彩结华坛"、"请师登座"、"斗灯安位"、"斗灯开火"、"大闹皇坛"、"大士开光"、"奏表申文"、"竖幡接圣"等一系列行事,是"北台湾客家族群最大的宗教盛事",因而"义民信仰是北台湾客家族群最重要的信仰"。义民爷实际成为各客家庄的守护神,庄民们那么虔敬地奉祀他们,是"希望当年那群去而不返的子弟,能够庇佑这些同样要踏上征途的子弟"②。

台湾以义民爷为主神的寺庙,计有30座,分布在桃园、新竹、苗栗、台中、南投、彰化、云林、嘉义、台南、高雄、屏东、花莲等地,其中以苗栗、嘉义最多,各有5座。义民庙中供奉的一般是牌位,只有极少数供奉着神像,如景美义民庙奉祀的是义民爷正神。③

五、岁时习俗 ④

1. 义民节节俗

台湾客家的岁时习俗,除了保持了大部分的传统旧俗外,也有一些新的

---

① 其中新竹县新埔镇坊寮的褒忠亭(俗称"义民庙")"以其滥觞之地位、分灵庙宇之众多及祭典动员之庞大,成为最具代表性者"。故邱彦贵即以此庙的中元祭典作为观察北台湾义民信仰的典型个案。

② 邱彦贵:《从祭典仪式看北台湾义民信仰:以坊寮褒忠亭丁丑年湖口联庄值年中元为例》,见徐正光主编的《宗教、语言与音乐——第四届国际客家学研讨会论文集》。

③ 参见陈小冲:《台湾民间信仰》,鹭江出版社1993年版,第175页。

④ 本小节主要参考刘还月:《台湾的客家民俗》,见徐正光主编的《徘徊于族群与现实之间:客家社会与文化》,第87~98页。

内容。最突出的一点,就是伴随着义民信仰而来的义民节节俗活动。台湾有三十多座义民庙,各庙的义民爷大祭典都定在每年农历七月二十日,其中规模最大、祭祀圈最广、信仰最虔诚的是新竹坊寮义民庙,因而新竹义民节的节俗活动也最热闹,最具典型性。

新竹义民节节俗活动的特点是与普度的结合。传统普度节俗的意义是祭祀无主的孤魂野鬼,时间有的定在农历七月十五,与道教的中元节、佛教的盂兰盆节同日,大部分地区则是从七月初一到三十都是普度时间,月初开鬼门关,月底闭鬼门关,中间举行一系列祭祀孤魂的活动。新竹义民节在七月二十日,恰在普度的时间范围内,且义民爷本来也是战死的无主或无法辨明身份的烈士,与"无祀鬼厉"有相通之处,这是义民节节俗活动与普度相结合的内在因素。在具体做法上,是在二十日正式祭典之前,一般是十八日下午或十九日早上"竖灯篙",于义民庙的正前方两座石灯之间,分中、左、右竖立三根灯篙。然后于当晚 11 点安"大士爷",这是一个身材高大、口吐长舌、青面獠牙、竹扎纸糊的偶像,民间称为"普度公",亦称"鬼王",它的作用是充当所有孤魂野鬼的统帅,阻挡生人的入侵,保护境内的子民。安好"大士爷"后,还要为它点睛"开光",在其旁安放"寒林所"、"同归所"(都是让阴间弟兄歇脚投宿之处)和"金银山"(供众鬼使用的财宝),然后点起七星灯。至此,义民节的准备活动才算就绪。

十九日的主要活动是放水灯。这也是从普度习俗沿引过来的一项活动,意在普度水中孤魂野鬼,免得他们为害过渡及在水中讨生活的人们。坊寮义民节的放水灯活动由轮值的主事者主持,在十九日下午(每年时间、地点皆不同,由轮值区决定)率领所有参与放水灯的人员,在锣鼓的引导下来到庙前凤山溪旁,等待时辰一到,一起施放水灯。

祭典当日的主要民俗活动是赛"神猪"、"神羊",有的称为赛"猪公"。二十日清早,轮值区普度的人们便把数以千计的猪、羊运来,参赛的"猪公"都排列在供桌上,有的披红挂彩,有的穿金戴链,有的口衔凤梨。比赛中获得冠军的最重的"猪公",可获金牌一面,称为"神猪"[1]。10 点左右,轮值普度区获得前 30 名的"猪公"陆续运到庙前参与普度。得奖的"神羊"和其他

---

[1] 冠军之外其他获得名次的猪、羊,也有人把它们称为"神猪"、"神羊"。

未排名次的猪、羊,若主人诚心崇敬义民爷,也可载来摆在庙场的外围处,共同参与普度盛会。

所有普度的猪公,必须按照名次,依庙方事先标示的地方分奇数、偶数摆好,奇数摆左侧,偶数摆右侧。这时,夺得名次的神猪的主人,都忙着搭建高大、华丽甚至挂满金牌的猪羊棚,大家都埋头苦干,气氛忙碌而热烈。这项工作大约在中午 12 点钟之前完成,所有猪羊棚搭好之后,义民节的热闹气氛就由这些七彩棚架和随风飘扬的旗帜烘托出来了。

随后进入义民节活动的高潮:拜天公,值年主炉交接,忙到下午 3 点左右告一段落。接下来,若轮值区距义民庙较远,至四五点左右把神猪、神羊运回本庄继续普渡;若距离较近,则就在庙前普度到深夜才把猪羊运回家,把神猪肉分给诸亲友。

义民节赛神猪的活动,折射了台湾客家农业社会对家庭饲养业的高度重视,突出了客家人以勤劳能干为荣的风尚。

2.六堆重阳节昌黎伯祭

六堆客家人仿照家乡潮州的韩文公祠,在内埔创建了昌黎祠,既纪念韩愈的教化之恩,又借以增强本地的文风、文运。对于韩文公的例行祭祀,定在九月初九重阳日,昌黎祠的信徒们都会在这日准备祭品,到祠中祭祀文公。庙方也于早上 9 时左右,由地方士绅及管理委员组成祭祀团,于祠中举行公祭。

当代各种民间信仰受到西方文明和急功近利思潮的严重冲击,内埔昌黎祠的香火也逐渐衰落,祭祀规模日渐缩小,但在地方人士的坚持下,对昌黎的祭典仍按整体的三献礼行之,典礼简洁隆重,保持了相对的纯洁性。另外,人们把韩文公视做文曲星一般,认为他能庇佑人取得功名,故吸引了很多学生前来祭拜。学生们为求考试顺利、升学成功,向韩文公像祭拜祷告之后,把准考证贴在神像两侧墙上,大家转相仿效,两面墙被贴得满满的,成为一种新的民俗。

3.敬惜字纸和尊崇圣迹之俗

台湾客家人在敬惜字纸思想观念的引导下,形成了一套拾字纸、烧字纸的行事规则,也演化为一种民俗。

由于对"字"的敬重,只要是写上文字的纸,便不能任意丢弃践踏,即使是废纸也必须集中起来,送到"惜字亭"(实际是一种焚化炉)焚毁,让那些文字"过化成神",飞升回到天上。对于烧过的字纸,也不得随意处理,须在特定的时间送到海边,付诸流水,以示隆重。

送字纸有的是一年一次,有的是十二年一次。届时,"绅士商民,演乐迎送",隆重热烈,体现了客家人民对此风俗的重视。有的客家庄还特地成立了"惜字会"的社团,负责雇请专人到街市坊巷收集字纸。为了焚烧字纸,在街市、坊巷或书院、文庙中建有专门的惜字亭,亭中往往供奉着神话传说中造字的仓颉先师或制字先师的神位,供人祭祀。

现代以来,随着时代的前进和社会的转型,雇工收字纸的情形已不存在,唯有屏东县万峦乡,每逢初一、十五,还有一位老先生自愿挑着上写"敬惜字纸,尊古圣贤"的竹篓子,在万峦街坊收集字纸,再挑到洗布块土地公庙旁的圣迹亭,把附近环境打扫干净后,焚香膜拜,虔敬地将字纸烧化。在这位老先生身上,我们看到了客家人尊崇文化、敬畏先贤、恪守儒家教化的古风。

由于社会的转型,那些被称为"圣迹亭"的惜字亭也大多被拆毁了,保留下来的不过二十座左右,分布在桃园龙潭乡、大溪莲座山、高雄美浓镇、屏东竹田乡、佳冬乡等处。其中竹田乡南势村的"文笔亭",供奉有文昌帝君神像,门前还有一对小龙柱,格局仿佛一座小庙。每天晨昏,当地的客家妇女还会自动到亭前上香洒扫,显示崇古敬圣的遗风在客家地区尚未完全绝迹。

4. 平安戏和二月戏

八月秋收之后,台湾客家人照例要准备丰富的祭品祭祀诸神,同时请野台戏班到神明面前献演,以答谢神明庇佑,辛劳了一年的村民也借此机会休息娱乐,欢庆丰收。为此演出的野台戏叫做"平安戏"。

平安戏一般是套用闽南歌仔戏的形式,改用客家话演出。旧时都是一庄演完换一庄,一个乡镇或同一祭祀区演下来,往往可演上一两个月,所以演戏的顺序都要经过特别的安排。遇到这样的好时节,最快乐的莫过于孩子,总是跟着家中老人,像老祖父啦、老祖母啦,今天东庄明天西村地看下去,就像看一出很长的连续剧,一看就是一两个月,直到过足戏瘾为止。

在著名的客家小镇美浓,则以演二月戏闻名。

美浓的二月戏与当地的扫墓习俗相关。按台湾客家人的传统,过了元宵节便是扫墓之期,一直持续到清明为止,具体日期视各家的方便而定。此俗的由来,乃因旧时客家人多出外做生意或做长工,这些人为了谋生,出门之后,早则端午方归,晚则要到除夕才回家吃团圆饭,为了让外出的人安心,特别把扫墓之期提前。

美浓客家人在扫墓的同时,总要一起祭祀伯公(客家土地神)、河神、玉皇大帝以及美浓地区特有的蛇神——里社真君。早年,这些活动一般是由各家各户趁扫墓之际,自由祭拜。20世纪50年代,台湾当局大力推广节约,改善民俗,把清明前一星期左右的法定假日青年节作为美浓镇民统一扫墓之期。于是,这一天自然成了镇上最热闹的日子,祭伯公、河神、蛇神之礼也逐渐盛大,不久后,在地方热心人士的倡议下,大家募款请戏演出,以答谢河神赐给人们水源,伯公庇佑地方安靖,蛇神保护作物丰收,久而久之,每年扫墓之期,在美浓桥边看戏,竟成了美浓人特有的风俗。

20世纪五六十年代是演平安戏、二月戏的鼎盛期。如今,社会转型,风气转变,平安戏、二月戏虽照常上演,却已是冷清零落,盛况不再了。

第三节　台湾客家文学

谈到客家文学,首先要面对的是客家文学的定义,也就是何谓客家文学的问题。对于这个问题,学术界还在争论,大体说来,有宽与严两种认识。主张应该从宽界定客家文学的,以台湾学者罗肇锦、黄恒秋、卢斯飞等为代表,认为不论作者是否客籍,"举凡创作时用客家思维(包括全用客家话写作,或部分客家特定、特有词使用客家话,其他用国语),而写作时情感根源不离客家社会文化,这样的作品就是客家文学"[①]。主张应该从严界定客家文学的,以祖国大陆学者古远清、胡希张等为代表,认为客家文学"不是就作者言,不是就题材言,而是就作品的形式、风格,主要是语言风格而言",用这样的尺度衡量,所谓客家文学,"说白了,就是客家方言小说"[②]。客家文学史家罗可群的观点比较折中,认为客家文学的内涵应该包含三个方面:

第一,凡是用客家人的生活语言——客方言为载体的文学作品,如客家谣

---

①　罗肇锦:《何谓客家文学?》,收录于黄恒秋编的《客家台湾文学论》,苗栗县立文化中心1993年印行。

②　胡希张:《啰嗦一个"老话题"》,《梅州日报》1997年8月23日。

谚、客家民间故事、客家山歌、客家山歌剧、采茶戏,以及文人创作中的方言小说、方言诗等等,都是客家文学。

第二,客籍作家不论采用何种方式方法,只要他在自己的作品中描绘了客家人的生活环境,反映了客家人的社会生活,表现了客家人的思想感情,这些作品也理所当然地属于客家文学。

第三,非客籍作家若能深入客家地区,创作出反映客家人生活的文学作品,也应归入客家文学的范畴。[①]

笔者比较倾向罗可群的观点,但他说的第三点,即非客籍作家创作的反映客家人生活的文学作品,至今尚未见到成熟的成功的例证。姑置不论,就第一、第二点而言,可概括为客家民间文学和客籍作家创作(用方言或不用方言)的反映客家人生活与思想感情的文学作品两大类。关于客家民间文学,以上章节在论及客家山歌、采茶戏时,已经窥豹一斑,约略了解了它们的特点和风貌,这里不再赘述。所以本节要介绍和探讨的只是台湾客籍作家有关客家生活和思想情感的文学创作。

台湾文学的历史分期,一般以 1919 年作为一个界标,1919 年以前为旧文学,1919 年以后为新文学。在新文学中,从 1919 年至 1945 年,即从"五四"至抗日战争胜利,为日据时代文学,有人称之为台湾的现代文学,其间又可再分为摇篮时期、成熟时期、战争时期三个阶段;1945 年抗战胜利后称为"光复后的台湾文学",也有人称之为台湾的当代文学。[②]20 世纪 80 年代和 90 年代,台湾社会发生深刻的变革,世界政治格局变化、台湾统治强人消逝、"解严"、资本主义都市社会基本成形、两岸关系缓和、本土化潮流受到广泛认同,所有这些社会巨变,使作家的审视焦点和创作主题出现了全新的特征,于是,台湾文坛进入了"新世代"。我们即按此分期法,对于台湾客家文学作一个简要的介绍和评述。

一、台湾旧文学时期的客家文学

台湾的文学史发端于明郑时期,当时一批渡台的明朝遗民,多有文学创

---

①　罗可群:《广东客家文学史》,广东人民出版社 2000 年版,第 4 页。

②　王晋民:《台湾当代文学》,广西人民出版社 1986 年版,第 6、7 页。

作,只是其中并无客籍作家;清代台湾的文学史,可以 1894 年中日甲午战争为标志划分前后两个时期,1894 年以前,亦无客家文学可言,但到 1894 年以后,客籍作家丘逢甲、吴汤兴等投身抗日活动,且慷慨悲歌,在文学创作上有丰富的成果,尤其丘逢甲的诗歌风靡一时,且影响深远。这里仅对丘逢甲的文学成就做一简要介绍。

丘逢甲(1864～1912),台湾彰化客家人 [①],字仙根,号蛰庵、仲阏、仓海,祖籍广东镇平(今蕉岭)。自幼聪明过人,考取全台湾第一名秀才,有"东宁才子"之誉。光绪十五年(1889)进士及第,钦点工部虞衡司主事,未几返台,主讲台中、台南、嘉义等地书院,兼全台通志采访。在乙未(1895)反割台斗争中,三次刺血上书清廷要求拒倭守土,并曾率义军在新竹一带与日军激战 20 多天,兵败,不得已举家内渡,回祖籍镇平县淡定村定居。

丘逢甲是一名叱咤风云的革命家,更是一名天纵奇才的大诗人。他在台湾时就已有丰富的诗作,可惜"甲午之役,与台湾俱亡"[②]。内渡后,丘逢甲一方面倾注极大精力倡导新学,发展岭东教育事业,一方面积极支持同盟会的革命斗争,同时,他将激昂的爱国热情和自己及台湾人民的血泪经历发为歌诗,与黄遵宪等共同领导诗界革命,成为"岭东诗派"的中坚。十几年间,又积诗 2000 多首,流传于世的 1700 多首,被辑为《岭云海日楼诗钞》、《柏庄诗草》等。

丘逢甲诗歌的内容多抨击朝政、抒发自己爱国激情和自伤身世之作,所谓"因事未遇,不得志之事常八九,每借诗以言其志,故诗集多激宕不平之气"[③],所谓"吾家仲阏发浩歌,铁骑突出挥金戈"[④],而著名诗人柳亚子有一首诗比较丘逢甲与黄遵宪的诗歌成就:"时流竞说黄公度,英气终输仓海君,战血台澎心未死,寒笳残角海东云",认为丘逢甲诗在气势上胜过黄遵宪。这些议论,都充分肯定了丘逢甲诗大气磅礴、雄豪不羁的基本风格,也是客观公允的

①　一说籍贯是台湾苗栗县,出生于台湾彰化县。

②　据丘逢甲之弟邱瑞甲《岭云海日楼诗钞·跋》云:"(丘逢甲)积各体诗达数万首。甲午之役,与台湾俱亡。兹编仅计千余首。"又据丘逢甲之子丘念台《沧海先生丘逢甲年谱》云:"……十二岁至二十六岁为应试期,诗篇多适于应试赴考之作,二十七岁至三十一岁为用世期,意志较能表现,虽凡此诸期之篇什,均无存者。"可知丘逢甲在台期间已有丰富诗作。

③　邱瑞甲:《岭云海日楼诗钞·跋》,上海古籍出版社 2009 年版。

④　邱菽园:《诗中八友歌》,见《菽园诗集》,文海出版社 1949 年版。

定评。而雄豪不羁的另一面是悲愤沉郁,它构成丘逢甲诗的另一重要特色。

丘逢甲的激昂磊落和悲愤沉郁之情,大多落实在对台湾故乡、故人和革命经历的回忆和怀念上。试看他的几首代表作:

离台诗(其一)

宰相有权能割地,孤臣无力可回天。

扁舟去作鸱夷子,回首河山意黯然。

菊枕诗(其一)

前年菊花时,登高作重阳。

墓前一瞻拜,宰木寒烟苍。

去年菊花时,奔走为戎装。

枕戈待旦心,力筹保鲲洋。

今年菊花时,故园成战场。

不及哭墓行,寸草心徒伤。

空山此高卧,哀泪沾秋裳。

元夕无月(其一)

满城灯市荡青烟,宝月沉沉隔海天。

看到六鳌仙有泪,神山沉沦已三年。

上述三首诗分别作于刚离台时和离台两三年后,题材各不相同,然而对于故国家园和慈母故人的怀念却无时不在、无处不在,所以总是触物伤怀,自然而然地流于笔端。

当然,丘逢甲诗歌题材十分丰富,风格多样,豪放磊落之外,也不乏清丽明快之作,如他写粤东和台湾客家山乡风物,语言通俗,笔触轻盈,有客家山歌的风格。今录几首于下:

游姜畲题山人壁(其一)

春山草浅畜宜羊,山半开畲合种姜。

比较生涯姜更好,儿童都唱月光光。

台湾竹枝词(其二十二)

盘顶红绸黑鬓丫,细腰雏女学当家。

携蓝逐队随娘去,九十九峰采竹芽。

这两首诗说明丘逢甲在家乡居住后,受了客家方言俗语影响,吸收了农家语言的滋养,诗作具有真挚、反对吟风弄月、反映现实的特点。

总之,丘逢甲的诗歌,不愧为晚清文坛上的一朵奇葩,也是台湾客家旧文学时代的一座丰碑。有了丘逢甲的创作,我们可以说台湾客家旧文学是光彩夺目的。

二、日据时明台湾客家文学

日据时期中段（1923～1939）,台湾掀起了新文学运动。台湾知识界认识到今后的抗日应以社会运动、文化斗争为主要形式,抵制日本殖民者的同化阴谋,争取民族平等和自决。在祖国大陆五四新文化运动的影响下,台湾文坛也出现了反对旧文学、提倡新文学的激烈论争,从而把台湾新文学引向以建设——引进新理论、创作新作品——为重点的新阶段。在这个阶段,台湾涌现了一大批作家,其中赖和、吴浊流、龙瑛宗、叶石涛等都是客籍,而以赖和、吴浊流最具有代表性。

赖和（1894～1943）　原名赖河,字懒云,笔名懒云、甫三、安都生等,台湾彰化市人。遗作有诗云："我本客属人,乡音竟自忘。戚然伤怀抱,数典愧祖宗",他是一位福佬化的客家人。他在台湾和厦门当过医生,同时从事抗日运动和文学创作,因而屡次被捕,精神和肉体大受折磨,英年早逝。赖和深受祖国大陆新文学思潮的影响,在台湾掀起了白话文学运动,发表了新诗《觉悟下的牺牲》、《流离曲》、《南国哀歌》、《大科崁溪》,散文《无题》,小说《斗闹热》、《一杆"称仔"》、《不如意的过年》、《善讼人的故事》等。其作品充满着爱祖国、爱人民的思想,辛辣地揭露和控诉日本侵略者和官吏、财主对台湾人民的压迫、剥削,热情歌颂人民的反抗精神。在艺术上,他长于讽刺和白描手法,善于运用群众语言,充满生活气息,有浓厚的客家色彩。

赖和是台湾新文学的先驱,他的创作对台湾五四以后的一代乡土作家产生了深远的影响,与张我军、杨云萍被合称为台湾现代文学初期的"三杰",甚至有人称誉他是台湾文学的"奶母"、"台湾新文学之父"、"台湾的鲁迅"。

龙英宗（1911～　）　是日据时代成熟期代表性的客籍作家,本名刘荣宗,新竹北埔人,服务于银行界,也担任过报纸副刊编辑工作。他的成名作是中篇小说《有木瓜树的小镇》,写一个小知识分子从满怀理想到落入绝望的历程,以及主人公在这个过程的苦闷与彷徨,反映出在日本的殖民统治下台湾民众苍白、无助的困境,为台湾文学拓出一条新路。

吴浊流(1900～1976) 本名建田,笔名晓畔,新竹新埔人,祖籍广东省焦岭县。师范毕业,曾任小学教员,又先后在祖国大陆和台湾任记者。在第二次世界大战最炽烈、日本在台湾推行皇民化统治的黑暗年代,吴浊流偷偷地写出有强烈抗日意识的作品《亚细亚的孤儿》,战后始得发表。这是作者的力作,也是台湾现代文学史上的名作。作品通过主角胡太明的生活道路和思想历程,反映出日据时代台湾人民精神上的痛苦与悲愤和生活的苦难与辛酸,塑造出台湾人精神史上的一个典型,显示了作者深刻的洞察力。这不作品被誉为"一部雄壮的叙事诗",奠定了作者在台湾文坛上巨人的地位。

战后吴浊流的主要作品有中篇《波茨坦科长》、短篇《狡猿》等。1949年后的作品主要有以"二二八事件"为题材的《无花果》《台湾连翘》等。辉煌的文学成就,使他成为台湾抗议文学、讽世文学第一人。1964年他创办《台湾文艺》,设"吴浊流文学奖",延续台湾文学香火,提携后进,发挥了重要的作用。

三、光复后的台湾客家文学

台湾光复之后,文艺思潮随着社会局势的演变而递嬗,其中的乡土文学思潮,五六十年代已有初步的表现,至70年代而大盛,蔚为文坛的主流。贯穿乡土作家创作的指导思想是强烈的民族意识和乡土意识,而台湾的重要客籍作家,如钟理和、钟肇政、李乔、钟铁民、彭瑞金等,都有或浓或淡的乡土色彩,大致可归入乡土作家的行列。在此之外,这一时期有影响的客籍作家,还有林海音、杜潘芳格等人,他们同样具有民族意识和乡土情怀,然而别具一格,题材和主题也比较多样,使台湾客家文学园地显得更加丰富多彩。

钟理和(1915～1960) 又名钟铮、钟坚,笔名江流、禾里,屏东人,原籍广东省梅县,1932年随父移居高雄美浓镇尖山。因为同姓婚姻受到阻碍,携妻赴祖国大陆,定居于北平,战后始返回故里。他一生贫病交加,性格沉郁内敛,作品主要以自身经历和乡土生活为题材。其代表作有长篇小说《笠山农场》,此外有《同姓之婚》《奔逃》《贫贱夫妻》《雨》《返乡记》《烟楼》等,结集为中短篇小说集《夹竹桃》《原乡人》《雨》等。

钟理和的小说对台湾20世纪50年代的农村生活有着深入的了解和体

验,展现了台湾农村社会的风貌,表现了广大农民的命运与心声。他笔下的主人公都有一种默默的隐忍的性格,显示了劳动人民能干且能承受巨大压力的坚忍不拔的精神,描写细腻真切,语言朴实无华,构成了纯朴平易的艺术风格。他默默地耕耘着乡土文学的园地,在台湾新文学中发挥了承上启下的作用,是 20 世纪 50 年代台湾乡土文学——战后第一代乡土文学最有代表性的作家。

钟肇政（1925 ~ ）　笔名九龙、钟正、洛家、洛力等,桃园龙潭人,祖籍广东。1951 年发表第一篇作品《婚后》,随后开始大量创作,代表作为长篇小说《浊流三部曲》、《台湾人三部曲》。其所重点描绘的是知识分子在日据世代的生活和心声,塑造出在黑暗中仍隐含着光明的希望的台湾及台湾人的形象。其作品中女性类别很多、很杂,但都是充满乡土气息的坚强的客家女子,"她们或是'花囤女'(养女),或出生穷苦零工家庭,奇的是坎坷的命运并不曾在她们的生活中留下阴影,个子娇小,却聪慧、坚毅、勤快,她们是大地之女。"由此,钟肇政也成为台湾战后重要的乡土作家。目前,他仍活跃在文坛和客家运动中,被称为"客家大老"。

李乔（1934 ~ ）　本名李能棋,苗栗大湖人。任教多年,退休后专业创作,是台湾战后第二代乡土作家的著名代表。

台湾战后第二代作家的特点是自小受中文教育,因而驾驭文字的能力强,而且人数多,与第一代的日语能力强、中文能力差且人数寥寥无几形成鲜明的对比。李乔 20 世纪 60 年代初从事短篇小说创作,70 年代中期开始写长篇小说,陆续写成《寒夜》、《荒村》、《孤灯》,辑成《寒夜三部曲》,"此书以日本在台湾的五十年殖民统治为经,以苗栗山区几个客家垦民家族的聚散离合为纬,贯穿全书的则是台湾人轰轰烈烈、义薄云天的抵抗异族统治的民族精神,气势磅礴,允称为台湾的民族史诗"[1]。

钟铁民（1946 ~ ）　美浓尖山人,钟理和的长子。毕业于台湾师范大学,长期任教于旗美高中,现为美浓社区大学校长。有浓厚的客家族群意识和乡土意识,尤其致力于对家园乡土呵护与保育,曾挺身而出反对修建美浓水

---

①　钟肇政:《时代脉动里的台湾客籍作家》,收录于黄恒秋编的《客家台湾文学论》,苗栗县立文化中心 1993 年印行,第 130 页。

库,成为反对运动的领导人之一。其小说多以台湾南部农村为背景,用客家方言,杂以国语语法写作,语气活跃,意象鲜明,诉诸直觉,生动感人,是新世代跨二、三代的代表作家之一。已发表作品百余篇,小说集有《石罅中的小花》、《烟田》、《雨后》等。

彭瑞金(1947~)　新竹县人,是年轻一代的本土派文学评论家。著有文学评论集《泥土的香味》、《瞄准台湾作家》,类文学史著作《台湾新文学运动四十年》,还编有《台湾作家全集》(战后第一代)等书。他注重具体作家的评论,提倡写实主义,不赞成唯美、虚无的创作倾向,具有明显、强烈的本土倾向,尤其对台湾客籍作家的作品情有独钟,给予最多的关怀和高度的评价,有时甚至出现任意拔高、硬套的偏向。对于台湾客家文学,他强调客家族群意识,主张"用客家人写文学的方法写客家人的生活和历史",认为"优秀的客家作家的作品中,一方面探觉了族群的优质与特质,一方面由于它们是一种生活的文学,自自然然地保存了族群的风格、习惯、衣饰、宗教和语言",并认为台湾客家文学具有"以女性为主导的特质"。①

林海音(1918~2001)　原名含英,小名英子,苗栗头份人,出生于日本大阪,1923年随家人迁居北平,1948年返台。出版过《城南旧事》、《冬青树》、《薇薇的周记》等书,曾创办《纯文学》杂志与出版社。林海音以她的"大陆情怀",以及女性作家的温婉和细腻,在台湾客家文学中独树一帜。在林海音众多描绘女性婚姻、爱情的小说中,她惯于对传统与时代夹缝中的女性投以尊重和同情。当然,在她的作品中也仍能嗅出客家生活的影响,尤其在作品集《两地》中,透出对故乡头份和第二故乡北平的相思。

杜潘芳格(1927~)　台湾新竹新埔客家人,是具有鲜明女性意识的台湾客籍女作家。参加文学团体"笠诗社",出版诗集《芙蓉花的季节》、《青凤兰波》等多本。"从20世纪60年代发表作品到今天,她的日文、华文、客语诗在客籍作家中独树一格",她"用生活与心写作,在物质匮乏的年代,她幸运地受教育,接触文学,也跨越了语言障碍,强烈自省风格表现在她的诗作中,对政治生态、族群意识、男女情爱,以及女性擅长的抒情描述,如同丰富磁场,

---

① 　彭瑞金:《从族群特性看客家文学的发展》、《台湾客家文学的可能性及其以女性为主导的特质》,皆收录于黄恒秋编的《客家台湾文学论》,苗栗县立文化中心1993年印行,第130页。

吸引了一颗颗文学的心"①。

四、新世代台湾客家文学

台湾"战后新世代"作家群,在思想观念、思维模式、美感经验和审美标准方面,都有许多不同于前行代的特征。新世代作家中的客籍作家,这里主要介绍林清玄、蓝博洲、黄恒秋、张典婉等人。

林清玄(1953~)　高雄县旗山镇人。曾任职于《中国时报》,后专事写作,已出版报道文学集、散文集和评论、电影小说等数十部,是台湾文坛最多产而畅销的作家之一。林清玄早期的创作具有浓郁的乡土情怀和文化关注,又有深厚的传统情怀和民族意识,而近年的作品则表现出浓郁的宗教情怀。20 世纪 80 年代中期以后,推出了《菩提》系列散文集,对佛经的道理作生动通俗的诠释,希图透过自己的文章,使人对佛法产生兴趣,生起大乘的信心。这些作品确立了林清玄作为一名有鲜明艺术风格的宗教作家的地位,也体现了他作为一名入世佛教徒的本色。

蓝博洲(1960~)　台湾苗栗人,祖籍广东梅县。大学毕业后,担任杂志采编工作,著有小说集《旅行者》,出版了《幌马车之歌》、《沉尸·流亡·二二八》、《寻访被湮灭的台湾史和台湾人》、《日据时期台湾学生运动(1913~1945)》等书。目前专事台湾民众史的田野调查与研究,写出了《台湾客家人的历史战歌——西元 1895~1954》。受文坛统派领袖人物陈映真的影响,蓝博洲不同于那些有意突出台湾民众之间省籍矛盾的作家,他把主要注意力放在第二次世界大战前后台湾左翼革命者事迹和 20 世纪 50 年代台湾白色恐怖史的田野调查和纪实报道,揭示了"二二八事件"及 20 世纪 50年代白色恐怖的阶级斗争实质,表现了对祖国统一的憧憬。在艺术手法上,他注重人物形象的塑造,采用具有感情色彩的纪实笔触加以叙述和描写,努力再现当年蒙难左翼人士的英雄形象和光辉人格。由于其独到的政治洞察力和表现手法上的艺术魅力,他的作品影响较大,获得过多种重要奖项。②

黄恒秋(1957~)　又名黄子尧,苗栗铜锣人。致力于用客家方言写新

---

① 　张典婉:《台湾客家文学中的女性形象演变》,见徐正光主编的《宗教、语言与音乐——第四届国际客家学研讨会论文集》,第 447~448 页。

② 　参见朱双一:《近 20 年台湾文学流脉》,厦门大学出版社 1999 年版,第 86~90 页。

诗,著有诗集《葫芦的心事》、《寂寞的密度》、《担竿人生》、《我是鹦鹉》、《见
笑花》、《客家诗篇》等诗集,出版评论集《台湾文学与现代诗》,又著有《台
湾客家文学史概论》、编有《台湾客家文学论》等书。主编《客家杂志》,为
台湾客家文化的发扬光大鼓与呼,同时也经常在杂志中发表客家方言新诗,
以及客籍作家创作的其他形式的文学作品,使之成为培育台湾客家文学的一
个园地。黄恒秋本人的客语诗,在融合修辞技巧和客家方言方面,有新的探
寻和尝试。

张典婉(1959 ~)　苗栗头份人。在报纸编副刊,兼从事客家文化研究,
尤其致力于台湾客家文学中女性形象的塑造和研究。著有报告文学《山中
的女人》、《土地人情深》,杂文《女性创业》,论文《台湾客家文学中的女性
形象演变》等。近年出版报告文学《太平轮一九四九》[①],反映一九四九年国
民党政府向台湾撤退的大潮中,一月二十七日晚上发生在舟山群岛外海的太
平轮沉没、九百多人死亡的事件,以及存活着此后在台湾的生活,他们对时间
的回忆与对故乡的怀念。作者期望借此书的出版,填补历史空白,消除两岸
人民因误解造成的猜忌,朝向和解共生迈进。

以上举出的台湾客籍作家及其作品,当然只是台湾客家文学中的一小部
分,限于篇幅和见闻,这样的举例难免挂一漏万,但从这些有代表性的作家和
作品中,的确可以看出台湾客家文学的艰辛发展历程,看到台湾客家文学已
经取得的可喜成就。台湾的客籍作家们正在以更高度的族群自觉和强烈的
时代使命感,努力奋斗,大胆探索。未来的台湾客家文坛,必将更加绚丽多
姿,收获更加丰硕的成果。

---

① 　生活·读书·新知三联书店 2011 年版。

参考文献

一、正史、政典、类书、僧史

1.《二十四史》,中华书局标点本。

2.（宋）司马光等编著、（元）胡三省注：《资治通鉴》,中华书局 1997 年缩印本。

3.（宋）李昉等纂：《太平御览》,中华书局 1985 年用上海涵芬楼影宋本复制重印。

4.《十国春秋》,中华书局标点本。

5.（宋）普济著、苏渊雷点校：《五灯会元》,中华书局 1984 年版。

6.（宋）无名氏撰：《宋季三朝政要》,《四库全书》本。

7.《永乐大典》,残卷影印本,中华书局 1986 年版。

8.《元文类》,《四库全书》本。

9.（明）陈子龙辑：《明经世文编》,中华书局 1987 年据明崇祯年间云间平露堂刊本影印。

10.（清）陈梦雷编：《古今图书集成》,中华书局 1940 年据清聚珍版影印。

二、地理志（总志、方志）

1.（唐）李吉甫撰、贺次君点校：《元和郡县图志》,中华书局 1983 年版。

2.（宋）乐史撰：《太平寰宇记》,金陵书局 1982 年版。

3.（宋）王存等撰,王文楚、魏嵩山点校：《元丰九域志》,中华书局 1984 年版。

4.（宋）王象之撰：《舆地纪胜》,中华书局 1992 年版。

5.（宋）欧阳忞撰：《舆地广记》,清乾隆间武英殿聚珍版刻本。

6.（宋）祝穆撰：《方舆胜览》,清抄本。

7.（明）黄仲昭修纂,福建省地方志编纂委员会旧志整理组、福建省图书馆特藏部整理:《八闽通志》,福建人民出版社 1991 年版。

8. 黄佐纂修:嘉靖《广东通志》,嘉靖四十年（1561）刻本。

9. 李厚基等修,沈瑜庆、陈衍纂:民国《福建通志》,1938 年刻本。

10.（宋）梁克家纂修:淳熙《三山志》,清抄本。

11.（南宋）黄岩孙撰、仙游县文史学会点校:宝祐《仙溪志》,福建人民出版社 1989 年版。

12.（宋）胡太初修,赵与沐纂,长汀县地方志编纂委员会辑校:《临汀志》,福建人民出版社 1990 年版。

13.（明）邵有道纂修,嘉靖《汀州府志》,天一阁藏明代方志选刊本,上海书店 1990 年影印。

14. 嘉靖《瑞金县志》。

15.（明）郭子章撰:《潮中杂纪》,饶宗颐主编《潮州善本选集》第 1 种,香港潮州商会第三十八届会董会 1993 年印行。

16. 吴颖纂修、汕头市地方志编纂委员会点校:顺治《潮州府志》,广东人民出版社 1996 年版。

17. 高拱乾等修:康熙《台湾府志》,中华书局 1985 年版影印本。

18. 官献瑶纂:乾隆《漳州府志》,1806 年刻本。

19. 周硕勋纂修:乾隆《潮州府志》,1893 年刻本。

20. 鲁琪光等辑:同治《赣州府志》,1873 年刻本。

21. 吴联薰纂:光绪《漳州府志》,1877 年刻本。

22. 饶宗颐总纂:《潮州志》,潮汕修志馆 1949 年排印。

23. 徐铣纂、龙岩市地方志编纂委员会整理:乾隆《龙岩州志》,福建省地图出版社 1987 年版。

24. 王之正纂修:乾隆《嘉应州志》,1750 年刻本。

25. 温仲和纂:光绪《嘉应州志》,1933 年刻本。

26. 清流县地方志编纂委员会整理:嘉靖《清流县志》,福建人民出版社 1992 年版。

27. 陈汝咸等纂修:康熙《漳浦县志》,光绪年间刻本。

28. 赵良生重纂、武平县志编纂委员会整理:康熙《武平县志》,1986 年印行。

29. 杜士晋等修纂、连城县地方志编纂委员会点校：康熙《连城县志》,方志出版社 1997 年版。

30. 昌天锦纂：康熙《平和县志》,1718 年刻本。

31. 王岱纂修：康熙《澄海县志》,澄海市文博研究会据北京图书馆 1995 年版缩微胶卷翻印本。

32. 陈梦林纂：康熙《诸罗县志》,台北大通书局 1984 年版翻印本。

33. 徐尚忠等修纂：乾隆《连城县志》,民国刻本。

34. 姚循义纂修：乾隆《南靖县志》,南靖县地方志编纂委员会 1992 年版整理本。

35. 王瑛曾等纂修：乾隆《重修凤山县志》,《台湾文献丛刊》第 146 种。

36. 清流县地方志编纂委员会整理：道光《清流县志》,福建人民出版社 1992 年版。

37. 周玺纂辑：道光《彰化县志》,《台湾文献 丛刊》第 156 种。

38. 欧阳铎纂：同治《安远县志》,江西省安远县志编纂委员会 1990 年整理重印本。

39.《台南县志》,台北成文出版社 1899 年原刊。

40. 邓光瀛、丘复纂：民国《长汀县志》,1941 年铅印本。

41. 丘复纂修：民国《武平县志》,福建省武平县志编纂委员会 1986 年印行。

42. 薛凝度纂修：嘉庆《云霄厅志》,1816 年刻本。

43. 林豪撰：同治《澎湖厅志》,《台湾文献丛刊》第 164 种。

44.（清）杨澜撰：《临汀汇考》,福建图书馆馆藏 1878 年刻本。

三、古人文集（总集、别集）

1.（清）彭定球等编：《全唐诗》,上海古籍出版社 1986 年缩印本。

2.（宋）宋敏求编：《唐大诏令集》,商务印书馆 1959 年版。

3.（清）董诰等编：《全唐文》,上海古籍出版社 1990 年缩印本。

4.（晋）干宝编著、汪绍楹校注：《搜神记》,中华书局 1979 年版。

5.（唐）陈子昂：《陈伯玉文集》,上海书店 1989 年版。

6.（唐）张鹜撰、赵守俨点校：《朝野佥载》,中华书局 1979 年版。

7.（唐）刘禹锡撰：《刘宾客文集》,上海古籍出版社 1993 年版。

8.（宋）苏颂撰：《苏魏公集》，《四库全书》本。

9.（宋）蔡絛撰，冯惠民、沈锡麟点校：《铁围山丛谈》，中华书局 1983 年版。

10.（宋）范致明撰：《岳阳风土记》，《四库全书》本，上海古籍出版社 1987 年版。

11.（宋）刘克庄撰：《后村先生大全集》，上海书店 1989 年版。

12.（宋）文天祥撰：《文山先生全集》，上海书店 1989 年版。

13.（明）王守仁：《王阳明全集》，上海古籍出版社 1992 年版。

14.（清）顾炎武撰：《天下郡国利病书》，上海书店 1989 年版。

15.（清）郑昌时著、吴二持校注：《韩江闻见录》，上海古籍出版社 1995 年版。

16.（清）蓝鼎元撰，蒋炳钊、王钿点校：《鹿洲全集》，厦门大学出版社 1995 年版。

17.（清）丘逢甲：《岭云海日楼诗钞》，《台湾文献丛刊》第 70 种。

18.（清）黄遵宪著、钱仲联笺注：《人境庐诗草笺注》，上海古籍出版社 1981 年版。

19.（清）施琅著、王铎全校注：《靖海纪事》，福建人民出版社 1983 年版。

20. 黄叔璥：《台海使槎录》，《台湾文献丛刊》第 4 种。

21. 黄本渊、曾敦仁等撰：《台湾采访册》，《台湾文献丛刊》第 55 种。

22. 倪赞元撰：《云林县采访册》，《台湾文献丛刊》第 37 种。

23. 季麒光等撰：《嘉义管内采访册》，台北大通书局 1984 年翻印本。

24. 季麒光等撰：《台湾舆地汇钞》，《台湾文献丛刊》第 216 种。

25. 不著撰人：《平台纪事本末》，《台湾文献》丛刊第 16 种。

26. 陈盛韶：《问俗录》，书目文献出版社 1983 年版。

27. 林豪：《东瀛纪事》，《台湾文献丛刊》第 8 种。

28. 姚莹：《识小录》，收载于沈云龙主编之《近代中国史料丛刊续编》六。

29. 周凯：《内自讼斋文选》，《台湾文献丛刊》第 52 种。

30.《钦定平定台湾纪略》，《台湾文献丛刊》第 102 种。

四、近人、今人论著

专著：

1. 连横：《台湾通史》，商务印书馆 1983 年版。

2. 罗香林编：《客家史料汇篇》，香港中国学社 1965 年版。

3. 陈运栋：《客家人》，台湾联亚出版社 1978 年版。

4. 陈寅恪：《金明馆丛稿初编》，上海古籍出版社 1980 年版。

5. 陈寅恪：《寒柳堂集》，上海古籍出版社 1980 年版。

6. 陈寅恪：《隋唐制度渊源略论稿》，上海古籍出版社 1980 年版。

7. 施联朱、蒋炳钊等编著：《畲族简史》，福建人民出版社 1980 年版。

8. 中国社会科学院历史研究所明史研究室编：《清代台湾农民起义史料选编》，福建人民出版社 1983 年版。

9. 朱维幹：《福建史稿》，福建教育出版社 1985 年版。

10. 李乾朗：《鄞山寺调查研究》，李乾朗古建筑研究室 1988 年版。

11. 台湾"中央"研究院历史语言研究所编：《明清史料》戊编第 2 辑，中华书局 1987 年版。

12.《台案汇录己集》，《台湾文献史料丛刊》第 7 辑，台湾大通书局印行。

13. 施联朱主编：《畲族研究论文集》，民族出版社 1987 年版。

14. 谭其骧：《长水集》上，人民出版社 1987 年版。

15. 蒋炳钊：《畲族史稿》，厦门大学出版社 1988 年版。

16.（清）黄慎著、丘幼宣校注：《蛟湖诗抄校注》，海峡文艺出版社 1989 年版。

17. 林耀华主编：《民族学通论》，中央民族出版社 1990 年版。

18. 陈孔立：《清代台湾移民社会研究》，厦门大学出版社 1990 年版。

19. 刘子民编著：《寻根揽胜漳州府》，华艺出版社 1990 年版。

20. 尤玉柱主编：《漳州史前文化》，福建人民出版社 1991 年版。

21. 吴永章：《中国南方民族文化源流史》，广西教育出版社 1991 年版。

22. 黄玉钊等编著：《梅州客家风俗》，暨南大学出版社 1992 年版。

23. 陈国强、叶文程、吴绵吉主编：《闽台考古》，厦门大学出版社 1993 年版。

24. 林嘉书：《南靖与台湾》，华星出版社 1993 年版。

25. 陈小冲：《台湾民间信仰》，鹭江出版社 1993 年版。

26. 黄恒秋编：《客家台湾文学论》，苗栗县立文化中心 1993 年印行。

27. 张恩庭、刘善群等主编：《石壁之光》，厦门大学出版社 1993 年版。

28. 林国平、彭文宇：《福建民间信仰》，福建人民出版社 1993 年版。

29. 谢重光：《陈元光与漳州早期开发史研究》，台湾文史哲出版社 1994 年版。

30. 浙江省丽水市民族科《畲族史源》研写委员会编:《畲族史源》,1994年版。

31. 徐正光主编:《徘徊于族群与现实之间:客家社会与文化》,台湾正中书局 1995 年版。

32. 谢重光:《客家源流新探》,福建教育出版社 1995 年版。

33. 王耀华:《客家艺能文化》,福建教育出版社 1995 年版。

34. 汪毅夫:《客家民间信仰》,福建教育出版社 1995 年版。

35. 王增能:《客家饮食文化》,福建教育出版社 1995 年版。

36. 黄汉民:《客家土楼民居》,福建教育出版社 1995 年版。

37. 罗美珍、邓晓华:《客家方言》,福建教育出版社 1995 年版。

38. 刘尚群:《客家礼俗》,福建教育出版社 1995 年版。

39. 杨彦杰:《闽西客家宗族社会研究》,国际客家学会、海外华人研究社、法国远东学院 1996 年版。

40. 黄挺编:《饶宗颐潮汕地方史论集》,汕头大学出版社 1996 年版。

41. 陈寅恪:《唐代政治史述论稿》,上海古籍出版社 1997 年版。

42. 巫端书:《南方民俗与楚文化》,岳麓书社 1997 年版。

43. 谢水顺、李挺:《福建古代刻书》,福建人民出版社 1997 年版。

44. 张惟等编著:《寻根揽胜闽西缘》,海风出版社 1997 年版。

45. 钟壬寿编著:《六堆客家乡土志》,台湾常青出版社 1999 年版。

46.《恋恋客乡·情在美浓》(高雄县文化节成果专辑),高雄县文化中心 1999 年编印。

47. 罗可群:《广东客家文学史》,广东人民出版社 2000 年版。

48. 刘还月:《台湾的客家人》,台北常民文化事业股份有限公司 2000 年版。

49. 徐正光主编:《宗教、语言与音乐——第四届国际客家学研讨会论文集》,台湾"中央"研究院民族学研究所 2000 年版。

50. 徐正光主编:《聚落、宗族与族群关系——第四届国际客家学研讨会论文集》,台湾"中央"研究院民族学研究所 2000 年版。

51. 徐正光主编:《历史与社会经济——第四届国际客家学研讨会论文集》,台湾"中央"研究院民族学研究所 2000 年版。

52. 李文生主编:《汀州客家研究》1993 年第 1 辑。

53.《客家文化研究通讯》创刊号及第 2、3 期,台湾"中央"大学客家研究中心编印。

54.《客家》1994 年第 1 期至 1996 年第 4 期,谢重光主编,福建省客家学会印行。

55. 邱彦贵、吴中杰:《台湾客家地图》,台北猫头鹰出版社 2001 年版。

56.《武平文史资料》总第 8、10 辑,政协武平县委员会 1984、1988 年编印。

论文:

1. 袁义达、杜若甫:《中国十七个民族间的遗传距离的初步研究》,《遗传学报》1983 年第 10 期。

2. 费孝通:《中华民族的多元一体格局》,《北京大学学报》1989 年第 4 期。

3. 林文龙:《客家移民与龙潭地区的开发》,《史联杂志》1991 年第 18 期。

4. 赵桐茂等:《中国人免疫球蛋白同种异型的研究:中华民族起源的一个假说》,《遗传学报》第 18 卷第 2 期。

5. 蔡良军:《唐宋岭南联系内地交通线路的变迁与该地区经济重心的转移》,《中国社会经济史研究》1992 年第 3 期。

6. 刘正一:《台湾南部六堆客家发展史》,《客家文化研讨会论文集》,台湾"行政院"文化建设委员会 1994 年版。

7. 魏东海、李宗英:《粤东五华庙会概况》,《梅州地区的庙会与宗族》,国际客家学会、海外华人研究社、法国远东学院 1996 年 2 月版。

8. 杜若甫等:《用 38 个基因座的基因频率计算中国人群间遗传距离》,《中国科学》(C 辑)1998 年第 1 期。

9. 房学嘉:《丰顺县罗氏祖祠与梅县温氏仁厚祠民俗比较》,《客家研究辑刊》1998 年第 1、2 期。

10. 郭志超、董建辉:《畲姓变化考析》,《民族研究》1998 年第 2 期。

11. 周振鹤:《客家源流异说》,《学木月刊》1999 年第 2 期。

12. 钟永发:《六堆客家民风》,《六堆杂志》2000 年第 78 期。

13. 孙隆基:《清季民族主义与黄帝崇拜之发明》(提要),《历史研究》2000 年第 3 期。

14. 叶智彰:《试从自然科学角度探讨客家源流》,《客家研究辑刊》2001 年第 1 期。

15. 周大鸣：《论族群与族群关系》，《广西民族学院学报》（哲学社会科学版）2001 年第 2 期。

16. 李祖基：《论清代移民台湾之政策——兼评〈中国移民史〉之"台湾的移民垦殖"》，《历史研究》2001 年第 3 期。

17. 陈雨璋：《台湾客家三脚采茶戏 ——卖茶郎故事的研究》，台湾师范大学音乐研究所 1984 年硕士学位论文。

18. 林正慧：《清代客家人之拓垦屏东平原与六堆客庄之演变》，台湾大学历史学研究所 1997 年硕士学位论文。

19. 吴中杰：《台湾福佬客分布及其语言研究》，台湾师范大学华语文教学研究所 1999 年硕士学位论文。

五、外国人论著

1. ［英］康普尔（George Compbell）:《客家源流与迁移》（Origin and Migration of The Hakkas），原文见上海 "China Recorder XVIII"，钟鲁斋译，《嘉应》1923 年第 1 卷第 3 期。

2. ［日］松琦仁三郎：《呜呼忠义亭》，高雄盛文社 1935 年版。

3. ［日］伊能嘉矩：《台湾文化志》，台湾省文献委员会编译。

4. ［日］中村孝志：《近代台湾史要》，赖永详译，《台湾文献》第 6 卷第 2 期。

5. ［美］H.J. 德伯里：《人文地理》，王民等译，北京师范大学出版社 1988 年版。

6. ［苏］尼·切博克萨罗夫、伊·切博克萨罗娃：《民族·种族·文化》，赵俊智、金天明译，东方出版社 1989 年版。

7. ［美］戴维·波普诺：《社会学》，刘云德、王戈译，辽宁人民出版社 1987 年版。

8. ［日］茂木计一郎等：《中国民居の空间を探る》，建筑资料研究社 1991 年版。

后　记

在出版印刷业高度发达的今天,出版一本书固然不那么困难了,但要出版一本有较高学术价值的著作就没有那么容易了,至于要出版一套有鲜明特色、被学界认可的丛书,难度就更大了。凡是当过丛书主编的人应该都有共同的体会,即著书立说是个人的行为,只要自己把自己搞定了就可以,而编纂丛书则是集体的行为,需要诸多作者的齐心协力,除了需要丛书的所有作者对某个学术问题有着共同的学术兴趣、相似的学术理念、深厚的学术积淀外,还需要作者们在某个时段内集中精力撰写书稿,并在规定的时间内提交,这一点往往很难做到步调一致。而本丛书从动议到出版,整个过程环环相扣,非常顺利,首先自然要归功于各位作者的齐心协力,他们在百忙中把丛书的撰稿放在首要位置,按时甚至提前提交了高质量的书稿,从而为丛书的顺利出版奠定了坚实基础。所以我们要特别感谢各位作者为本丛书的出版所付出的辛勤劳动和作出的重要贡献。其次,本丛书的出版得到未署名的诸多学者的帮助,他们或撰写某个重要章节,或提供某些珍贵资料,或审读了某些书稿并提出宝贵的修改意见,或参与修订、录入和校对工作,由于涉及的人很多,恕不一一列出尊姓大名,但我们感铭在心,并在此表示衷心的感谢! 再次,要感谢福建师范大学海峡两岸文化发展协同创新中心对丛书的出版给予的大力支持,感谢人民出版社的领导和编辑们付出的辛勤工作。另外,本丛书吸收了学术界许多研究成果,虽然在书后的参考文献中已一一列出,但难免有遗珠之憾,在此请求各位方家谅解,并致以衷心的感谢!

刘登翰　林国平

二〇一三年七月

责任编辑:詹素娟

装帧设计:周涛勇

图书在版编目(CIP)数据

闽台客家社会与文化/谢重光 著. -北京:人民出版社,2013.9

ISBN 978－7－01－012622－7

Ⅰ.①闽… Ⅱ.①谢… Ⅲ.①客家人-社会生活-研究-福建省②客家人-
社会生活-研究-台湾省③客家人-民族文化-研究-福建省④客家人-
民族文化-研究-台湾省 Ⅳ.①K281.1

中国版本图书馆 CIP 数据核字(2013)第 228458 号

闽台客家社会与文化

MINTAI KEJIA SHEHUI YU WENHUA

谢重光 著

人民出版社 出版发行

(100706 北京市东城区隆福寺街 99 号)

北京中科印刷有限公司印刷 新华书店经销

2013 年 9 月第 1 版 2013 年 9 月北京第 1 次印刷

开本:710 毫米×1000 毫米 1/16 印张:18.5

字数:300 千字

ISBN 978－7－01－012622－7 定价:48.00 元

邮购地址 100706 北京市东城区隆福寺街 99 号

人民东方图书销售中心 电话 (010)65250042 65289539